中国语文教育研究丛书

顾之川　主编

顾振彪　著

语文教材改革研究

YUWEN JIAOCAI GAIGE YANJIU

广西教育出版社
南宁

图书在版编目（ＣＩＰ）数据

语文教材改革研究 / 顾振彪著. -- 南宁 : 广西教育出版社，2021.7
（中国语文教育研究丛书 / 顾之川主编）
ISBN 978-7-5435-8743-4

Ⅰ．①语… Ⅱ．①顾… Ⅲ．①语文教材-教材改革-研究 Ⅳ．①H19

中国版本图书馆 CIP 数据核字(2021)第 136746 号

策　　划	黄力平	装帧设计	刘相文		
组稿编辑	黄力平	责任校对	何　云　杨红斌　覃肖澺		
责任编辑	马龙珠	责任技编	蒋　媛		
特约编辑	林春燕	封面题字	李　雁		

出 版 人：石立民
出版发行：广西教育出版社
地　　　址：广西南宁市鲤湾路 8 号　　邮政编码：530022
电　　　话：0771-5865797
本社网址：http://www.gxeph.com
电子信箱：gxeph@vip.163.com
印　　　刷：广西民族印刷包装集团有限公司
开　　　本：787 mm×1092 mm　1/16
印　　　张：22.25
字　　　数：331 千字
版　　　次：2021 年 7 月第 1 版
印　　　次：2021 年 7 月第 1 次印刷
书　　　号：ISBN 978-7-5435-8743-4
定　　　价：56.00 元

如发现印装质量问题，影响阅读，请与出版社联系调换。

序

　　中国教育正在加速推进现代化，立德树人成为教育改革总任务，完善中华优秀传统文化教育成为共识，新课标已陆续颁布，小学、初中语文教材已重新回归国家统编时代，高中语文新课标教材已在北京、天津、上海、辽宁、山东、海南开始试用，新高考改革方案正在稳步推进，语文教育的重要地位日益凸显。我国语文教育改革迎来新的发展机遇。我们必须清醒地看到，我国语文教育取得了举世公认的成就，同时也面临着诸多困难和问题。如何站在历史的高度，以严谨求实的科学态度，总结梳理中国语文教育教学改革所取得的成就，直面存在的困难和问题，深入剖析原因，为语文教育改革与发展献计献策，推进语文教育现代化，成为新一代语文教育工作者的神圣使命和义不容辞的责任。

　　2013 年 10 月，中国教育学会中学语文教学专业委员会召开第十届年会，选举产生了新一届理事会。新一届理事会成立后，我们研究制订了《中国教育学会中学语文教学专业委员会事业发展规划（2013—2018）》，其中有一项重要内容，就是要"策划一套图书"。具体设想是：这套图书应分理论与实践两部分，前者重在全面系统地总结改革开放 30 多年来我国语文教育的经验教训，作为今后发展的借鉴；后者重在归纳梳理我国当代语文名师的教育教学思想，深入挖掘 20 世纪 80 年代语文名师的当代价值，同时推出一批当代语文名师，为新生代名师擂鼓助威。我们这一设想，与时任广西教育出版社副总编辑黄力平编审的想法不谋而合。他邀我们组织编撰"中国语文教育研究丛书"，纳入他们正在组织实施的中国学科教育研究系列图书的出版计划。

编辑这套"中国语文教育研究丛书"的基本思路是：

把握时代脉搏，聚焦立德树人。

这套丛书着眼于推进语文教育现代化，把握时代脉搏，聚焦立德树人。围绕语文教育改革创新，推出一批反映、代表乃至引领我国语文教育现代化的研究成果，具有鲜明的中国当代特色。从时间上说，以改革开放到新世纪的发展历程为主，尤其注重反映我国实行新课改以来的语文教育研究；从内容上说，则力求反映我国语文教育理论与实践研究成果。

树立整体观念，开展综合研究。

这套丛书力求树立整体观念，开展语文教育教学的综合研究，全面深入系统地梳理总结我国语文教育改革成就和存在的问题。既有语文教育语用观、传统文化教育、语文工具论、语文教育民族化等理论层面的深入剖析，又有语文教材编制、语文教师专业发展、语文教学创新设计、语文考试评价改革等实践层面的研究。

拓展研究视野，实现互联互通。

这套丛书强调语文教育整体观念，整体观照中国语文教育各领域。纵向上，打通小学、中学与大学，努力挖掘语文教育的共同价值，避免过去那种"铁路警察，各管一段"的情况；横向上，涵盖中小学语文教育、汉语国际教育及华文教育等，并以宽广的国际视野，从中华文化圈的角度，审视我国语文教育教学改革的成就与突出问题。

理论联系实际，研究注重实效。

本丛书注重沟通语文教育理论研究与语文教育教学各组成要素的实践，包括教材编写实践、教学实践、考试命题实践以及教师培训与专业发展实践，努力克服过去学科理论研究与教育教学实践"两张皮"，教育理论研究"不接地气"等缺陷，既注意反映我国语文教育理论研究的新成果，也注重将一线语文教师的教学经验、教学智慧进行理论上的梳理与提升。研究尤重建设性，以建设性思维为统领，着眼于解决我国语文教学领域存在的实际问题。

坚持守正创新，强调原创研究。

这套丛书坚持守正创新，注重权威性与代表性，继承我国语文教育优良传统，借鉴国外先进的母语教育理念和方法，注重吸收各种语文教育理论和各个教学流派的研究成果，反映作者最新的原创性研究成果。弘扬改革创新主旋律，传递语文教育教学正能量，在保证科学性的基础上，注意可读性。内容新颖，资料翔实，数据齐全，为以后的语文教育研究留下可资参考借鉴的理论成果。

我们这一设想，得到我国语文教育界专家同仁的积极响应和大力支持，他们同意将其最新研究成果惠赐给我们，列入本丛书。

广西教育出版社是我国很有影响的教育出版社之一，在教育理论、教材教辅及文化艺术等方面，均出版了不少影响深远的系列图书。尤其是出版于20世纪90年代的"学科现代教育理论书系"，曾极大地推进了我国教育改革，实现了社会效益与经济效益的双丰收。进入新时期以来，该社审时度势，又策划出版学科教育研究书系，立足于中国本土，以独特敏锐的眼光，打造具有中国特色的学科教育理论体系。这不仅是教育创新的要求，也是新时代的呼唤。

目前，这套丛书正在陆续出版，作为丛书主编，我既有欣喜，也有不安，深恐由于自己的浅陋和粗疏而使各位作者的佳构留下缺憾，更期待着广大读者尤其是语文教育界同仁的批评、指教。令人欣喜的是，在广西教育出版社诸位同仁的努力下，经国家出版基金管理委员会批准，"中国语文教育研究丛书"（第一辑）被确定为2017年度国家出版基金项目，获得经费资助。这也是对我们这套丛书的学术价值与出版意义的肯定。在此，我不仅要对黄力平编审、广西教育出版社相关编辑等同仁表达谢意，更要对北京大学中文系温儒敏、曹文轩两位教授的热情推荐表示感谢。

值此新中国成立70周年，中国教育学会中学语文教学专业委员会成立40周年之际，南国传佳音，我得到一个好消息，说这套丛书已出版的8种，经过教育部组织专家评审，全部列入全国中小学图书馆馆配目录，即将重印。这再次证明这套"中国语文教育研究丛书"的学术价值与出版意义。

学术总是薪火相传，研究贵在创新发展。牛顿说他站在巨人肩膀上，杜甫说"转益多师是汝师"。我们进入一个大众创业、万众创新的时代，改革创新成为当今中国的时代主题。建设创新型国家，培养创新型人才，语文教育工作者肩负着神圣使命。语文百年，众多语文人默默耕耘，浇灌出语文学科生态园的参天大树；百年语文，无数语文人直面问题，探寻语文教育改革创新之路。我们策划、组织这套丛书，就是想为实现中华民族伟大复兴的中国梦略尽语文人的绵薄之力。我们的愿望如此，至于效果怎样，那就要由实践来检验了。

顾之川

于京东大运河畔两不厌居

2016 年 3 月 23 日初稿

2017 年 4 月 18 日第一次修改

2019 年 9 月 24 日第二次修改

顾之川简介：浙江师范大学教授，人民教育出版社编审。兼任中国教育学会中学语文教学专业委员会理事长，国家社科基金评审专家，教育部考试中心特聘专家，教育部"国培计划"首批专家，国家统编义务教育语文（七至九年级）教科书主编。主要从事语文教育研究和语文教材编写工作，主编人教版多套初中、高中语文教材。著有《语文工具论》《顾之川语文教育新论》《顾之川语文教育论》《语文论稿》《明代汉语词汇研究》《顾之川语文人生随笔》等，并有古籍整理著作多种。

前　言

　　我回顾一生，除在"文化大革命"中下放的几年外，一直在编写、研究语文教材的岗位上摸爬滚打。虽然始终只是个普通编辑，谈不上有什么业绩，但也饱尝语文教材编写、研究工作的酸甜苦辣。现在把这些酸甜苦辣写下来，就成了这本小书。

　　本书分为三编。第一编是专家学者关于语文教材编制与改革的论述。1965 年 8 月，我大学毕业后，有幸被分配到人民教育出版社中学语文室，在叶圣陶、张志公、刘国正等学者的领导下工作。因工作岗位关系，又常得到吕叔湘、朱德熙等社外专家的指导。以叶圣陶、吕叔湘、张志公、刘国正为代表的杰出的语文教育界前辈，是我国现代语文教育的奠基者和改革者，他们关于语文教材编制与改革的论述，一直指引着语文教材事业的发展。本书谈论语文教材改革，就从学界前辈的论述开始。

　　第二编是语文教材编制与改革的示例。百年来，语文教材一直在改革的路上，《国文百八课》，1956 年文学、汉语分科教材，1963 年中学语文教材，就是新时期以前有代表性的几例。新时期语文教材的编制与改革一度气象万千，旨在改革的语文教材不下几十种，限于篇幅，本书只梳理了人教社编写出版的几种。即使如此，从上述示例中，还是能总结出近百年来教材编制与改革的成败得失，这对推进语文教材事业的进步发展不无意义。

　　第三编是语文教材编制与改革的设想。这是本书的主体。无论是教材理论，还是教材示例，其最终目的都是试图从中得出今后教材编制与改革的设想。这里要说明几点。一是语文教材编制与改革的设想应该百花齐放，本书所提设想仅是百花中的一朵小花。尤其是当下处于网络时代，语文教材的内容与形式都处在重大变革的节点上，未来的语文教材是什么样，还难以说得清楚。二是关于语文教材编制与改革的设想，问题复杂，牵涉面极广。比如语言知识问题，需要语言学、教育学、心理学等多方人士协同解决，眼下还在探索中。因此，本书关于语言知识教材以至整个语文教材改革的设想势必粗疏浅陋。三是本书中关于语文教材编制与改革的设想，虽然以前辈学者的论述和实践为基础，吸取近百年来语文教材编制与改革的经验教训，又借鉴境外母语教材的编制理论，并且立足于本人在人民教育出版社几十年教材编制与改革的心得体会，但限于水平，还是难免出现疏漏错误。祈盼方家教正。

书稿完成，首先要感谢主编顾之川先生对我的帮助和支持。他不仅对我全书的撰写作了指点，而且欣然同意把他的一篇文章放在本书中。还要感谢张定远先生、王连云先生与周正逵先生，本书有两节的主要内容分别摘录于他们的文章。顾、张、王、周四位，都是我的老同事、老朋友，几十年的友情山高水长。

感谢广西教育出版社对拙稿的多方关照，感谢责任编辑为拙稿花费大量劳动。

这本书稿，也是集体劳动的成果。

顾振彪

目 录

第一编 语文教材编制与改革论述

关于语文教材的编制与改革，前辈学者有丰富而精辟的论述。梁启超指出，作文教材要重在"应用"，先明作文的规矩，讲究作文的实效，注重取材的指导，着力作文思路的训练。胡适对语文教材的教学目的、内容、方法做了全面论述，主张分为国语文教材和古文教材，提倡教材大量增选好文、美文。黎锦熙提出编选语文教材的标准，建议编制正读本和副读本。夏丏尊重视语文教材的科学性，主张采取文章学系统编排教材。朱自清认为，语文教材应以文学作品为主，兼顾议论文和说明文；作文教材应以报刊文字为例文。叶圣陶是我国现代语文教育大家，他对语文教材编制与改革的论述最为全面、系统而深入，可谓集大成者。吕叔湘呼吁，语文教材分为三本：白话文读本、文言读本与作文教材。要加强语文训练，增补宏观的语文知识，他支持并推行"注音识字，提前读写"教材。张志公极力主张语文教材的民族化、现代化和科学化，语言知识要精要、好懂、管用，提出幼儿、小学、初中、高中语文教材"一条龙"整体改革设想。刘国正大力倡导将语文教材与生活联系起来，语文能力训练要既"实"又"活"。主张增加文言、文学在教材中的比重，提倡明确、渐进、和谐、灵活的教材编排体系。张中行强调语文教材必须引导学生多读多写；学习文言，要养成习惯。上述种种论述，为今后语文教材的编制与改革奠定了理论基础。

一、梁启超的论述

梁启超（1873—1929）是清末民初政治家、教育家，一生著述一千多万字，其中一部分是教育教学方面的文章。关于语文教育，其有专著《作文教学法》《中学以上作文教学法》。这两部专著是教师教学用书，也是学生自修用书，原是他1922年专题讲演的记录，经过修改增补后才发表。从广义上说也是教材，从中可以梳理出他关于教材的一些观点。

（一）关于作文教材

1. 教材的教学目的：培养应用之文的写作能力

梁启超说："文章可大别为三种：一、记载之文；二、论辩之文；三、情感之文。一篇之中，虽然有时或兼两种或兼三种，但总有所偏重。我们勉强如此分类，当无大差。作文教学法本来三种都应教都应学，但第三种情感之文，美术性含的格外多，算是专门文学家所当有事。中学学生以会作应用之文为最要，这一种不必人人皆学。"[1]早在1917年，梁启超就批评当时的教育"不求实用"。他说："学问可分二类：一为纸的学问，一为事的学问。所谓纸的学问者，即书面上的学问，所谓纸上谈兵是也。事的学问，乃可以应用，可以作事之学问也。""学而不能应用于世，无论如何勤学，终是纸的学问，其结果纸仍纸，我仍我，社会仍社会，无一毫益处也。"[2]作文教材重在"应用"的观点，是对传统语文教育弊端的批判，很有进步意义。

在"记载之文"与"论辩之文"两种应用之文中，梁启超批评了当时偏重论辩之文的倾向。他说："现在学校中作文一科，所作者大率偏重论事文，我以为是很不对的，因为这种教法，在文章上不见得容易进步，而在学术上德性上先已生出无数恶影响来。"[3]偏重论事文"全是中了八股策论的余毒"。"宋明以来，士大夫放言高论，空疏无真，拘墟执

［1］梁启超. 作文教学法［M］//刘国正，陶伯英. 中国近现代名家作文论. 郑州：文心出版社，1992：19.

［2］梁启超. 中国教育之前途与教育家之自觉［M］//李杏保，方有林，徐林祥. 国文国语教育论典（上）. 北京：语文出版社，2014：43.

［3］梁启超. 为什么要注重叙事文字［M］//梁启超. 饮冰室合集：专集第十五册第四十三卷. 上海：中华书局，1936：81.

拗，叫嚣乖张，酿成国家社会种种弊害，大半由八股策论制造出来，久已人人公认了。现在依然是换汤不换药，凡有活动能力的人都从学校出，凡在学校里总经过十几年这种奖励……养成不健全的性格，他入到社会做事，不知不觉——映现在一切行为上来，国家和社会之败坏，未始不由于此。"[1]他说:"我并不说论事文不该学做，论事文可以磨练理解力判断力，如何能绝对排斥？但我以为不要专做，不要滥做，不要速做。等到学生对于某一项义理某一件事情某一个人物确有他自己的见解——见解对不对倒不必管——勃郁于中，不能不写出来，偶然自发的做一两篇，那么，便得有做论事文的益处而无其流弊了。"[2]他要肃清的是八股流毒。

梁启超认为，最重要的是教学生写作记载文。原因是，"凡作一篇记载之文，便要预备传到后来作可靠的史料，一面对于事实负严正责任，一面对于读者负严正责任。学生初学作文时，给他这种观念，不惟把'文德'的基础立得巩固，即以文体论也免了许多枝叶葛藤"[3]。从树立文德、培养人格的角度看，也应该把学写记载文放在最重要的位置。这就把学作文与学做人联系起来。

2.教材的教学内容:教学作文的规矩

梁启超非常重视方法的指导，他用"吕洞宾点石成金，对方不要金子而要他的手指头"的故事，说明作文教学不能只把所得的结果教人，还要把怎样得到结果的方法教人。换句话说，就是教作文的方法，他称这种方法为"规矩"。传统的作文教学认为"文无定法"，陷入不可知论的迷雾中，学生只能自己在"暗胡同"里摸索。梁启超却宣告:"如何才能做成一篇文章，这是规矩范围内事，规矩是可以教可以学的。"[4]作文教材就是要传授规矩。提出给"暗胡同"装上"明灯"，从梁启超开始。

作文规矩分为两个层次。第一个层次是各类文章都必须遵循的规矩，即"怎样的结构成一篇妥当文章"。这个规矩的最低限度的要求是"该说

［1］梁启超.为什么要注重叙事文字［M］//梁启超.饮冰室合集:专集第十五册第四十三卷.上海:中华书局，1936:81.

［2］同［1］84.

［3］梁启超.作文教学法［M］//刘国正，陶伯英.中国近现代名家作文论.郑州:文心出版社，1992:23.

［4］同［3］19.

的话——或要说的话不多不少照原样说出，令读者完全了解我的意思"。
（1）"该说的话"是构成文章的必要的原料。判断话该不该说，原料必要
不必要，标准是"要相题而定——又要看时候如何，又要看作者地位如
何，又要看读者地位如何"。即使同一个题目，写作时间不同，作者意图
不同，读者身份不同，该说的话、该用的材料也不同。（2）"照原样说出"，
就是把客观的原样，即事物之纯粹客观性，与主观的原样，即作者心中
的印象，毫厘不差地复现到纸面上。要做到这点，一是"把思想理出个
系统来"，"然后将材料分种类分层次令他配搭得宜"；二是"提清主从关
系，常常顾着主眼所在"。（3）"令读者完全了解"，就是要写得通俗、浅
易、明晰、易懂，反对"谬为高古"，故弄玄虚，避免违背逻辑学的规律。
作文规矩的第二个层次是各类不同体裁文章的不同写法，即写不同体裁
文章的特有的规矩。比如，记载文要遵守两个基本的原则，即规矩："第
一，要客观的忠实"，"对于材料之搜集要求其备，鉴别要求其真，观察
要求其普遍而精密"；"第二，叙述要有系统"，"未动笔以前，先要观察
事实和事实的关系，究竟有多少处主要脉络，把全篇组织先主出个系统，
然后一切材料"可"自由驾驭"。[1]至于具体的作法，有侧重法、类概法、
鸟瞰法、移进法。

　　作文教材指导学生作文，就是指导学生掌握上述种种作文规矩。梁
启超说，"孟子说得好，'大匠能与人规矩，不能使人巧'。世间懂规矩而
不能巧者有之，万万没有离规矩而能巧者"。"现在教中文的最大的毛病
便是不言规矩，而专言巧"，"所以中国旧法教文，没有什么效果"。[2]有
鉴于此，他主张作文教材应着力于引领学生学规矩，"懂了规矩之后，便
有巧的可能性"[3]。

　　3.教材的教学方法

　　（1）紧密结合思维训练。作文教材就是教"怎样的结构成一篇妥当
文章的规矩"，而结构成一篇妥当文章的关键则在于整理思想。梁启超认

　　[1]梁启超.作文教学法［M］//刘国正，陶伯英.中国近现代名家作文论.郑州：文心出
　　　　版社，1992：23.
　　[2]梁启超.中学以上作文教学法［M］//梁启超，夏丏尊.梁启超作文入门　夏丏尊开明
　　　　作文讲义28篇.长春：吉林人民出版社，2013：12.
　　[3]同［1］19.

为，"最要是养成学生整理思想的习惯"[1]。"先教学生以整理思想的主要条件，使他知道看文如何看，做文如何做。等讲到这一类文章的时候，便特别详细说明这一类文章的理法。"[2]这就是说，在作文训练中要注意训练学生整理思想，提高思维水平。比如，因为"教人作文当以结构为主"，所以"评改宜专就理法讲，词句修饰偶一为之"。[3]这"专就理法讲"就考验文章作者的思路是否畅通，文章的文脉是否明晰，关系学生思维能力的提高和作文整体上的成功。又如，"凡文章不外积辞成句，积句成段，积段成篇"，因此，要求学生作文"要辞与辞相待，句与句相复，段与段相衔，中间不漏出破绽"[4]，强调作文结构的严谨性和学生思维的严密性。尤其写论辩文，"断不许违背思辩学的法则"[5]，要"经得起和人辩驳"，这就要求有逻辑学的修养。又如，主张给学生作文提供材料的时候，不妨把不必要的材料也掺杂在其中，以便"试验学生的选择力"。这选择材料的过程就是训练思维能力的过程。可以说，梁启超的这些主张，开作文训练以思维训练为中心的先河。

（2）关于作文命题、作文次数。作文题要切实不可空泛。"记载文题最好是学生身历或耳闻目见的事迹、物件或地方"[6]，如"记学生旅行过的地方，或读过的书"[7]。论辩文题"最好是论与学生有关系的事"，"是学生直接感利害者"。[8]"无关痛痒的文题——如'项羽论''井田论'之类，空泛无边际的文题——如'中国宜极图自强论''民生在勤说'之类，皆当摒斥。"[9]

"论辩文最好的题目是两边对驳。""论辩文之题要成问题乃可，不能反对的便是不成问题，不能做论题。""如'鸦片宜禁止论'，不空而不能反对，也不好。""最好的题目如'中国应联省自治论'之类，两面都有话说，方不枯窘。"[10]

---

［1］［3］［7］［10］梁启超. 中学以上作文教学法［M］//刘国正，陶伯英. 中国近现代名家作文论. 郑州：文心出版社，1992：14-15.

［2］梁启超. 中学以上作文教学法［M］//梁启超，夏丏尊. 梁启超作文入门　夏丏尊开明作文讲义28篇. 长春：吉林人民出版社，2013：39.

［4］梁启超. 作文教学法［M］//刘国正，陶伯英. 中国近现代名家作文论. 郑州：文心出版社，1992：53.

［5］同［4］52.

［6］［8］［9］同［4］56.

命题作文不可过多，每学期两回，至多三回。不过一题可做数次。记载文分各种观点做，论辩文分两面做，每次作文都要给学生充分的时间去采集资料、考量组织，写成草稿后要反复推敲，认真修改，到自感满意为止。这样做一篇得一篇的好处。

作为对命题作文的补充，主张"使学生在课外随意做笔记"。"最好令学生每月作一条以上的札记，或用记载体记日常经历的事，或用论辩体写自己对于一个问题的感想，这种方法可以养成他们自动的进步。"[1]

梁启超对作文命题的想法在当时是石破天惊的，在今天仍富有意义。至于作文次数，命题作文看似少，实际上一题多做，还是不少；命题作文与课外笔记"两条腿走路"，作文次数就更多了。倒是命题作文因题目少而抓得扎扎实实，比一味多做收效要好。

（3）指导学生取得作文材料。梁启超认为，学生作文如果没有材料，势必胡编乱造，这对学生极为不利。因此，他十分重视对取材方法的指导。如果学生能直接接触人、事、景、物，通过"普遍而精密"的观察可以得到作文材料，就指点学生观察的方法以及对通过观察得到的材料加以取舍的方法。如果学生无法搜集到作文材料，就应把材料提供给他们，或者直接印发资料；或者指定文件，指定阅读材料；或者口述材料，让学生记下来。这些材料以必要的为主，但不必要的也夹带一些。材料摆在那里，指点学生"裁量、驾驭、排列"，构成一篇作文。要注意"教学生去取材料的标准"。如赤壁之战，《资治通鉴》所取的资料来自《三国志》中的《周瑜传》《鲁肃传》《吴主传》《诸葛亮传》等，让学生先阅读这几篇传，将有关赤壁之战的材料摘出，决定取舍及先后排列，然后再看《资治通鉴》是怎样取舍和组织材料的，加以比较，使学生悟到材料取舍以及先后布置的方法。这种指导方法极为切实有效，在今天仍不失其价值。

（二）关于作文范文教材

在梁启超看来，阅读是写作的基础，要学习写必须先学习读。因此，他十分重视作文范文的选择、编排和教学。

---

[1]梁启超. 作文教学法［M］∥刘国正，陶伯英. 中国近现代名家作文论. 郑州：文心出版社，1992：56.

1. 作文范文的选择

作文范文应是应用之文。梁启超把文章分为记载文、论辩文和情感文，而要求学生写的只是侧重于应用的记载文和论辩文。按照写什么就读什么的原则，作文范文也限于记载文和论辩文。

作文范文应是典范的和适合学生学习的。梁启超说："选择教材的标准，虽然不必过于拘泥，但最少有几种旧习气要消极的排斥。一、绮丽之文——如专尚辞藻的骈体；矫揉之文——如八家末流貌为古调者；二、空泛之文——凡带帖括气者。大抵记载文宜多选左传四史通鉴及好的游记好的书目提要等等。论辩文宜多选周秦诸子，秦汉以后则多选专论一个切实问题者——例如扬雄谏不受单于朝贾捐之论罢珠厓江统论徙戎之类，像什么六国论留侯论等文便是帖括气，万不可取。"[1]

作文范文"专限于文言文，其语体文一概从略"。"文言因为用得久了，名作林立，要举模范，俯拾即是"，而"语体尚在发达幼稚时代，可以充学校教材的作品不很多"。文言和语体"是一贯的"，"文言用功愈深语体成就愈好"，"中学以上在文言下些相当功夫，于语体文也极有益"。[2]

"拿几部有名的小说当教材"，"不妥"。"因为教授国文的目的，虽不必讲什么'因文见道'，也应该令学生连带着得一点别的知识，和别的科学互相辅助。像那纯文学的作品，水浒红楼之类，除了打算当文学家的人，没有研究之必要，此其一；要领略他文章妙处，非全部通读不可，如此庞大的卷帙，实不适学堂学科之用，此其二；体裁单纯，不够教授举例，此其三。"[3]

梁启超关于作文范文的选择标准，有的已经过时，如主要选文言文；有的可以商榷，如不选纯文学作品。不过基本原则是正确的，如选文应着眼于应用，使学生在范文中除学到写法外，还应学到别的知识。

2. 作文范文的编排

当时教材有两种编排体系。一种是按时代顺序，由近到远，逆溯而上，先安排近代文，再安排清、明、元、宋、唐文，一直到上古文。另一种

---

［1］梁启超. 作文教学法［M］//刘国正，陶伯英. 中国近现代名家作文论. 郑州：文心出版社，1992：55-56.

［2］［3］同［1］18.

是教员按照自己的喜好，东选一篇西选一篇，随意编排。对于这两种做法，梁启超都不满意，他另外提出一种分类、分期、分组的编排方式。

分类有两个层次：第一个层次，按文章的功能，把文章分成记载文和论辩文，分别编排，互不掺杂。第二个层次，这两大类又各自按繁简难易分成若干小类列序编排。记载文分为四类：（1）记物件之内容或状态。主要是作提要，题画记，说明实质，叙述特性。写的是静态。范围有限，性质固定。这一类最易写。（2）记地方之形势或风景。如方志、游记。写的也是静态。性质有所变化，但还算固定；范围有所扩大，不过可以按空间划出界线。这一类也易写。（3）记个人之言论行事及性格。如列传、行状年谱。人的言行因时空的不同而不同，人的内心所想与外在表现往往不一致，在大事与小事上的表现也常常不一样。属动态记述。这一类较为难写。（4）记事件之原委因果。小的记一人一家的事，大的记全国全人类的事；短的记几分钟的事，长的记延续几千年的事。属动态记述。事总涉及方方面面，总有个发展过程，头绪复杂。这一类最为难写。上述是记载文的分类列序。由浅入深，先记静态者，后记动态者，动态之中先记一人或少数人一时或短时的动态，后记许多人许多时的动态。论辩文分为五类：（1）说谕。对特定的对象发表意见，劝其信从，如命令、布告、公私函札。这一类最易写。（2）倡导。标举一种学说，主张一种政策，供研究讨论，如倡议、建议。这一类稍为难写。（3）剖释。对某种事理或某种倡导的说法，做详细的分析说明。比第二类稍难写。（4）质驳。反驳别人的说谕、倡导、剖释，要讲道理，要有充足的根据。更加难写。（5）批评。破字当头，立在其中，倡导与质驳的综合，最为难写。上述是论辩文的分类列序。由易到难，先是单纯问题的论辩，最后是复杂问题的论辩。

分期是指分学期编排。梁启超说："最好每年前学期授记述文，后学期授论辩文，年年相间。"这样交叉配合，循环加深。"集中力量打歼灭战"，在相对集中的时间里专攻一类文章，比"东一榔头西一棒子"，在不同类的文章上零敲碎打，教学效果肯定要好，便于学生"打通一关再进一关"，真正学有所得。有专家指出，此后的教材"初一以记叙文为主，初二以说明文为主，初三以议论文为主[1]；高一以比较复杂的记叙文为主，

---

[1] 顾黄初.语文教育论稿［M］.北京：人民教育出版社，1995：250.

高二以比较复杂的说明文为主，高三以比较复杂的议论文为主"，这一结构模式的源头就在于此。

分组是指每学期的同一类文章，按组编排。每组选五六篇，以其中一篇或几篇为主，带动其余各篇。对于同组文章，可以在结构上、写法上进行比较分析。一学期的选文一般为四五组。通过学习这样编排的文章，学生对文章的结构和写法势必有比较切实、全面的了解。这种分组编排开了语文教材分单元编排的先例，影响深远。

3. 作文范文的教学

在梁启超看来，教学作文范文，首先要教学生掌握阅读作文范文的方法，掌握从范文中探求"结构成一篇妥当文章的规矩"的门径。因此，强调学生自学，反对教师逐字逐句地讲解；强调指点学生重点钻研范文的谋篇布局，不纠缠于文章的个别字句。

按梁启超的设想，课堂教学分为三步。

第一步是知识先导。他说："每一个学期开始之时，先要有一两堂讲演式的教授，把本学期所讲那类文作法的重要原则简单说明，令学生得著个概念来做自习的预备。"[1]照此构想，在每学期教材前面，应当编写阅读提示，梳理这学期这类范文的特点，指出阅读这类范文的方法，以利于学生预习这几组范文。以此类推，每一学期的每一组范文前面，也都可以"依葫芦画瓢"，安排阅读提示，扼要点出这组范文的特点和阅读方法，以便于学生预习。这种教学法就是当下说的知识先导，与赞科夫的"理论知识起主导作用的原则"相一致。

第二步是自主预习。梁启超说："大概平均每两星期指定五六篇文为一组的教材，——那文都是要同类的，令学生自行细看，看每篇作法的要点在那里，各篇比较异同何在。"[2]通过预习，"令学生知同是一类的文，有如此种种不同；或同一类的题目，必须如此做法"[3]。从梁启超这种想法推论，教材除了在范文前提供阅读提示外，不妨出一些预习题帮助

---

[1]［2]梁启超. 作文教学法［M］//刘国正，陶伯英. 中国近现代名家作文论. 郑州：文心出版社，1992：55.

[3]梁启超. 中学以上作文教学法［M］//梁启超，夏丏尊. 梁启超作文入门 夏丏尊开明作文讲义28篇. 长春：吉林人民出版社，2013：40.

学生自学。

第三步是课堂讨论。学生经过预习，到了课堂上，"各人把自己所见到的说出"，"学生看错的或看不到的，教师随时指导，最后教师把全组各篇综合讲一次说明自己的观察"。[1]按照这种主张推想，在教材中，可以就范文的篇章结构特点、范文之间的比较，编配一些练习题；针对学生容易看错或看不到之处，出一些思考题，并列出一些参考资料。

显而易见，梁启超的作文范文教学法在当时是先进的，对后世产生了深远的影响。

二、胡适的论述

胡适（1891—1962）是我国 20 世纪学术思想史上有着多学科重大成就、举足轻重的学者。他在 1920 年和 1922 年先后发表《中学国文的教授》和《再论中学的国文教学》，全面阐述了他对中学语文教育改革的全局性构想。他的另外一些有关文化教育的文章，也涉及中学语文教育，有些观点是对这两篇专论的补充。这里主要介绍他对中学语文教材改革的主张。

（一）教材的教学目的

胡适论述了中学国文学科的教学目的，这当然也是中学国文教材的教学目的。共四条：

（1）人人都用国语（白话）自由发表思想，作文、演说、谈话，都能明白通畅，没有文法上的错误。

（2）人人能看平易的古文书籍，如《二十四史》《资治通鉴》之类。

（3）人人能作文法通顺的古文。

（4）人人有懂得一点古文文学的机会。

后来，胡适对这四条做了补充说明：

（1）一个中学生至少要有一个自由发表思想的工具,用"能做国语文"为第一个标准。

（2）国语文通顺之后，方可添授古文，使学生渐渐能看古书，能用

[1] 梁启超. 作文教学法［M］∥刘国正，陶伯英. 中国近现代名家作文论. 郑州：文心出版社，1992：55.

古书。学习国语文到了明白通顺的程度，再去学习古文，所谓"事半功倍"，自然就容易得多。

（3）做古体文，将其看作实习文法的工具，而不看作中学国文的目的。因为在短时期内难望学生能做长篇的古文，即使能做，也没有什么用处。

从中可以看出，胡适所定的教学目的突出国语文的地位，打破文言文一统天下的局面；对国语文的要求，首先是用国语自由发表思想；不把写古文作为教学目的，对古文只要求读懂，重点放在古文学。这样的教学目的，今天看来也十分合理。

（二）国语文教材教法

为达到上述教学目的，势必要对中学国文教材、教法做相应的改革。胡适就此做了全面阐述。他把国文教材分为国语文和古文两部分。其中，国语文教材包括五种材料：

（1）小说。20部以上，50部以下。例如，《水浒传》《红楼梦》《西游记》《儒林外史》《镜花缘》《老残游记》等。胡适认为与其学生偷看，不如由老师指导他们看；至于有的小说有淫秽的地方，可以删节。

（2）白话戏剧与诗歌。

（3）长篇议论文与学术文。短小浅易的白话文章，已选入当时的小学国语教材；中学教材选长篇议论文与学术文，可以探究这些文章的"思想条理"，借以养成学生的逻辑思维能力。

（4）古白话文学选本。自唐代的诗、词、语录起，至晚清为止，如宋代的白话小词、元代的白话小令、明清的白话小说都是绝好的文学读物。可使学生知道，白话文并非少数人提倡而来，乃是千余年语言演化的结果。

（5）国语文的文法。当时还没有简明易晓的文法书，需要另行编写。胡适自己编撰了《国语文法概论》，以供急需。

关于国语文教材的教法，胡适也做了规定。教材要教学化，应尽量贯彻他的教授法，配合教师的教学。

胡适主张实行"教员指定分量—学生自己阅看—课堂组织讨论"的三步教学法。指定分量，小说"须用一件事的始末起结作一次的教材"，如用《水浒传》中"生辰纲"一事做一次课堂教学的教材。课堂讨论，须跟着材料变换，如《西游记》前几回，应讨论作者为什么要写一个庄严的天宫盛会被一只猴子搞乱了。小说与戏剧，除了指导学生领悟作品的思想内容外，还要引领学生懂得作品的布局、描写的技巧以及体裁。戏剧，"可选精彩的部分令学生分任戏里的人物，高声演读"。长篇的议论文与学术文，也由学生自己预备，上课时教师指导讨论，讨论时应注重文章的结构，分段分节，注重材料的分配。学生弄清文章的思想条理，远胜于读一部"法式的论理学"。胡适没有直接说按照他的教授法，教材应该如何编写，不过可以推论，在教材的助读文字和作业中，指定学生自读的分量、出一些课堂讨论题、设置一些语文活动、为学生分析文章思想内容和篇章结构做些提示，应该都是教材编写的任务。

按胡适的设想，中学第一、第二学年设置国语文教学，第三、第四学年以演说和辩论代替。他说："用演说、辩论作国语的实用教授法。国语文既是一种活的文学，就应当用活的语言作活的教授法。演说、辩论……都是活的教授法，都能帮助国语教学的。"[1]演说和辩论是否需要编成教材呢？胡适没有说，但他有关这方面的论述，无疑可以作为演说和辩论教材的内容。

关于择题。胡适说："演说题须避太抽象，太笼统的题目。如'宗教'，如'爱国'，如'社会改造'等题，最能养成夸大的心理，笼统的思想。从前小学堂国文题如'富国强兵策'等等，就是犯了这个毛病。中学生演说应该选'肥皂何以去污垢？''松柏何以能冬青？''本村绅士某某人卖选举票的可耻'一类的具体题目。辩论题须选两方面都有理可说的题，如'鸦片宜严禁'只有一方面，是不可用的。"[2]

关于教学方法。演说"可分作小组，每组不可过十六人。演说不宜太长，十分钟尽够了。演说的人须先一星期就选定题目，先作一个大纲，请教员看过，然后每段发挥，作成全篇演说"。"辩论须先分组，每组两人，

［1］胡适. 再论中学的国文教学［M］//胡适. 为人与为学：胡适言论集：评注本. 北京：中国纺织出版社，2015：53.
［2］胡适. 中学国文的教授［M］//胡适. 为人与为学：胡适言论集：评注本. 北京：中国纺织出版社，2015：42—43.

或三人。选定主张或反对的方面后，每组自己去搜集材料，商量分配的方法，发言的先后。""辩论分两步。第一步是'立论'，每组的组员按预定的次序发言。第一步是'驳论'，每组反驳对手的理由。预备辩论时，每组须计算反对党大概要提出什么理由来，须先预备反驳的材料。"[1]

胡适认为，"演说辩论最能帮助学生养成有条理系统的思想能力"，"养成敏捷精细的思想能力"，还"可以养成智识上的互助精神"。[2]此外，有助于学生书面表达能力的提高。"凡能演说，能辩论的人，没有不会做国语文的。"[3]"长于演说的人，一定能作好的文章；辩论家也是一样。"[4]

在文言教材独霸天下的当时，胡适力推国语文教材，使其挤占半壁江山，首倡之功不可没。他还对国语文教材的内容与教授法做了具体的设想，其中不乏真知灼见，尤其是突出演说与辩论训练，更是史无前例。所有这些，不仅影响我国 20 世纪上半叶语文课程标准的制订和语文教材的编制，而且对今天的语文教学也不无借鉴意义。

（三）古文教材教法

关于古文教材，胡适主张"第一年专读近人的文章"，包括章太炎、康有为、梁启超、蔡元培、李大钊等的散文以及林琴南早年译的小说等，借以熟悉文言文的特点。第二、第三、第四学年"多读古人的古文"，借以明白文言文的发展、演变。教材分为选本和自修的书。选本，依时代的先后，选两三百篇文理通畅、内容可取的文章。每一个时代的重要作品如《老子》《檀弓》和重要作者如姚鼐、曾国藩，都应选入选本之中。古书的自修，是"最重要的一环"，教师应该列出书目，供学生在指导下阅读，因为单靠古文选本，学生肯定学不好古文。胡适认为，自修的古文书应该包括史书《资治通鉴》《通鉴纪事本末》等；子书《孟子》《墨子》《荀子》《韩非子》等；文学书除《诗经》外，陶潜、杜甫、王安石、苏轼等的专集，由学生选两三种。

关于古文教材的教授法，胡适的口号是：用"看书"代替"讲读"。

[1]［2］［3］胡适.中学国文的教授［M］//胡适.为人与为学：胡适言论集：评注本.北京：中国纺织出版社，2015：43.

［4］胡适.再论中学的国文教学［M］//胡适.为人与为学：胡适言论集：评注本.北京：中国纺织出版社，2015：53.

让学生自己预习，自己翻查工具书，自己加句读，自己分章分节，废除教师的逐字逐句串讲。"讲堂上……只有质疑问难，大家讨论两项事可做。""教员除解答疑难，引导讨论外，可以随时加入参考的材料。"[1]

为了适应学生自修古书的需要，必须对古书进行整理。因为"古书不经过一番新式的整理，是不适宜于自修的"。"新式的整理"是指加标点符号，分段，删去烦琐的、迂谬的、不必要的旧注，酌量加入必不可少的新注，校勘，考订真假，做介绍及批评的序跋。胡适说："有了这一番整理的工夫，我们就可以有一套'中学国故丛书'了。这部丛书的内容，大概有下列各种书：1《诗经》，2《左传》……30《元曲选》，31《明曲选》……""有了这几十部或几百部整理过的古书"，"教材有了，自修是可能的了，教员与学生的参考材料也都有了"，"到了这个时候，我可以断定中学生的古文程度比现在大学生还要高些！"。[2]

胡适构想的古文教材的最大特点是量大。他估计会有人反对，"一定有人说：'从前中学国文只用四本薄薄的古文读本，还教不出什么成绩来。现在你定的功课竟比从前增多了十倍！这不是做梦吗？'"。他的回答是，第一，"从前的中学国文所以没有成效，正因为中学堂用的书只有那几本薄薄的古文读本"。"可以武断现在中学毕业生能通过古文的，都是自己看小说看杂志看书得来的，决不是靠课堂上几部古文选本得来的。"他自己懂古文，也是因为"自小就爱看小说，看史书，看杂书"的缘故。第二，"现在学制的大弊就是把学生求知识的能力看得太低了。现在各级学堂的课程，都是为下下的低能儿定的，所以没有成绩。现在要谈学制革命，第一步就该根本推翻这种为下下的低能儿定的课程学科"[3]。第三，经过小学七年的国语文学习，学生已通国语，在这基础上"再来学古文，应该更容易好几倍；成绩应该加快好几倍。譬如已通一国文字的人，再学第二国文字时，成绩要快得多"[4]。总之，增大古文的阅读量是必要的，也是可行的。

［1］胡适. 再论中学的国文教学［M］//胡适. 为人与为学：胡适言论集：评注本. 北京：中国纺织出版社，2015：54.

［2］同［1］55-57.

［3］［4］胡适. 中学国文的教授［M］//胡适. 为人与为学：胡适言论集：评注本. 北京：中国纺织出版社，2015：44-45.

当然，胡适也指出，对古文教材的使用，要根据小学毕业生的实际情况，区别对待。"在小学未受过充分的国语教育的"，要"继续授国语文至二、三学年，第三、四学年内，始得兼授古文，但钟点不得过多"；"国语文已通畅的"，"古文钟点可稍加多，但不得过全数三分之二"。[1]

胡适构想的古文教材的又一个特点，便是尽可能把教材编成学本，便于学生自学。既然废弃了教师的串讲，以学生自学为主，课堂上只是讨论，教材的导学文字和练习题就应适应这种需要。课文的选取和编排更要符合学生自学的规律，要有助于激发自学的兴趣，养成自学的习惯。他说，过去"古文的选本都是零碎的，没头没脑的，不成系统的，没有趣味的。因此，读古文选本是最没有趣味的事。因为没有趣味，所以没有成效"。又说，"与其读王安石的《读孟尝君传》，不如看《史记》的《四公子列传》；与其读苏轼的《范增论》，不如看《史记》的《项羽本纪》；与其读林琴南的一部《古文读本》，不如看他译的一本《茶花女》"。[2]总之，选文要完整，有趣味性，能吸引学生自读。

作为新文化运动的先驱，胡适倡导白话文，推出国语文教材，功在千秋；同时不忘"整理国故"，引导学生在掌握白话文工具的基础上读懂古文，这也是历史性贡献。至于阅读量要大，提倡学生自学，胡适的这些观点至今也不失为确论。

（四）关于文法与作文

关于文法与作文，胡适也有一番设想，虽然没有明确说要编写教材，但他的设想大都可以作为教材的内容。

文法分国语文文法与古文文法。前者在中学的第一学年讲，后者在第二、第三、第四学年讲。其原因，一是学生学了小学七年的国语文，到中学第一年把国语文中的"所以然"总括起来讲一遍，做一个国语文教育的总结；二是先有了国语文文法做基础，后面讲古文文法便有了参考比较的材料，学生容易理解。教授国语文文法时，可以在极短时期

---

[1] 胡适. 再论中学的国文教学［M］// 胡适. 为人与为学：胡适言论集：评注本. 北京：中国纺织出版社，2015：52.

[2] 胡适. 中学国文的教授［M］// 胡适. 为人与为学：胡适言论集：评注本. 北京：中国纺织出版社，2015：44-45.

内，教完文法中"法式的"部分，即名词、动词等词类知识；然后注重文法的特别处，如"把""的""了"等虚词的用法；还有就是改正不合文法的文句。教授古文文法，"应该处处同国语的文法对照比较，指出同的地方和不同的地方，何以变了，变的理由何在，变的长处或短处在什么地方"。"此外还可用批评法：由教员寻出古文中不合文法的例句，使学生指出错在何处，何以错了。""使学生批评，可以增长文法的兴趣，可以免去文法的错误。"[1]

作文在胡适的中学国文教学构想中拥有特殊的地位。他制订的中学国文科的教学目的第一条，便是用国语文"自由发表思想"。对于国语文教学，这是唯一的一条，其他几条都是关于古文教学的。对于作文，他发表了一些很好的见解。

（1）作文命题。"（一）最好是令学生自己出题目；（二）千万不可出空泛或抽象的题目；（三）题目的要件是：第一要能引起学生的兴味，第二要能引学生去收集材料，第三要能使学生运用已有的经验学识。"[2]

（2）作文文体与范围。学生平日做的笔记、杂志文章、长篇通信，都可以代替课艺。应极力鼓励学生写长信，做有系统的笔记，自由发表意见。此外，应多做翻译，白话翻作古文，古文翻作白话。翻译的用处最大，可以练习文法的应用，还解决了练习用的材料问题。

（3）作文修改。胡适说："从前教作文的人大概都不懂文法，他们改文章全无标准，只靠机械的读下去，读得顺口便是，不顺口便不是，总讲不出为什么要这样做，为什么不可那样做。"他认为，应该根据文法规则修改作文，"合文法的才是通，不合文法的便是不通。每改一句，须指出根据哪一条文法通则"。[3]

（4）作文时间。"至多二周一次。作文都该拿堂下去做。"[4]

胡适关于文法与作文的构想，相对于阅读来说，理想化的色彩更加浓厚。我国近百年来的语法教育，乏善可陈，他的文法教学主张总体上

［1］胡适. 中学国文的教授［M］//胡适. 为人与为学：胡适言论集：评注本. 北京：中国纺织出版社，2015：46-47.

［2］同［1］47-48.

［3］同［1］46-48.

［4］同［1］48.

也曲高和寡，但细节上有可取之处。对于作文教学的构想，其中第一、第二项非常高明，第三项则没有可操作性。

三、黎锦熙的论述

黎锦熙（1890—1978）是现代第一代语言学家、语文教育家，早年与人合办"图书编辑社"，编写出版中小学教材，任教育部教科书特约编纂员，曾尝试用白话文编写教材。他发表了《新国文教学法》《新著国语教学法》等语文教材教法方面的大量著作，作出了开创性的重大贡献。

黎锦熙认为，编写语文教材，首先要"合于本国的教育宗旨"，还要"适应儿童身心发展及生活需要的程序"[1]，他用列表法表示了当时的国语教育目的（如图 1-1）。

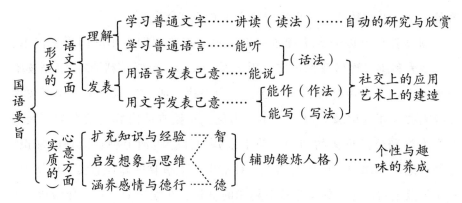

图 1-1

在语文方面，有三个目的：自动的研究与欣赏、社交上的应用、艺术上的建造。具体说来，是使学生具有五种能力：能读、能听、能说、能作、能写。在心意方面，有一个目的——个性与趣味的养成，包括智与德两方面。关于语文教育的目的，此后又多次发生争论，但争论来争论去，都没有超出黎锦熙的论述范围。

为达到这个国语教育目的，黎锦熙提出编制国语文教材的设想，分阅读、说话、作文、写字四个方面。

（一）关于阅读教材

黎锦熙认为，阅读教材的选文，在小学以"儿童文学"为主，大约

---

[1] 白金声. 中国语文教育五千年［M］. 北京：中国林业出版社，2016：170.

可分为十类：儿歌、诗歌、谣曲、寓言（包括笑话及谜语）、童话（包括神话及无稽的故事等）、传记（包括传说故事及史话等）、物话、小说、游记、戏剧。按各年级的学习情况斟酌每类的分量。可以选自古籍，但在小学阶段要译成白话。到初中，以选古今名著为主，而辅以实用文。教材所选择的文言、白话文章不必拘泥于某一特定类别，但文言名著须择其确能代表一时之文学或思想文化者，白话则择其为行文之模范者。前者的学习目的只在欣赏激励（引起学生对文学的兴趣及对民族文化的认识与观感）与求知（使学生能看平易之古今文言书报），后者的学习目的则侧重在应用（使学生养成正确自由发表思想与情感之能力）。高中教材亦以名著为主，唯程度较深，分量较增，更宜支配，以文学史的系统使学生知晓古今各体文学相应的发展阶段及发展状况。此外，本国文学、音韵、文法及国故之类，也应当使学生知晓其概况。

　　阅读教材可以分为正读本和副读本。正读本即中小学国语文读本、选本或教科书，经教育部审定，用于课堂教学，也叫"精读本"。副读本由教师选定，或为时人著译之品，或为书籍，或为定期刊物，均可按程度及需要，用作略读教材。以小学为例，正读本的内容包括七类：关于健全人格和公民道德的知识、关于家庭和社会生活上种种伦理的常识、理科和地理的知识、历史的知识、日常生活上事物的知识、实业的知识、不属于以上六项之纯粹文学或有趣味的材料。在编排上，一、二年级以"杂辑体"为主，把种种断片的教材排列起来，各个单元大都不相连贯。三、四年级以"类联体"为主，教材也是断片的，或按季节分类，或按文体或内容分立总题，再进行排列。高年级兼用"连续体"与"类联体"。"连续体"首尾完备，差不多是一部专书，要完全用语体文；"类联体"专选优良文学的材料，只需要学生明白文学史上的时代观念，不必限于语体，必要时教师再对语法、文法进行指点。正读本的分量，按各地一般情形，规定各册的标准，至于每册各课的分量，可不加限制。正读本的种类，根据各地不同情况和偏于不同教育学说、教学经验，可以多编若干种。

　　副读本十分必要。正读本的中心教材既限于文学材料的牵制，实质的知识又要平均支配，自然不能十分丰富，因此，副读本不可或缺。设副读本的目的，一是培养儿童阅读的兴趣和能力，二是补充儿童的知识，使之丰富而确实。副读本的选材和分配法如下。初级班所用：凡正读本所不能容纳而又为日常生活必要的知识，编作副读本；童话故事等，正读本限于分量，不能收集太多，都可以依题分辑，或选择合编，作副读本；足以养成儿童兴趣的文学作品，如儿歌、趣谈等，不便采入正读本的，也可编作小品纳入副读本。高级班所用：关于自然、历史、地理等材料，堪作本科目之参考的，可略依文学的裁制编入副读本；整部的故事丛谈和历史小说等，只要于少年时代的教育没有妨碍，或将旧本略加修订，都可以选入副读本；诗歌、戏曲，可以选程度相当、旨趣最好的编入副读本。初级班、高级班通用：各地乡土材料，不能采入正读本的，可随地采集，编入各地不同的副读本；外国或本国或本市或本乡临时发生的重大事件，在报纸或校内揭示的新闻上，不能详其原委曲折的，可按儿童年级所需常识的程度，编成副读本。副读本只需泛读，以增强读书能力，培养读书兴趣。既是泛读，可以在教室里，也可以利用课外时间，在图书馆、在家里自去玩读。副读本可以作正读本的补充。现在的阅读教材分为教科书与课外读本，正发端于这正读本、副读本。黎锦熙有开创之功。

关于教材的教学法，黎锦熙指出，取消"指名逐句'直译讲解'的法子"，代之以"自动主义的形式教段"，称为"三段六步"：（1）理解（包括"预习"与"整理"），（2）练习（包括"比较"与"应用"），（3）发展（包括"创作"与"活用"）。后来，又发展为预习、整理、总结深究或练习、发展与应用等四个教段。这种教学法着眼于调动学生学习的内驱力，并体现阅读教学的阶段性和连续性。这种教学法消除了传统教学法的弊端，汲取西方教育科学理论的研究成果，在当时很具进步性。

黎锦熙还主张区分白话文与文言文的不同教法，即"两纲四目"：

纲一：白话文须与语言训练相联系——

目（一）：先须"耳治"（初讲时，学生不可看本文）

目（二）：注重"诵读"（须用美的说话式，并随时矫正字音、语调和语气）

纲二：文言文须与外国语文同比例——

目（三）：必须背诵（预习时，即须熟读；已读者，分期背默）

目（四）：彻底翻译（逐字逐句，译成白话，确依文法，勿稍含糊）

教白话文，强调在听和说上下功夫，发挥听和说相互促进、相互制约的作用；教文言文，强调熟读成诵，达到字字句句如出己口的境界。

"两纲四目"教学法虽有道理，但对师生要求较高，因此难以推行。

（二）关于作文教材教学

关于作文教材教学，黎锦熙提出一系列的改革主张。

1. 作文教材"教学上的三原则"

第一，"写作重于讲读"。对这条原则，有不同理解。一说，指作文教学重于阅读教学，因为只靠阅读，学生对语言运用的感受还不够深切，只有通过写作，才能真正领略到语言运用的规律以及其中的甘苦；一说，指对作文的指导比对阅读的指导更加重要，因为阅读即使不指导，学生也会，而没有多少学生会自愿作文。两种说法都有一定道理。黎锦熙还说，"作文仍以讲读为基础，讲读教学方法若不改革，习作必受其影响"[1]。阅读与写作是相互作用的。一般来说，大家都主张读写结合，分歧在于读与写孰重孰轻，多数人认为读重于写，少数人意见正相反。黎锦熙是否属于这少数人呢？尚可讨论。在笔者看来，属于少数人也无妨，因为从领悟语言运用规律及体味其中甘苦说，确是写重于读。

第二，"改错先于求美"。黎锦熙说："一般改订作文，多属凭虚望气。对于四百号的'语文'基本工具，师生都还运用未熟，秕缪百出，乃但凭霎时间的主观私见，一味做八百号'文艺'上的笼统批评。'通''不通'的问题还没解决，就净说些'美''不美'的鬼话。今矫此弊，故以改错当先，求美居后。"[2]对于基础教育阶段学生作文的要求是文从字顺，至于美不美，不作要求。批改作文，重点当然放在作文语言基本功上，先改"通"。

第三，"日札优于作文"。黎锦熙说："日记札记，有内容，重资源，比之堂上限时作文，偏重语文形式之正确无误者，当然益处更多，效用较大。日记札记，包括实际服务时写的报告、记录等，并包括堂下的拟题写作等，都应当积极地有目标、有用处，不像堂上作文仅是消极地备

---

［1］黎泽渝，马啸风，李乐毅. 黎锦熙语文教育论著选［M］. 北京：人民教育出版社，1996：574.

［2］同［1］572-573.

考核、供改订而已。"[1] "修养日记",记自己生活中的感受和兴会,便于教师"教导合一";"读书札记",记自己读书或听讲的体会和心得,日积月累,即为专题研究论文之资料;"报告、记录",有目标地写作,为现实生活服务,生活、写作一体化,能激发写作的兴趣和动力。日札与作文并重几乎是大师们的一致意见,但提出"日札优于作文"的,似乎只有黎锦熙与叶圣陶两位。这意见弥足珍贵。

2. 小学作文教材教学的序列

小学一年级。通过阅读掌握注音字母,作为作文的基础。正式的作文以"简单语言的记录发表"为主。可以令儿童用纸片标记教室等处的物名人名,以练习单词的写法;可以令儿童听写简单的语句;可以令儿童把容易忘记的事情做简单的记录;可以令儿童用简单的语句写条幅、标帜、书信、报告等。

小学二年级。仍以"简单语言的记录发表"为主,而"简单"程度渐次降低,进行较为复杂的语句组织。仍可用一年级的四项方法。记得汉字,就用汉字写作;忘了汉字,就代之以"音字"。学习运用标点符号。

小学三、四年级。以"通信、条告、记录的设计和实用文、说明文的作法研究、练习"为主。注意作文的两个要素:一是"真切","不以词害意"。就是用设计法从实际上引起作文的动机,或写计划,或写报告,或写通知,或做记录,借这些机会教学作文,自然都有目的、有兴趣,能真切地发表,而不是对着凌空而来的题目绞出一篇肤廓塞责的作文。二是"迅速","不以文(即'字')害词"。儿童作文太慢,完全是写字耽搁了功夫,有时将作文时敏活的灵机完全打断。白字连篇,是当然的事实,不可视为"厉禁"。俗体减笔字应该提倡,行书早该练习。

小学五、六年级。以"实用文、记叙文、说明文、议论文的作法研究、练习、设计"为主。实用文(应用文)的写作,学生在小学前四年已打下基础,此时教师只需对文法和修辞法进行指导。实用文的命意、遣词大有巧拙的讲究,可是不要讲究那些虚伪而无用的俗套款式,要化繁为

[1] 黎泽渝,马啸风,李乐毅.黎锦熙语文教育论著选[M].北京:人民教育出版社,1996:573.

简，黜虚崇实。记叙文，重在客观的描写，以"真实"为第一义。小学前四年练习记叙文的机会多，到此，便渐要讲究谋篇布局。记叙文的教学，必须先有事实，再整理儿童对于这种事实的经验，然后就这些事实的各方面多设题目。简言之，就是先观察，次讨论，后出题。说明文，重在科学的分析，以"有条理"为第一义。在小学三年级，说明文已与实用文同样受重视，在学校经常用到说明文。到这时，更宜运用平时学业上所得的各种自然或社会的常识，以及科学上最有系统条理的表述方法，来说明某种事物。议论文，重在批评精神，以"有见解"为第一义。非联络他科，验其所得，不可轻易命题。如"论某事之利害"，必须先让学生对某事做多方的考究和口头上的讨论。议论文之后，不妨课以建设的文字，这是养成学生不徒尚空谈而务求实施的习惯。

把初中的内容移到小学，在今天看来，似乎要求是高了。不过，黎锦熙是在调查研究的基础上提出这个序列的，我们不妨反思一下：现在小学、初中的作文教材教学的要求是不是低了？

3. 作文教材教学与国语文法教材教学相结合

黎锦熙认为，必须非常重视国语文法的教学。教师首先要掌握文法，在小学五年级以前，把文法作为暗中指导儿童作文走向正路的明灯。五年级以后，因为要让儿童"自己明白自己的错误"，所以，文法上必要的术语和方法应该在指导作文时随时说明，旨在使学生一面学得，一面运用。他说，所谓"作法研究"，全靠"注重国语文法"。否则，什么是"作法"呢？怎样去"研究"呢？作文教学中的问题，如怎样出题、怎样指导、怎样评改，只要教师真正掌握国语文法，"神而明之"，一切都迎刃而解，自然能产生许多巧妙而有效果的方法。黎锦熙是语法学家，钟情于语法，但把语法作为儿童作文的指路明灯，恐有夸大语法作用之嫌。

4. 作文教材教学与口语教材教学、阅读教材教学相结合

黎锦熙的作文教材教学结构是一个开放系统，讲究相关教学内容的整体联系。

黎锦熙提倡演说、辩论、演剧、编剧，把口语训练和作文训练结合在一起。演说，用故事或常识做材料。辩论，选定一个题目，分为正反两组，各主一说，互相辩驳。演剧，与作文大有关系。编剧，与作文有

直接关系，决定作文目的，需搜集材料，共同讨论，拟稿，修改，定稿，演出。在活动中作文，效果好。

黎锦熙主张"作文的艺术化"。他说，"小学自由作文，大都以记叙文为多；记叙文的要素在于真实而深切的描写。这好比艺术科的图画教育：不但描形、施色、投影，必先有详密的观察认识，是和写生画一样的历程；并且艺术上的写生和作文时的写生，简直可互相参用，化为一物"。"拿图画来补助作文之所不足，或就图画加以叙说，以引起作文的思致，都是初级所能办得到的；就此法而引而伸之，便是作文的艺术化。"[1]这种作文方式能激发学生的写作兴趣，调动学生的想象力。

黎锦熙倡导将作文训练和阅读训练联系起来。他说："低年级儿童最爱的是'故事'，所以读法教材比较地以故事为多；利用这点，以为作文出题的标准，可以培植并助长他们自由创作的心能。""高年级学生的心理，渐渐地趋向于现实界，渐渐地爱讨论他们环境中所有的或新发生的'事实'和'问题'；利用这点，就国语科或他科论究一个问题的结果，便命题作文；等到批评发还之后，即选读关于本问题的名著，使可比较己作，自知缺点。"[2]这就使作文和阅读相互促进，相辅相成。

5.作文教材教学与学生生活、学习相结合

黎锦熙推行"设计教学法"。他说："随时随地利用儿童生活中的种种事实，连结他们的种种经验和环境，作一种普遍而流动的教材；按着他们身心发展的过程（大约可比照人类学中初民进化的过程），施一种辅导自动、共同创作的教学法。不但读法、话法、写法、作法要打成一片，就是国语和其他科目也要打成一片。读本（一部分）乃是教师和儿童们共同的作品。"[3]这种教学法不仅将作文教学与口语教学、阅读教学融为一体，而且使作文教学与其他学科、与儿童生活密切联系，取得很好的效果。在今天，这种教学法已经成为常识，但黎锦熙当年提出时，可以说是空谷足音，难能可贵。

---

[1]黎泽渝，马啸风，李乐毅.黎锦熙语文教育论著选［M］.北京：人民教育出版社，1996：500-501.

[2]同［1］501-502.

[3]同［1］416.

（三）关于口语教材教学

关于口语教材教学，黎锦熙的主张比较"新潮"。

黎锦熙认为，口语教学比阅读教学重要，要安排在阅读教学之先，因为阅读教学是教学生"阅看文字"，而口语教学是教学生"运用语言"；儿童运用语言的本能和经验，比阅读文字要来得多而且早。国语的读、写、作种种教学，乃至其他各科的教学，都是从"说话"方面打进来的。所以，口语教学是一切教学入手的基础，而一切教学又处处都有施行口语教学的机会。

黎锦熙把口语教学分为阅读教学前的口语教学和阅读教学内的口语教学。

1. 阅读教学前的口语教学

在初级小学没有用读本作为教学的工具以前，应该先有口语教学。黎锦熙说，小学初年级教学阅读应该从"实物示教""图画示教"入手，一方面是叫儿童从经验上、直观上真切地了解教材的内容；一方面是叫儿童从经验上、直观上真切地学习种种生活必需的言语。趁此机会，施行相当的口语教学，利用儿童表达的冲动和模仿的本能，整理、矫正并改良他们惯用的语言，叫他们能够一致地向着标准语的进程去练习，这就是阅读教学前的口语教学之精意所在。[1]

2. 阅读教学内的口语教学

到初级小学要用读本作为教学的工具时，国语科的教学就算是以阅读教学为主体了，要求儿童能够看书。即便如此，也不可不从口语教学上培植一个基础。因为现在国文已改为国语，语体文中精密的意义和活动的精神断不是能够从书本上得到的，一定要把这种作为语体文标准的语言了解得真、运用得熟了，根据这种语言上的经验，才能得到这种语体文里的神味。所以，单靠阅读教学来教阅读，是不能使阅读教学彻底的，必须还要在"阅读教学前的口语教学"外，注意"阅读教学内的口语教学"。条例如下：（1）阅读教材，尽量先从耳中听熟、口头说熟的材料中去选取，再加意匠经营，成其文学化。若到不能不用儿童经验以外

---

[1] 黎泽渝，马啸风，李乐毅. 黎锦熙语文教育论著选［M］. 北京：人民教育出版社，1996：460.

的（即他们语言之中所未有的）事物作为教材时，便需注意形式方面的语句组织，要比正在学习的口语程度容易一等。这种经验以外的新教材的内容，总需设法先从说话方面打进去。（2）某课要从"实物示教""图画示教"入手时，问答、说明所用语词的选择和语句的组织，或示范，或矫正，处处都要看作口语的实际教学。（3）初年级用故事、童话作为教材时，教师可先用口讲，学生静听，然后叫学生答疑，或使他们学讲，然后看书。（4）年级渐高，课文渐长，上课时应先使学生口讲。（5）教师把课文朗读一两遍，只叫儿童静听，不看书。（6）叫儿童跟着教师范读一遍。新词的发音，难而长的语句，不妨多读几遍，然后看书。总之，要把阅读教学与口语教学融为一体。[1]

上述几条，都是就教授新教材方面说的。至于复习旧教材，阅读教学与口语教学也可发生密切的关联。（1）叫学生静听教师朗读，再使全班跟着朗读。（2）用前课的材料做十几分钟"会话"，或师生问答，或学生互相问答。（3）对学生口语上的困难之点，最要留心矫正，特别提出，设法练习。（4）把旧课里边最重要、最有用之点，如新出现的成语、句式，做口头的反复练习。（5）阅读教学中关于内容的练习，以及其他各科的练习，多用口头语言进行问答。（6）各种教材的练习，若都能注重于实用口头语言，那么，口语教学就可如"水银泻地，无孔不入"了。[2]

黎锦熙特别强调，要以国语（普通话）为口语教学的标准语，促成言文一致。在方言离标准语太远的区域，可以另造一个学校说话的环境：一律用纯粹的标准语，或设标准语教学的时间。在进行口语教学时，或演说故事、童话，或做日常生活中各种常识与美感趣味的问答、谈话。教材须要有趣味而求实用。可以不用书，专做"口""耳"的练习。鼓励儿童能用书本上学来的文字来记载口语。高年级学段，可以有师生合组的辩论会、演说会等，便于施行这种特殊的口语教学。这种标准语练到相当程度后，可以缩短口语教学的时间，但为使学生运用标准语的技能跟着他们意识界的经验、思想等一齐发展，便不能不继续教学。

[1] 黎泽渝，马啸风，李乐毅. 黎锦熙语文教育论著选［M］. 北京：人民教育出版社，1996：463-465.
[2] 同［1］465-467.

　　黎锦熙是我国现代语文教材教学事业的奠基人之一。他的关于语文教材教学的论述，建立在语文教育的经验与教训，以及教育学、心理学研究成果的基础上，因此，富于科学性和前瞻性，至今仍非常值得我们学习、借鉴。

四、夏丏尊的论述

　　夏丏尊（1886—1946）是我国现代文学家、出版家和语文教育家。曾担任多年中学语文教师，后主要从事教育编辑出版工作，撰写多部语文教育论著，和叶圣陶等合编《开明国文讲义》《国文百八课》等具有影响力的中学语文教材。

（一）教材应"侧重在文章形式的讨究"

　　夏丏尊早在 20 世纪 30 年代就与叶圣陶一起提出了语文教材的科学性问题。他们在 1935 年出版的《国文百八课》的编辑大意中指出："本书编辑旨趣重要的一点就是想给国文科以科学性，一扫从来玄妙笼统的观念。"[1]这科学性的一个方面，就是"侧重在文章形式的讨究"。

　　夏丏尊在谈到当时的语文教材时说，"诸君所读的国文教材，大部分是所谓选文，这些选文是一篇一篇的东西"，排列方面谈不上什么秩序和系统，"至于内容，更是杂乱得很。别的科目的内容是以我们所需要的知识为范围排列着的，植物教科书告诉我们关于植物的一般常识，历史教科书告诉我们人类社会活动进步的经过，地理教科书告诉我们地面上的种种现象和人类的关系，都有一定的内容可说。但是国文教科书的内容是什么呢？却说不出来。原来国文科的内容什么都可以充数"[2]。

　　不过，国文教材的一篇篇课文，内容尽管杂乱，形式上却有相同之处，"就整篇的文字说，有所谓章法段落结构等等的法则；就每一句说，有所谓句子的构成及彼此结合的方式；就每句中所用的词儿说，也有各种的方法和习惯。此外因了文字的体裁，各有一定共通的样式"，"这种都是形式上的情形"。夏丏尊断言，"在国文科里所应该学习的就是这些

---

［1］林治金.语文教育名家评介［M］.青岛：青岛出版社，2001：59.
［2］夏丏尊.夏丏尊教育名篇［M］.北京：教育科学出版社，2007：150-151.

方面"[1]。国文科是语言文字的学科，和别的科目性质不同。国文科的学习，所当注重的并不是课文的内容，而应该是各种表现方式和法则。

夏丏尊认为，传统的读书人写的文章，尽管内容空虚顽固得可笑，但文字上倒是通的，原因是他们读文时注重对形式的揣摩和诵读。而现在许多中学生写作文，并不是缺乏内容，毛病十之八九在文字的形式上。这显然是学习国文未得要领，只着眼于别人所表现的内容本身，不去留意表现的文字形式，结果当然是徒劳无功，自己写文章就缺少表现力了。

鉴于国文科的性质和学生学习国文的需要，夏丏尊主张编制教科书，必须确定明晰的教学目标。"不论目的何在，是从来国文科教学的大毛病。文章是读不完的，与其漫然的瞎读，究不如定了目标来读。"[2]这目标就是："侧重在文章形式的讨究。"他与叶圣陶合编的《国文百八课》就是"一部侧重文章形式"的教材，"所选取的文章虽也顾到内容的纯正和性质的变化，但文章的处置全从形式上着眼"。

早在1923年，夏丏尊就在《教学小品文的一个尝试》中，"劝学生不要只将国文当国文学"。意思是，如果只学选文的文字，而于重要的内容不去玩索，那么于思想推理方面毫无补益，头脑仍然空虚，因此，学习国文，在学语言文字的同时，必须学作者通过语言文字表达出来的思想感情，使自己的头脑充实起来。"仅仅留心内容，或只注意形式的模效，都不是最好的办法。"只有把形式和内容结合起来，才能真正提高运用语言文字的能力。那么，既然不能"只将国文当国文学"，为什么教材的教学目标还是"侧重在文章形式的讨究"呢？这不是矛盾吗？

应该说，不矛盾，只是立论角度不同。"侧重在文章形式的讨究"，第一，是突出国文教材的特有功能和作用。学习国文教材与在日常生活中读文章不同。日常生活中读文章，受文章内容的感染，或流泪或厌倦或兴奋。学习教材中的选文，也会流泪、厌倦或兴奋，但在流泪、厌倦或兴奋之后，还得"用冷静的头脑去再读再看，从文字的种种方面去追求，去发掘"，因为"你的目的"不在流泪、厌倦或兴奋，而"在学习文字"。

---

［1］夏丏尊.夏丏尊教育名篇［M］.北京：教育科学出版社，2007：150.
［2］夏丏尊，叶圣陶.关于《国文百八课》［M］∥叶至善，叶至美，叶至诚.叶圣陶集：第十六卷.南京：江苏教育出版社，1993：35.

在这方面，有些教材编者观念上有偏颇，他们从宣扬思想道德着眼，把教材内容看得很重，而把选文的形式看得过轻，最终使国文教材混同于公民教材或修身教材。第二，是出于教学的可能性。夏丏尊曾经把读一篇文章分作三个阶段。只知道写了些什么，是"见"；进而辨析它的主旨、结构、文字，是"视"；再身入其境用整个心和它相对，是"观"[1]。学生独立阅读，往往是"见"；课堂阅读教学，能使学生达到"视"；而"观"，则靠人生经验和修养才能逐步做到，对此，课堂教学效力有限。换言之，"视"是可教的，"观"是不可直接教的。课堂教学决不是万能的。正是由于上述原因，夏丏尊主张编制教材应"侧重在文章形式的讨究"。

《国文百八课》就是从形式上着眼安排全部内容的。它将教材内容按文章学系统梳理成108"课"（单元），每"课"都有明确的教学目标。按照这个教学目标写一篇"文话"，阐述文章知识的一个方面。这"文话"是编排的纲领。用两篇课文做"文话"的例证，课文后的"文法或修辞"取材于"选文"，同时保持自成系统。最后是"习问"，就这一"课"涉及的知识提出问题。"文话""选文""文法或修辞""习问"四项紧密相联，共同作用，实现"课"的目标。学生在学习中循序渐进，实现108个分目标，最终实现总目标，获得系统全面的文章学知识。这部教材的教学目标明确，系统性强，给语文学科以科学性。

对于教材应"侧重在文章形式的讨究"，学界一直有不同意见。有人认为，文章形式应与内容并重，甚至内容重于形式，因为教材要培养的是人，而不仅仅是传授语文技能。这实际上涉及语文教材的教学目的。夏丏尊的主张与朱自清的正目的、副目的及张志公的专职、兼职一致，就是侧重于正目的与专职，这从学理上、实践上都是经得起检验的。

（二）关于大语文阅读教材

夏丏尊认为，"差不多凡是中国文字写成的东西都可以叫作国文"。"物理、化学、算术、代数等等的教本，小说、唱本、报纸、章程、契约以及日常的书信"等，都可以叫作"国文"。因为国文科的教学目的是增进"对本国文字阅读与写作的教养"，而这些教本和讲义等用本国文字写成的东

---

[1] 夏丏尊，叶圣陶. 文心 [M]. 北京：中国青年出版社，1983：232-233.

西，都可以作为达到教养目的的材料和凭借。可见，夏丏尊提出的是大语文教材的观念，与叶圣陶所见略同。

这个大语文教材观念在今天已成人们的共识，当时却被许多人忽视。夏丏尊说，师生常常把印成的文选或国文课本当作国文，把其余的一切摈斥于国文之外。《水浒传》中《景阳冈打虎》可以选入国文，而整本《水浒传》却仍是闲书。学生读《景阳冈打虎》，自以为在用功于国文；读《水浒传》却被认为是休闲之举。更推而广之，看报、看章程、看契约，与国文无关；复习历史、地理教本，与国文也无关，真所谓"骑驴找驴"了。

语文教科书是大语文教材的核心。当时中学国文尚无标准读本，中学国文课程中的读物，大部分是选文。选什么样的文章呢？夏丏尊建议，内容方面，属于思想的若干篇，属于文艺的若干篇，属于常识或偶发事项的若干篇，属于实用的若干篇；形式方面，属于记叙文的若干篇，属于议论体的若干篇，属于传记或小说的若干篇，属于戏剧或诗歌的若干篇，属于书简或小品的若干篇。对于选文，要求学生切实学习。

夏丏尊指出，每学年仅授几十篇选文，是远远不够的。应以选文为中心，扩展开去。例如，从《桃花源记》旁及《陶渊明集》《无何有乡见闻记》（一般译为《乌有乡消息》，威廉·莫里斯著）。又如，从司马谈的《论六家要旨》旁及《论语》《老子》《韩非子》《墨子》等。

从大语文教材的观念出发，夏丏尊为学生的课外阅读介绍了三类书籍。第一类是关于文字理法的书籍，词与词的关系，句与句的联结，以及文章的体裁，藻饰的方式，都有一个难以随便改易的约束。这约束就是文字的理法了。文字理论包含以下内容。一是语法或文法。黎锦熙的《国语文法》，初中一、二年级学生可读；章士钊的《初等国文典》，初中二、三年级学生可读；杨树达的《词诠》可补文法书的不足；俞樾的《古书疑义举例》可供读古书时参考。二是修辞学。唐钺的《修辞格》，初中三年级或高中一年级学生可先阅，陈望道的《修辞学发凡》可供详密的研究之用。三是作文法。陈望道的《作文法讲义》，叶圣陶的《作文论》，夏丏尊、刘薰宇的《文章作法》等，对中学初年级生可能有些帮助，但不可将其当作法宝。"这些并不是十分有价值的东西。"第二类是理解文字的工具书，指字典、辞书等。《康熙字典》性质普通，解释精当，宜购备一册。《经籍籑诂》为读古书的钥匙，高中生可购备。另外，要知道《佩文韵府》怎样查检。第三类是文字值得阅读，内容有益于写作的书籍。这类书又可分作三种。第一种是因课堂所习的选文而旁及的，上文已经提到。第二种是中国普通人应该知道的。如"四书""四史""五经""周秦诸子"，唐诗、宋词、元曲，著名的旧小说，时下的名作。第三种是全世界认为作为常识的。如希腊的神话，各国近代的文艺代表名作。学生要一一读完是很难的，但要尽量涉猎。例如，"四书"须全读，诸子则可选读，诗与词可读选本。

夏丏尊在 1936 年为中学生写的题为"阅读什么"的广播稿中，提出把读书和生活联系起来，依自己的生活决定读什么书。主张把中学生的读书范围分成三个。一是关于自己的职务的，即教科书。二是参考用的，即上述第三类中的第三种，"因课堂所习的选文而旁及的"。三是关于趣味或修养的，完全为了自己受用，自由自在地读，种数不必多，选择却要精。

夏丏尊不仅指出大语文教材的范围、篇目，还指出了阅读教材的方法。对于选文，应首先理解其本身的形式与内容，进而由此出发，做种种有关系的探究，以扩展知识面。例如，《桃花源记》可学习的方面有：了解文中未熟的字与辞；了解全文的意趣与各节各句的意义；文句之中如有不能用旧有的文法知识说明者，须求得其解释；依据此文玩索记叙文的作法；借此领略晋文风格的一斑；求知作者陶潜的事略，旁及其传记与别的诗文；借此领略所谓乌托邦思想；追求作者思想的时代背景。如此以某篇选文为中心，向有关系的各方面扩张了学去，那么读过一篇选文，不但收得其本身的效果，还可连带习得种种的知识。

对于整本的书，有的须全阅或精读，有的可选读或略读。一书到手，最好先读序，次看目录，了解该书的组织，知道有若干篇、若干卷、若干分目，然后再去翻阅全书，明白其大概的体式，择要去读。例如，读《春秋》《左传》，先须知道什么叫"经"，什么叫"传"，从哪位国君在位起到哪位国君在位止。读《史记》，先须知道本纪、世家、列传、书、表等的体式。

关于精读，可以分为理解、鉴赏和触发三种基本的功夫。理解又可以分为关于词句的和关于全文的两个方面。对于词，要知道它的意义，领略它的情味，懂得它在句子中的用法。对于句，所当着眼的是句子的样式，弄清楚句与句之间的关系。要从词句入手，进而理解全文。"文字虽有几千字或几万字，其中全文中心思想与每节每段的要旨，却是可以用一句话或几个字来包括的。"因此，不能"只就每句的文字表面支离求解"，而要"抽出这潜藏在文字背后的真意"，捕捉到全文的要旨即中心思想。[1]

理解是了解文章的旨趣所在，而鉴赏则是要知道文章的好处所在。"阅读了好文字，如果只能理解其意义，而不能知道其好处，犹如对了一幅名画，只辨识了些其中画着的人物或椅子、树木等等，而不去领略那全幅画的美点一样。何等可惜！"[2]鉴赏有两个条件。一是把自己放入所鉴赏的对象中，一边读，一边对文章的布局、各句或句与句的关系、每句的字，都自问："如果叫我来说，将怎样？"答案可能有三种：与我的说法相合或差不多；说出了我早想说而说不出的话；说法与我的大相径庭。答案不同，感受当然也不同，所谓"仁者见仁，智者见智"，或认为是平常的文章，或认为是好文章，或暂时不加判断，留待将来再读。二是要冷静。"好的作品至少要读两遍以上。最初读时不妨以收得梗概、了解大意为主眼，再读时就须留心鉴赏了。用了'玩'的心情，冷静地去对付作品，不可再囫囵吞咽，要仔细咀嚼。诗要反复地吟，词要低徊地诵，文要周回地默读，小说要耐心地细看。"[3]那些诗话、词话、文评、小说评是前人鉴赏的记录，能教示我们以诗词文或小说的好处所在，足以成为鉴赏上的指导。但"自己须由此出发，更用了自己的眼识去鉴赏，切不可为所拘执"[4]。

除了理解和鉴赏，第三种功夫是触发。所谓触发，就是读有"新得"，"由一件事感悟到其他的事。你读书时对于书中某一句话，觉到与平日所读过的书中某处有关系，是触发；觉到与自己的生活有交涉，获得一种印证，是触发；觉到可以作为将来某种理论说明的例子，是触发"[5]。

［1］夏丏尊.夏丏尊教育名篇［M］.北京：教育科学出版社，2007：103.
［2］同［1］104.
［3］同［1］105-107.
［4］同［1］108.
［5］夏丏尊，叶圣陶.文心［M］.北京：中国青年出版社，1983：233.

触发也就是联想，是非常重要的基本功。理解和鉴赏只局限于作品本身，触发则是立足于作品，拓展开去，旁及其他，往往能擦出创新的火花。

夏丏尊关于大语文阅读教材的观点在当代获得了多数人的认同，虽然他开列的书目有些已经过时，但开列的标准仍值得参考。夏丏尊对于精读的三种功夫的阐释十分精辟，尤其是"触发"这一种功夫，对以后的教材教学很有影响。

（三）关于作文教材

1926年，夏丏尊与刘薰宇合著的《文章作法》出版；1933年，夏丏尊与叶圣陶合著的《文心》出版。这两部著作，在我国现代语文教材史上具有划时代的意义。传统的写作教材，或者是知识型，陈义高妙，流于玄虚，不切实用；或者是文选型，罗列一些文章。《文章作法》突破了这两个框框，创立了训练型教材，其特点是知行合一。首先强调练习的重要性。夏丏尊说："技术要达到巧妙的地步，不能只靠规矩，非自己努力锻炼不可。学游泳的人不是只读几本书就能成，学木工的人不是只听别人讲几次便会；作文也是如此，单知道作文法，也不能就作得出好文章。"[1] 其次指出知识对练习的指导作用和局限性，"渔夫底儿子虽然善于游泳，但比之有正当知识，再经过练习的专门家，究竟相差很远。而跟着渔夫底儿子去学游泳，比之于跟着专门家去练习也不同；后者总比前者来得正确快速，法则对于技术是必要而不充足的条件，真正凭着练习成功的，必是暗合于法则而不自知的；法则没用而有用，就在这一点，作文法的真价值，也就在这一点"[2]。这就是说，知识有助于练习，因此有用；但不能代替练习，因此无用。练习与知识结合起来，知行合一，才能有效提高学生的写作能力。

夏丏尊对作文法也做了界定。他说，作文的"内容是否充实，这关系作者底经验，智力，修养。至于形式底美丑，那便是一种技术。严格地说，这两方面虽是同样地没有成法可依赖，但后者毕竟有些基本方法可以遵照"[3]。这就是说，作者的经验、智力、修养，靠平时历练，功夫在"诗"外，课内不可教；作文的语言形式及表现技术，大致上可教。

[1][3]夏丏尊，刘薰宇.文章作法［M］.郑州：文心出版社，2017：绪言2.
[2]同［1］绪言3.

因此，夏丏尊的训练型的《文章作法》"侧重在文章形式的讨究"，具有可教性和可操作性。

《文章作法》把作文法的基本要求归纳为真实与明确。真实，即要表现作者的真情实感；明确，即把真情实感表现得明晰确当。然后按记事文、叙事文、说明文、议论文、小品文共五种文体分别阐说，法则说明、实例分析、练习设置三项熔为一炉，便于学生知行合一，把握基础文体的写作规律。

在夏丏尊看来，学习写作，在文章形式上下功夫，还不过是第一步。"进一步的，真的文字学习，须从为人着手。'文如其人'，文字毕竟是一种人格的表现，冷刻的文字，不是浮热的性质的人所能模效的，要作细密的文字，先须具备细密的性格。不去从培养本身的知识情感意志着想，一味想从文字上去学习文字，这是一般青年的误解。我愿诸君于学得了文字的法则以后，暂且抛了文字，多去读书，多去体验，努力于自己的修养，勿仅仅拘执了文字，在文字上用浅薄的工夫。"[1]"劝学生不要只将国文当国文学"，要把学作文与学做人结合起来，避免只从文字上学文字的误区，应在学作文的过程中完善自己的人格。夏丏尊的主张富于辩证精神，一方面，"侧重在文章形式的讨究"；另一方面，"不要只将国文当国文学"，二者必须统一起来。在学作文中学做人的主张，具有前瞻性，在今天已成为写作教学的一个口号。

在《文章作法》及其他有关著作中，夏丏尊十分重视培养学生的读者意识。他说："所谓好文章，就是达意表情，使读者读了以后能明了作者的本意，感到作者的心情的文章。"[2]"所谓好的文字就是使读者容易领略，感动，乐于阅读的文字。诸君当执笔为文的时候，第一，不要忘记有读者；第二，须努力以求适合读者的心情，要使读者在你的文字中得到兴趣而快悦，不要使读者得着厌倦。"[3]他认为，离了读者，就可不必有文章，应该为了读者而写作。

写作既然以读者为对象，就首先应该考虑读者的性质、作者与读者

---

[1] 夏丏尊.夏丏尊教育名篇［M］.北京：教育科学出版社，2007：117.
[2] 夏丏尊，刘薰宇.文章作法［M］.杭州：浙江文艺出版社，1983：3.
[3] 夏丏尊.夏丏尊论语文教育［M］.郑州：河南教育出版社，1987：48.

的关系、写作的动机等。"文字的好与坏，第一步虽当注意于造句用辞，求其明了；第二步还须进而求全体的适当。对人适当，对时适当，对地适当，对目的适当。"[1]为此，最好作文时自己审究六个问题：为什么作这篇文章？这篇文章所要述的是什么？谁在作这篇文章？在什么地方作这篇文章？在什么时候作这篇文章？怎样作这篇文章？归纳起来就是："谁对了谁，为了什么，在什么地方，什么时候，用了什么方法，讲什么话。"[2]总之，一切以读者的需要为转移。对在写作教材中培养学生的读者意识，夏丏尊的阐述比较全面、周密，提出的时间也比较早。当时，应者寥寥，只有朱自清持有这个主张，因此弥足珍贵。

夏丏尊认为，"作文是生活，而不是生活的点缀"。"作文同吃饭、说话、做工一样，是生活中间缺少不来的事情。生活中间包含许多项目，作文也是一个。"[3]作文要有一定的生活经验做基础。对于生活中遇到的方块汉字、名伶唱片、茶馆说书、日常对白等语文现象，都要留心观察、比较、鉴别、模仿。读有字书之外可多读"不用文字写的书"，以丰富自己的生活经验。作文应出于生活需要，要和别地的亲友通消息，就写信；有一种意见，要让大家知晓，就把它写成文字；有时心里喜欢，有时心里愁苦，就提起笔来写几句。必须认识到，写信、向报刊投稿、写日记，都是来源于生活又服务于生活。既然作文是生活的一部分，对于写作方法的研究，也要从实际生活出发。比如，组织文章，我国有"起、承、铺、叙、过、结"六段组织法，西方盛行"序论、立论、论证、结论"四段组织法，佛教学者讲究"序分、正宗分、流通分"三段组织法，各有一定根据。然而"我们尽可以不管这些组织法，单从平日的生活经验讨究应该怎样组织我们的文章就是。这样讨究出来的结果不是公式而是原则；原则却是随时随地可以应用的"[4]。即"只要解决了'怎样开场、怎样说出主要的意思、怎样作个收束'这三个问题，再没有旁的事情了"[5]。既然作文是生活的

---

[1] 夏丏尊.夏丏尊教育名篇［M］.北京：教育科学出版社，2007：116.

[2] 同［1］117.

[3] 夏丏尊，叶圣陶.文心［M］.北京：中国青年出版社，1983：15.

[4] 夏丏尊，叶圣陶.文心［M］//刘国正，陶伯英.中国近现代名家作文论.郑州：文心出版社，1992：277-278.

[5] 同［3］211.

一个项目，那么作文应包括生活中的一切文字应用，实际情况却不然。"国文科中的所谓'作文'，在中学校里通常只是每月二次，其余如日常的写作笔记、日记、通告、书信之类，全不算在'国文'账上。"[1]夏丏尊认为，课内的正式训练和课外的日常写作都属于作文，应一视同仁。这种认识在今天已是共识，在当时则是远见卓识。

夏丏尊一生为编制富于科学性的语文教材，为出版各种适应青少年迫切需要的丛书、丛刊，尽心竭力，不懈奋斗，留下大量宝贵的精神遗产，值得我们好好继承。

五、朱自清的论述

朱自清（1898—1948）是散文家、诗人、学者，又是语文教育家，曾从事中学语文教学达五年之久，长期主讲"大一国文"，参与编纂多种语文教科书，撰写了不少关于语文教材教法的论著。他的语文教材观注重实用性和实效性，在今天仍很有启示意义。

（一）"文艺是主要的教材"

朱自清说："国文科是语文教学，目的在培养和增进了解、欣赏与表现的能力，文艺是主要的教材。"又说："文艺增进对于人生的理解，指示人生的道路，教读者渐渐悟得做人的道理。这就是教育上的价值。文艺又是精选的语言，读者可以学习怎样运用语言来表现和批评人生。"[2]在朱自清看来，语言文字是了解和表现人生的工具，学生在接受语言文字教育的过程中也接受做人的教育。文艺既能进行语文教育又能进行做人教育。他重视教材选用小说，"小说增加人的经验，提示种种生活的样式，又有趣味，最是文学入门的捷径"[3]。还重视教材选用诗歌，认为诗歌含有高尚的感情，往往暗示人生，又有言外之意，可以提升学生的语文水平和精神境界。"文艺是主要的教材"的观点与叶圣陶"实用文是主要的教材"的观点不一致。教材史证明，朱自清的观点胜出：当下的教材正以文艺为主。

---

[1]夏丏尊.夏丏尊教育名篇［M］.北京：教育科学出版社，2007：120.

[2]朱自清.朱自清语文教学经验［M］.北京：教育科学出版社，2007：190-191.

[3]同［2］78.

朱自清还推荐文学教材篇目。他认为，"'今日的中学生'该多读现代作品（包括翻译），但是不必限于新写实主义的。古典作品，语体的如《水浒传》《西游记》《红楼梦》等，也该读。文言以读唐宋以来的作品为主；古书最好翻成语体给他们读"[1]。他推荐鲁迅的《呐喊》，冯雪峰的《乡风与市风》，屠格涅夫的《父与子》《罗亭》，郑振铎的《插图本中国文学史》，朱光潜的《谈文学》，夏丏尊、叶圣陶的《文心》等。

当时有人反对教科书选短文，主张用整本的书。朱自清不认同。他认为教科书的教学重在指示读书与思想的方法，使学生养成读书与思想的习惯。而读任何书均有章节，既有章节，亦有段落，故均系由短而长。读选文，正是从近处、低处入手，而且所需时间短，学生注意力较易集中，习惯之养成自较容易。而所养成的习惯的适应性也较大，因为所选各文含有各种重要的思想、各样动人的情感和各种重要的体式，非专读一二书、习偏于一隅者可比。因此也可免了单调的毛病，常能引起新的兴味。至于整本的书，主要用于课外教材。学生通过课内选文学到读书方法，而课外可以运用课内学到的方法读整本的书，从而养成阅读、欣赏的良好习惯。这样课内外结合，达到国文科的教学目的。

关于教材选文的编排，朱自清主张"初中选文，宜以内容为经，体式为纬；高中则宜以时代为经，内容为纬"[2]。初中以内容为经，可以使学生集中注意力，而且与学生平时读书的实际是一致的。为防止一类文字为一个单元，使学生感到单调，可以以体式为纬，使其常有变化。高中以时代为经，世界文学思潮与本国古代学术思想为两方面，依时代逆溯而上，比较容易显出迁流之迹。以内容为纬，用意同初中以内容为经一样。初中三年，叙事、抒情、说理三种体式已经大致略备，高中不必重复。

关于课外教材，朱自清同意"各年级规定若干种"，这样便于教师进行指导。他建议"限程督促"学生阅读，"每周指定一时"，专供学生报告本周所读书的梗概之用，并质疑讨论。"每八周中"，"各学生交读书笔记一次，即作为一次作文"。[3]

---

[1]朱自清.朱自清语文教学经验［M］.北京：教育科学出版社，2007：191.
[2]同［1］12.
[3]同［1］13.

朱自清认为，教材对怎样欣赏文艺作品应有所规范，欣赏就在透彻的了解里。一般人把欣赏与了解看成两回事，好像欣赏比了解高一个档次。实际上，欣赏是透彻的了解，了解是切实的欣赏，二者联系密切。他说："一般的意见将欣赏和了解分成两橛，实在是不妥的。没有透彻的了解，就欣赏起来，那欣赏也许会驴唇不对马嘴，至多也只是模糊影响。"[1] 又说："欣赏得从辨别入手，辨别词义、句式、条理、体裁，都是基本。囫囵吞枣的欣赏只是糊涂的爱好，没有什么益处。"[2] 他指出，现在一般中学生阅读普通的书报，取"不求甚解"的态度，还不至于抓不着主要的意思。但是对于文学作品，也想取这个优游的态度就不成。必须在语言文字的分析咀嚼上狠下功夫。"语言，包括说的和写的，是可以分析的；诗也是可以分析的。只有分析，才可以得到透彻的了解；散文如此，诗也如此。"[3] 他在题为"了解与欣赏——这里讨论的是关于了解与欣赏能力的训练"的讲演中，列出了句式的形式、段落、主旨、组织、词语和比喻典故例证等六个方面，作为分析的重点。"总结起来说"，应特别注意：一是语言的经济（注意句读停顿多少与力量是否集中）；二是比较的方法（如诗歌与散文在语言上的比较）；三是文字的新变（探求作家用字或称为"炼字"的妙处和用心）。[4] 他强调："文艺教学是语文教学的一部分，并且是主要的一部分，因为文艺是语文教学的主要教材。因为是语文教学的一部分，所以文艺教学应该注重词句段落的组织和安排，意义的分析；单照概括的文艺原理或批评原理来讲论作品的大意，是不够的。文艺教学跟文艺批评不尽同，教学不该放松字句。"[5] 这里有两点值得注意。（1）夏丏尊认为，理解与鉴赏是两种功夫，自有其道理。朱自清却强调欣赏与了解的密切联系，这见解更为深刻。（2）指出文艺教学跟文艺批评不尽同，中小学文艺教学应该注重词句段落的组织和安排及意义的分析。朱自清提出的这个意见十分重要，可以作为文艺教学的指针。

［1］朱自清.朱自清全集：第七卷［M］.南京：江苏教育出版社，1988：191.
［2］朱自清.朱自清语文教学经验［M］.北京：教育科学出版社，2007：24.
［3］朱自清.《古诗十九首释》前言［J］.国文月刊，1941（6）.
［4］同［2］92.
［5］同［2］192–193.

为培养对语言文字的咀嚼分析能力，教材应引导学生进行充分的练习。不妨提供可资比较的材料，提出学生容易忽视的重要问题，穿插示范性的启发讲解。但这些都侧重在意蕴上、理念上，而语言文字还具有节奏和韵律，因此，为达到"透彻的了解"的目的，还需要注重诵读。朱自清把诵读分为"吟、读、说"三类。教材当然必须在这些方面做出引导。"吟"主要针对古代诗文。"'吟'好像电影'慢镜头'，将那些不自然的语言的口气慢慢显示出来，让人们好捉摸着。""读"则针对某些应用的文言和一般白话诗文，用"从前宣读诏书，现在法庭里宣读判词"的这种腔调"读"。"读"注重意义，注重清楚，要如朱子所谓的"舒缓不迫，字字分明"。"说"针对用纯粹口语写的作品，用"说"的方法可以传达出作品的情味。如老舍的某些作品，可用此法。朱自清认为，诵读不仅有助于学生对文艺作品的了解与欣赏，还有助于学生理顺自己的"语脉"。诵读的重要性人所共知，但目前还没能普及。

（二）"经典训练是必要的项目"

新文化运动以来，对于中学生要不要学习文言文、文言教材究竟怎样编，争辩不休。不少激进分子宣布"文言已死"，呼吁让文言文退出基础教育。也有人坚持让孩子读经。朱自清独树一帜，说："由于文言文在日常应用上渐渐的失去效用，我们对于过去用文言文写的典籍，便漠不关心，这是错误的思想。因为我们过去的典籍，我们阅读它，研究它，可以得到古代的学术思想，了解古代的生活状况，这便是中国人对于中国历史认识的任务。"[1]因此，"中学生应该诵读相当分量的文言文，特别是所谓古文，乃至古书。这是古典的训练，文化的教育。一个受教育的中国人，至少必得经过这种古典的训练，才成其为一个受教育的中国人"[2]。"在中等以上教育里,经典训练实在是一个必要的项目。经典的价值不在实用，而在文化。"[3]朱自清的主张不同于激进派，与封建复古派也有本质区别，在现代语文教材史上独树一帜。朱自清的主张经过历史的洗礼，至今仍有现实意义。

[1]朱自清.朱自清全集：第八卷［M］.南京：江苏教育出版社，1993：443.

[2]朱自清.朱自清语文教学经验［M］.北京：教育科学出版社，2007：71.

[3]朱自清.朱自清全集：第六卷［M］.南京：江苏教育出版社，1990：3.

朱自清赞成中学使用文言教材。他认为,"文言的教材,目的不外两个:一是给学生做写作的榜样或范本,二是使学生了解本国固有文化。这后一种也可以叫做古典的训练"[1]。为达到第一个目的,他对文言教材的编写提出如下建议。一是赞成浦江清的主张,将文言文和白话文分开编写,各有系统,这样可以教人容易明白文言是另一种语言。二是文言教材总得简单化,文字要经济,条理要清楚。重在当写作的榜样或范本上,不能将深的僻的文字都选进去,不能五花八门的样样都来一点儿。[2]

朱自清说:"《古文观止》还不失为一部可采用或依据的教本,因为现在应用的文言的基本句式还是出于唐宋八家文的多。我想再加两部书补充《古文观止》的不足:一是梁启超先生的《常识文范》(中华版),二是《蔡孑民先生言行录》(新潮社版)。这两部书里所收的都是清末和民初的杂志文字。梁先生的文字比较早些,典故多些,句式也杂些,得仔细选录。蔡先生的,简明朴素,跟现行的应用的文言差不多,初中里就可以用。"[3]"这两部书里大部分是议论文,小部分是说明文。""这两部书的说理比古文强得多。""这两部书里适宜于中学生的教材多些。"[4]从训练写作这方面看,这两部书比古文更实用些。

为达到第二个目的,使学生了解本国固有文化,获得文学的常识,培养鉴赏的能力,朱自清主张编文言经典选本,并辅以相当数量的参考书。选本的编法多样:"或以时代,或以体制,或以事类,或以派别,或以人,或以地;也有兼用两种标准的。"[5]他主张"初中用分体办法;体不必多,叙事、写景、议论三种便够。因为初中学生对于文字的效用还未了然;这样做,意在给他打好鉴赏力和表现力的基础。类目标明与否,无甚关系,但文应以类相从"。"不必采录古白话,古白话小说可另作参考之用。去取看表现艺术,思想也当注意。高中用分代分家办法,全选文言。分代只须包括周秦、汉魏、晋南北朝、唐宋的文和诗,加上宋词、元曲。每种只选最重要的几个大家","每家不能专选一方面,大品与小品都要

[1]朱自清.朱自清语文教学经验[M].北京:教育科学出版社,2007:21.
[2]同[1]21-22.
[3]同[1]22-23.
[4]同[1]23.
[5]同[1]77.

有"。"分人是进一步的专精的读法","也主张用选本","这种宜用作参考书"。"此外可多读小说","只要著名的都行"。"杂剧、传奇也可读,文字也许困难些。""各种关于中国文学的通论或导言,也是好的参考书","这种书应以精实为贵,但单读这种书,还不免是戏论,非与前说各种选本及参考书印证不可;因为那些是第一原料"[1]。

朱自清认为,中学生欣赏古代文学经典的第一大难关是语言文字关。为打通这一关,可以采用四种方法。一是用语体翻译,把文言译成艺术性的或有风格的白话。二是用白话注释,要注得简明朴实。三是用白话讲解,分析原文的意义并加以批判。四是拟作,写照了原作,也写照了自己。教材可以酌情采用这四种办法,帮助学生过语言文字关。

有些青年人以为古书古文学里的生活跟现代隔得太远,他们不能也不愿接受那些古代经典。朱自清指出,古人所谓"人情不相远"是有道理的。尽管社会组织不一样,意识形态不一样,但人情总还有不相远的地方。人情或人性不相远,而历史是连续的,认清这一点才说得上是接受古文学。但是在当代,我们得先弄清楚自己的立场,再弄清楚古文等的立场,所谓"知己知彼",然后分辨出精华与糟粕,做出取舍,即批判地接受。一面设身处地站在古人的立场上思考,一面回到自己立场上批判,这"设身处地"是欣赏的关键,也就是所谓的"感情投入"。要在培养欣赏力的同时培养批判力。为实践自己的主张,朱自清亲自编了一部课外教材《经典常谈》。这部教材的内容"是一些古书的'切实而浅明的白话文导言'"[2],用正确的观点和方法指导中学生阅读古代经典。

作为我国现代一流的大学者如此关注文言教材,并为文言教材的编制做出如此科学、具体的筹划,朱自清是第一人。

（三）"用'报刊文字'作写作训练的目标"

朱自清说:"我觉得现在中学生的写作训练该拿报纸上和一般杂志上的文字作切近的目标,特别是报纸上的文字。报纸上的文字不但指报纸本身的新闻和评论,并包括报纸上登载的一切文件——连广告在内——

---

［1］朱自清.朱自清语文教学经验［M］.北京:教育科学出版社,2007:77-78.
［2］叶圣陶.叶圣陶语文教育论集:上册［M］.北京:教育科学出版社,1980:49.

而言。"这样做，有三个好处。"第一，切用，而且有发展；第二，应用的文字差不多各体都有；第三，容易意识到各种文字的各种读者"。[1]

把报刊文字作为写作训练的目标，就是把报刊文字作为写作教材的例文供学生作文时模仿和借鉴。朱自清这样提是有针对性的。他说过："中学生作文课，该以广义的应用文为主，因为作文课主要是技能的训练，艺术自当居次位。"[2]可是当时中学生受风气的影响，一般都爱好文艺，阅读的是它，练习的也是它，往往"滥用文学的感情和用语，时时借文字发泄感情，文学的成分太多了，不能恰到好处，反而失去文学真正的意义"[3]。他们辨别不清广义的应用文与文艺作品的区别，把实用性写作等同于文艺创作。"因此写起普通文字来，浮文多，要紧话少，而那几句要紧话又说不透彻。这就不能应用。"[4]不仅创作不成，广义的应用文也无法过关。要纠正这坏习惯，朱自清建议以报刊文字作为写作训练的目标。而且，报刊上"应用的文字差不多各体都有"，如普通的记叙文、抒情文、议论文和说明文。从这些文体入手，便于训练学生的语言基本功与行文的思路。朱自清一向主张，初学写作应先练习把话写通顺，写清楚，过好文字关，把基础打牢。报刊文章可以作为练习语言的凭借。朱自清认为，当时学生作文的最大毛病是思路不清，层次不清，无条理。这种毛病在记叙文和抒情文中不明显，在说明文和议论文中就容易看出。当然，阅读教本中的说明文和议论文也可以进行这种训练，但它们"经济而条理密的少，内容也往往嫌广嫌深，不适于中学生"[5]（朱自清建议，"得补救一下"，如选培根《论读书》、牛曼《君子人》等短论。这些或说明，或议论，虽短，却是正式的论文，最宜于做教材）。在阅读教本不理想的情况下，只能倚重报刊文章了。用报刊上的说明文、议论文作为例文，训练学生作文思路的严密度和清晰度。学生具备了语言的基本功和清晰的作文思路，就基本上把握了实用性写作，不难写出合格的、广义的应用文。

---

［1］朱自清.朱自清语文教学经验［M］.北京：教育科学出版社，2007：27.

［2］同［1］192.

［3］同［1］188.

［4］同［1］193.

［5］同［1］24.

把报刊文字作为写作训练的目标，还可以激发学生对写作的兴趣，激起他们写作的内驱力。朱自清曾感叹，教授国文有三大困难，第一便是"无论是读是作，学生不容易感到实际的需要"，"不感到实际的需要，读和作都只是为人，都只是奉行功令；自然免不了敷衍，游戏"[1]。当然，可以把写作训练看作"基本的训练，是生活技术的训练——说是做人的训练也无不可"，但这样"广泛的目标是不能引起学生注意的"[2]。也可以像课程标准那样，规定"养成用语体文及语言（初中）以及文言文（高中）叙事、说理、表情、达意之技能"，但这"还嫌广泛些"[3]。而用报纸上和一般杂志上的文字作为中学生写作训练的目标，因为报刊文字"切用，而且有发展"，学生才容易感到写作是一种需要，对写作产生兴趣。再说，报刊文章的要求一般比文艺作品低，大多数学生经过努力不难达到。如果写作的新闻或评论，起草的应用的文件能"登在报纸或杂志上，也是一种骄傲，值得夸耀并不在创作以下"，它"可以鼓起学生的兴趣，教他们觉得写作是有所为的而努力做去"[4]。

以报刊文字为写作训练的目标，还能使学生的写作训练有"假想的读者"。过去科举时代，写文章是为了中举做官，考官是"假想的读者"。五四运动以后，学生写作大都以"创作"为目标，想在文艺上找出路，就以社会上的一般知识阶层为"假想的读者"。现在学生的写作训练，是为了将来升入高一级学校继续深造或步入社会参加工作时，能用写作来适应个人和社会的各种需要，因此，要以社会各个方面的人为"假想的读者"。朱自清说："写作练习是为了应用，其实就是为了应用于这种种假想的读者。写作练习可以没有教师，可不能没有假想的读者。"[5]学生写作文，知道只是给教师看，至多再加上一些同学和自己的父兄，每回写作都是为了这几个人，那么写作的确没有多大趣味，学生不免有敷衍塞责的弊病。学生"不意识到假想的读者，往往不去辨别各种体裁，只

［1］夏丏尊，叶圣陶.文心［M］.北京：中国青年出版社，1983：序4.

［2］［3］朱自清.朱自清语文教学经验［M］.北京：教育科学出版社，2007：25.

［4］同［2］27.

［5］同［2］26.

马马虎虎写下去。等到实际应用，自然便不合式"[1]。而且，"只知道一种假想的读者而不知道此外的种种，还是不能有辨别力"[2]。因此，学生的写作训练必须有"假想的读者"，而且必须是社会上各方面的人，而报刊文章恰恰能使学生意识到各种文字的各种读者。"因为报纸上登载着各方面的文件，对象或宽或窄，各有不同，口气和体裁也不一样，学生常常比较着看，便容易见出读者和文字的关系是很大的，他们写作时也便渐渐会留心他们的假想的读者。"[3]把报纸上各种体裁和样式的文章进行比较，容易提高学生对文体的鉴别力；报纸的读者面宽，雅俗共赏、老少咸宜，有利于培养学生面向全社会各色人等的"假想的读者"意识。

报刊文章尽管体裁不少，但还是缺少书信。朱自清又特别重视书信。因为书信比其他文体有更确切的读者对象，有更明确的写作意图。所以，写作书信比写其他文体更能培养学生的读者意识，使学生的作文符合要求。朱自清建议，把书信补进写作教材。

此外，朱自清提倡办班级壁报。他说："说起壁报，那倒是鼓励学生写作的一个好法子。因为只指出假想的读者的存在，而实际的读者老是那几个人，好像支票不能兑现，也还是不大成。总得多来些实际的读者才好。从前我教中学国文，有时选些学生的文课张贴在教室墙壁上，似乎很能引起全班的注意，他们都去读一下。壁报的办法自然更有效力，门类多，回数多。写作者有了较广大的实际的读者群，阅读者也可以时常观摩。一面又可以使一般学生对于拿报纸上和一般杂志上文字做写作的目标有更亲切的印象。这是一个值得采取的写作设计。"[4]写作教材应该把这种写作设计吸收进来。

一般认为，"取法乎上，仅得乎中"，朱自清主张"用'报刊文字'作写作训练的目标"，似乎与这古训不符。不过应该承认，朱自清的主张是从学生实际出发的，而且适应社会的需要，完全站得住脚。其中"培养学生的读者意识"这一条与夏丏尊的主张不谋而合，也符合当下正提倡的交际语境写作的原理，不能不佩服朱自清有先见之明。

---

[1][2][3]朱自清.朱自清语文教学经验［M］.北京：教育科学出版社，2007：27.
[4]同［1］29-30.

六、叶圣陶的论述

叶圣陶（1894—1988）是我国现代中小学语文教材事业的奠基者、开拓者和改革者。他一生中不仅编写和主持编写了二三十部语文教材，而且对语文教材建设的理论做了全面、系统而精辟的阐述。

（一）语文教材的性质与功能

第一，"语文教材无非是例子"。叶圣陶说："语文课本不同于其他的课本：数学、物理、化学等课本，材料是一定的，各科的'教学大纲'都规定好了，语文课本的材料是课文，课文实际上是举例的性质，'教学大纲'并未规定，所以要选。"[1]又说："语文教本只是些例子，从青年现在或将来需要读的同类的书中举出来的例子；其意是说你如果能够了解语文教本里的这些篇章，也就大概能阅读同类的书，不至于摸不着头脑。"[2]又说："教材的性质等同于样品，熟悉了样品，也就可以理解同类的货色。"[3]

从这些论述中可以看出，（1）语文教材只是出发点，不是终点。从语文教材入手，目的是阅读种种书。因此，不能抱"一本书主义"，"以为语文教本选的是些好篇章，人人必读的，读了这个，就吸尽了本国艺文的精华"[4]。语文教材只是"举一隅"，落脚点是"以三隅反"。（2）"举一"是"反三"的基础，不能局限于教材，但也不能忽视教材。对教材这个例子，要细琢细磨，透彻领悟，从中学得读写方法，培养良好的习惯。这样才能从教材出发，推广开来，达到能阅读其他同类书的目的。（3）教材既然是例子，文章的选用就要谨慎。选用的文章应该是"范例"，要能充分体现读写规律，足以成为学习的楷模；应该是"适例"，不深不浅，恰到好处，切合学生的心理特征和接受能力；应该具有广泛性，包括日用的各种样式和风格的文体，文体越多，学生得以举一反三的面越广；应该具有针对性，根据一定的教学目标选定文章，或作为经

---

[1] 叶至善，叶至美，叶至诚.叶圣陶集：第十六卷［M］.南京：江苏教育出版社，1993：147.
[2] 同［1］63-64.
[3] 同［1］115.
[4] 同［1］63.

典,供学生进行全方位、多层面的学习,或作为触发某项读写活动的引子,等等。

第二,语文教材是获取语文知识、培养语文能力和习惯的一种"凭借"。叶圣陶说:"知识不能凭空得到,习惯不能凭空养成,必须有所凭借。那凭借就是国文教本。"[1](1)获取语文知识的凭借。语文知识范围很广,包括语言学、文艺学、文章学、阅读学、写作学、口语交际学等各项。中学生学习这些知识,主要不是硬啃这些学科系统的知识讲义,而是对一篇篇文章进行研读。叶圣陶说:"国文教本中排列着一篇篇的文章,使学生试去理解它们,理解不了的,由教师给予帮助(教师不教学生先自设法理解,而只是一篇篇讲给学生听,这并非最妥当的帮助);从这里,学生得到了阅读的知识。更使学生试去揣摩它们,意念要怎样地结构和表达,才正确而精密,揣摩不出的,由教师给予帮助;从这里,学生得到了写作的知识。"[2]把语文教科书的课文作为凭借来获取语文知识,与单纯地阅读系统的语文知识讲义相比,至少有两点好处:第一,从课文阅读中得来的知识有血有肉,不是死板的条文,如吕叔湘所喻,是动物园里活的动物,不是陈列室里的动物标本;第二,在教师的指导下,学生自己思索探究得出的知识,是完全融入其认知图式的语文知识,而不是死记硬背的现成条文。因此,这些知识易懂、管用。(2)培养语文能力和习惯的凭借。叶圣陶说:"阅读书籍的习惯不能凭空养成,欣赏文学的能力不能凭空培植,写作文章的技能不能凭空训练。国文教学所以要用课本或选文,就在将课本或选文作为凭借,然后种种工作得以着手。"[3]比如阅读能力和习惯的养成,就必须经过大量的阅读实践。教科书中一般有精读课文、略读课文,学生根据自己的摸索和教师指点的精读法、略读法,一篇篇地去精读或略读,从少到多,由浅入深,循序渐进,锲而不舍,精读、略读的能力和习惯由此逐步养成。此外,写作能

[1]叶至善,叶至美,叶至诚.叶圣陶集:第十三卷[M].南京:江苏教育出版社,2004:104.

[2]叶至善,叶至美,叶至诚.叶圣陶集:第十六卷[M].南京:江苏教育出版社,1993:104.

[3]叶至善,叶至美,叶至诚.叶圣陶集:第十四卷[M].南京:江苏教育出版社,2004:9-10.

力和习惯的养成，也得以教科书为凭借。叶圣陶说："阅读得其道，无论在思想吸收方面或者技术训练方面，都是写作上的极大帮助。"[1]阅读课文，"辨认作者思想发展的途径，这个工夫同时就训练了咱们的思想习惯"；"注意他怎样运用语言文字，同时就训练了咱们的语言文字的习惯"[2]。叶圣陶与人合著的著名的《国文百八课》《开明国文讲义》第一、第二册，都以作文为核心，凭借课文训练写作技能。比如，这两套书都选用了《背影》，目的是训练学生在叙述中抒发感情的能力。

除说语文教材是例子、凭借和样品以外，叶圣陶还说过语文教材是工具、钥匙、桥梁等。这种种说法都揭示了一个道理："课本只能当工具看，当手段看。通过这些工具和手段，使包含在里头的种种东西在学生的思想、意识、行动、工作方面起积极作用，这才是目的。"[3]换言之，学习教材不是最终目的，目的是通过学习教材，养成理解和运用语文的能力和良好习惯。

叶圣陶关于语文教材性质与功能的论述，已经在语文教材编制工作中发挥效用。一些学者在叶圣陶论述的基础上做了补充与发展，比如，把语文教材选文分为定篇、例文、样本和用件，或者分为全息、例子、凭借和引子，这都是在叶圣陶开辟的道路上继续前进。

（二）语文教材的选文标准

课文是教材的主体，十分重要。因此，叶圣陶多次申说语文教材的选文标准。总括起来说，有三条：文质兼美，适合教学，文体匀称。

首先，文质兼美。叶圣陶说："我人首须措意者，所选为语文教材，务求其文质兼美，堪为模式，于学生阅读能力写作能力之增长确有助益。"[4]文，指语言文字；质，指思想内容；文质兼美，两者都好；堪为模式，足以成为学生学习的榜样。坚持这一选文标准，是达成语文课程

［1］叶至善，叶至美，叶至诚. 叶圣陶集：第十三卷［M］. 南京：江苏教育出版社，1992：162.

［2］叶圣陶. 叶圣陶语文教育论集：上册［M］. 北京：教育科学出版社，1980：206，210，211.

［3］叶至善，叶至美，叶至诚. 叶圣陶集：第十一卷［M］. 南京：江苏教育出版社，2004：186.

［4］叶至善，叶至美，叶至诚. 叶圣陶集：第十六卷［M］. 南京：江苏教育出版社，1993：155-156.

目标的需要。叶圣陶说："语文课本……有一项特殊的使命：训练学生运用语言文字的能力和良好习惯。（在这里，我不大愿意说'知识'。）所以课文必须选，选内容和表达都好的文章。"[1]他认为，课文都要站得住，没有病句，没有空泛的话，这一层最难办到。选用现成的材料，往往感到不满意。1962年，人民教育出版社中学语文室的同志提出把《谈学逻辑》（作者潘梓年）、《在莱比锡审讯的最后发言》（选自《季米特洛夫选集》）、《在法庭上》（节选自高尔基《母亲》）、《工厂技术革命的新气象》、《火光》、《在狱中》（节选自《青春之歌》）、《怎样评价〈青春之歌〉？》（作者茅盾）等七篇文章选进教科书，叶圣陶则表示不同意见。他说："此七篇者，姑谓其质皆属精英，若论其文，则至为芜杂。意不明确者，语违典则者，往往而有，流行之赘言，碍口之累句，时出其间。以是为教，宁非导学生于'言之无文'之境乎？"[2]他告诫："我人决不宜抱'唯名主义'，以为如潘梓年、茅盾二位之文，尚有何话说。"[3]因为名人的作品"另有意图"，"并不是为了语文课本而写的，用来作课文不一定适宜"[4]。他反对"盲从市场"的倾向。不能"以为《季米特洛夫选集》《母亲》《青春之歌》行销至广，读者至众，何妨采录其一章一节为教材"[5]，而不看其是否符合文质兼美的标准。他认为，当时"行销至广"的《林海雪原》《青春之歌》《红岩》等红色经典，"盖在伯仲之间，可供浏览而不宜为语文教材，以其未臻于文质兼美也"[6]。他反对"拉在篮里就是菜"，认为选文必须"无篇不精"。

其次，适合教学。叶圣陶在他与人合编的《初中国文教本》的编辑说明中说，"本书所选范文"，"以期适应教学"[7]。"适应教学"也是叶圣陶始终坚持的选文标准。一是选文要适应学生的心理特点与接受程度。既不要过深，务必让学生在教师指导下能够自行读懂，就是俗话说的"跳

［1］叶至善，叶至美，叶至诚. 叶圣陶集：第十六卷［M］. 南京：江苏教育出版社，1993：146.
［2］同［1］156.
［3］［6］同［1］155.
［4］同［1］147.
［5］同［1］156–157.
［7］同［1］24.

一跳，摘果子"；又不要成人化，要富于情趣，能使学生爱读乐读。1938年，叶圣陶在给夏丏尊的一封信中说："弟在巴蜀教国文，用东华所编之书，觉所选文章多不配十余龄学生之胃口，而所谓'习作'者，讲得吃力而学生大半茫然。我们所编书大体与之相类，其不切实用自可想见。闭门所造之车难合外间之辙，今益信矣。至少初中国文教本还得另起炉灶，重辟途径也。"[1]为此，叶圣陶指出，"选现成的文章作教材，这虽已成习惯，其实并不一定是好方法"，"最理想的方法，是照青年的需要，从青年实际生活上取题材，分门别类地写出许多文章来，代替选文"[2]。1932年，叶圣陶出版了《开明国语课本》，共12册，400来篇课文，其中一半是创作，另一半是有所依据的再创作，没有一篇是现成的。这套教材由于密切联系儿童生活，富有儿童情趣，因此受到师生的广泛欢迎。不过，叶圣陶也承认，让学生只读"一二人的写作，究竟嫌太单调"，"对于他们的将来也许是不利的"[3]。二是选文要短小精悍。叶圣陶说："国文教本为了要供学生试去理解，试去揣摩，分量就不能太多，篇幅也不能太长；太多太长了，不适宜于做细琢细磨的研讨工夫。"[4]对上文提到的拟选入教材的七篇文章，叶圣陶就认为不甚符合短小精悍的标准："此七篇唯《谈学逻辑》六面，余皆十面以上，最长者《在莱比锡审讯的最后发言》《在狱中》二篇，皆十六面，连空格计之，约八千五百字。我猜教师学生必有对如许长篇汇于一册深感头痛者。课本选用长篇，长至若干字为度，一册以几篇为度，今后必当限定矣。"[5]

最后，文体匀称。叶圣陶说："对于文体的收纳，我主张兼容博采，而且各篇须是各体的模式。"[6]有人表示异议，他就答复："我所谓文体，系指记状、叙述、解释、议论等基本体式而言。我们用语言文字表情达意，就离不了这些体式。国语课本怎能不把这些体式都收纳进去？我所谓文

---

［1］商金林.叶圣陶年谱长编：第二卷［M］.北京：人民教育出版社，2004：77.

［2］［3］叶至善，叶至美，叶至诚.叶圣陶集：第十六卷［M］.南京：江苏教育出版社，1993：33.

［4］叶至善，叶至美，叶至诚.叶圣陶集：第十三卷［M］.南京：江苏教育出版社，2004：105.

［5］同［2］155.

［6］同［2］16.

体,又指便条、书信、电报、广告、章程、意见书等实用文的体式而言。这些体式都是日常需用,随时随地会接触到的。国语课本怎么能不示一些模式?"[1]显而易见,语文教材的文体应该包括常见常用的记叙文、说明文、议论文和应用文。叶圣陶还主张,语文教材要选文艺作品,但"不宜偏重文艺","语文的范围广,文艺占其中的一部分。偏重了文艺,忽略了非文艺的各类文字,学生就减少了生活上的若干受用"[2]。总之,"选文力求各体匀称,不偏于某一种类、某一作家"[3]。

对叶圣陶规定的语文教材的选文标准,多数语文教材编者都自觉遵照执行。这个选文标准的突出之处,是强调选文的语言美。按照这个标准,《青春之歌》等几部红色经典的语言需经过修改后才能选入教材。这样规定是有充分理由的。试想,学语文主要是学语言,选文的语言不美,学语文的目的岂不落空?叶圣陶多次对教材中语言粗糙的现象提出批评,不妨用这种批评来对照一下当下的教材。

(三)教材选文的编辑加工

语文教材的选文,除了经典作品以外,一般都要进行加工。对此,叶圣陶有不少阐说。

1. 节录

叶圣陶一向主张中小学生应读整本的书,不过语文教科书的容量有限,只能退而求其次,采用节选的办法。通过课本中节选的部分,引导学生读整本的书。因此,节选部分要力求体现整本书的主旨以及主要人物的风貌。1965 年,叶圣陶在给一位教师的复信中说:"承询《梁生宝买稻种》与《乐羊子妻》,此间尚未讨论及之。至于我个人之见,前一篇节取一小段,实不足以见梁生宝之为人,且语言颇生硬,虽略有改动,仍嫌未纯。当时(选入教材)盖欲令学生尝《创业史》之一脔耳。"[4]叶圣陶批评《梁生宝买稻种》没有达到节选的要求,可见其对节选的要求之严。

[1]叶至善,叶至美,叶至诚.叶圣陶集:第十六卷[M].南京:江苏教育出版社,1993:16.
[2]同[1]115.
[3]同[1]174.
[4]朱泳燚.叶圣陶语文教材编写的实践与理论[J].课程·教材·教法,1988(4):10-12,8.

2. 改编

改编指利用原作的材料进行再创作。除材料取自原著以外，结构、语言一般都与原著不同。叶圣陶编写的《开明国语课本》，其中一半的课文是改编的。在叶圣陶的指导下，新中国成立以后编写的教材中，不少说明文是改编而成的，如《看云识天气》《食物从何处来》等。改编的课文由于针对教学目标，符合教学需要，往往受到师生欢迎。

3. 修改

与一般读物的选文不同，教材的选文是供教学用的，必须"堪为模式"。叶圣陶始终主张，为适应教学需要，对选文做必要的润色修改。他说："盖欲示学生以文章之范，期文质兼美，则文中疏漏之处，自当为之修补润色。"[1]

叶圣陶指明了修改的标准。选文的语言，要"用词力求正确，造句力求精密，务期与标准语相吻合，堪为儿童说话作文的模范"[2]。他认为像《青春之歌》《林海雪原》的语言"仅为粗坯"，《创业史》的文字也"颇为生硬"，经过修改加工后才能选入教材。

叶圣陶还指明了修改的态度，必须慎之又慎。教材编者必须深知读书为文之甘苦，必须反复讽诵选文，"熟谙作者之思路，深味作者之意旨，然后能辨其所长所短，然后能就其所短者而加工焉"[3]。加工是必要的，但要尊重作者，尊重作者的风裁，既不迁就，又不唐突。"作者文笔，各有风裁，我人加工，宜适应其风裁，不宜出之以己之风裁，致使全篇失其调谐。"[4]

叶圣陶建议多采用集体修改的方式。"譬如五个人一组，一个人读，四个人听。""光用眼睛看，往往只注意文章讲的什么，听别人读，会随时发现多了些什么，或者少了些什么，要改的真是这些地方。这个方法比一个人加工容易得多。"[5]他在人民教育出版社经常采用集体讨论的方式修改选文。讨论会由他亲自主持，有关的副总编辑、编辑室主任和当册课本的责任编辑参加。他先念一段或一句选文，大家讨论如何修改，

［1］叶至善，叶至美，叶至诚.叶圣陶集：第十六卷［M］.南京：江苏教育出版社，1993：157.

［2］同［1］17.

［3］［4］同［1］158.

［5］同［1］148.

如果意见不一，由他一锤定音，责任编辑负责记录。修改一篇选文往往要用好几天，选文的质量由此得以大大提高。

4. 做注释

一般读物的注释只是为帮助读者阅读，而教材的注释必须适应教学的需要，因此，对于教材的注释势必有特殊的要求。

叶圣陶认为，教材编者"首先要自己体会课文，一定要再三读，再三体会，才能做好注释"[1]，其次要充分考虑教学的要求。他说："我以为作注之事，略同于上堂教课，我人虽伏案命笔于编辑室，而意想之中必有一班学生在焉，凡教课之际宜令学生明晓者，注之务期简要明确。"[2]一是不能只注字面义。"做注单从字面作个解释是不够的"，"如'把酒酹滔滔'中的'酹'，有人注作'把酒倒在长江里'，学生还是不明白：为什么要把酒倒在长江里呢？可见这样解释还不够"[3]。二是不能孤立地注字、词、句。"有些地方单注个别的字不行，要整句注。譬如单注'锁'字，不注'龟蛇锁大江'，意思就讲不明白。"[4]"所注虽然为一词一语一句，而必涉想及于通篇，乃于学生读书为文之修习真有助益。"[5]三是不能注得含糊。对于"学生所不易明晓者，必巧譬善喻，深入浅出，注而明之，必不宜含糊了之，以大致无误为满足。注若含糊了之，而欲求学生之真知灼见，诚为缘木求鱼矣"[6]。总之，做注释必须从学生需要出发，为学生理解课文、提高读写能力服务。

教材是例子，无非"举一隅"，目的是"能以三隅反"。叶圣陶认为，做注释也要体现这个思想，不能只管"一隅"，应力求"反三"。他说："作注固在明此一篇，苟于意义多歧之词语，含蕴丰富之典故，较为繁复之语法结构，颇见巧妙之修辞手段，多写一二句，为简要之指点，则学生自诵其他文篇与书籍，将有左右逢源之乐。"[7]

5. 设计练习题

"咱们提倡勤读多练，出练习题确是一项十分重要的工作。"[8]叶圣

---

［1］［3］［4］叶至善，叶至美，叶至诚. 叶圣陶集：第十六卷［M］. 南京：江苏教育出版社，1993：148.

［2］［5］［6］［7］同［1］158.

［8］同［1］164.

陶对出练习题，提出了一些要求。

其一，要明确练习题的功能。"大抵出题之先，必明一义，非每课之后例须有数个练习题，第求凑足之即为了事也，盖将就本课之内容与形式，抉其至关重要之若干点，俾学生思索之，辨析之，熟谙之，练习之，有助于阅读能力写作能力之增长也。"[1]练习题应引导学生思索、辨析、熟谙、练习，动脑、动口、动手，知行合一，帮助学生把握课文，提高读写能力。

其二，练习题要有启发性。叶圣陶说："要儿童动脑筋，就力所能及动脑筋，从这样的观点出题目，就是我所谓照顾到启发性。""帮助记忆的题目，巩固理解的题目，当然也需要，但是促使学生动脑筋得到自己发现的题目应该占相当的比重。"[2]又说："教师于课文之关键处、含蓄处，苟能作适当之指点，不为详尽之讲说，而唯启迪其思考，于学生最有实益。"[3]出练习题应该与教师教学一样，"课本与参考书中宜列此类材料，或径书一二语，或提出问题，方式不必从同，总之以指点启迪为归"，"则学生受益大矣"[4]。叶圣陶强调练习题要有启发性，体现了其培养学生的自学能力，"教为了达到不需要教"的思想，是很有积极意义的。关于设计有启发性的练习题，叶圣陶还提出具体建议。一是教材编者要"把课文反复揣摩，设想面前坐着一班小学生，思之思之，将会找到富于启发性的题目。题目的内容和形式不要拘于一格，越多样越好。拘于一格，学生大概会发生'走马灯又来了'的感觉，这不免减损他们的兴致和积极性"[5]。二是不要总出"怎样式""为什么式"之类的题目——"是论说文，往往要求学生把课文分段，写出段落大意，加上小标题；是文艺作品，往往要求学生指出怎样描写英雄人物，英雄人物有哪些高贵品质，为什么会有这些高贵品质"[6]。这类题"无非要学生再看一遍课文"[7]，

［1］叶至善，叶至美，叶至诚. 叶圣陶集：第十六卷［M］. 南京：江苏教育出版社，1993：159.

［2］［5］同［1］163.

［3］同［1］161.

［4］同［1］161-162.

［6］同［1］148-149.

［7］同［1］149.

缺乏启发性。三是不出大而无当的题。"前此数年，我人所出练习题类多空泛，今已共知其无当。近者有所改进，犹未能谓之满意。"[1]这类题一般是思考题，由于题目范围太大，教师又指点不到位，学生无从思考。"出了个题目，不妨设身处地替学生想一想。一想学生能不能回答，二想回答得出于他们有哪些方面的好处，好处大不大。"[2]教师应该多替学生着想，避免出这类题目。

其三，练习题要有系统性。叶圣陶认为，为达到一定的教学目标，出练习题不能局限于一课之内做孤立的考虑，而要放眼一册甚至整套教材做通盘安排。他说："一课之后，练习题之数有限，而须令学生思索、辨析、熟谙、练习者，其数必不止此，于是宜通一册之诸课而为安排，宜通六册之诸课而为安排，始可面面俱到，无遗无漏。"[3]就是说，在一课中安排不到的，要在一册中安排到；在一册中安排不到的，就要在六册中安排到。总之，要系统安排，不能有缺失。当然，这个系统不能采用直线式的，而应是螺旋式上升的。读写能力的提高，需要反复练习，不可能毕其功于一役。叶圣陶说："凡为练习，必不能谓之一度已足，一练再练，锲而不舍，乃长能力，以故已出之题，尽当重出。"[4]不过重出不是简单地重复，也要注意出新，"苟重出而悉如前样，或将使学生生厌，则无妨同其旨趣而异其方式焉"[5]。

关于出练习题，叶圣陶还有一些论述。比如，练习题的量要控制，不能搞"题海战术"，以免加重学生负担；又如，"练习题的语言要确切，要干净，要是普普通通的话（术语越少越好），要上口"[6]；等等。

6. 撰写知识短文

叶圣陶认为，语文知识无须单独编写教材，而只需"就实际的听、说、阅读之中相机提出"[7]，编成短文，让学生自己去发现种种的法则。写短文必须注意以下几点。

（1）知识短文与课内精读课文、课外略读书籍要密切联系、互相照应。

［1］［3］［4］［5］叶至善，叶至美，叶至诚．叶圣陶集：第十六卷［M］．南京：江苏教育出版社，1993：159．
［2］［6］同［1］164．
［7］同［1］115．

前者阐发后者，后者印证前者，二者成为一个整体。比如，《国文百八课》中的知识短文《诗的本质》，其在说明诗的本质不在于句法整齐和押韵，而在于艺术地表达了感情时，用鲁迅的《秋夜》等四篇文章作为例子——它们没有诗的形式，但是表达了深厚的感情，因此具有诗的本质。再用课本中一首押韵的新诗、一首散文诗进一步做例证，把道理阐释得更加透彻。叶圣陶反对孤立地教语文知识，认为"孤立的教学徒然研讨一些死知识，劳而少功"[1]，因此知识短文必须与选文联系起来。

（2）语法、修辞、文体等知识，不必循原有系统，"于此三方面切用之要点，应求其遍及"[2]。叶圣陶主张，白话文语法之要点，应于初一、初二年级遍及；修辞也应从初一年级开始涉及。白话文语法与文言文语法的比较，在初一年级就要注重。这是他20世纪40年代的意见，此后有所变化，但有一点不变，即不求系统，但需讲要点，而且这要点要"切用"。

（3）强调知识短文的实用性。叶圣陶一再说，他不太赞成"语文知识"这个提法。把语法、逻辑、修辞之类称作"知识"，好像只要讲得出来就行，容易忽略实际运用。他主张，既然大家用惯了"知识"这个词，那么就得把这个词的意义扩大，把能力也包括在内。要让学生把知识化为自己的血肉，使其能够在生活中随时运用知识，这样教学的目的才算达到了。比如讲语法，单讲名词术语的定义是解决不了问题的，要多培养学生把一句话切成几个部分的能力；把一句话切成了几个部分，主语、谓语、宾语、定语、状语、补语，自然就会清楚了。他曾经跟几名大学生一起读《人民日报》的一篇社论，就用"切"的方法，分清节与节、段与段、句与句、句中各种成分的关系，这样一层一层往下切，对社论的理解就比较深刻，语法和篇章结构方面的问题也一一解决了。他指出，知识短文要"竭力避免机械的术语和过细的分析"[3]。

总之，叶圣陶关于撰写知识短文的论述，与张志公提出的"精要、好懂、管用"这"六字箴言"，精神上基本一致。但张志公把知识短文在教

---

［1］叶至善，叶至美，叶至诚. 叶圣陶集：第十六卷［M］. 南京：江苏教育出版社，1993：115.

［2］同［1］43.

［3］同［1］19.

材中的地位提得更高，作用说得更大。

语文教材怎样编制？叶圣陶在这里手把手教我们。叶圣陶凭借他丰富的教材编写经验和深厚的文化素养，娓娓道来，全面、系统、具体、细致。一个人如果能把这些论述付诸实践，就具备一个合格的语文教材编辑的基本功。这些论述与一般的理论著作不同，它是面向教材编辑、针对现实问题讲的，具有实效性，而且往往带着感情，使人感到亲切、实用。

（四）语文教材的结构体系

叶圣陶十分重视构建语文教材的体系，在这方面不仅亲自实践，而且在理论上做了不少重要的阐发。

1. 明确语文教材的目标

目标是语文教材体系的核心，语文教材体系是围绕目标构建的。过去语文教材不成体系，一大原因是目标不明。"杂乱地把文章选给学生读，不论目的何在，是从来国文科教学的大毛病。文章是读不完的，与其漫然的瞎读，究不如定了目标来读。"[1]

叶圣陶认为，语文教材的目标是养成学生运用语言文字的能力和良好习惯。"语言文字的学习，就理解方面说，是得到一种知识；就运用方面说，是养成一种习惯。这两方面必须联成一贯，就是说，理解是必要的，但是理解之后必须能够运用；知识是必要的，但是这种知识必须成为习惯。"[2]语文教材的最终目标就在这里，"养成能力，养成习惯，使学生终身以之"[3]。语文教材体系要围绕这个目标来构建。

2. 语文教材体系要体现出训练的项目和步骤

语文能力和习惯的养成，必须经过长期大量的训练，而训练，就要确定项目和步骤。1979年3月，叶圣陶在给一位教师的信中说："切实研究，得到训练学生读作能力之纲目与次第，据以编撰教材，此恐是切要之事。"[4]1979年12月，他在全国中学语文教学研究会（现为中国教育

---

［1］叶至善，叶至美，叶至诚. 叶圣陶集：第十六卷［M］. 南京：江苏教育出版社，1993：35.

［2］叶至善，叶至美，叶至诚. 叶圣陶集：第十三卷［M］. 南京：江苏教育出版社，1992：104.

［3］同［1］47.

［4］叶圣陶. 叶圣陶语文教育论集：下册［M］. 北京：教育科学出版社，1980：744.

学会中学语文教学专业委员会）成立大会上的书面讲话中又说：“特别需要调查和研究的是语文训练的项目和步骤。为了培养学生具备应有的听、说、读、写的能力，究竟应当训练哪些项目，这些项目应当怎样安排组织，才合乎循序渐进的道理，可以收到最好的效果。对这个问题，咱们至今还是心里没有数。——至于教材选多少篇，选哪些篇，这些文篇怎么编排，我看未必是关键问题，也未必说得出多少道理来……咱们一向在选和编的方面讨论得多，在训练的项目和步骤方面研究得少，这种情形需要改变。”[1]1980 年 7 月，在全国小语会成立大会上的书面发言中他又重申：“语文课到底包含哪些具体的内容；要训练学生的到底有哪些项目，这些项目的先后次序该怎样，反复和交叉又该怎样；学生每个学期必须达到什么程度，毕业的时候必须掌握什么样的本领：诸如此类，现在都还不明确”，“是否可以把我所说的作为研究的课题，在调查、研究、设计、试验各方面花它两三年的工夫，给小学语文教学初步建立起一个较为周密的体系来”[2]。

关于项目。叶圣陶认为，语文教学论可以概括为“从方法历练到养成习惯”。他对学生在听、说、读、写四方面，应该养成哪些习惯，做过一些说明。这些习惯可以作为设置项目的参考。在阅读习惯方面，能够“按照读物的性质作适当的处理”，“需要翻查的，能够翻查；需要参考的，能够参考；应当条分缕析的，能够条分缕析；应当综观大意的，能够综观大意；意在言外的，能够辨得出它的言外之意；义有疏漏的，能够指得出它的疏漏之处；到此地步，阅读书籍的习惯也就差不多了”[3]。在写作习惯方面，“养成学生两种习惯：（一）有所积蓄，须尽量用文字发表；（二）每逢用文字发表，须尽力在技术上用工夫”[4]。具体说来，写作前，“养成精密观察跟仔细认识的习惯”，“养成推理下判断都有条有理的习惯”，“养成正确的语言习惯”[5]；写作过程中，养成“想清楚然后写”和写诚实的自己的话的习惯；写完后，养成“看几遍，修改修改”

［1］叶圣陶.叶圣陶教育文集：第三卷［M］.北京：人民教育出版社，1994：214-215.
［2］同［1］218.
［3］叶圣陶.叶圣陶语文教育论集：上册［M］.北京：教育科学出版社，1980：66.
［4］同［3］434.
［5］同［1］408-409.

的习惯[1]。在听说习惯方面，养成随时随地从语言运用的角度留意自己和他人说话的习惯；养成讨论问题时，"用不多不少的话表白自己的意见"的习惯和"用平心静气的态度比勘自己的与人家的意见"的习惯[2]。叶圣陶关于习惯的说明，还有不少，这里难以一一列举。确定语文教材体系中的训练项目，可以以这些关于习惯的说明为参照。

关于步骤。叶圣陶认为，训练学生良好的语文习惯，应该是有步骤、有计划的，循序渐进，由易到难，从少到多。他重视起步训练，说："在习惯没有养成之前，取个正当适宜的开端，集中心力，勉强而行之。渐渐的不大觉着勉强了，渐渐的习惯成自然，可以行所无事了。这就是好习惯已经养成，足够一辈子受用。"[3]叶圣陶还重视由点到面的训练，他说："习惯是从实践里养成的，知道一点做一点，知道几点做几点，积累起来，各方面都养成习惯，而且全是好习惯，就差不多了。"[4]叶圣陶关于训练步骤的诸如此类的阐述，对于制订语文教材体系中的训练步骤，应该是很有启示作用的。

3. 教材体系要统筹兼顾，突出重点

叶圣陶的语文教材观的特点之一是强调综合，不妨把它归纳为三个"一贯"：读书、作文、做人一贯，语言、文字、思想一贯，知识、能力、习惯一贯。简言之，强调听、说、读、写、思统筹兼顾。然而，对于听、说、读、写四个方面，他又不是平均使用力量，而是非常注意突出重点。他在1949年8月拟定的《中学语文科课程标准（草案）》中，规定听话、说话不另编教材，只是结合阅读和作文相机进行。他说："一个人取教材来念，其余的人听他，这时候，教材在念的人就是说的教材，在听的人就是听的教材。"[5]又规定写作不单独编制教材，他说："不要把作文看作

［1］叶圣陶.叶圣陶教育文集：第三卷［M］.北京：人民教育出版社，1994：437.

［2］叶圣陶.叶圣陶语文教育论集：上册［M］.北京：教育科学出版社，1980：12.

［3］叶圣陶.叶圣陶序跋集［M］.北京：生活·读书·新知三联书店，1983：203.

［4］叶至善，叶至美，叶至诚.叶圣陶集：第十三卷［M］.南京：江苏教育出版社，1992：209.

［5］叶至善，叶至美，叶至诚.叶圣陶集：第十六卷［M］.南京：江苏教育出版社，1993：115-116.

特殊的事项。要养成习惯，要写就写，像口头的要说就说一样。"[1]他认为阅读是写作的基础，读得好就能写得好。"我竟欲谓教阅读如教得好，更不必有什么写作指导。"[2]还规定语法、修辞法、作文法等，"必须就实际的听、说、阅读之中相机提出教材"，"让学生自己去发见种种的法则"[3]，也不单独编制教材，于是语文课程只有阅读一项有专门的教材。

叶圣陶一再说明听、说、读、写都重要，呼吁听、说、读、写兼顾，批评忽视听、说的现象。在教材体系的构建上，提出听话、说话、写作和知识不另编专门教材，并非忽视这些内容，而是追求综合效应，以简化头绪，突出重点，用较小的投入获得最大的产出。人民教育出版社过去的多数教材便是按照叶圣陶的这个思路编写的。

4. 构建大阅读教材体系

叶圣陶有著名的大语文教材观。他认为，生活就是教材，凡文字作品都是教材，所有的课本都是语文课本。就阅读说，他主张构建大阅读教材体系。他说："要养成一种习惯，必须经过反复的历练。单凭一部国文教本，是够不上说反复的历练的。所以必须在国文教本以外再看其他的书，越多越好。"[4]又说："阅读要养成习惯才有实用，所以课外阅读的鼓励和指导必须配合着教材随时进行。换句话说，课外书也该认作一项教材。"[5]叶圣陶认为这个教材体系应从课本延伸到配合课本的课外读物。而课外读物不仅包括单篇短章，还包括整本的书。叶圣陶强调阅读整本的书，有三个原因：在生活中，需要精细研读单篇短章的情况并不多，更多的是根据专业特点去阅读整本的书，讲究的是获取尽可能多的信息；只读单篇短章，受到的训练有限，碰到整本的书，就不善于去把握主旨，提取精华；整本的书内容丰富，思路复杂，这对学生增加思想材料和语言材料的积累，培养阅读能力和思维能力十分有用。早在 20 世

---

［1］叶至善，叶至美，叶至诚. 叶圣陶集：第十六卷［M］. 南京：江苏教育出版社，1993：116.

［2］同至善，叶至美，叶至诚. 叶圣陶集：第十五卷［M］. 南京：江苏教育出版社，1993：155.

［3］同［1］115–116.

［4］叶至善，叶至美，叶至诚. 叶圣陶集：第十三卷［M］. 南京：江苏教育出版社，1992：105.

［5］同［1］115.

纪 40 年代初，叶圣陶就提出："国文教材似乎该用整本的书，而不该用单篇短章……退一步说，也该把整本的书作主体，把单篇短章作辅佐。"[1]到 1949 年，叶圣陶对上述说法做了修正："中学语文教材除单篇的文字外，兼采书本的一章一节，高中阶段兼采现代语的整本的书。"[2]可见，叶圣陶眼中的教材体系是大阅读教材体系，包括课本与配合课本的课外读物、单篇短章与整本的书。这个见解极有价值，国外不少教材就是这样编制的，国内教材也正朝这个方向努力。

　　叶圣陶认为，大阅读教材体系包括精读教材、略读教材和参读教材三个部分。精读教材重点是语文课本中的单篇短什，要求学生咬文嚼字，细琢细磨，理解每一篇课文的内容与写法，从中得到读书作文的要领。略读教材主要是配合课本的课外读物，重点是整本的书，供学生运用从精读得来的种种经验去独立略读，以期养成读书的熟练技能和良好习惯。"就教学而言，精读是主体，略读只是补充；但是就效果而言，精读是准备，略读才是应用。"[3]略读可以历练学生的应用能力，使他们为将来阅读各类书籍与文章打好根基，养成习惯。至于参读教材，一是指与精读课文相关的文章，它们或是写作手法同中有异的文章、异中有同的文章，或是介绍作品背景、作者生平的文字，多数是比勘性、参考性文章。参读相关文章，类似现在的比较阅读，可以加深对精读课文的理解，还能进行速读训练。二是指略读整本的书时需要参考的书籍。叶圣陶说，"从小的方面说，阅读一书而求其彻底了解，从大的方面说，做一种专门研究，要从古今人许多经验中得到一种新的发现，一种系统的知识，都必须广博地翻检参考书籍"，"所以，利用参考书籍的习惯，必须在学习国文时养成"[4]。参读参考书籍的意图正在这里。精读教材、略读教材和参读教材相互配合，构成大阅读教材的体系。此外，精读、略读、参读之余，叶圣陶还提倡自由阅读。这自由阅读的读物，自然也属于大阅读教材体系。

---

［1］叶圣陶.叶圣陶语文教育论集：上册［M］.北京：教育科学出版社，1980：82.
［2］叶至善，叶至美，叶至诚.叶圣陶集：第十六卷［M］.南京：江苏教育出版社，1993：115.
［3］同［1］19.
［4］叶至善，叶至美，叶至诚.叶圣陶集：第十四卷［M］.南京：江苏教育出版社，1992：197.

叶圣陶编制语文教科书，一开始在选文上下很大功夫，后来意识到选文固然重要，确定教材的结构体系更为重要，到晚年还一再呼吁要研究语文训练的项目和步骤，实际上是呼唤语文教材的科学性。这有待于语文界人士的协同努力。

七、吕叔湘的论述

吕叔湘（1904—1998）是语言学家、语文教育家，语文教育界"三老"之一。曾与叶圣陶等合编开明书店版中学语文教材，指导编写1956年版初中《汉语》课本；发表了关于语文教育教材的系列论文，高屋建瓴，启人心扉。

（一）教材分为三本

吕叔湘说："我以为教材可以分三本，一本是为阅读和欣赏用的白话文读本，一本是为学习文言用的课本，一本是把作文指导和范文结合在一起的作文教材。"[1]早在1947年，吕叔湘参与编写开明书店版中学语文教材时，就不同意把白话文和文言文混合编排，他主张分开，免得学生分不清白话与文言，写起文章来文白夹杂。他一直坚持这个主张。吕叔湘又认为，白话文教材中既有供欣赏的文艺作品，供研读的说明、议论类文章，又有供作文仿效的实用文字，这样胡子眉毛一把抓，效果不会好，他主张阅读与作文分编。这样文、白分编，读、写分编，分为三本，好处是每本都有明确的教学目的。

关于白话文读本，吕叔湘说："语文课的主要任务是什么？是教会学生使用现代语文，主要是读和写现代文。"[2]因此，他认为白话文读本应是语文教材的主要组成部分。

为培养学生使用现代语文的能力，白话文读本的选文，语言一定要好。吕叔湘批评当时语文教材的选文有框框，专门因语言生动活泼而入选的太少。语言大师老舍的只选了两篇，曹禺的只选了一篇，《红楼梦》只选第四回，《儒林外史》只选《范进中举》。他认为《老残游记》可以

［1］李行健，陈大庆，吕桂申.吕叔湘论语文教育［M］.郑州：河南教育出版社，1995：90-91.

［2］同［1］86.

选；《儿女英雄传》中第 38 回安学海逛庙一段，文字生动，极有风趣，也可以选。他曾经向人民教育出版社推荐一篇语言好的文艺随笔《简笔与繁笔》，这篇文章后来入选高中语文教材。

白话文读本对怎样阅读白话文应有所提示。首先要着眼于语言，即使是对读本中的文学作品，也不例外。吕叔湘指出，文艺作品也是用语言作媒介，用语言写出来的。不过一些文艺评论家好像不懂得这个道理，评论文学作品光评论思想内容，不谈语言。大学中文系也是这样。有些中学教师也空讲文学作品的思想内容，很少讲语言。那样讲文学作品，是讲不好的。必须首先弄懂语言，联系语言讲思想内容，再从表达思想内容的角度进一步讲语言。这就把中学文学教学与大学中文系文学教学区分开来，吕叔湘这个意见很是要紧，值得大家付诸实践。

吕叔湘认为，对白话文读本，一般要强调精读，乃至背诵。他要求学生读文章先粗读一遍，了解它的大意。然后一字一句读下去，遇到不懂的词语要查词典，遇到不清楚的事实要查参考书，一定要把问题弄懂，弄清楚。有些地方还要琢磨为什么要这样说而不那样说，为什么要用这个字而不用那个字。最后再通读一遍，找出文章的要点，把它记住。这样阅读，既能学习文章的内容，又能学习表达的技巧。这样阅读，才能读一篇文章有一篇文章的收获，久而久之还能养成细读的习惯。这种读书法与梁启超的"三步读书法"有共通之处。

但吕叔湘特别提倡略读、快读。他说，现代社会讲究高效率、快节奏，需要阅读的东西很多，但时间有限，怎么办？要抓住一个"快"字、一个"准"字，比如一天只用 20 分钟看报，但主要内容都记住了。这要经过训练。提倡快读，也是阅读方法的现代化。

吕叔湘还主张多读。因为汉语语汇十分丰富，遣词造句的方式多种多样，且作品有各种体裁，作家有个人的风格，只有多读一些作家的作品，多读各种体裁的文章，学习才比较全面。很多词语的意义和用法，只有通过多次阅读才学得真切，记得牢固；种种章句结构，种种内容安排，只有通过大量阅读才能见多识广；阅读需要使用的工具书，也只有多次使用才会熟悉它们的范围和体例，才会知道哪部分书有什么用处，遇到什么问题要查什么书。多读是大师们的共同主张，不过吕叔湘谈得比较多，也特别强调这一点。他认为，一学期读 80 万至 100 万字不算多。

关于文言课本，吕叔湘认为，现在教材中文言课文的教学目的不明，多少有点盲目性。因此文言文的选材标准、选文数量以及教学方法，包括教学时间，都存在不少问题。他指出，如果像中学语文教学大纲所说，文言课文的教学目标是培养学生阅读浅易文言文的能力，那么文言课文数量要增加，文言篇目要调整，文言教法要更新。从选文说，那些没有什么难懂之处，音韵铿锵但华而不实的文章可以不选，"脍炙人口"的所谓"美文"也只占一定比例，要增选一些有难点的笔记文、科普文等实际有用的文章。从教法说，吕叔湘认为，现在风行的背诵应当废除。既然只要求读懂，不要求会写，就没必要背。用串讲的方法也不灵，应该着重基本训练，就是讲求字义、虚字、句法和断句。他撰写了《开明文言读本导言》和《文言虚字》，供教学用。

吕叔湘认为，要中学生真正具备阅读浅易文言文的能力，需要五六百个课时，相当于现在整个高中的语文课时，需要重编文言文教材，需要具有较高文言修养的教师乃至专职的文言教师，显然这一切在现阶段是办不到的。而且，文言文加多了，占课文的三分之一、二分之一，会不会占去学习现代文的时间，弄得驼子摔跤两头不着？文言没学好，白话也没学好。

再说，阅读浅易文言文的能力，是不是所有中学生都必须具备？吕叔湘表示怀疑。他认为，只有将来升入大学文科的学生需要打下文言文基础；对于其他多数中学生来说，将来学习上和工作上都用不到文言文，因此文言文可以少学甚至不学。他主张，初中教少量的文言文，包括诗歌，培养一点欣赏古代文学的能力。至于字词句，不做要求。到高中，文言文作为选修教材，供少数将来从事文、史、哲专业的学生学习，要从最基本的认字教起。他指出，现在中学教材的文言文有点"不上不下"，对大多数不准备学文科的学生来说，是很不必要的负担；对准备学文的学生来说，仍没有打下必要的底子。文言文教材需要改革。

吕叔湘一再强调，说文言、白话差别不大，这是误解；说多读文言，才能写好白话，这种想法很片面。读点文言文，对于学习白话文和写作当然有些帮助，但是这种帮助是间接的，不是直接的。倒是弄得不好，学生作文滥用文言词语，文白夹杂，半通不通。他对中学生应该多读文言文的主张抱有高度警惕。

吕叔湘关于中学生少读乃至不读文言文的主张，今天是行不通了。不过他对学习文言的分析中，有不少合理的科学成分，比如选实际有用的文章，要着重基本训练，要保证一定课时，等等，这些经验值得好好汲取。

关于作文教材，吕叔湘认为，小学和中学对作文的要求应该各有重点。小学里应该重视写字和造句，对于内容的要求不要提得太高。到了中学特别是高中，词句问题应该已经不是大问题了，对于作文首先要求它有实实在在的内容，少搬公式，少说废话；要求内容安排得好，有条理，有层次，不颠倒错乱，不乱用"因此""但是"等，也就是说，要有逻辑性。然后才是词句问题，要求用词恰当，句子通顺而不呆板。最后看它有没有错别字，以及写字是否清楚端正。

吕叔湘指出，初中生处于少年时期，没有小学生的稚气，也不像高中生般成熟。对初中作文的要求，一是本色，二是明净。本色主要是就内容方面说，就是要写自己所看见的，写自己所知道的，写自己的思想和感受。不要存着一份心，说我"应当"看见什么，我"应当"知道什么，我"应当"有这样或那样的思想感情，就照这个去写。如果这样去写，就不免弄虚作假，或者套用别人的文章，或者搜集现成的材料。这样写出来的文章就没有本色了。明净是就语言方面说的，"明"是明白，"净"是干净。写文章应该基本上是怎么说就怎么写，不要盲目追求"漂亮"，滥用成语，或者用些自己也不是很了解的形容词，或者造些曲曲弯弯的句子，反而把自己的意思弄模糊了。另外一种容易犯的毛病是啰唆重复，说许多没多大用处的话。

吕叔湘特别强调，对学生作文，不怕幼稚，就怕一开始路子不正。要鼓励学生：你脑子里怎么想的，就怎么说。要老老实实写，不要好高骛远，翻成语辞典，找什么参考书，东拉西扯，搞一些好听的字眼、典故，往里头堆。等到将来思想丰富以后，作文自然会丰富。

对于作文，吕叔湘还认为，应要求学生细作多作。细作是说，写一篇作文，从内容取舍到篇章结构，到选词造句，都要用心研究，仔细推敲，甚至一个标点符号也要斟酌一下，不要随便落笔。细作还包括多改。先打稿子后誊清，在誊清的时候就可以带着修改。写完之后要再细细读一遍，把该删的字句删去，该加的字句加上。细作之外还要多作。大作文、小作文、笔记、周记等，都可以。因为只有多作才能熟练。

作文练习的方式可以多种多样。吕叔湘指出，首先是命题作文。要注意命题恰当，题目要出得学生生活里头有，否则他无话可说，只好抄书抄报。命题作文之外，还有改写、缩写、听写，这也是一些练习方式。还有材料作文，给一堆杂乱的材料，让学生整理成文，这也是一种练习。

吕叔湘认为，读范文对于写作是有帮助的，但是更重要的是要真正理解范文，知道作者为什么这样写而不那么写。文章如何开头，如何结尾，前后照应，口气软硬，何处要整齐，何处要变化，全都可以从别人的文章里学来。但作文要针对自己的目的和对象，不能一味模仿。人家怎么写，我也怎么写，就变成生搬硬套。他反对作文辞典、描写辞典之类，认为这类书对学生有害无益。

对学生作文要怎样评价？吕叔湘说："人们有个错觉，讲到作文总是或多或少从文艺角度来考虑这篇文章好还是不好。要是从义务教育、公民教育的角度来看，是不是应该多考虑他有什么话要说，他能说清楚就好。他脑子里没有多少意思，光会搞十几个好看的字眼填上去，不解决什么问题。"[1] 换句话说，要看作文能否解决生活中遇到的实际问题。

吕叔湘关于作文教材的论述，完全从学生实际出发，便于付诸实践。其中说到，小学、初中、高中对作文的要求应各有重点，很正确，如果照办，效果想必不错。还说到，对作文的评价，要从公民教育的角度，而不是从文艺的角度，这一点提醒十分必要，因为不少人常在评价问题上失误。

（二）关于语文知识教材

现在中学语文教材，除了课文之外，还有语文知识。吕叔湘认为，语文知识有三个作用。一是有助于阅读、写作。"语文知识帮助阅读扫清

---

［1］李行健、陈大庆、吕桂申. 吕叔湘论语文教育［M］. 郑州：河南教育出版社，1995：459.

文字障碍，也提供写作所需要的有关用词、造句以及疏通思路等方面的必要的知识。"[1]二是有助于训练思维能力。"譬如比较同义词、近义词的不同点，可以提高学生的辨别能力、分析能力；语法中的句法，特别是复杂的句子，如何去分析清楚，也可以培养思维能力。让学生养成看事物、看问题细致、深入的能力，对他将来的生活和工作都有用。"[2]三是有助于培养爱国主义思想感情。语文知识引导学生去理解祖国语言，去欣赏祖国语言，去热爱祖国语言。"对祖国语言的理解、欣赏、热爱，这也是爱国主义教育……要让学生通过祖国的语言文字产生对祖国的热爱。"[3]有些同志认为，现在教材中的语文知识起不到上述作用，主张只编范文读本，不需要语文知识教材。这是由于语文知识教材没有编好，强调系统性多了点，而重视实用性不够。不能由此否定语文知识教材的必要性。

教材中的语文知识应该包括哪些内容呢？吕叔湘认为，应该增加宏观的语文知识，即语言是怎么回事？文字是怎么回事？文字和语言之间有什么关系？是不是有的语言能用拼音文字来书写，有的语言不能？汉语除了能用汉字来书写之外，是不是也能用拼音书写？为什么过去中国人的生活中出现嘴里说的是方言、笔下写的是文言这种现象？为什么它不能适应现代中国人的生活需要，因而要进行改革？改革的哪些方面已经成功，哪些方面正在推进，哪些方面止步不前？上述这些宏观的语文知识，"每一个受过中等教育的中国人都应该具备，正如他应该知道他的身体里有脑、心、肺、胃、肠、肝、肾等器官，各自起什么作用一样"[4]。可惜，这类知识在教材中至今仍告阙如。吕叔湘已经把这类知识的重要性讲得这样清楚，为什么还不能引起重视呢？主要是因为有的人认为它不能有效提升学生的语言水平。但是，它作为一种文化素养，是中学生必须具备的。笔者认为，可以把它写成短文，或者选用现成文章，编入教材。

教材中的语文知识主要是语言知识，语言知识中主要是语法知识。

［1］李行健，陈大庆，吕桂申. 吕叔湘论语文教育［M］. 郑州：河南教育出版社，1995：110.

［2］［3］同［1］51.

［4］王晨. 重读吕叔湘·走进新课标：什么是语文［M］. 武汉：湖北教育出版社，2004：103.

学界对教材的语法知识的看法一向争议很大。20 世纪 80 年代末 90 年代初，有人提出"淡化"语法。吕叔湘说不是"淡化"，而是改进。他认为，人们的各种技能很多是靠经验得来的，是不知不觉学会的。如果能够总结经验，懂得其中的道理，把不自觉的变成自觉的，不但知其然，并且知其所以然，技能就能得到巩固和提高。语言运用也是一种技能。学过语法的人与没有学过语法的人相比，前者文字通顺的比例也总要大些。教材中的语法知识，不是要不要的问题，而是怎么编写的问题。

教材中编排什么样的语法知识呢？吕叔湘认为，语法基本上可以分为三类：系统语法（理论语法），纯粹为了探索一种语言的语法结构；参考语法，详细说明一种语言的语法事实，供读者查考；规范语法，说明什么样的词句是合乎语法的，什么样的词句是不合乎语法的。语文教材中，需要的是规范语法。讲语法知识免不了引进一些名词术语，讲词有多少类，句子有哪些成分，但决不是拿这个作为最终目的，而是拿它做工具，用它来说明各种语法现象，或者叫作用例，以解决读写中遇到的问题。

吕叔湘曾经明确指出，中学语法知识教材的内容选择的重点首先是最基本的情况，其次是容易出问题的地方。"初中：不系统地讲语法。尽早选择重要的语法名目作极简单的介绍，以后以结合作文评改示范讲为主。作文评改示范最有用。评改问题：错字、词语不搭配，句子不合式，虚词用错……课文中有些句子构造比较特殊的也可以随宜指点。""高中：高三上学期设选修课《现代汉语语法》，按新体系讲。可与英语比较。"[1]

教材对语法知识的教学应有所约束与提示。吕叔湘强调，应当把语法教活。"就是说，不仅仅告诉学生这是什么词，那是什么句，而是着重讲用法，着重引导学生观察人们怎样运用各种虚词和各种句法。简单说，就是少问几个'什么'，多问几个'怎么样'。打一个不一定很确切的比方，要让学生看到的不是或者不仅仅是标本室里的动物标本，而是动物园里的飞禽走兽，看它们怎样在那里活动。"[2]也就是说，"不要把学生的注意力局限在形式的辨认上，这容易使他感觉枯燥乏味。要把重点放在用法

［1］李行健、陈大庆、吕桂申. 吕叔湘论语文教育［M］. 郑州：河南教育出版社，1995：154.
［2］吕叔湘. 吕叔湘语文论集［M］. 北京：商务印书馆，1983：173.

的探讨上，使他感觉有用。更重要的是通过课堂教学培养学生自己观察和分析语言现象的习惯，这不仅有利于他的语文能力的提高，也有助于他的智力的开发"[1]。他具体指出三点。第一，要随时指点，不要局限在课本里指定要讲的章节。课文里出现的值得注意的语法现象，某一个典型的句子或短语，可以指点；对于学生作文里的病句，告诉学生为什么这是病句，为什么要这么修改。第二，多说明事实，少发挥理论。事实是第一义的，理论是第二义的。有时候光把事实弄清楚就很有用，不一定非"提到理论的高度"不可。第三，可以联系修辞和逻辑的地方不妨联系。语法里边跟逻辑有关的主要是复句以及性质相近的上下句。比如"如果……""因为……""既然……"这三类句子都包含逻辑关系，它们相互之间的关系很值得对学生讲。

吕叔湘说："跟中学生讲语法，最重要的是培养学生的语法感。"[2]他认为，人们常说的"语感"，实际上就是"对于语言的各个方面或某一方面的值得注意的现象能够很快引起注意，这就是对语言敏感，就是有很好的语感"[3]。语感包括语义感、语法感、语音感等。而所谓语法感，"就是对一种语法现象是正常还是特殊、几种语法格式之间的相同相异等等的敏感"[4]。包括语法感在内的各种语感都是可以培养的。培养语感是首要任务，让学生记住某些事实是次要的。学生的语感强了，他在理解和表达方面都会不断前进。培养语感的关键在练。品酒师的酒感、品茶师的茶感都是练出来的，难道语感就练不出来吗？

吕叔湘批评当时语文教材上的语言练习少、偏、死。他提议初中可搞一个语法练习本，把语法中几个重要的虚词、固定格式、重要的句式变化等，都编成练习。比如，"和"与"或"有时区别不大，有时则有很大的区别。通过练习，学生就可以将它们区别开来。编练习不宜用"改错"这种方式，因为学生往往改了这个错而出那个错。练习可用仿写的形式，小孩子学语言本来就是从模仿开始的。语法练习的内容有很多。那种记住名词术语的练习没意思，没什么用途。我们着重的应是培养学生的能力。

---

［1］王晨. 重读吕叔湘·走进新课标：什么是语文［M］. 武汉：湖北教育出版社，2004：159.

［2］［3］［4］同［1］166.

关于中学语法教材，吕叔湘不厌其烦地发文章、作报告，参加讨论、个别交谈。作为顶尖的语言学家，这样为中学教育殚精竭虑，可敬可佩。吕叔湘强调语法要教活，还提出了具体措施，但教材还是难免有处理得不够完善之处。吕叔湘主张，培养语法感关键在练，当下主流做法却重在感悟，教材以后者为准，教学效果便不尽人意。笔者以为，不妨把采纳吕叔湘的提议作为语法教材改革的第一步。

（三）关于教材的几个问题

1. 关于口语训练

什么是语文？吕叔湘明确指出，语是语言，文是文字。语言指口语，文字指书面语。语文教学就是口语和书面语的教学。"应当以口语和书面语的统一体，即普通话和白话文的统一体为教学的对象，以听、说、读、写的全面发展为教学的目标。"[1]把中小学分开来说，"小学应当是口语教学和阅读教学并重"，"中学语文课以学习书面语为主是有理由的，但是也不能全然不理会口语的教学"[2]。

吕叔湘批评当时的中学语文教材忽视口语教学。当时的中学语文教材忽视口语教学是受了传统语文教材的影响。传统语文教材是先识字后读书，识字是为了读古文，读古文是为了念圣经贤传。到 20 世纪 80 年代中期，基本上还是这个路子，小学以识字为中心，多数地方用方言作为教学语言，中学更不理会口语。这种重文轻语的偏向必须纠正。

吕叔湘认为，按人类语言起源和发展的规律，先有语言，后有文字，语言是文字的基础，文字是语言的提高，二者有明显差异而又互相渗透。按学习语文的规律，"应该语言和文字并举，以语言为基础，以文字为主导，就是说，文字的教学应该从语言出发，又反过来影响语言，提高语言"[3]。"应该语言和文字并举，以语言为门径，以文字为重点，达到语言和文字都提高的目的。"[4]他指出，教材忽视口语，"撇开语言教文字，这是一种半身不遂的语文教学"[5]。"语文教学从口语训练入手，是顺乎自然，

［1］［2］李行健，陈大庆，吕桂申.吕叔湘论语文教育［M］.郑州：河南教育出版社，1995：90.
［3］同［1］23.
［4］吕叔湘.吕叔湘语文论集［M］.北京：商务印书馆，1983：325.
［5］同［4］326.

事半而功倍。放过口语训练，孤立地教学书面语，是违背自然，事倍而功半。"[1]他说，让学生在语言方面得到应有的训练，说起话来有条有理，有头有尾，不重复，不脱节，不颠倒，造句连贯，用词恰当，还愁学生不会作文？放过这个环节，让学生说话随随便便，乱七八糟，只在两星期一次的作文课上才要求学生立意谋篇，字斟句酌，那是一曝十寒，文字水平的提高也就不可能快了。

吕叔湘指出，由于语言训练缺失，不少人的口语不太高明：摆脱不了方言影响，有时候严重到叫人听不懂；选词造句跟不上说话内容的进展速度，有时只顾说下去，不管用词是否恰当，语句是否通顺；有时又磕磕巴巴，把应该连贯的话说得支离破碎；有时颠来倒去，说过的重复说，可是说完了又发现还有该说的却没有说。显然，这样的口语能力不能适应日常生活和工作的需要。随着时代的发展和传声技术的进步，口头表达越来越重要。教材中加强口语训练，刻不容缓。

吕叔湘提出的"语言训练和文字训练并举，相辅相成，互相促进"的观点，对语文教材编制的意义不可低估。现在的语文教材对口语训练的重视还不够。对这一问题，有些教材编者未必认识清楚。目前最重要的，一是要提高认识，二是要行动起来，将改进落到实处。

2.关于语文技能训练

学习语言的一般过程是什么？吕叔湘指出，是"模仿—变化—创造"。"学习语言不是学一套知识，而是学一种技能"[2]，因此学习的第一步是模仿，第二步是在模仿的基础上求变化，第三步是在变化中求创造。学习任何技能，大抵如此。他说："使用语文是一种技能，跟游泳、打乒乓球等等技能没有什么不同的性质，不过语文活动的生理机制比游泳、打乒乓球等活动更加复杂罢了。任何技能都必须具备两个特点，一是正确，二是熟练。不正确就不能获得所要求的效果，不成其为技能。不熟练，也就是说，有时候正确，有时候不正确，或者虽然正确，可是反应太慢，落后于时机，那也不成其为技能。从某种意义上说，语言以及一切技能

---

［1］李行健，陈大庆，吕桂申.吕叔湘论语文教育［M］.郑州：河南教育出版社，1995：281.

［2］吕叔湘.吕叔湘语文论集［M］.北京：商务印书馆，1983：315.

都是一种习惯。凡是习惯都是通过多次反复的实践养成的。"[1]使用语言，一开始是自觉的，最后得由自觉变成不自觉，成为习惯，才有实用价值。

吕叔湘强调，语文教材要注重训练。他批评教材中的练习"一是少，二是偏，三是死"。"何谓偏？偏是偏重作文，忽略用词、造句的基本练习，忽略阅读的综合练习。"[2]重视作文是好事，但如果只有作文而没有别的练习来配合，作文的水平也是不容易提高的。何谓死？是说练习大都注重试验学生是否把念过的东西记住了，不太注意学生能否创造性地运用。比如，问学生一个词或成语怎么讲，不如要求他在句子里用一下这个词或成语；要求他分析一个已经讲过的句子，不如要求他分析一个没有讲过的句子，更不如让他改换句法，例如把一句话拆成两三句话或者把两三句话合成一句话。各种方式、各种范围的改写，实在是作文最好的准备。总之，不仅要求学生把念过的东西记住，还要求他能运用，能动脑筋。他能动脑筋，这才大功告成。

在 20 世纪下半叶的语文教材中，几次出现忽视语文训练的现象。1956 年版的文学、汉语分科教材，重视文学教育和汉语知识教育，忽视了读写基本训练。1958 年版的中学语文教材，突出思想政治教育，影响了语文训练。"文化大革命"时期的中学语文教材，更以政治教育淹没语文训练。20 世纪八九十年代，有的语文教材过于重视汉语知识教育，削弱了语文训练。鉴于上述情况，吕叔湘一再申明，中学语文教材有文学教育的任务，有思想政治教育的任务，有汉语知识教育的任务，但这些都不是主要任务，主要任务是进行语文训练，培养语文技能。他特别强调，教材要处理好知识与能力的关系，传授知识不是最终目的，知识是为训练技能服务的。他赞成在语文知识指导下的多读多写。

不少人认为，学习语文的一般过程是，先学语文知识，然后经过实践，把知识迁移为能力。而吕叔湘却明确指出，学习语文的一般过程是"模仿—变化—创造"。学习语文不是学一套知识，而是学一种技能，技能是在反复实践中形成的，知识为技能的形成服务。这个观点极为重要，有助于

［1］李行健，陈大庆，吕桂申.吕叔湘论语文教育［M］.郑州：河南教育出版社，1995：16-17.

［2］吕叔湘.吕叔湘语文论集［M］.北京：商务印书馆，1983：19.

正确处理知识与技能的关系，有助于牵住技能训练这个"牛鼻子"。

3. 关于小学语文教材改革

吕叔湘认为，"学语言可分几个阶段：（1）学前阶段，（2）小学初中阶段，（3）十五六岁以后。学前阶段主要是学习口语，第二阶段主要是学习书面语，第三阶段是提高阶段"[1]。在这几个阶段中，小学是关键。学习语言，一定要在小学打好基础，错过了这个时机，就是"错过了儿童发展语言的黄金季节，同时也是发展智力、增长知识的黄金季节"[2]。为此，他关注并推行"注音识字，提前读写"教材。

20 世纪 50 年代末 60 年代初，山西省万荣县利用汉语拼音方案进行扫盲、改进业余高小的语文教学，这个成功经验引起了吕叔湘的注意，他由此考虑借助汉语拼音方案来解决小学低年级长期存在的"汉字的学习和汉语的学习"互相牵制的"老大难"问题。他的设想是在小学低年级把汉语的学习和汉字的学习暂时分两条线进行。一面先教汉语拼音，接着教拼音课文，尽量适应发展语言和发展智力的需要；一面根据汉字的特点另行安排学习。之后利用注音的汉字读物作为过渡，最后采用全是汉字的课本。20 世纪 80 年代，黑龙江试行"注音识字，提前读写"的小学语文改革正与他的设想一致，他表示支持与赞许。他与张志公等十几名语言学家联名上书教育部，后由教育部发文推行这个小学语文改革经验。于是"注音识字，提前读写"教材风行全国，至今仍有生命力。

现在"注音识字，提前读写"教材似乎不像从前那样引人注意了，汉语拼音在多数教材中的地位也降低了。这种改变带来的影响究竟如何，要看将来的教学效果。不管怎么样，"注音识字，提前读写"的思路是正确的。

4. 关于"大语文教材"

吕叔湘说："不妨回想一下，咱们自己小时候学习语文以及一般知识有几分之几是从课堂里学来的，有几分之几是从课外学来的。每个人都

---

［1］李行健，陈大庆，吕桂申. 吕叔湘论语文教育［M］. 郑州：河南教育出版社，1995：2.
［2］同［1］299.

有大致相同的经验,课外学到的东西比课内多些。"[1]"我回想自己大概是三七开吧,也就是说,百分之七十是得之于课外阅读。"[2]他认为,语文课跟别的课有点不同,学生随时随地都有学语文的机会。逛马路时,看马路旁边的广告牌;买东西时,看附带的说明书,等等,到处都可以学语文。

吕叔湘主张编制"大语文教材",把课内外结合起来。指导学生学好教科书,同时开展课外阅读。在学校图书馆读,在年级、班上的小图书馆读。除了读小说等文学作品,还可以读点历史,读点地理,读点名人传记、山河游记,等等。要考虑学生将来生活和工作中的需要,给他们介绍各种读物,跟他们讨论阅读方法,帮助他们排除阅读中的障碍,提高阅读效率。还要开展课外写作活动,建议学生写日记、周记、笔记等。

"大语文教材"号召各科教师、学校行政部门都关心学生的语文,对学生的语文负责。每出一个布告,每发一个通知,每做一个报告,都应该检查一下语文质量,包括错别字在内。总之,要树立起正确使用语言文字的风气,学生生活在这样的环境里,耳濡目染,近朱者赤。

"大语文教材"的观点,也是大师们共有的,在社会上也得到很多支持,看来主要是付诸实践的问题。

5.关于语文教材的科学性

有人认为,语文教材的科学性,就是像数学、物理、化学教材一样,有一定的顺序,要一步步地往下学,中间不能断,不能跳跃。如果学生缺了两个星期的课,就会跟不上,非补不可。而当时的语文教材,两个星期不上能跟上去,五个星期不上也照样跟得上,因此不科学。吕叔湘认为,像上面说的那样严格要求,语文教材很难办到。因为无论是语文知识还是语文能力,都不是照一条直线前进的,说得形象一点,就是总在某一个范围内循环着,起初讲得浅一点,讲怎么读、怎么写、字词句有哪些必要的知识等,然后提高一步,还得循环一次又一次,就是这样

[1]李行健、陈大庆、吕桂申.吕叔湘论语文教育[M].郑州:河南教育出版社,1995:461.

[2]王晨.重读吕叔湘·走进新课标:什么是语文[M].武汉:湖北教育出版社,2004:120.

螺旋式地上升的。语文的学习同样不可能是直线式进行的，而是要像绕线圈似的绕上去。

语文教材的科学性，是近百年来语文教育工作者始终追求的目标。吕叔湘指出，语文教材的编排方式不是直线式的，而是螺旋式的，这个观点，已获得大多数人的认同。

八、张志公的论述

张志公（1918—1997）是语言学家、语文教育家，是语文教育界公认的"三老"之一。他编写和主持编写、指导编写过一些影响深远的教材，对教材编写提出过很有创意的设想，发表了不少精辟的见解。

（一）语文教材的目的任务

张志公指出，语文教材是"综合性教育读物"。语文教材中的课文，"有的是讲自然现象的，有的是讲地理、历史知识的，有的是诗歌、散文、小说等文学作品，有的是论述政治思想的议论文章"。"学生读什么样的文章就会从中吸取什么样的知识，受到什么样的思想感情的感染。"[1]语文教材负有语言教育、思想教育、知识教育和文学教育的目的任务。在这多种目的任务中，有的是本学科特定的目的任务，有的是与其他学科共同的目的任务。

语文教材"主要不在于教给学生有关自然的或者有关社会的知识，因为那是物理、化学、生物、地理、历史那些学科的工作"；主要"也不在于教给学生很多政治思想的知识或理论修养，因为那是政治课的工作"[2]。政治思想教育、自然社会知识教育，是其他学科专门承担的任务，语文教材只是兼职。

语文教材本学科特定的目的任务是语言教育和文学教育，其中文学教育是排在第二位的。张志公说，语文教材的任务"不在于教给学生太多的文学理论知识或者文学创作技能，因为中学毕业生需要的是一般的读书、作文能力，就是阅读各种各类的书籍，写各种各类的文章的能力，而不是只要阅读文学书籍、必须创作文学作品的能力"[3]。

---

［1］［2］［3］张志公. 张志公语文教育论集［M］. 北京：人民教育出版社，1994：26.

语言教育才是语文教材的本学科特定的第一位目的任务，是专职。"教学生掌握语文工具，也就是掌握足够的字和词，掌握句子的构造和用法，掌握谋篇布局的道理和技能，这是语文教学的目的。"[1]

早在 20 世纪 20 年代，朱自清就把语文科的目的任务分为本学科"特有的"和"与他科共有的"两个方面：国文科"特有的"是"养成读书思想和表现的习惯或能力"；"与他科共有的"是"发展的思想"，"涵育的情感"，并指出，"在论理上，我们须认前者为主要的"[2]。张志公的主张与朱自清一脉相承。20 世纪上半叶，叶圣陶曾针对"国文教学是文学教学"的观点，说："其实国文所包的范围很宽广，文学只是其中一个较小的范围……中学生要应付生活，阅读与写作的训练就不能不在文学之外。"[3] 又说："古今专习文学而有很深的造诣的不乏其人。可是我料想古今专习文学而碰壁的，就是说一辈子读不通写不好的，一定更多。少数人有了很深的造诣，多数人只落得一辈子读不通写不好，这不是现代教育所许可的。"[4] 张志公也持有相同的观点。

在现代语文教材史上，曾发生目的任务不明，甚至轻重倒置、喧宾夺主的情况。比如，把语文教材编成政治思想教材，"专重精神或思想一面，忽略了技术的训练，使一般学生了解文字和运用文字的能力没有得到适量的发展"[5]。"大跃进"时期和"文化大革命"时期的语文教材就是如此。又如，把语文教材编成纯文学教材，忽视听、说、读、写训练，1956 年版的文学教材就是如此。因此，1963 年版《全日制中学语文教学大纲（草案）》提出"不要把语文课讲成政治课，也不要把语文课讲成文学课"。然而，也发生过置政治教育、知识教育、文学教育于不顾，语言教育"独尊"的情况。例如，有的语文教材一味引导学生死抠字、词、句、篇、语法、修辞、逻辑、文体，任凭人文因素白白流失，这就使语文教学沦落为纯技术训练。针对上述几种错误倾向，张志公强

［1］张志公.张志公语文教育论集［M］.北京：人民教育出版社，1994：25.

［2］李杏保，方有林，徐林祥.国文国语教育论典：上［M］.北京：语文出版社，2014：372.

［3］叶圣陶.叶圣陶语文教育论集：上册［M］.北京：教育科学出版社，1980：60.

［4］同［3］62.

［5］同［3］51.

调，语言教育与政治教育、知识教育、文学教育是相互配合、相辅相成的。它们"密不可分，谁也离不开谁"。如果忽视语言教育，连教材上的字、词、句都未搞清，那么政治、知识、文学教育只能是沙上建塔，不可能成功。反之，如果离开政治、知识、文学教育，那么学生缺少应有的政治、知识、文学素养，课文读不懂，提笔没有东西可写，语言教育怎么可能落实？张志公主张，处理它们之间的关系，要坚持"抓住关键，带动其他"的原则。"抓住一个关键的方面，带动其他各方面，而不是抛弃其他方面，于是相得益彰，各方面的目的都达到了；抓不住关键的方面，一切都落空。"[1]这"关键"，指的是语言教育。具体地说，把语言教育扎扎实实地抓好，在语言教育过程中进行的其他方面的教育就很容易抓住；语言教育这一关键抓不住，其他一切教育就都无从抓起。总之，语文教材的诸多目的任务是"命运共同体"，要统筹规划，紧抓关键，兼顾其他。

长期以来，人们时而指出不要把语文教材编成政治教材，时而指出不要把语文教材编成文学教材，时而指出不要把语文教材编成语文知识教材，教材编制之所以发生这样那样的偏差，原因在于人们对语文教材的目的任务认识不清。其实，张志公对这个问题已经做了正确的分析："抓住关键，带动其他。"今后如对这个问题有疑问，可以参考张志公的论述，尤其是《说工具》一文。

（二）语文教材的民族化

张志公说："语文是个民族性很强的学科。它不仅受一个民族语言文字特点的制约，而且还受这个民族文化传统以及心理特点的影响。"[2]语文教材应实现民族化、科学化和现代化，其中，民族化是科学化和现代化的基础，实现民族化应该放在首位。

语文教材的民族化，首先是内容的民族化。张志公指出："每一个民族所使用的语言，它首先反映了该民族的文化传统、历史进程和风尚习俗；向更古远的时代说去，甚至反映着这一民族根本的宇宙观、宗教观等民

［1］张志公. 张志公语文教育论集［M］. 北京：人民教育出版社，1994：193.
［2］张志公. 张志公自选集［M］. 北京：北京大学出版社，1998：143.

族精神的渊源。"[1]

因此，毫无疑问，应该把用民族语言写成的经典作品选入教材。苏教版小学语文教材选了不少古典作品，张志公赞扬这"是切切实实地弘扬祖国文化遗产，是最重要、最广泛地弘扬"[2]；苏教版小学语文教材的选文注重同市场经济、信息社会接轨，他说这是在像样的民族化基础上的现代化。他一再强调，语文教材应该多选传统名作，也应该多选一些当代涌现出来的民族性强的好作品、好文章，使教材富有浓烈的民族色彩和时代气息。

除了选文的民族化，语文教材中的语言知识也应民族化。自20世纪初现代语文教材产生以来，语法知识问题一直没有得到很好的解决。因为一是学生学起来难度大，二是学过以后作用有限。张志公认为，症结在于这语法"姓'西'，不姓'中'"。当初专家们引进西方语法的体系和思想，这没有错，但"引进后没有消化"，"始终没有提出建立有中国特色的汉语语法"[3]。张志公于20世纪50年代主持制订《暂拟汉语教学语法系统》，主编初中《汉语》课本；20世纪80年代主持制订《中学教学语法系统提要（试用）》，指导编写以语法为主的语言知识教材。到晚年，张志公感慨，他的语法思想发展到发现自己的错误，语法体系和语法教学要动大手术，甚至说"要造语法的反"。他认为，以印欧语言为基础而产生的语法框架不适合汉语。汉语自身的语法规则"既不是通过形态表现出来的语法规范和条例，也不是用语序虚词就能包纳尽罄的东西。它实际上就是汉语各级语言单位加以组合和使用时的一些规则。这种规则可分为两类。一类是强制性的规则。这类规则如加以归纳整理，可以预见是数量有限，不会很多的。第二类规则是选择性规则……这一类规则可以预料是数量很多，而且是相当复杂的。汉语的灵活、丰富、准确、多变的特点都表现在这里"[4]。他计划编写民族化的《张氏语法》。词类划分以词的组合能力和组合状况为标准，把汉语词分为四大类：实体词、

［1］张志公.张志公论语文·集外集［M］.北京：语文出版社，1998：292.
［2］《张志公先生纪念文集》编委会.张志公先生纪念文集［M］.北京：北京大学出版社，1998：359.
［3］张志公.张志公自选集：上册［M］.北京：北京大学出版社，1998：143.
［4］王本华.纪念张志公学术文集［M］.北京：人民教育出版社，2001：97.

关系词、辅助词、孤立词。大类里边还可以分小类。这就打破了印欧语系划分词类的模式。张志公说，有了民族化的汉语语法体系，才能据以编写民族化的汉语语法教材，"让学的人感到有兴趣，愿意学，学了有用"[1]。

实现语文教材的民族化，需要向传统语文教育教材汲取经验。张志公以四十多年时间，经过两轮半的研究，总结了传统语文教育教材的优势与弊端，作为语文教材民族化的借鉴。他认为，传统语文教育教材的主要优势有下列几个方面。

1. 识字、写字教学

（1）集中识字。学习汉语不能像学习英语那样，掌握二三十个字母就能边识字边阅读，汉字必须一个一个地认、一个一个地记，而且在学会一定数量的汉字之前，无法整句整段阅读。因此，必须集中识字。汉字的特点是，一个个汉字可以不受语法限制地集中编排在一起，这使集中识字有了可能。而汉字以合体字为主，合体字以形声字为主，偏旁部首、造字规律十分明显，可以用比较、类推的方法成批识字。这又是集中识字的有利条件。张志公曾注重集中识字，后来又发展到主张"注音识字，提前读写"。

（2）识字、写字分别进行，互不掣肘。"既要快一点，及时认识足够数量的字，能够初步有点阅读能力，就得以认为主，在讲、用、写方面的要求就得放慢一点，不能齐头并进。"[2]《三字经》《百家姓》《千字文》中的字并不要求学生会写，写字教材另有自己的一套系统。张志公指导编写的"双文教材"就采用了这个办法。

（3）使用整齐韵语。汉语中由于大多数语素是单音节的，很多词也是单音节的，一部分词是双音节的，而词又没有形态变化，因此，非常容易形成一连串整齐的（即音节数相等的）结构，也非常容易押韵。由于汉字与这样的语言相连，所以历代识字教材几乎都是押韵的。张志公对小学语文教材的编者说，教材中多用整齐韵语识字好。

［1］张志公. 张志公自选集：下册［M］. 北京：北京大学出版社，1998：548.

［2］张志公. 传统语文教育教材论：暨蒙学书目和书影［M］. 上海：上海教育出版社，1992：41.

2. 语文基础训练

（1）属对。这种练习是把词类、词组、声调、逻辑等几种因素综合在一起的一种训练。既训练学生的头脑使其清楚，能够辨别词性、结构、声调、概念的异同，又训练学生的思维使其敏捷。张志公对属对这种训练方法十分欣赏。

（2）重视语序和辅助词。因为汉语是靠这两种手段来表示语法关系、语义关系以及语气情态的，所以将它们作为教材的重点内容来对待。汉语由于基本上没有形态变化，词与词的组合以至更大的语言片段的组合少了一层约束，从这个意义上说，组合要更容易、更自如，因而从语义配合的角度以及语言艺术的角度考虑的余地就大一些。对语序和辅助词，也往往要从语义或语言艺术的角度去考虑。教材应指导学生着重在这些方面进行涵泳、玩味。

3. 阅读训练

（1）主要教材是古文选注评点本。大都有注、评（或批）和圈点。大体上能够要言不烦地指出思想内容和表达上的关键、要点，引导学生去思考、揣摩，体会学习，而不做过多的发挥分析。张志公说，这有利于学生自学。

（2）阅读训练的原则和要求是"文""道"不可偏废。许多阅读教材大都是根据这一原则编的。张伯行说："论道而专求诸语言文字间，则道晦矣；抑论学而不求之语言文字之间，则道亦泯矣。"[1]张志公的《说工具》一文对"文""道"统一做了发挥。他主张把文章作为一个整体来感知，要带学生在文章里"走一个来回"，让文章本身去教育学生。

（3）阅读训练的方法是熟读、精思、博览。对教材中的范文，要求学生大声诵读；读得准确，一字不差；多读数遍，达到纯熟，以至能背诵。目的是能够上口，能够记住，通过熟读达到更好的理解。同时，提倡"三到"——眼到、口到、心到。"眼到"是看，"口到"是读，"心到"就是理解领会。不仅要熟读精思，还要博览。从书的内容说，要博；从文章的风格体裁说，也要博。张志公认为，这条经验值得继承，不过阅读量

---

[1] 张志公. 传统语文教育教材论：暨蒙学书目和书影 [M]. 上海：上海教育出版社，1992：122.

也要适当，不可盲目贪多。

4.写作训练

（1）一般写作训练的原则是"词""意"并重。这与阅读训练中"文""道"不可偏废的原则是相通的，是一个硬币的两面。作文应以"意"为主，但好的"意"，必须用恰当的"词"表达出来。

（2）作文训练的步骤是先"放"后"收"。先鼓励学生大胆地写，等有了一定的基础再要求精练严谨。在学生初学阶段，批改作文不要改得太严格，以免挫伤学生的信心和兴趣。张志公一直鼓励初学阶段的学生写"放胆文"。

（3）作文训练的方法是多作多改。学习写作，一定要多作。多作才能熟练。正如姚鼐在《与陈硕士书》中说："大抵文字须熟乃妙，熟则利病自明。"多改，目的在于深入揣摩，可以更牢固地掌握语言运用的技巧，并养成一丝不苟的写作态度。张志公尤其主张学生作文要自改。

（4）关于作文训练的模式。八股文应该批评，但如果把八股文的结构理解为一般议论文"提出问题—分析问题—解决问题"的模式，这"对初学者熟悉并且掌握议论的基本步骤和基本方法是需要的，对初步培养学生的思维条理也是有益的"[1]。此外，"先学局部，后学整体，先学勾出轮廓，后学发挥充实，这种办法，适当地采用，对于训练基本技能有一定的作用"[2]。即使九成是糟粕，只有一成是精华，也要把这一成汲取过来。

综上所述，传统语文教育教材的经验，一是"从汉语汉文的实际出发，并且充分运用汉语汉文的特点来提高教学的效率"[3]。比如集中识字；识字、写字分别进行，互不掣肘；使用整齐韵语；属对；重视语序和辅助词。二是"要从语文的工具性这个特点着眼"[4]。重视思想材料和语言材料的有效积累，因而强调要"多读"，要"博览"；重视工具的熟练操作和灵活运用，因而强调要"熟读"和"多写"。三是启发学生独立思考，自悟自得。张志公率先示范，批判地继承这些经验，并根据时代的需要

［1］董菊初.张志公语文教育思想概说［M］.北京：人民教育出版社，2001：181.

［2］张志公.读写门径［M］.北京：北京教育出版社，2014：100.

［3］张志公.张志公语文教育论集［M］.北京：人民教育出版社，1994：113.

［4］同［3］116.

加以发展，促进语文教材的民族化。这在他指导编写的"注音识字，提前读写"教材，主编的北京大学出版社版初中语文教材，提出的小学、初中、高中语文教材"一条龙"构想中都有所体现。

从几千年语文教育教材中，提取出传统语文教材教学的经验，张志公所做的是前无古人的事，筚路蓝缕，功不可没。其中主要的经验在现在的语文教材教学中已经被广泛采用。例如，集中识字，属对，文道并重，熟读、精思、博览，涵泳、玩味，多作多改，先放后收，等等。张志公又以传统语文教材的编制经验为依据，联系时代的发展、社会的需要，考虑语文教材的民族化问题，在选文和语言知识等方面提出很好的建议，还着手编写富有民族特色的《张氏简明语法》。今天，语文教材的民族化问题更加受到全社会的关注，我们应该站在张志公提供的高起点上，继续奋斗。

（三）语文教材的科学化

20 世纪 30 年代，夏丏尊、叶圣陶编制《国文百八课》，试图"给与国文科以科学性"[1]。改革开放以后，张志公更是大声疾呼语文教学科学化，首先要实现的是语文教材科学化，它是语文教材民族化、现代化的核心，包括教材内容、教材呈现方式和教材教法的科学化。

1. 关于教材内容

张志公认为，首先，教材内容要正确无误。教材"所提供的语言材料和有关知识"，"必须是科学的，严密的，确切的，一个字也不能含糊"[2]，"从内容讲解、作者介绍、字词语句解释到课文用字，都没错"，"无疵可指，挑不出'硬伤'"。教材中的选文，要选自最佳版本，比如文言文，"至少拿'四部丛刊'作版本，力求准确"。对课文的注释，"要慎重、精细"。他举例说，过去教材注鲁迅作品中"影像"这个词，编者就查阅了 20 世纪二三十年代及其以后的有关资料，弄清这个词的来龙去脉，花了大功夫、笨功夫[3]。

---

［1］叶圣陶.叶圣陶语文教育论集：上册［M］.北京：教育科学出版社，1980：171.

［2］张志公.张志公自选集：上册［M］.北京：北京大学出版社，1998：398.

［3］《张志公先生纪念文集》编委会.张志公先生纪念文集［M］.北京：北京大学出版社，1998：350.

其次，要制订语文训练的规格。张志公说："培养和提高语文能力首先是一种技能训练。凡属技能训练，都要有一定的规格、明确的标准和要求。""小学低年级、小学高年级、初中、高中几个不同的阶段，语音、文字、词汇、说话、读书、作文等几个方面，都应当分别有明确的规定。""造句、成篇、叙事、说理，都应当一学期有一学期的要求，一学年有一学年的要求，小学毕业、初中毕业有明确的规格。"[1]长期以来，教材中训练规格的缺失，造成教学中的随意性，或按经验办，或跟时尚走，致使教学效率低下。

张志公指出，文字、词汇和阅读量这三个主要项目要有数量的规定。当时教材所提供的阅读量远远不够。他说："我们语文教材的本子几乎是世界上最薄的，比几个主要国家的同类教材都少得多。"[2]究其原因，与我国语文教材传统有关系，那时教材中主要是文言文，"因而不可能多搞……把那个传统沿袭下来，教材编得少就成为一种习惯势力"[3]。然而，"培养语言能力是一个过程。很多东西需要多次反复才能充分、熟练的掌握。这就要求有一定的量"[4]。

张志公又指出，对于读和写，要从程度、速度方面做出规定；对于所有技能都要有熟练度和准确度的规定。张志公曾问：现在同一年级的教材，你选《阿房宫赋》，我选《醉翁亭记》，根据何在？规定小学毕业水平的学生默读每分钟不少于300字，初中毕业的学生阅读一般的现代文，每分钟不少于500字，什么理由？缺少调查研究，缺少论证，科学性难免不足。

为制订语文训练的规格，张志公还提出具体建议。一是自下而上，先搞试点。即由一个地区甚至一个学校拟订草案试行，然后交流总结，得到完善的方案，逐步推广。二是不要把技能和知识混淆，要分别规定清楚；要以技能为主，知识密切配合技能的需要，要少，要精，要切实有用。三是可以先着重考虑现代语的技能和知识训练，目标是提早一些达到完全过关；至于文言技能和知识，则缓一步再说。

---

［1］王本华.纪念张志公学术文集［M］.北京：人民教育出版社，2001：407.
［2］［3］张志公.张志公语文教育论集［M］.北京：人民教育出版社，1994：39.
［4］同［2］38.

2. 正确处理语文教材的分合问题

语文教材的内容十分丰富，各方面的内容有错综复杂的关系，怎样处理呢？合在一本好，还是适当地分开？ 1956 年，张志公主编了文学、汉语教材中的初中《汉语》课本。1978 年，张志公建议，不妨分为阅读教材和语文训练两个本子，阅读教材的文章选得多些，涉及的面广些，程度深些，并且有必要的阅读指导，教以自学的方法等；语文训练教材主要提供经过系统安排的各种练习，从最基本的一直到要求比较高的写作练习，选上点"葫芦文"，提供点必要的语文知识和写作知识指导。两种本子既有分工，互不干扰，互不扯腿，而又能互相配合，相辅相成。[1] 1994 年，张志公对这个建议有所修正补充。他说，语文教材可以分为文学读本和语文读本。文学读本的选材面不妨突破狭义的文学框框，史传类文章也可以酌选，纯抒情散文之类少选些。学生以读课文为主，但不排除写，要鼓励写实用性文章。语文读本着眼于语言运用，讲点简要的语言文字知识，多做些练习。可以改错，"匡谬正俗"；可以选优，"正本清源"。还要选一些文章，一种是各种语体的实用文，一种是讲语言文字知识的短文。两种本子，双管齐下，各有任务，又不混杂[2]。20 世纪 90 年代初，张志公主编的一套初中语文教材采用了"一本双线"结构：一条线选实用文章，进行听、说、读、写训练；另一条线选文学作品，培养文学欣赏能力。两条线相互影响，但决不相互干扰。

3. 妥善安排教材的结构

张志公说，语文教材力求科学化，"就需要有一个明确的、合乎科学的序，教和学才能有所遵循。循着这个序，一步一步、踏踏实实的教下去，学下去，才可能有好的效果。当然，语文课的序，不一定和数学、物理、化学课或者历史、地理课的序一模一样。但是，总得有个序，这个序总得是说得出科学道理的，明白可行的，依次做下去能够收到实效的，因而也就应当是严格的"[3]。一般说来，能力训练一个序，语文知识一个序，前者为主，后者辅助。能力训练中又包括阅读、写作、口语交际，它们

［1］张志公. 张志公语文教育论集［M］. 北京：人民教育出版社，1994：40.

［2］张志公. 张志公论语文·集外集［M］. 北京：语文出版社，1998：214-215.

［3］同［1］32.

各自有序，以阅读的序为主。

张志公重视单元型结构。他在 20 世纪 90 年代主编的初中语文教材就采用了这种结构。这种结构"体现了语文学科，既有连续性、循环性，又有阶段性"[1]的特点。每个单元都有相对固定的构成要素：训练重点，针对训练重点的知识短文；课文，分精读、课内阅读、课外阅读；语言知识短文及练习；作文训练，有知识提示、参考题目。按照单元编排教材，首先，可以使一个阶段（一个月、半学期、一学期、一学年）的教材内容成为一个整体，既避免一些不必要的重复，又不遗漏重要的环节，可以起到由已知到未知、以新知巩固旧知、用旧知来推动新知等作用；其次，可以使学生由浅入深、由简到繁，循序渐进地学习课文及有关知识；最后，可以使学生每学习一个单元，必有所得，从而提高学习的积极性和严肃性。

4. 教材的教法：以练为主，以知识为辅

张志公强调，"语言是工具。掌握工具靠练。练才能熟。熟能生巧"[2]。掌握语言工具必须以练为主。听、说、读、写四个方面，张志公称之为练耳、练口、练眼、练手。他批评有人忽视练耳、练口，只注意练眼、练手，说"这是砍掉植物的根而希望它开花的办法"[3]。至于有人只重视练手，那就更是走极端。"事实上，如果口、耳、眼都训练得比较好，练手并不困难；反之，前边三项训练不足，练手就会有不少的障碍。"[4]

练必须严格。张志公有句名言："课文要仔仔细细地读，字要规规矩矩地写，练习要踏踏实实地做，作文要认认真真地完成。"[5]这句名言已经写入中学语文教学大纲。他认为，"严格"作为传统语文教育的经验，值得发扬光大。一切过硬的本领，都是从"严"中练出来的，语言运用能力自然也不例外。"严格"还是培养人才的需要，"对下一代，必须从孩子时代起，从学习活动起，就从严要求，养成事事严格，不苟且，不

［1］董菊初. 张志公语文教育思想概说［M］. 北京：人民教育出版社，2001：259.

［2］张志公. 张志公语文教育论集［M］. 北京：人民教育出版社，1994：578.

［3］张志公. 读写门径［M］. 北京：北京教育出版社，2014：83.

［4］同［3］86.

［5］《新中国中学语文教育大典》编写组. 新中国中学语文教育大典［M］. 北京：语文出版社，2001：423.

偷懒的习惯"[1]。当下，社会大力倡导工匠精神，这种严格要求正利于这种精神的培养。

当然，练不能一味盲目地多练，要遵循规律、讲究方法，这就要靠知识来辅助。张志公主编的初中语文教材，就是以系统的理性知识为先导。每一个单元的开头，都是一篇知识短文，为训练定方向，用来指导整个单元的语文能力训练，提高训练的效率。在反复的训练中，知识迁移为能力。"然而必须明确，在普通教育的语言教育之中，实际的训练是主要的，基本的，教点知识要为培养技能服务。"[2]

在现代语文教材史上，张志公是继夏丏尊、叶圣陶两位学者之后，最倡导语文教材科学化的。在他关于语文教材科学化的论述中，有两点最值得关注。一是制订语文训练的规格，应根据张志公的建议，从实验开始，从速着手这项工作。二是强调严格训练，新课标不把训练作为核心概念，是为纠正机械训练的偏向，实际上其对科学训练仍十分重视。张志公注重知识，但他明确"以练为主，知识为辅"。因此，语文训练不仅不能放松，而且要加强。

（四）语文教材的现代化

张志公根据时代的要求，把语文教材放在四个现代化建设的大背景下，提出语文教材的现代化问题。民族化保证了语文教材对民族语言文化的传承，科学化保证了语文教材科学合理的构建，现代化则保证了语文教材与时代同步发展。

1. 口语训练现代化

传统语文教材忽视口语训练。在封建社会中，社会交往、产品交换都不发达，因此忽视口语训练的弊害还显现不出来。到了现代社会，商品经济高度发达，信息技术发展迅猛，改变了人们的生产、生活方式，口头语言在社会生活中的作用越来越重要。口头语言能力弱将无法适应现代社会发展的需要。因此，现代化的口语教材必须训练学生具备符合当代社会需要的口语能力。为顺利实现人机交流，学生要练习标准、规范的普通话。"要求说话一字不苟，清楚完整。说稀里糊涂的话，说半截

[1]董菊初.张志公语文教育思想概说［M］.北京：人民教育出版社，2001：246.
[2]张志公.张志公语文教育论集［M］.北京：人民教育出版社，1994：580.

话，都应当纠正。'这个，这个''那个，那个''嗯''啊'之类的东西，应当避免。进一步要求说话爽朗流利，有条理。所答非所问，拖沓重复，漫无边际，语无伦次等等现象，都应当纠正。"[1]也就是如吕叔湘所说："让学生受到应有的训练，说起话来有条有理，有头有尾，不重复，不脱节，不颠倒，句式有变化，字眼有讲究。"[2]

2.智力开发、思维训练现代化

传统语文教材比较忽视学生的智力开发和思维训练，现在的语文教材对开发学生智力也重视不够。张志公说，如果"只为了考好分，能升级，能升学，而不重视培养、发展他们的智力，这是短视的做法，是对教育的前途、对下一代的成长极端不利的"[3]。

如今，科技发展一日千里，知识呈爆发式增长。知识无限而人生有限，"因此，人们必须有高度的智力和才能，才可以适应这种飞速发展的形势"[4]。

当今世界，各国竞争激烈。国家之间的竞争，某种意义上是智力的竞争。因此，"一些发达国家大力投资于教育，其目的就是为了更有效的开发本国人民的智力，以达到更先进的水平，在与他国竞争之中立于不败之地"[5]。学生能否成才，不仅看他拥有多少知识，更看他智力发展的程度。现代社会更需要会运用和发展知识，用知识解决未知的问题，进行创造性学习和劳动的人。"人的智力水平，对于个人的进步，社会的发展所起的作用越来越大。"[6]总之，现代化的语文教材必须注重开发学生智力。

怎样开发智力呢？智力的核心是思维能力，"有意识、有步骤的训练思维能力，就是开发智力"[7]。

语文教材培养思维能力、开发智力，要与语言训练相结合。"语言和

---

［1］张志公.张志公语文教育论集［M］.北京：人民教育出版社，1994：578.

［2］李行健，陈大庆，吕桂申.吕叔湘论语文教育［M］.郑州：河南教育出版社，1995：280.

［3］同［1］92.

［4］同［1］102.

［5］同［1］104.

［6］同［1］103.

［7］同［1］106.

思维之间存在着十分密切的关系，大体上是一种表与里的关系。"[1]"理解语言敏捷而准确，对语言作出反应敏捷而准确，这都表明思维活动敏捷而准确。从这个意义上说，语文训练同时也是思维训练。"[2]比如，"进行组词成句、连句成段、布局谋篇的训练，进行各种文体的写作训练，进行口头表达的各种训练，在这种种训练的过程中，实际上是从概念到判断、推理、论证，到逻辑思维的基本规律（同一律、矛盾律、排中律）进行了很全面的逻辑思维训练"[3]。因此，语言训练与思维训练应齐头并进，相互为用。此外，语文教材中的思维训练、智力开发要与学生思维发展、智力发展的规律相适应。皮亚杰把儿童心理发展过程划分为四个阶段：2~7岁是前运算思维阶段，儿童拥有表象或形象思维；7~11岁是具体运算思维阶段，儿童拥有初步的逻辑思维；11~15岁是形式运算思维阶段，这个阶段的孩子拥有抽象逻辑思维[4]。语文教材中的思维训练、智力开发必须遵循这个规律。

3. 文学教育现代化

传统语文教材忽视文学教育，蒙学教材中还选入部分短诗，"四书五经"就完全排斥诗，词、曲、小说就更不用说了。受这种积弊的影响，现代语文教材对文学教育也不够重视。张志公是语言学家，但一直重视文学教育。他说："文学教育是一种精神教育，思想教育，美学教育。同时它又是一种非常有利于智力开发的教育。"[5]

所谓现代化，主要是人的现代化，使学生逐步树立正确的世界观、人生观、价值观，逐步养成健全的个性和健康的人格，而文学教育在这方面可以发挥有力的、独特的作用。因此，张志公提出从初中起，另设文学课，另编文学教材。

张志公还指出，编写文学教材，"选材面不妨突破很狭义的'文学'框框。严复《译天演论自序》《郑成功传》《林则徐传》《寇準罢宴》（从

［1］张志公. 张志公语文教育论集［M］. 北京：人民教育出版社，1994：633.

［2］同［1］516.

［3］同［1］37.

［4］林崇德. 学习与发展：中小学生心理能力发展与培养［M］. 北京：北京师范大学出版社，1999：140.

［5］同［1］146.

史传中摘编）等等都可以酌选；《桃花源记》《阿房宫赋》《醉翁亭记》之类可有，不妨少些"[1]。多点拨学生读，少"析"（赏析、浅析、试析等）。多着眼于思维训练，少发挥"微言大义"，让学生自己在读之中"悟"出来[2]。

4.语言知识教材现代化

张志公认为，传统语文教材"始终没建立起适用于语文教学的知识体系"。学习语文，就"靠老师耳提面命，靠孩子们自己去体会、摸索"[3]，不适应现代化的需要。当代信息社会，计算机、互联网被普遍使用，对语言应用的要求越来越高，要求"用最经济的语言材料，传送最大信息量，达到最高的准确性和可理解性，收到最大的表达效果"[4]。而学生在没有系统知识导引的情况下，只靠自己暗中摸索到的那点知其然而不知其所以然的技能，"应付日常说话的需要是足够的"，但"要用比较复杂的语言来表达内容复杂的思想"，"就不够用了"，用来适应信息社会的需要就更不够用了[5]。因此，语文教材必须"从现代化的要求出发，处理好知识教学问题，应该把知识的分量、广度、深度都处理得当，同发展培养能力联系起来考虑"[6]。从初中开始，"以系统的理性知识为先导，并以知识系统为序，组织全部语文课。这样就可以打破若干世纪以来语文教学不科学、无定序、目标不明的杂乱无章的状态，使之有个章法，这章法是面向实际应用的，以科学知识为系统的，循序渐进最终切实完成本门学科所负担的任务的"[7]。

5.读写训练现代化

传统语文教材重视名家名作。到了今天，古今中外的经典作品仍应在教材中占有重要位置。同时，现代化的语文教材还要注意纳入有助于学生认识现代世界，于现代化建设、实际工作、提高民众科学文化水平

---

［1］王本华.张志公论语文·集外集［M］.北京：语文出版社，1998：214.

［2］张志公.张志公自选集［M］.北京：北京大学出版社，1998：298.

［3］张志公.张志公论语文教学改革［M］.南京：江苏教育出版社，1987：113.

［4］张志公.张志公语文教育论集［M］.北京：人民教育出版社，1994：671.

［5］同［4］388-389.

［6］同［2］298.

［7］同［4］278-279.

直接有用的作品。学生的阅读面应尽量扩大。传统语文教材倡导的涵泳体味、细琢细磨的读法还是有用的，不过寻章摘句，只为作文章而读的读法不可取。今天的教材应该注重引导学生在阅读中筛选和汲取信息，讲求筛选得正确，汲取得快捷，记忆得牢固，应用得熟练。在讲究效率的当下，应大力训练学生"一目十行""过目不忘"的快速阅读能力。

传统语文教材一般以写作为中心，读古文是为了写古文，而写古文是为了中举、做官。这种"敲门砖"式的古文完全脱离实际，是不实用的。在现代社会，需要写各种实用文体文章，比如，读书报告、实验报告、考察报告、市场信息评析、情报资料综述、新产品说明书和科技议论文等。然而有些现代语文教材受传统语文教材中写八股文的影响，训练写作不从现代社会的需要着眼，而常常让学生写一些"无目的、无对象的什么什么'论'，什么什么'记'"，或"《雾》《路》《窗》《晨》这类非诗非文，既够不上文学习作，又不切合实用的文章"[1]。其结果是学生毕业后参加工作，当医生的写不好病历，任公务员的写不了公文，搞科研的不会写研究报告。这是亟须纠正的。此外，现代社会讲究高效率快节奏，"二句三年得，一吟双泪流"式文学创作固然还需要，但对广大从业者来说，更要紧的是具备"下笔千言，倚马可待"的写作能力。因此，快速写作的训练也应纳入教材。

张志公关于语文教材现代化的论述，绝大部分内容估计大家都欣然接受，尽可能付诸实践，但对于语言知识教育现代化，可能有人会有不同意见。有人认为，新语文课程标准淡化了知识。对这个问题要具体分析，新语文课程标准之所以淡化知识，是为了纠正过去过度纠缠于知识，以至影响语文教学效率的不良倾向。它主张换个思路，重修语文知识的"谱系"。这"重修"绝非易事，需研究，需试验，大概要经过两三代人的努力。那么，张志公在这方面的论述，至少提供了一个"重修"的基础。

（五）语言知识教材的致用化

作为语言学家，张志公对教材中语言知识的致用化不遗余力，可以

---

[1]张志公.张志公论语文教学改革［M］.南京：江苏教育出版社，1987：88.

说一生为此耗尽心血。早在 20 世纪 50 年代，他主持制订《暂拟汉语教学语法系统》，主编初中汉语教材；20 世纪 80 年代，主持制订《中学教学语法系统提要（试用）》，指导编写初中语文教材中的语法知识，努力使语法知识致用化，可惜结果并不理想。张志公总结了经验教训，提出语言知识要"精要、好懂、管用"，这被称为"六字箴言"，写进中学语文教学大纲。精要，指知识内容的深度、广度、分量要符合学生需要；好懂，指表述知识的文字要通俗、平易，少用术语；管用，指知识的教学效果要好。其中精要是前提，好懂是手段，管用才是目的。

为使教材中的语言知识达到这六字要求，张志公提出两个结合。一是把语法、修辞、逻辑以及有关的语言知识结合起来。他说："义理和修辞都不是语法，但对于汉语，义理（逻辑）、修辞和语法实在不可分家。"[1] 还说："学习汉语语法需要联系学习，不要孤立的学语法。要联系对语义、语汇、修辞、逻辑的学习。与语音的学习也有关系，特别是语调……所以，把有关方面联系起来学，使它们相互作用。"[2] 由张志公提议，20 世纪 70 年代的《全日制十年制学校中学语文教学大纲（试行草案）》写道："语法、修辞、逻辑以及词句篇章的有关知识，可以结合的内容要尽可能结合起来教学"，"例如，辨别同义词，可以把概念的外延与内涵、概念的相互关系这些因素渗透进去；又如，讲单句和复句，可以把关于判断的问题结合起来，等等"。与此同时，在张志公主持下，中学语文教材编进了《陈述和陈述的对象》《肯定和否定、全部和部分》《形容和限制》《相关·相承·相反》这类把语法、修辞、逻辑等结合起来的知识短文。把各类语言知识结合起来介绍，比分门别类、条分缕析地讲述更简明、更切合实用。二是把语言知识与读写训练结合起来。少用术语，"紧密结合学生阅读和写作的实际"，力求通过练习收到实效。[3] 学生学习语文，目的不仅是获取语言知识，更是养成语言运用能力，语言知识的功能是辅助语言运用能力的养成。通过练习，可以发挥语言知识的辅助功能，提高学生读写能力。如果不结合读写训练，光抠一些语言理论的名词术语知识，是毫

［1］张志公.汉语辞章学论集［M］.北京：人民教育出版社，1996：154.
［2］张志公.张志公文集1：汉语语法［M］.广州：广东教育出版社，1991：637.
［3］王本华.纪念张志公学术文集［M］.北京：人民教育出版社，2001：94.

无效果的。

20 世纪八九十年代，张志公响应叶圣陶发出的"语文教学要教实用语言知识"的号召，一直呼吁建立"实际应用语言的知识系统，而不是纯粹的语言理论的知识系统"。"纯粹的语言理论的知识系统"着眼于语言本身的抽象理论，不反映学生语言运用能力形成与提高的过程。吕叔湘说："语法书不可能担负起提高语文水平的全部任务……语法书讲的是全部语法，其中有些话对于我们没有什么实用价值……有用的地方可以多看两遍，无用的地方不妨翻翻篇儿就过去。"[1]

过去语文教材的一大失误，是误以为学生的语言运用能力是按照语言理论的知识系统由浅入深逐步形成的，似乎按照语言理论知识系统去逐项学习，便能提高语言运用能力，把语言理论知识系统等同于语言运用能力训练系统。针对这个失误，张志公提出必须分清理论的语言知识和实际应用的语言知识，强调语言知识的六字箴言：精要、好懂、管用。

为建立实际应用的语言知识系统，张志公在他主编的由北京大学出版社出版的初中语文教材中，做了一些有价值的探索。首先，坚持从学生语言运用的实际出发。把学生语言运用中的常见多发问题加以归纳、整理、系列化，从而确定语言训练要点。针对这些要点，做一些理性分析，讲解操作性知识，编制有启发性、趣味性的练习。涉及的语言知识密切联系实际，旨在解决学生语言运用中的问题。其次，不同类型知识做不同处理。"有的知识，一旦获得了，立即或者很快就能转化为技能，付之实践；有的知识，获得之后还需要有个相当的过程，在与其他知识相互作用之下，在不断的实践之中，才能逐步形成准确、熟练的技能；有的知识，甚至很难看到它形成某项具体的技能，然而具备或者不具备这项知识使人对有关知识的认识、理解、态度有所不同，因而很难说它对于人的实践是无关的。"[2]应尽量设计出方案，加快知识到技能的转化过程。最后，对现有语言知识做更新改造。现有语言知识或陈旧或烦琐或冗余，他做了一番删繁就简、除旧更新的工作，缩减陈述性知识，增加规律性知识、方法性知识和技能性知识。上述探索，有助于实际应用语言知识

［1］吕叔湘.吕叔湘语文论集［M］.北京：商务印书馆，1983：158.

［2］张志公.张志公语文教育论集［M］.北京：人民教育出版社，1994：413.

系统的形成。

1996 年，张志公出版了《汉语辞章学论集》。这是他三十多年努力的结果。"怎样把汉语语言学的基础知识、基础理论同培养听说读写的应用能力（也就是语文教学）实实在在地结合起来"[1]，张志公为解决这个世纪难题，从 20 世纪 50 年代起开始思索，20 世纪 60 年代初提出建立一门类似"辞章之学"的主张，20 世纪 90 年代受到钱学森学科分类研究成果的启示，明确了在基础理论、基础知识与实际应用之间，可以有桥梁性学科。汉语辞章学于是应运而生，它的特点是综合性和桥梁性。综合性有以下内涵：一是把语法、修辞、逻辑等知识融合起来；二是把语法、修辞、逻辑知识跟文字、语音、词汇知识，文章、文学常识，读写听说知识等融合起来；三是把运用语言的各项能力，包括听、说、读、写，融合起来；四是把其他因素，如社会背景、民族风俗、心理因素等，融合起来。桥梁性是指将语言学的基础理论、基础知识与培养听、说、读、写能力的语文训练联系起来。"语言的各种基础学科，包括语音学、语法学等，都是把语言作为一种静态的事物来观察、描写和分析，找出它们的一般规律。而语言在运用中却不是静态的，它带有社会性，是一种活动，因此，它是动态的。参与活动的有许多社会因素，如语言运用的社会环境、交流双方（至少有两方才能构成交流）的心理状态等，因而，它是变化多端的，是静态研究得出的那些条条框框所不能完全制约得了的。"[2]这就是说语言知识与语言应用是在两条不同的轨道上跑的车，相对独立。汉语辞章学的任务就是把它们联结起来，让语言知识为语言应用服务，或者说使语言应用充分有效地利用语言知识。

汉语辞章学是张志公建立实际应用语言知识系统的尝试，也为语文教材中语言知识的编写开辟了一条新路，值得后人学习、研究，并继续探求。可惜至今应者寥寥，因而有人怀疑它的价值。笔者建议，把汉语辞章学作为大课题，组建一支队伍，进行研究、实验。这队伍包括语言学专家、语文教研员、中学语文教师与语文教材编者等各方面人员。一边在中学语文课堂上试用，一边在研究室里研究，两方面结合起来，取

［1］张志公.汉语辞章学论集［M］.北京：人民教育出版社，1996：49.

［2］同［1］62.

得成果后逐步推广。

（六）"一条龙"语文教材整体改革设想

早在 20 世纪五六十年代，张志公就逐步产生整体改革语文教育的想法，到 20 世纪 80 年代这些想法趋于成熟，于是张志公正式提出"幼儿、小学、初中、高中语文课程、语文教材、语文教学'一条龙'整体改革设想"，其中关于语文教材的整体改革设想是重要部分。这个设想充分体现了语文教材的民族化、科学化、现代化和致用化。

幼儿阶段：以口语训练为中心，不进行识字教育，无须编写文字教材。

小学阶段：三条线"分进合击"。第一条线，编写汉语拼音教材，进行语言训练、阅读训练、写作训练，直到四年级；第二条线，从第二学期开始，增加识字教材，遵循汉字的识字规律，保持相对独立；第三条线，稍晚于第二条线，增加写字教材，按照汉字的写字规律，保持相对独立。到了四年级，分进的三条线合击，三种教材总"会师"。小学教材的教学目标在四年内基本可以达到，第五年开始巩固提高。

初中和高中阶段：教材分为四个大段落，每个大段落贯穿一年半左右的学习过程。以系统的理性知识为先导，并以实用的语言知识系统为序，按照知识与实践的合理关系组织全部语文教材。第一大段落的内容是篇章知识和篇章实习（包括听、说、读、写）。第二大段落的内容是段的知识和篇章实习。第三大段落的内容是短语、句子的知识和短语、句子的实习（结合篇章、段）。第四大段落的内容是词和语义、语体和风格的知识并进行实习。至此，学生听、说、读、写能力已奠定基础，同时具备关于语言的系统知识。1990 年，张志公对四个大段落教材的内容稍做调整：第一大段落是段的知识及其实习，第二大段落是篇章知识及其实习，第三大段落是字词知识及其实习，第四大段落是知识总论及其实习。高三教材着重从整体上提高学生的语文能力。

此外，初中另外增加文学教材，内容包括文学性文言文和中国古典文学，以完成文学教学任务。高中另外增加文言文选修教材，以培养学生的文言文读写能力。

这个教材改革设想很有创意。首先，小学、初中、高中语文教材做"一条龙"设计，体现了基础教育教材的连贯性和整体性，避免了"铁路警察，各管一段"的脱节，以及前后不必要重复的弊病。其次，以实用的语言知识为序，增强了教材的科学性，祛除了教材的随意性；以知识为先导，按知识与实践的合理关系组织教材，可以把知识与实践统一起来，有利于在知识指导下从实践中提高语言运用水平。最后，尊重学生的主体性，按照学生的心理特征和学习语言的规律编排教材。初中、高中教材基本上是按照从大到小再到大、从整体到局部再到整体这一顺序编排的。

张志公亲自指导编写小学"注音识字，提前读写"教材，主编北京大学出版社出版的初中语文教材，部分体现了"一条龙"语文教材整体改革的设想。

小学"注音识字，提前读写"教材根据张志公改革设想中的"分进合击方案"进行设计。它一是充分发挥汉语拼音的作用。学生不仅用它帮助识字，而且借助它进行读写训练。这套教材解决了千百年来识字与读写训练不能同步进行的"老大难"问题，使儿童从初学汉字的困境中解脱出来，不让汉字成为他们接受语文教育的拦路虎，使他们受到与其实际语言能力相当的语文教育。二是遵照汉字的特点和学习汉字的经验，识字归识字，写字归写字。识字按识字的规律进行，不受写字的牵制；写字按写字的规律进行，不管识字的进度。到一定时机，识字、写字自然而然地合一，分散了难点，提高了效率。三是语文以外各学科，如算术、自然常识、思想品德、音乐等，也不必受汉字问题所牵连，而可以与语文同步前进。儿童唱歌，不妨用汉语拼音记歌词；算术的应用题，不妨用汉语拼音注音。这从整体上提高了小学教育水平。

北京大学出版社出版的初中语文教材有几个特点。

第一，双线结构。一条线是实用语文能力的训练。明确规定了学习哪些知识，遵照什么步骤学，达到什么水平；规定了进行哪些训练，遵照什么步骤训练，达到什么程度。改变以往文选式教材的随意状况，设计了梯度合理、层次分明、要求恰当的语言能力训练系统。另一条线是文学作品欣赏能力的培养。根据文学作品欣赏的规律，设计培养初步欣赏文学作品能力的序列。培养欣赏文学作品语言的能力是这个序列的重点。把文言文当作文学作品，而不当作文章；发挥文言文的文学教育功能，而不将其当作学习古汉语的材料；将文言文阅读也纳入这个序列。上述两条线相对独立，齐头并进。它们相互影响，但决不相互干扰。张志公一向重视文学教育，曾提出开设语文、文学两门课程；退而求其次，一门语文课分编语文读本、文学读本两种教材；都不可能，就采用一本双线结构。

第二，以知识为先导。坚持以知识指导听、说、读、写的实践活动，在实践中养成理解和运用语言的能力。张志公有一句名言："以知识为先导，以实践为主体，并以实践能力的养成为依归。"用来指导实践的知识主要有三类：（1）方法性知识，即程序性知识、操作性知识，如"掌握课文内容要点"，介绍了三种方法；"整体感知课文的大概内容"，讲了四个"怎样感知"。（2）规律性知识，如"直白与含蓄""观点与材料""戏剧语言的欣赏"等。"直白与含蓄"谈到什么情况下该直白，什么情况下该含蓄，有助于学生理解与运用这条语言规律。（3）技能性知识，如"怎样圈点勾画""怎样做读书笔记"等。

第三，以实践为主体。实践主要指训练。这套教材设计了阅读训练系统、写作训练系统和口语交际训练系统。（1）阅读训练。根据阅读文章的一般规律设计阅读训练的步骤，帮助学生真正读懂文章。课文练习分四项：内容理解，写法分析，语言揣摩，词语积累。这四项是阅读文章的主要方面，抓住它们，才算把握了文章的思想；同时也体现了阅读文章的大致过程，完成这过程便意味着读懂文章了。（2）写作训练。注意三个配合：读写配合，说写配合，一般实用性文章的写作与应用文写作配合。其中说写配合的主要形式是先说后写。说的过程是先想后说的过程，训练思维与口头表达的条理性；写的过程是对说的内容的精加工，使口头语言书面化，训练思维与书面表达的条理性。（3）口语交际训练。张志公提出："用两年或者稍多一点时间，一定要让学生出口成章。"为达此目标，这套教材做了这样的说话训练设计：训练按照从简单到复杂的顺序推进；加强说话中的思维训练；加强根据一定的目的恰当地说话的训练。口语交际训练共设计了八次，密切联系生活，学生学了就用，效果很好。

九、刘国正的论述

刘国正（1926—），笔名刘征，是诗人、杂文家和语文教育家，是继叶圣陶、吕叔湘、张志公"三老"之后，语文教育界的新一代旗帜性人物。他长期主持人民教育出版社中学语文教材的编写工作，主编与指导编写了上百册语文教材，是新中国语文教材事业的奠基者、传承者和创新者。他关于编写语文教材的大量著述，在继承中求创新，具有独特的价值。

（一）关于教材的选文

刘国正说过，选文决定教材的质量和面貌。编写教材，首先要选好课文。刘国正始终坚持叶圣陶提出的选文标准："文质兼美，堪为模式，于学生阅读能力写作能力之增长确有助益。"[1]他说："选取课文，思想内容自然要是健康的，进步的，语言文字也必须足为学生学习的典范。"[2]

对叶圣陶提出的选文标准，刘国正有所补充发展。关于文美，他认为要正确看待语言的规范化。"对作家运用语言时的创新，如自造新的词语、活用语法等，只要创得好，也在开绿灯之列"；应"顺应语言的变化而变化，只要公众能读懂，读者喜欢，就予以承认"。[3]关于质美，他认为思想上的要求"要恰如其分"[4]，不能要求选入的文章一定配合一时的政治形势和时事政策宣传。语言运用得很好或者艺术性很强，思想内容无害的现当代文章，有一些消极因素而艺术性强的古代传统名篇，也可以酌情少量选用。

关于对学生"确有助益"，即"适合教学"的课文，刘国正主张选文时要灵活处理。首先，选文"篇幅以短小为主，也要阅读少数长的"，借以培养阅读长文章的能力；"内容以贴近生活为主，也要阅读一些远离学生生活，学生所不熟悉的，借以扩大眼界"，丰富知识；"深浅程度以适

［1］叶至善，叶至美，叶至诚. 叶圣陶集：第十六卷［M］. 南京：江苏教育出版社，1993：155-156.

［2］刘征. 刘征文集：第一卷　语文教育论著［M］. 北京：人民教育出版社，2000：172.

［3］同［2］303-304.

［4］同［2］83.

合学生为主，也要阅读少数深的难的"[1]，借以培养学生解难和存疑的能力。刘国正特别强调选文应该深一些。他说："我们把中学生的接受能力估计得太低太低了"，多年来"课文越来越浅。只给学生吃一些稀粥咸菜，稍加一点红烧肉，就叫不消化了。阅读水平如此低下，怎么能指望学生写作水平得到真正提高呢？"[2] 他和几位语文教材审查委员曾经设想，以旧式选本《古文观止》和《唐诗三百首》为基础，加上现当代一些文学精品，为高中试编一本教材；或者以 20 世纪 50 年代汉语、文学分科教材中的《文学》课本为基础，结合时代发展需要，略作增删，编一套初、高中语文试用教材。教材的难度加大了，反而能激发学生阅读的兴趣，增强学生的语文能力。其次，选文要符合学生的心理特征，要有趣味性。他认为，"一个'乐'字（包括'好'字），乃是选材标准的第一要义"[3]。现在教材的选文，往往只顾及有益和有用，没有兼顾有趣和有味。思想政治性强的选文多，富于人情味的幽默风趣、轻松活泼的选文少。应多选符合学生胃口的青春文学作品，让学生读来有滋有味，乐读爱读，欲罢不能，久而久之就能养成良好的读书习惯。最后，选文要题材广泛，体裁多样，形式活泼，让学生不仅不感到单调，反而有应接不暇之感。他说，选文可以是文史的，也可以是科技的；可以是单篇短章，也可以是整本的书。童话、寓言、神话、民间故事、小说、诗歌、戏剧、散文、杂文、小品文、书信、传记、游记、序跋、文论、史论、政论以及各种类型的说明文等，均可入选。

刘国正认为，选文要有一定的数量。"目前中学生每学期只阅读课文 30 篇左右"，"太少了"，"要大大增加"[4]。没有一定的数量就没有一定的质量，量的要求极为重要。我国传统语文教育经验之一就是多读。刘国正建议，为增加学生的阅读量，"搞一项功德无量的基本建设，精选一千篇好文章，500 种优秀的课外读物，建立一个语文教材库"[5]。当然，阅读量增大，也不是盲目的、无限制的，而是要通过实验和论证，得到一个"最

［1］刘征.刘征文集：第一卷　语文教育论著［M］.北京：人民教育出版社，2000：320.
［2］李阿龄.论刘征［M］.北京：人民教育出版社，2004：90.
［3］同［1］370.
［4］同［1］319.
［5］同［1］358.

佳值"。曾经有许多实验学校，把每学期阅读量定在 50 篇左右（包括精读和略读），这个量对于研究这个问题很有参考价值。

此外，刘国正还认为，选文要分清类别，区别对待。选文的主体应是名家名作，最好是经典。有人说名家名作不便于学生模仿写作，他一再强调"取法乎上，得乎其中"，这类选文对学生的写作能力提高虽不能立竿见影，但从长远来看是很有帮助的。有些选文是作文例文，俗称"葫芦文"，学生作文也可，浅近短小，只求易于模仿，主要放在写作教材中。另有科技说明文比较特殊，除从范文中选取外，大量的说明文靠编者根据有关材料改编。20 世纪 60 年代刘国正曾亲自操刀，改编了好几篇说明文，其中有的后来成为传统课文。

刘国正关于教材选文的论述，至今富于现实意义。比如，可以适当选一些篇幅长的、远离学生生活的文章，多选一些有趣味、轻松活泼的文章，尤其是主张选文要加大难度，要增加数量。这些意见弥足珍贵，值得教材编者参考。

（二）关于教材的体系

早在 20 世纪 50 年代，文学、汉语分科时期，刘国正就探讨了文学教材的编排体系问题。他说："教材的编排系统是由三个原则决定的：第一，必须为教学目的要求和重点服务；第二，必须符合本学科的特点；第三，必须利于学生接受。"[1] 到 20 世纪 90 年代，刘国正重申："教材体系的改进，第一，要有利于减少头绪，突出重点，删繁就简。第二，要有利于联系生活，留下灵活运用的余地。第三，要有利于学生宽松地、生动活泼地学习，给学生留下独立思考和发挥创造性的余地。第四，要首先安排教学的总体结构，兼顾课内外、校内外，通盘计划，统筹安排。"[2] 这是对 20 世纪 50 年代三条原则的具体化，并有很大的补充、提高和发展。

1. 要有利于减少头绪，突出重点

刘国正认为，语文教学是多种因素的综合体，诸如字、词、句、篇、语法、修辞、逻辑、文体、听、说、读、写、智、思、德、美，等等。每一项都是语文教学的"家庭成员"，至少是"近亲"，如果都要在语文

---

［1］刘征.刘征文集：第一卷　语文教育论著［M］.北京：人民教育出版社，2000：3.
［2］同［1］359.

教学中占一席之地，都有自己的训练点和训练体系，结果语文教学就会像柳宗元《蝜蝂传》里的小虫那样，把什么都背在身上。因此，编写语文教材，必须把语文教学纷繁复杂的内容加以梳理，去粗取精，删繁就简，突出重点，融会贯通。

语文教材体系的主体是语文实践。语文教学的基本任务是培养正确理解和运用语言文字的能力，而培养语文能力的主要途径是语文实践。因此，语文实践是教材的主体。但语文实践要有所凭借，这凭借便是课文。"课文是按照教育要求精选的文质兼美的范文，它的教育因素是丰富的、多方面的。其中包含遣词造句布局谋篇的范例，体现语法、修辞、逻辑等的实际运用，具有进行读写听说训练的丰富多样的材料。而且，由于它是人的思想感情和人类文化的凝结，在进行思想品德教育、美育以及发展智力和思维能力诸方面都有优异的教育作用。……因此，编写教材，下大力气精选第一流的好课文；进行教学，紧紧抓住课文教读这一环，就是抓住了牛鼻子。"[1]既然如此，教材体系要突出语文实践这个主体，就要重视课文的编选。一般来说，课文应有一个系统，但不必十分严整。"于有目标、有序列的同时，仍要注意涵泳体味，反复加深，以增实效。"[2]

在语文实践系统中，有阅读实践、作文实践和口语交际实践。它们同等重要，但编排的重心应放在阅读实践和作文实践上。因为学生从小处于母语环境中，已具备相当水平的口语交际能力。在学校里固然需要进一步学习口语交际，但重点是学习书面语。所以，编排语文教材首要的是建立阅读实践系统和作文实践系统。在这两种系统之中，阅读是写作的基础和前提，不会读就不会写，似乎阅读实践系统的编排应得到更多关注。

"各项语文知识，情况不同，有的是训练能力的辅助手段，有的是必备的文学文化常识，一律不求系统，不求完备，不单独编写教材，只是随课文讲读和语文训练教给学生，重在致用。"[3]2010年《全日制义务教育语文课程标准（实验稿）》规定："不宜刻意追求语文知识的系统和完整。"其精神与刘国正的说法是一致的。刘国正认为，"人们学习和掌

---

［1］［3］刘征. 刘征文集：第一卷　语文教育论著［M］. 北京：人民教育出版社，
　　2000：318.
［2］同［1］331.

握语言有个特点：语文能力的获得主要依靠实践，而不是依靠知识，更不是只有掌握知识才能获得能力"[1]。"不能认为学习语文知识是获得语文能力的基本途径。"当然，"实践需要知识的辅助。有没有知识的辅助，学习有快慢之分，精粗之分。必须适当加以安排"[2]。

"还有智力、思维、品德以及美育之类，更不单独列出。"[3]就是说，要在语文实践的过程中进行这些内容的学习、训练，随机安排。比如，思想品德教育主要通过阅读课文和语文基本训练，使学生潜移默化地在思想感情、道德情操等方面受到感染，而不是脱离语文实践另搞一套。又如思维能力的培养，思维能力与语言运用能力既有联系又有区别，只有把思维能力的培养与语言运用能力的培养联系在一起，在培养语言运用能力的过程中培养思维能力，才有可能是卓有成效的。

2. 要有利于联系生活

有利于联系生活是刘国正的语文教材观的精髓。刘国正认为语文是一种特殊的工具，语文的运用离不开人的思想感情、阅历和素养的参与。这种复杂性决定了语文的基本训练不单单是一种技术训练，而要联系人们的生活（这里的"生活"是广义的概念，包括生活状况、由生活产生的思想感情，也包括为生活服务的科学技术等）。联系生活进行语文训练，既"导流"，又"开源"，有利于学生活泼地、主动地学习，有利于学以致用和学文育人。脱离了生活，语文就会变成毫无生气的空壳，语文训练必定呆板枯燥，劳而寡效；而与生活相结合，则读有嚼头，写有源头，全局皆活。

早在 20 世纪 50 年代，刘国正参与编写的文学、汉语分科教材，就提出学生要通过语文学习认识生活的任务。到 20 世纪 90 年代，他编写的人民教育出版社出版的 1990 年版、1993 年版九年义务教育初中语文教材，全面体现语文联系生活的思想。从纵向说，教材的第一册，课文按照其反映的生活内容分类组织单元，使学生认识语文的运用与生活的关系；第二、第三、第四册，课文按照记叙、说明、议论三种表达方式

---

[1]［3］刘征. 刘征文集：第一卷　语文教育论著［M］. 北京：人民教育出版社，2000：318.

[2]同［1］319.

组织单元，联系生活，着重培养学生记叙文体、说明文体、议论文体的吸收和表达能力；第五、第六册，课文按文体分类编排，着重培养学生在生活中实际运用语文的能力以及初步的文学欣赏能力。从横向说，教材尽可能选取反映现实生活、社会生产以及与学生学习、生活联系紧密的文章，选取实用性强、对学生今后发展有用的文章；听、说、读、写练习都力求结合学生的实际，使学生感到有用。每册的"语文活动"都是在生活中运用语文的实践活动。这套教材体现了语文与生活联系的思想，在教学中获得了较好的效果。21世纪初根据语文课程标准编写的各家教材不约而同地不再以能力训练为主线，而以生活为主线。这说明这个教材编写的指导思想已被普遍接受，并在实践中发挥效应。

3. 要有利于学生宽松地、活泼地学习

叶圣陶主张语文教学要重在"相机诱导"，讲究灵活性；吕叔湘在谈到吸收和运用语文教学改革经验时说，"关键在一个'活'字"。刘国正进一步说"这个'活'字十分重要，也许可以说是搞好整个语文教学的一个关键"，"语文教学有实的一面，也有活的一面，两者相依相生，相辅相成，不可偏废。读写听说，硬是要认认真真地学，扎扎实实地练，不经过反复的磨练，不下苦功，是学不到手的，这是实的一面。活，就是使这些实的东西在教学舞台上活起来"[1]。"活"指研究学生的实际，"注重发挥他们的独立思考，把教学搞得生动活泼"[2]。

怎样才能做到"活"呢？刘国正提倡五个结合：一是要把语文教学同学生的生活和思想结合起来；二是要把语文教学同学生已获得的知识和求知欲结合起来；三是要把语文教学同学生的爱好和特长结合起来；四是要把语文教学同学生在一定条件下思考问题的兴奋点结合起来；五是为了实现上述四个结合，还要把课内同课外结合起来。这五个结合的核心是强调语文教学要联系学生的眼、耳、鼻、舌、身、意，联系学生的喜怒哀乐。这样的联系，不仅能叩响学生的心扉，突出学生的主体地位，激发学生学习的积极性和主动性，而且能使学生学到"活"的语文，养成"活"的运用能力。

---

[1] 刘征. 刘征文集：第一卷　语文教育论著［M］. 北京：人民教育出版社，2000：299.
[2] 同［1］361.

　　"实"中求"活"，有利于学生主动地、活泼地学习的指导思想，体现在刘国正主持编写和指导编写的教材中。这些教材的语文训练从严从难，又注意联系生活，相当灵活，方便学生宽松地、活泼地学习，给学生留下独立思考和发挥创造力的余地。比如，人民教育出版社出版的1993年版义务教育初中语文教材，就是以扎实、活泼、有序地进行语文训练为主旨。它将阅读分出层次，先分课内、课外两个大层次。课内阅读分成教读、自读两个小层次；课外阅读也分两个小层次，即同课内学习相配合的、由教师指定的自由阅读（编在自读课本内）和完全自由阅读。教读课文后的练习，一般有七八道题，分为"理解·分析""揣摩·运用""积累·联想"三个层次，涉及从理解到运用，从知识到能力，从课内到课外。这套教材训练之强度、广度、深度，在同类教材中十分突出。它有很强的灵活性，课文分教读、自读、课外阅读，练习分必做、选做，由师生自由选择。尤其是它的课文和练习密切联系学生的思想和生活，有利于激发学生学习的兴趣和积极性，发挥学生的聪明才智和创造力。这套教材的写作训练也分层次。一是课内作文，二是课外练笔，三是为社会服务的应用性作文。课内作文又分为两个小层次，一是命题作文（"规矩文"），二是非命题作文（"放胆文"）。与过去的教材相比，它的作文量增加不少，作文训练的灵活度也大大提高。且不说课内"放胆文"、课外练笔要求学生写"我"，表现自己的思想和生活，不限文体、字数、时间，让学生自由自在地写；就是课内规矩文，也要求出题出在学生的心坎上，出在学生关心的热点问题上，让学生一吐为快。

　　4.要首先安排教学的总体结构

　　刘国正说："语文教材的编排体系，要求把教学内容的诸多方面汇为一个整体，使之线索分明，头绪不乱；各得其所，互相为用。要做到这一点是很不容易的。"[1]刘国正确认，比较理想的教材编排体系应有以下一些特色。（1）明确。"编排体系要能鲜明地体现教学要求，总的要求，乃至每个学期、每个单元、每篇课文的要求。这样才能突出重点，免于歧路亡羊；才能使教师教有所据，使学生学有所得。"[2]（2）渐进。"总的

　　[1]刘征.刘征文集：第一卷　语文教育论著［M］.北京：人民教育出版社，2000：250.
　　[2]同［1］253.

来说，应该体现由浅入深，由易到难，由具体到抽象的原则，有步骤地循序渐进。分别来说，知识的传授宜于适当集中，以利形成完整的概念，便于理解和记忆；能力的训练宜于反复进行，不断加深，螺旋式上升，以利获得熟练的技巧。"[1]（3）和谐。制订教材体系要把纷繁复杂的教学内容合理地组织起来，"使之成为一个和谐的整体，如同指挥一个交响乐团，要使多种乐器演奏出和谐的乐曲。也同乐曲要有主旋律一样，教材的编排要有一条主线，在主线的统摄下，要使诸多方面的教学内容各有自己适当的位置，使之君臣佐使配合得当，相得益彰，而不致失于互不搭界或互相干扰"[2]。（4）灵活。编排体系既要严整又要灵活。语文教学应与生活相结合。"生活蕴育着和不时呈现出语文教学的良好机缘，有的固然可以由教材加以设计，更多的却是邂逅相遇，不期而然，无法事先知道的。为了不失掉稍纵即逝的时机，教材体系的安排，应给教学留下充分的余地，以便教师随机应变，灵活运用。"[3]

关于语文教材的编排体系，刘国正的论述可谓周密而深入。明确、渐进、和谐、灵活，体系编排应有的这四个特色，是刘国正第一个总结出来的。

（三）关于文学教材、文言教材和写作教材

作为诗人、杂文家，刘国正十分关注文学教材。20世纪50年代，他参与编写了一套文学课本，可惜仅使用了一年半就被停用了。之后中学语文教学大纲规定"不要把语文课教成文学课"，于是文学教材很少被人提及。改革开放以后，刘国正呼吁重视文学教材，加强文学教育。他认为，文学教材"有自己的教学目的，它对中学生来说是需要的，它的作用是无法由别者代替的"[4]。

编制文学教材，首先是为了进行语言教育。文学是语言的艺术，古今文学巨匠的大量作品，都保留了语言艺术的精华，代表着语言艺术的高峰。学生阅读这些名作，逐步领会语言运用的高妙，所得益处是终身

[1] 刘征. 刘征文集：第一卷　语文教育论著［M］. 北京：人民教育出版社，2000：253-254.
[2]［3］同［1］254.
[4] 同［1］152.

受用不尽的。如果不读这些精品，只读一些应用性文字，学到的语言知识是很有限的。而且，就语言的运用说，学习文学作品不妨碍学生学习写应用类文字。其次是为了培养学生高尚的道德情操和对是、非、善、恶、美、丑的鉴别能力。文学有利于进行爱国主义教育，我国历代许多文学大师的文学巨著蕴含几千年来的爱国主义传统，足以激起学生的爱国感情，还可以使学生从中体味汉语的丰富和优美，从而使其更加热爱民族语言和民族文化。同时，文学作品是形象的事物，对学生认识生活有强烈的作用。而对生活产生广泛、深刻的了解，有助于学生形成文明的品质、良好的个性和健全的人格。此外，优秀的文学作品总是激情洋溢地告诉人们什么是真的、善的、美的，什么是假的、恶的、丑的。学生可以通过对文学作品的学习，培养健康的审美情趣，树立正确的审美观点。最后是为了丰富学生的知识。一定的文学史和文学理论知识应是一个中学生所必备的，这不仅同他们学习语文有关，而且对他们学习其他课程乃至参与社会生活也是非常有用的。这是衡量青年一代文化水平的一个标准。

对于文学教材的编制，刘国正指出，第一，要选名家名著。因为名著大都是文学史上有影响力的精品，足以丰富学生的文学文化知识，提高他们的文学文化素养。第二，选材面要广，不要搞狭义的文学。从中国文学史的传统上看，文学的概念是广义的。艺术性很强的论文、书信，甚至一些墓志、布告等应用文也算在文学的范围之内。中学文学教材应取广义的文学概念，选材不仅包括小说、诗歌、戏剧、散文，还要包括一些其他文体的文章。第三，初中文学教材的量少一些，高中文学教材的量可以增大，尤其是文科班，可以多选一些文学作品，增加一些文学史和文学理论知识。对于文学教材的教法，刘国正主张首先着眼于语言，从语言出发分析人物形象，切勿离开语言谈作品主旨。要充分发挥文学作品的艺术感染力，让学生在潜移默化中受到熏陶。切勿离开文学形象搞空洞说教，或者离开作品大讲文学知识。

在刘国正的指导下，人民教育出版社出版的1994年版高中语文实验课本系列中，包括《文学读本》《文学作品选读》，供高二学生学习；人民教育出版社出版的1997年版、2000年版高中语文教材中，约70%是文学作品，文学教育的力度大大增强。

人类渴求文学，是源于生命与生存的需要，本真的生命是诗化的生命，是人类诗意的栖居。文学从来不是少数人掌握的一种技艺，而是人类的生存状态。刘国正强调文学教材的功能，为文学教材争一席之地，其意义不容低估。

像对文学教材一样，刘国正对文言教材也特别关注。如果说对文学教材人们还容易形成共识的话，那么对文言教材却一直是众说纷纭。刘国正的意见与语文教育界"三老"就有所不同。

刘国正认为，文言教材问题之所以一直没有得到很好的解决，首先是由于人们对文言文教学的目的任务各执一词。在他看来，中学文言文教学的基本目的任务是培养学生阅读浅易文言文的能力。这种能力是非常必要的。一是出于阅读古代文献资料的需要。建设新时代中国特色社会主义，必须批判地继承我们民族的历史文化遗产，而这些文化遗产绝大部分是用文言文写下来的。只有掌握文言文，才能掌握打开这个遗产宝库的钥匙。二是出于阅读近代的乃至现代的一部分文献资料的需要。从清末到新中国成立，也有不少价值很高的文献是用文言或者半文言写的，部分报刊以及学术著作都有很浓厚的文言成分。新中国成立以后，有些汉语著作也是用文言或半文言写成的。如果不懂文言文，怎么阅读这些著作？

除了培养学生阅读浅易文言文的能力，文言文教学还有其他目的任务。第一，从文言文中学习有生命力的语言和表达技巧。经典的文言文篇目大都是从几千年大量的文章中筛选出来的、脍炙人口的精品，有不少有生命力的语言和高明的表达技巧值得学习。当然从优秀的白话文中也能学到语言知识和表达技巧，但凝结在古代名作中的语言和技巧方面的精华是白话文不能替代的。第二，进行思想教育，特别是爱国主义教育。古典文学的教育是文学教育的重要组成部分，古典文学的教育使人可以形象地认识古代的社会生活；可以了解我国历史上的许多伟大的作家和伟大的作品，这些伟大的作家和作品足以为世界古典文学殿堂增加瑰丽的色彩；可以体会祖国语言优异的表现力和魅力。这些都是进行爱国主义教育的极为重要的因素。

这样看来，在中学进行文言文教学，培养学生阅读浅易文言文的能力，是非常必要的，而且也是可行的。什么叫"浅易文言文"？刘国正解释，浅易文言文的标准有三：一是生僻的词句和难解的句法较少，二是今人感到陌生的名物制度较少，三是所用典故较少。《孟子》《史记》《梦溪笔谈》《聊斋志异》的新的选注本，大体上符合这个标准。所谓具备阅读浅易文言文的能力，就是能大致读懂这四部书的选注本。20世纪80年代中期的中学语文教材，文言文约占全部选文的三分之一，共一百多篇。如果教材编选和教学得法，这个要求是能达到的。

关于文言教材的编选，刘国正首先关注的是选文标准："衡量古代作品，要运用马克思主义的观点，按照当时的历史条件，实事求是地区别精华和糟粕，不能采用跟衡量今天的作品相同的尺度。"[1]"内容无害，写作方法值得学习的"，"思想内容稍有消极因素而艺术水平很高、确实对学生学习写作有帮助的"[2]，也可以适当入选。选取古代作品，还要注意文字的简洁流畅和深浅适度，以及内容的广泛多样。除选取历代文学名著外，还要注意选取历代思想家、军事家、科学家的论著和传记。至于文言教材的编排，一是分编，与白话文教材不掺杂，保持相对独立，往往放在每册教材的最后，或者如20世纪90年代人民教育出版社出版的高中实验课本，单独编成《文言读本》；二是按由易到难、从浅入深的顺序编排，兼顾时代和文体；三是文言知识随机安排，到高中编有文言知识短文，一般放在教材的附录中，便于学生查检。

身为作家兼语文教育家的刘国正对写作教材格外关注，不仅主持编写或指导编写了几套由人民教育出版社出版的中学写作教材，而且还就写作教材的编制发表了不少很有价值的见解。

首先，写作训练要讲究"实"和"活"。"实"，是指写作训练要下苦功夫、笨功夫。写作是一种技能，任何技能必须具备两个特点，一是正确，二是熟练。从某种意义上说，运用语言以及一切技能都是一种习惯。习惯都是通过多次反复的实践养成的。这多次反复的实践，就是要下苦功、笨功。所有学习写作的成功经验都证实了这一点。"苏东坡的文章、诗词

---

［1］刘征.刘征文集：第一卷 语文教育论著［M］.北京：人民教育出版社，2000：34.
［2］同［1］15.

都写得很洒脱，嬉笑怒骂皆成文章，似乎不是从苦功中出来的。但据说，他抄《汉书》就抄了许多遍。"[1]"过去曾有一种说法，政治思想好了，语文自然就好了，事实证明并非如此；现在能不能说，学生聪明了，有创新精神了，素质提高了，语文自然就好了呢？也不能，语言文字的磨炼是无可代替的。"[2]求"实"的同时，还要求"活"。写作训练要刻苦，但不要搞得呆板、机械，而要生动活泼地进行。这"活"，是搞好写作训练的关键。怎样才能做到"活"呢？写作是一种技能，也是一种艺术。写作有严格的规范，也有很大的灵活性。写作在有法与无法之间。刘国正有一首诗说："若谓文无法，绳墨甚分明，暗中自摸索，何如步随灯？若谓文有法，制胜须奇兵，循法作文章，老死只平平。习法要认真，潜心探微精；待到着笔时，舍法任神行。谓神者为何？思想与感情。瞻彼春鸟鸣，无谱自嘤嘤。"[3]写作训练紧密联系生活，联系学生思想感情，给学生留有自主创造的广阔天地，就能"活"起来。

其次，倡导作文说真话。古人作文是"替圣人立言"，反对作者说真话。当前，学生作文说假话的情况常有。有教师总结，学生作文有三招，"一凑二抄三套"，既没有自己的语言，也没有自己的思想。刘国正认为，引导学生作文说真话，一是帮助学生认识说真话的必要性。写文章，或者为了表达思想感情，说假话，就是为人作假；或者为了传递信息，说假话，就是散播虚假信息，误导世人。因此，说假话要不得，必须养成说真话的好习惯。二是给学生开拓说真话的自由空间。提倡说真话，不是提倡暴露隐私，而是提倡说诚实的话。即使所说的有不当之处也不要紧，必要时教师进行适当引导就可以了。什么是真话呢？一是习作实用性的文字，写真人真事，记自己所见所思。这类文字必须真实，事实怎么样就怎么写，不允许虚构。二是习作小小说、童话、寓言等文学性文字，写这一类文字允许虚构，发挥想象。但虚构的目的仍然在于表达真实的思想感情，虚构不等同于说假话。此外，有一种情景作文，学生身处虚设的情景之中，有如演员，也不等同于说假话。

[1] 刘征.刘征文集：第一卷　语文教育论著［M］.北京：人民教育出版社，2000：801.
[2] 刘征.刘征文集（续编二）：文章卷［M］.北京：人民教育出版社，2009：404.
[3] 同［1］546.

再次，写作训练分三个层次，作文分两种类型。刘国正认为，写作训练可以分为课内"规矩文""放胆文"和课外练笔，共三个层次。"规矩文"指学生的写作合乎规范；"放胆文"，给学生以自由，使学生的笔墨得以无拘无束地驰骋；课外练笔，比"放胆文"更加自由。只严格要求而不大胆放手，写作训练会流于呆板枯燥，甚至闭锁学生的思想；反之，则又流于杂乱无章。两者不能偏废。

作文类型有两种，即文学性作文和科学性作文。两种作文的写作有很大的不同。一是文学性作文诉诸情，往往充满感情；科学性作文诉诸理，重在阐明事物发展规律。二是文学性作文的表达重在生动感人，经常采用大胆的想象和动人的抒情；科学性作文则重在准确的说明、可靠的论据以及严密的推理。三是文学性作文主要源于生活，着重从生活中取材；科学性作文或源于亲自参与的实验，或源于大量资料。刘国正强调，当前对科学性作文比较忽视，应该加强指导学生写科学性作文，这对其日后升学或步入社会都大有好处。

刘国正关于加强文学教材和文言教材的主张，事实已经证明有前瞻性，目前各类语文教材毫无例外地加大了文学作品和文言作品的比重，散发出浓厚的文学气息。至于刘国正关于写作教材的一些主张，比如作文要苦练、重视写科学性文章，可能人们有不同意见，或者落实起来有困难，因此尚未得到应有的响应。

（四）关于大语文教材

叶圣陶一直倡导大语文教材。他认为"生活就是教材"。1922年，他指出："国文科的教材，将成非常大的范围，环绕于学童四周的，无不可为国文教材。"[1]又认为"凡文字作品都是教材"[2]。1947年，他说："就最广泛的方面说，凡是我国文字写成的东西都是国文的材料"，远至"刻在龟甲牛骨上的殷墟文字"，近至"现代的新文艺作品"[3]，均是。刘国正继承并大大发展了叶圣陶的大语文教材观。

［1］叶至善，叶至美，叶至诚.叶圣陶集：第十三卷［M］.南京：江苏教育出版社，1992：9.
［2］董菊初.叶圣陶语文教育思想概论［M］.北京：开明出版社，1998：354.
［3］同［1］152.

在刘国正看来，所谓大语文教材，就是以教科书为中心，涵盖课堂内外、学校内外，囊括一切可供学习语文用的材料，以及一切可训练听、说、读、写能力的实践活动。

刘国正认为，在学校里，要把所有学科的教科书当成语文教科书，把所有学科的书面作业当成写作练习，把所有学科的课堂答问当成口语交际的能力训练。要办班级图书角、手抄报、黑板报、墙报，利用学校图书馆、阅览室、文化长廊、艺术节以及广播、电视，组织读书小组、读书报告会、读书心得交流会、读书讨论会、读书讲座、读书比赛、假期读书活动，举办读书笔记、摘抄本、读书成果展示会。倡导写课外练笔，成立文学社，办报纸，编杂志，建立小记者站、学生通讯社，开展作文比赛、赛诗活动。建议学生成立戏剧队、朗诵队、演讲队、辩论队，进行演剧比赛、朗诵比赛、演讲比赛、辩论比赛。

从学校延伸到家庭，提倡亲子阅读，建立家庭藏书室，营造家庭文化氛围，鼓励学生与亲友通信，给弟、妹辅导功课，为邻里代笔。

从学校、家庭扩展到社会，引导学生向报刊投稿，与作家、记者、编辑建立联系。指导学生采访名人，慰问烈属、军属，调查留守儿童状况，考察图书市场，查看社会用字情况。组织学生听市场上的交谈、街头的议论，看各式各样的牌匾广告。组织学生为福利院老人读报，给幼儿园孩子讲故事。指导学生代社区拟定居民公约，替居委会撰写防火防盗的通告。组织学生征集对联，搜集民谣、民谚、民间故事，写村史、店史、厂史，帮助耄耋老人写回忆录，给老革命、老模范立传。

教科书上有课文，有听、说、读、写训练，有综合性实践活动，有探究性学习专题，有名著选读。课外语文学习活动是教科书的延伸、拓展，它们融合在一起，相辅相成，如鸟之两翼，车之双轮，缺一不可。刘国正多次说，大语文教材有很大的优势。第一，它密切联系生活。它立足于课堂，但还应充分调动并利用其他学科或校园、家庭、社会中有利于语文教学的因素，开辟语文教学的空间领域，使学生懂得到处都可以学习语文。在课堂上，学生主要学习怎样学语文、怎样用语文的法则、原理，主要求"知"；在课外，学生主要把"知"转化为"能"，学习将这些法则、原理运用于实践。此外，语文实践能力的提高同生活的不断充实、知识的不断积累有关，语文教学同生活建立起联系，就使学生的听、说、读、写在内容上不断获得"源头活水"，而不致流于空疏。第二，它联系学生实际。通过课内外结合，把语文教学同学生的生活和思想结合起来，同学生已获得的知识和求知欲结合起来，同学生的爱好和特长结合起来，同学生在一定条件下思考问题的兴奋点结合起来。这样就突出了学生的主体性，极大地激发了学生学习语文的主动性和积极性，有利于学生养成学语文、用语文的良好习惯。第三，它引导学生运用语文为社会服务。课堂上的语文学习，如同部队的军事演习，只是一种训练，学生只有走上"战场"才能体会"战争"。引导学生运用语文为社会服务，让他们亲身体验自己的语文能力在社会上发挥作用，会极大地激发他们学习语文的积极性。同时，让学生在学语文的过程中学做人，培养他们为社会服务的精神。

刘国正的大语文教材思想总结了河北邢台张孝纯的"大语文教育"经验和湖北宜昌余蕾的"课内外衔接"教育经验，体现了语文学习的普遍规律，与当下的新语文课程标准的精神不谋而合。

十、张中行的论述

张中行（1909—2006），学者、作家。当过十多年中学语文教师，参与编写 1956 年版初中《汉语》课本，以及人民教育出版社多套语文教材。主编《文言文选读》（三册）、《文言读本续编》、《文言常识》等。著作辑为《张中行作品集》（八卷），其中，《作文杂谈》《流年碎影》等论及语文教材的编写，每每有深刻的发人深省的见解。

（一）关于语文教材的选文

张中行认为，语文教材的主要任务是教会学生用笔表情达意。这个主要任务决定了语文教材选文的标准和类别。

首先，要选好的，选在内容和表达两方面都可资取法的。内容好，深刻，妥善，清新，能使人长见识，向上；表达好，确切，简练，生动，能使人清楚了解，并享受语言美。因为"取法乎上，仅得乎中"，如果"取法乎下"，所得自然"下下"了。过去的文学家，如明朝的归有光，一生致力于研究《史记》，这是"取法乎上上"，所以其造诣超过一般人。张中行曾见一篇文稿有刚劲老辣之气，问作者学写作的经历，作者回答说："因为喜欢鲁迅的文章，所以把他的所有作品读了几遍。"这也是"取法乎上上"。读好文章是写好作文的必要条件，甚至是充足条件。

其次，不妨选一些有难度的作品，要求用陶渊明"不求甚解"的办法读。多读几遍，难的会化为易，易的自然更易了。有人知道鲁迅杂文很好，可是不敢读，说读不懂。这种避难就易的办法是错的，应该反过来，因为难，偏偏要读。敢碰难，使难化为易，学业（包括作文）水平才能够大幅度提高。

最后，高中教材可以选一些水平较低、在表达方面毛病较多的文章。这类文章，小学、初中教材不选，因为学生还小，不免把瓦砾看成美玉，或在无意中受不良影响。到高中，学生已有一定分辨能力，又有教师指导，能够把病文当作反面教材、覆车之鉴，就有助于增强"免疫力"。

此外，教材选文还应注意以下方面。一是要先散文（广义的，包括记事、说理等类别的作品）后诗歌、小说。散文中有些说理较深的文字，读起来比较费力，远不如小说有趣味，但教材也要选，因为作文思路的条理多半由此学来。二是要先本国作品后外国翻译作品。所选的外国翻译作品，文字格调要尽量接近汉语。因为我们作文，语句要强调中国味。三是要先今后古。因为作文一般是用现代汉语写。四是要杂与专结合。所谓杂，指内容、表达、作家都应该是多方面的，这样有利于学生兼收并蓄。但杂之中容许专，比如，某一家的某类作品对学生益处多，就可以多选一些，像老舍、朱自清的散文，鲁迅《朝花夕拾》中的作品等。

除了确定选文，教材对怎样学习选文应有所制约和规定。一般说来，多数选文要精读。正确的方法，从要求方面说是除了解文字意义之外，还要把文字所含的思路条理和语言条理印入脑中，成为熟套的一部分。要做到这样，必须全神贯注地一面吟诵一面体会。起初要读慢些，出声不出声均可，但要字字咬清楚，随着词语意义的需要，有疾有徐，有高有低，口中成声，心中体会思路和语言的条理，尤其是前后衔接。这样读两三遍，对课文熟悉些了便放下课文。过几天，再这样读两三遍，速度可以稍快。如此反复，直到纯熟，上句没读完，下句像是要脱口而出为止。这说明语言的熟套已经印入脑中，自己提笔时就不会不知如何表达了。

张中行指出，长期以来，中学语文教材的教学效果不好，其原因复杂，但教材的选文不高明与教法不恰当不能不说是主要原因。张中行相信，按照上述他所倡导的标准和读法选用和教授课文，有利于语文教材完成"教会学生用笔表情达意"的任务。

张中行把"教会学生用笔表情达意"作为语文教材的主要任务，显然他倡导的教材是以写作为中心，这与夏丏尊的意见一致。教材的选文标准、教材的教法，也多从是否有利于提高学生的写作水平着眼。这个观点比较传统。至于他建议选用一些有难度的作品，选一些水平低、有毛病的文章，这一点尤其值得教材编者注意。

（二）关于广义的教材——课外读物

张中行认为，语言是约定俗成的，学习语言的秘诀只是一个字，曰"熟"。熟来自多次重复，即多读多写，而薄薄的一本语文教材，有限的二三十篇课文，是算不上多的。他说，如果只是在一叠教材上活动，局限于少数所谓的范文，想写通文章是不可能的。

张中行以亲身经历为例："自己能够勉强写通文章，主要还是得力于课外。"[1]"小学时期表情达意能够文从字顺，主要就是多读小说之赐；其中《聊斋志异》给我的更多，轻的是有了读文言的能力，重是相信人间会有温暖，更爱。""到师范学校以后，看的课外书，数量大增，品种也多了"，"用文字表情达意的能力提高了不少，或者说写文章能够文从字顺"，"更巩固了读书的习惯"，"使我后来走上书呆子的路而没有悔恨"[2]。他还举了别人的例子。"许多大作家，就说鲁迅先生吧，《日记》具在，可证写作本领不是来自三味书屋，而是来自课外。"[3]

这么说，是不是课内教材的学习就不重要？不是的，它非常重要。张中行认为，教材的课文是例子和引线。所谓例子，就是学生读了课文，能够举一反三，读懂课外同类文章。所谓引线，就是学生读了课文，知道顺着线索，判断课外还应该读哪些文章。他主张，从教材的课文精读

[1]张中行.作文杂谈［M］.北京：人民教育出版社，1984：225-226.
[2]张中行.流年碎影［M］.北京：中国社会科学出版社，1997：44，82.
[3]同［1］226.

中获取阅读的本领和方法，以此为本，向外延伸，课外博览。理由是，第一，作文不只要能写，还要有所写，也就是要有内容。内容是思想、知识之类，可以由自己感知得来，但主要是由接受前人的研究成果而得。比如发表议论，经常要用到逻辑规律和逻辑术语，这些可以说都是由读书而得，不是由张目看外界、闭目审内心而得。所写要包括多种内容，所以不能不课外博览。第二，专就表达方式和表达技巧说，也要靠课外博览吸收大量的营养。例如，只有多读六朝的骈文，才知道原来说话作文在语句的平仄方面还可以用些功夫，以求声音美妙。第三，课内精读有所得，这所得有一部分可称为"笔法"。种种笔法，课外博览时也会遇到，这就对课内精读起到巩固作用。第四，通过课外博览，所知渐多，还会对课内精读的理解更明晰，体会更深入。

供课外博览的读物，是广义的教材。张中行晚年为编写这类教材花了不少心血。出版有《文言文选读》（三册）、《作文杂谈》《文言读本续编》等。对《文言文选读》的编选，他做过说明："我坚信，想通文言，是只能用多读的办法。"[1]而教材上的文言课文数量有限，只能用课外读物的形式让学生接触更多的文言作品。以《文言文选读》为例，三册书的内容层次是由浅入深的，每一册都是由古到今，共排列 180 个题目，收文共 300 篇。选文力求面广，质量好，可读性强；注解详，以求学生自学无困难；重点是在解说中评介古籍，以期学生读了能够进一步找大量的书广泛地读。认真读完这三册书，学生可以获得阅读一般文言作品的能力，并为进一步深造奠定基础。

当然，课内教材精读、课外读物博览，不是绝对的，有时可灵活处理。20 世纪 90 年代中期，张中行说，像课本上那些文章，绝大部分让学生自己看看就可以了，分析、讲解、出题、解答都是浪费。换句话说，当时教材上绝大部分课文无须精读，浏览就可以了。至于课外读物，有的内容很重要或有相当的价值，艺术性很高，那就不妨精读，字字咬准，确切体会其意义。但从总体上说，要以教材的精读为本，由慢而快地向外延伸。这能实现精与博的融合，文思的源泉主要是由此中来。

---

[1]张中行.流年碎影［M］.哈尔滨：北方文艺出版社，2012：429.

关于课外读物的重要性与编选方法，张中行论述得比较全面。其中有一点可能引发争议。他认为，学生作文的内容，思想、知识之类，可以由自己感知得来，但主要是接受前人的研究成果而得。换句话说，由读书而得，因此不能不课外博览。而一般观点则认为，写作源于生活。比如叶圣陶就明确说，生活是源，写作是流，学生作文的材料来自生活。张中行的看法似乎与叶圣陶相悖，至少主张的侧重点是不一样的。究竟如何，值得进一步探讨。

（三）关于多读多写与语文知识

张中行认为，学习语言运用主要学习的是语言运用的习惯，这习惯是由多次重复的"熟"养成的，而"熟"则来自多读多写。多读多写是学习语言运用的主要途径。

多读，就学习表达方式说，是"读书破万卷，下笔如有神"。你不读，或读而不熟，有了意思，拿起笔来就难于表达。反之，多读，熟了，可以不费思索而顺理成章。进一步来说，多读，熟悉各种表达方式，领会不同笔调的短长轻重，融会贯通，还可以把意思表达得更圆通，更生动。多读，就学习内容方面说，一是吸收"思想"（包括各种知识）。写作文需要有值得写的内容。这内容，至少就初期说，面壁自然悟不出，自己观察研究也所得有限，就不得不靠多读，吸收别人的知识。二是学"思路"。想得头头是道，才能写得头头是道。这思路的条理主要来自"学"，即读他人的思路；其次才是"思"，因为"思"至少就早期说，绝大部分是顺着他人（所读之文）的路子走。

多读，熟了，这两方面的积累增多，既有内容可写，又熟悉如何表达，作文的困难自然就没有了。不过，还要多写。多写的作用也包括两个方面：一方面，由读来的熟悉，必须通过自己的笔才能明朗、巩固，成为熟练；另一方面，写不只是随着思路走，还应是整理思路的过程，必须常写，内容才可以精粹且更有条理。

多读，如上文所述，要精读教材课文，博览各种读物。多写，要不放过任何动笔机会，甚至创造一些动笔的机会，天天写，不间断。除课堂作文外，可以出墙报、向报刊投稿、组织作文比赛。张中行还建议，一是写日记，可以只记一天的经历，也可以上天入地，外物内心，无所不记。二是写札记，可以记"所读"，或记"所思"，或记"所读"和"所思"的混合。三是针对某一题材或某一问题，搜集材料，写自己的意见，作为集腋成裘完成大著作的准备。

多读多写是学习语言运用的主要途径，但不是唯一途径。学习语言运用，还需要语文知识作为辅助。所有的中学语文教材都把语文知识作为不可或缺的组成部分。怎样利用语文知识呢？张中行强调，第一，切不可喧宾夺主。作文，学会写并获得提高，主要通过多读多写；不多读多写，头脑里没有可写的内容以及选择适当的语句以表现某种内容的行文习惯，拿起笔就不知所措。这靠语文知识是补救不了的。第二，语文知识是辅助力量。助，先要受助者大致能自立，所以语文知识宜从少到多，由浅入深，逐步编入教材。一般来说，受助者通过多读多写，感性认识已积累了不少，这时候才有可能通过学习语文知识，把感性认识提升为理性认识。如果在学生感性认识很少的时候，贸然在教材中编进大量语文知识，他们就不能印证、体会知识，甚至会头脑迷乱。第三，要把语文知识看作参考意见，不可处处受它约束。如写作知识，写法千变万化，文无定法，所以一定不要把写作知识看作法条，以为非此不可。第四，参考、吸收他人的看法的目的是形成自己的看法。写作知识的最大功用是作为材料、引线，帮助学生形成自己的写作知识。

张中行对过去语文教材过于倚重语文知识提出批评。他说，以他编过《汉语》课本的教训，想借有关语法的知识之助写通文章，必不能如愿，还会引来恶果，学生整天或辨词性，或析句子，弄得晕头转向，就更没有时间和精力读写。至于写作知识，他说，以他写《作文杂谈》的体会，如果顺从感情，也许要说它没用或用处很小。越是谈得具体的，像是立即可以付诸实用的，胶柱鼓瑟，并不合用。

关于多读多写，古今论述极多，张中行提到读写关系时说道："由读来的熟悉，必须通过自己的笔才能明朗、巩固，成为熟练。"[1]关于语文知识，尽管他自己编写过这方面的著作，但是他认为语文知识处于有用与无用之间。

---

[1] 张中行.作文杂谈 [M].北京：人民教育出版社，1984：40-41.

（四）关于文言教材

新中国成立以来，中学语文教材里既有白话，又有文言。学文言的要求是，高中毕业能够读浅近的文言作品。后又有人提出中学生不再读文言。张中行的意见是，小学高年级开始读文言，读到初中二年级，然后愿意学和需要学的学生继续学下去，不愿意学和不需要学的学生可以不再学。

为适应小学高年级和初中一、二年级学生学文言的需要，教材编制应讲究课内、课外的配合。课内要编写合适的文言教材。比如，选材要精，深浅得当，不但能够引起学生的兴趣，而且要使学生学了确能得益。课外编写适当的辅助读物，即广义的教材。应该组织一批人，选编一套辅助读物供学生读。编时要照顾一些原则，如选材要精，触及古典名著的多方面，浅明易读，由浅入深，内容健康但不乏风趣等。种类不妨多一些，容许学生在这方面有选择的自由。

初中二年级以后继续学文言的学生，可分为甲、乙、丙三级，分别供给他们文言读物，即广义的教材。近年来整理出版的古籍绝大多数是古香古色的"阳春白雪"。这些书称为"原本"，可以由甲级学生选用。少数篇幅不是很长的、经过整理的原本，如周祖谟整理的《世说新语笺疏》和《洛阳伽蓝记校释》之类，以及有些应读但难读的篇幅太长的原本的"节要本"，如《资治通鉴》的节要本，可以由乙级学生选用。至于供给丙级学生选用的文言读物，种数要少、篇幅要短（过长的用选本）、程度要浅，而且必须是加新注的。这类事也宜有个班子承担，先整理出一份全面的书目，即甲、乙、丙级学生通用的文言阅读书目。这样，有了规划，认真执行，就像在居民区设了粮店，需要吃粮的可以随买随吃了。

张中行认为，过去学文言之所以效果不好，主要症结是学习方法不妥当，而不是学习对象太难对付。文言同现代汉语有千丝万缕的关系。比如，（1）文字都是汉字，只是文言中生僻字多一些。（2）语音也是承袭多于变化，因而我们还能以普通话的语音朗读并欣赏骈体文和诗、词、曲。（3）词汇变化比较大，可是像牛、马、山、水等许多词，我们仍在原封不动地沿用；像蹙额、凝眸、致知、格物等许多词，现代汉语虽然不常用了，却不难望文生义。（4）现代汉语尤其是成语，其中有大量文言成分。(5)句子结构方面,古今差别很少,如《孟子》中的"孟子见梁惠王"。学文言,熟就能学会,不熟就不能学会。熟由多次重复来,不勤就不能多。好的学习方法就是要保证勤,譬如说,每天能用一个小时,或者只是二三十分钟进行阅读,养成习惯,使之成为兴趣,坚持几年,学会文言是不会有困难的。

张中行还认为,语文教材要求高中毕业生能够读浅近的文言作品,不算苛刻。什么叫能够读?就是基本了解,容许有少数词语拿不准。什么叫浅近的文言作品?就是艰深的除外。一些文言作品,时代过早,词语、句法与后来通行的文言不同,难读,要除外;有些文言作品是专业性质的,没有专业知识不能读,如《黄帝内经》之类,要除外;还有一些文言作品,时代未必早,但故意求艰涩,很难读,也要除外。举正面的例子,就是《阅微草堂笔记》和《聊斋志异》,读了以后,能用现代汉语介绍它们的内容,说得明明白白,就算是"能够读浅近的文言作品"了。这标准不高,中学生应该能够达到。

关于文言教材的言论,张中行发表了不少。其中有些言论,如允许一大部分学生初中二年级以后不学文言文,今天人们未必认同。不过他的多数言论蕴含真知灼见,仍值得珍视。比如"过去学文言之所以效果不好,主要症结是学习方法不妥当,而不是学习对象太难对付"[1]。那么,我们今天应该在改进学习方法上下功夫,不妨试试张中行倡导的学习文言的方法。"一是用适当的方法,学会并不难,时间拉长些,负担也不重。二是现在学文言文大多失败,是因为无兴趣,无读书习惯,不勤,而想下小网得大鱼。"[2]

[1]张中行.张中行作品集 第一卷:文言和白话,文言津逮[M].北京:中国社会科学出版社,1995:407.
[2]张中行.流年碎影[M].北京:中国社会科学出版社,1997:357.

第二编　语文教材编制与改革示例

　　以叶圣陶为代表的前辈学者，亲自从事语文教材的编制与改革工作。比如，著名的《国文百八课》是我国20世纪上半叶最有代表性的改革型的教材；1956年文学、汉语分科教材，是20世纪下半叶改革幅度最大的教材；1963年的中学语文教材是具有奠基意义的"工具性"教材。这些教材都出自他们之手。改革开放后，在前辈学者奠定的基础上，语文教材的编制与改革工作汲取国内外新的科学的教材理论，继续向前推进。1987年初中语文教材（人教版）把"工具性"教材的长处充分展现出来。1993年义务教育初中语文教材（人教版）、1997年普通高中语文教材（人教版），标志着综合型初中、高中语文教材的改革取得突破性进展。六年制重点中学初中、高中语文教材（人教版），则是分编型初中、高中教材的重大改革成果。新世纪肇始，义务教育课程标准初中语文实验教科书（人教版）、普通高中课程标准语文实验教科书（人教版），着眼于提高学生的语文核心素养和发展学生的个性特长，在新理念下进行新改革。上述改革实践，可以作为今后语文教材编制与改革的借鉴。

一、《国文百八课》：20世纪上半叶最有代表性的教材改革

（一）教材目标侧重于形式的讨究

关于《国文百八课》，夏丏尊、叶圣陶两位学者说："这是一部侧重文章形式的书，所选取的文章虽也顾到内容的纯正和性质的变化，但文章的处置全从形式上着眼。"[1] 理由是："依我们的信念，国文科和别的学科性质不同，除了文法、修辞等部分以外，是拿不出独立固定的材料来的。凡是在白纸上写着黑字的东西，当作文章来阅读、来玩索的时候，什么都是国文科的工作，否则不是。一篇《项羽本纪》是历史科的材料，要当作文章去求理解，去学习章句间的法则的时候，才算是国文科的工作。所以在国文科里读《项羽本纪》，所当着眼的不应只是故事的开端、发展和结局，应是生字难句的理解和文章方法的摄取。读英文的人，如果读了《龟兔竞走》，只记得兔怎样自负，龟怎样努力，结果兔怎样失败，龟怎样胜利等等的故事的内容，而不记得那课文里的生字、难句，以及向来所未碰到过的文章上的某种方式，那么他等于在听人讲龟兔竞走的故事，并不在学习英文。故事是听不完的，学习英文才是目的，不论国文、英文，凡是学习语言文字如不着眼于形式方面，只在内容上去寻求，结果是劳力多而收获少。竟有许多青年在学校里学过好几年国文，而文章还写不通的。其原因也许就在学习未得要领。他们每日在教室里对着书或油印的文选，听教师讲故事，故事是记得了，而对于那表现故事的方法仍旧茫然。难怪他们表现能力缺乏了。"[2] 而"时下颇有好几种国文课本是以内容分类的。把内容相类似的古今现成文章几篇合成一组，题材关于家庭的合在一处，题材关于爱国的合在一处。这种办法，一方面侵犯了公民科的范围，一方面失去了国文科的立场，我们未敢赞同"[3]。

（二）教材编排采用文章学系统

《国文百八课》（共四册）打破了历来课本选文各不相关、毫无系统

[1] 叶至善，叶至美，叶至诚. 叶圣陶集：第十六卷［M］. 南京：江苏教育出版社，1993：31.

[2] 同［1］31–32.

[3] 同［1］34.

可循的传统编制模式，创制了一种尽可能体现语文教学科学程序的编制体例。一课就是一个单元，有一定的目标。全套教材包括文话、文选、文法或修辞、习问四项，各项打成一片。文话是每课的中心，讲文章知识，"百八课"就是有 108 个项目，代表文章知识的 108 个方面；文选选古今文章两篇，为文话作例证；文法或修辞，从文选中取例，并自成系统；习问是前三项的复习巩固。从纵的方面看，四项各自都有一定的系统；从横的方面看，四项都服从于本"课"的教学目标。全书循序渐进，跨过 108 个台阶（即 108 课）而达到最终目的，形成一个编者认为具有一定科学性的、比较完整的初中语文教材体系。

　　吕叔湘说，文话是这套书的纲领，也是这套书最有特色之处。《国文百八课》有文话 72 篇，有系统而又不拘泥于形式上的整齐。第一册从《文章面面观》开始，接着讲文言体、语体以及文章的分类，这是个总引子。然后是几篇讲比较常用的应用文——书信的文章。再往后就是第一册的重点：用九课的篇幅讲记述和叙述，讲题材，讲顺序，讲倒错，讲快慢，讲观点的一致与移动。第二册讲记叙文，先讲三种记叙文的体式——日记、游记、随笔；然后讲直接经验和间接经验，讲立足于第一人称、第二人称、第三人称时各自的写法；最后讲记叙文中的感情抒发、景物描写和人物描写。第三册开头讲小说——记叙文的一个特种形式，略讲韵文和散文的区别以及诗的本质；然后转入本册的重点——说明文。说明文部分主要讲纯粹的说明文以及说明和记述、叙述、议论的异同分合；讲说明的对象（即事物的各个方面）的异同、关系、过程，以及抽象的事理。第三册的 18 篇文话中有 13 篇是讲说明文的。第四册的重点是议论文，可是对议论文的说明，包括推理方式，只用了最后的六课。在这之前讲了不能简单地归入记叙、说明、议论三类的文章，即学术文、仪式文、宣言、对话、戏剧、抒情诗、叙事诗等。"单就前四册来看，大纲目仍然是按记叙义、说明文、议论文的顺序讲解，可是在这三部分之内和之外都是提出若干小题目，一次讲一个题目，既有联系，又不呆板。"[1]

---

[1] 叶至善，叶至美，叶至诚. 叶圣陶集：第十六卷 [M]. 南京：江苏教育出版社，1993：495.

（三）教材选文注重说明文和应用文

《国文百八课》的选文特色，吕叔湘已指出，一是语体文比文言文多，二是应用文和说明文比较多。四册中有应用文十多篇，其中有书信、调查报告、宣言、仪式上的演说词、出版物前面的凡例、公文标点与款式。说明文有二十多篇，如《梅》《蟑螂》《动物的运动》《霜之成因》《二十三年夏季长江下游干旱之原因》《菌苗和血清》《苏打水》《导气管的制法》《机械人》《图画》《雕刻》《农民的衣食住》《科学名词跟科学观念》《说"合理的"意思》《何谓自由》《美与同情》《〈论语〉解题》等，篇数之多，方面之广，也都胜过同时的别种课本。[1]

叶圣陶一贯主张教材选文应"包括一般人在生活上所触及的各类文字"[2]，特别主张多选说明文。"我觉说明文极重要，说一种机械，说一种操作方法，说一种原理，皆学生必须学会者。"[3]在叶圣陶看来，学生学习语文，掌握听、说、读、写技能，是为了应付生活，解决实际生活问题。从这点出发，教材选文就要尊重学生的需求，重视选取应用文和说明文。

"《国文百八课》之所以颇有特色，是因为两位编者夏丏尊先生和叶圣陶先生都当过多年的语文教师，又都有丰富的写作经验。他们两位曾经合作写过几种讲学习语文的书，其中最有名的是《文心》，现在六十多岁的同志很多是曾经从这本书得到教益的。除《文心》外，还有一本《阅读和写作》，一本《文章讲话》，也是他们二位合作的；另外，叶先生还写过一本《文章例话》，夏先生还跟刘薰宇先生合写过一本《文章作法》。把积聚在这些著作里边的学习语文的经验拿来系列化，再配合相应的选文，这就成了《国文百八课》。"[4]

《国文百八课》之所以颇有特色，还因为两位编者极为认真的编制态度、敬业精神以及对青少年学生的关爱。两位编者自述："本书在编辑上自信是极认真的，仅仅每课文话话题的写定，就费去了不少的时间。本书预定一百零八课，每课各说述文章上的一个项目。哪些项目需要，哪

［1］夏丏尊，叶绍钧.国文百八课：第一册［M］.北京：人民教育出版社，1985：3-4.

［2］叶至善，叶至美，叶至诚.叶圣陶集：第十六卷［M］.南京：江苏教育出版社，1993：114.

［3］叶圣陶.叶圣陶教育文集：第三卷［M］.北京：人民教育出版社，1994：514.

［4］同［2］494.

些项目可略，颇费推敲。至于前后的排列，也大费过心思。"[1]又说："文话的话题决定以后，次之是选文了。""选文每课两篇，共计二百一十六篇。要把每一篇选文用各种各样的视角去看，使排列成一个系统，既要适合又要有变化，这是一件难得讨好的事。我们在这点上颇费了不少的苦心。"[2]又说："最感麻烦的是文法、修辞的例句的搜集。""要在限定的几篇选文中去找寻，却比较费事了。我们为了找寻例句，记忆翻检，费尽工夫，非不得已，不自己造句或随取前人文句。"[3]

这套颇有特色的语文教科书尽管由于抗战爆发，只编印了四册，但对后世语文教科书的编制产生了深远的影响。20世纪后半叶人民教育出版社的多数语文教科书就是借鉴《国文百八课》的编辑体例编写的。一些较有影响力的语文实验教材，如华东师范大学第一附属中学陆继椿的《分类集中分阶段进行语言训练实验课本》，简直是《国文百八课》的当代版。即使像特色鲜明的张志公主编的北京大学出版社出版的初中语文教材，也可以看作是对《国文百八课》编制模式的继承与发展。

当然，金无足赤，《国文百八课》也有缺点。两位编者说："我们自己发觉的缺点有一端就是太严整、太系统化了些。本书所采的是直进的编制法，步骤的完密是其长处，平板是其毛病。例如把文章分成记述、叙述、说明、议论四种体裁，按次排列，在有些重视变化兴味的人看来，会觉得平板吧。"[4]1942年，叶圣陶在给夏丏尊的信上说："弟在巴蜀教国文，用东华所编之书，觉所选文章多不配十余龄学生之胃口，而所谓'习作'者，讲得吃力而学生大半茫然，我们所编书（按：指《国文百八课》）大体与之相类，其不切实用自可想见。闭门所造之车难合外间之辙，今益信矣。至少初中国文教学还得另起炉灶，重辟途径也。"[5]

应该指出，数理化教材可以采用直线发展的形式，但"直进的编制法"

---

[1] 叶至善，叶圣美，叶至诚. 叶圣陶集：第十六卷［M］. 南京：江苏教育出版社，1993：114.
[2] 同［1］32.
[3] 同［1］32-33.
[4] 同［1］35.
[5] 叶至善，叶至美，叶至诚. 叶圣陶集：第二十四卷［M］. 南京：江苏教育出版社，1994：131.

不完全适用于语文教材。一般说来，采用"直进的编制法"的教材，它的难包含了易，后者包含了前者。比如，会乘除的一定会加减，会解二次方程的一定会解一次方程。而学习语文就不一样，很难说不先学习语法，就不能接触修辞；不先学习逻辑，就读不懂议论文。皮特·科德在《应用语言学导论》中说："语言结构是'许多系统的系统'，或者说是各种相互有关范畴的'网络'，其中没有哪个部分是完全独立的，或者完全从属于另一部分的。就语言来说，在把一切都学到手以前，没有哪一部分可以完全学会的。"[1]因此，学习语文需有一个时时回顾、不断反复的过程。一方面，语文能力作为一种心理机能，难免受遗忘规律的支配。据研究，学生在小学一年级所识的字，约40%要回生，大部分要在二年级返熟；小学二年级所识的字，近20%要回生，大部分要在三年级返熟。语文能力的发展对言语活动的数量有最低限度的要求，达到了这个要求才能保证真正掌握了这个能力。另一方面，语文能力是一种综合能力，包括许多方面。往往有些方面发展快，而某一方面发展滞后，成为短板，阻碍语文能力的整体发展。这某一方面的言语活动就需要加强，多次反复进行。吕叔湘说："语文课无论是知识或是能力都不是照一条直线前进的，说得形象一点，就是老是在那里循环着，起初讲得浅一点，也是怎么读呀，怎么写呀，字词句有哪些必要的知识呀；然后提高一步，还得循环一次，再循环一次，就是这样螺旋式地上升的。"[2]语文的学习不可能直线式进行，要像绕线圈似地绕上去。

还应该指出，《国文百八课》彻头彻尾采取"文章学"系统[3]，也带来一些问题。该"文章学"系统包括文章知识的108个方面。从前四册72个方面的文章知识来看，《国文百八课》大都是关于文章的概念、理论和规律等静态的陈述性知识。这类知识对学生的读写活动有作用，但作用有限。学生更需要的是指引读写活动的程序性知识，也就是学习方法方面的知识。有学者指出："如果我们的教科书或者我们的课堂教学不仅注意告诉学生有关的陈述性知识，而且注意让学生独立主动地学到程序

［1］S. 皮特·科德. 应用语言学导论［M］. 上海外国语学院外国语言文学研究所，译，上海：上海外语教育出版社，1983：291.

［2］吕叔湘. 吕叔湘论语文教育［M］. 郑州：河南教育出版社，1995：52.

［3］叶圣陶. 叶圣陶教育文集：第五卷［M］. 北京：人民教育出版社，1994：406.

性知识，建立并运用解决问题的产生式系统，那么将会大大提高教学效果。"[1]《国文百八课》的文章学知识缺乏可操作性，不能与学生的读写实践紧密结合起来，不能不说是它的美中不足之处。

此外，只把选文作为文章知识的一个方面的例子，容易生出一些弊端。第一，学习一篇课文，总要学习它的精彩之处，即王国维所说的"秘妙"、朱光潜所说的"佳妙"。而那"文章知识的一个方面"能否恰恰是选文的精彩之处呢？往往不是。《国文百八课》两位编者说："例如朱自清的《背影》可以作'随笔'的例，可以作'抒情'的例，可以作'叙述'的例，也可以作'第一人称的立脚点'的例，此外如果和别篇比较对照起来，还可定出各种各样的目标来处置这篇文章。(如和文言文对照起来，就成语体文的例等等。)"[2]《背影》的价值主要不在于印证了文章学的某一方面的知识。学生按照《国文百八课》的设计去读《背影》，是不是丢了西瓜捡了芝麻？第二，学习课文，要尊重学生对课文的个性化感受和独特体验。美国哲学家、教育家杜威认为，学习是基于真实世界（真实情境）中的体验。我国《全日制义务教育语文课程标准（实验稿）》也规定，要尊重学生在学习过程中的独特体验。而那"文章知识的一个方面"是否与学生的独特体验恰巧一致呢？概率很小。这样一来，要么学生没有好好读，无所谓独特体验，没有多少收获；要么只是记住了某个方面的文章知识，但这些知识不是学生体验来的，因此并不牢固。第三，一篇课文有多种教学功能：示例功能，课文是体现语言运用规律的范例，学生可以通过课文把握语用规律；凭借功能，学生凭借课文进行语言运用训练，从而提高语用能力，养成良好的语用习惯；启迪功能，范文无不反映正确、鲜明的人生观、世界观、价值观，学生在阅读中可以受到启迪，进而提高自身的思想品德水平、提升自己的生命境界；扩展功能，课文中不仅有语文知识，还有关于社会的、自然的、人生的百科知识，学习课文能扩展知识领域，也有助于提高语用能力。当然，课文的教学目标不能面面俱到，只能"弱水三千，取一瓢饮"。这"一瓢"水虽然少，

---

[1] 曹南燕.认知学习理论［M］.郑州：河南教育出版社，1991：220.

[2] 叶至善，叶至美，叶至诚.叶圣陶集：第十六卷［M］.南京：江苏教育出版社，1993：32.

水的元素却是齐全的，它是"弱水三千"的具体而微。而《国文百八课》只取"文章知识的一个方面"，未免过于单一，白白浪费了选文的其他多种功能。余冠英早就对这种编法提出批评："有些教本将选文作为'文章讲话'的例子，有些将选文的门类分别得非常琐细。这样便发生一种流弊。门类要求完备，例子要求丰富，有许多文章便为备格充数而入选，并非为了学生的需要，有时也就顾不到适宜不适宜的问题。而许多该入选的文章地位反被一些不相干的篇什占了去。"[1]

《国文百八课》是我国 20 世纪上半叶具有代表性的语文教材，它深刻地影响了 20 世纪后半叶语文教材的面貌。然而，它毕竟是 20 世纪 30 年代的教材，难免带有时代的局限性。新中国成立以来的教材继承了它的长处，汲取了它的教训，并有不少发展。无论如何，从为后来教材的发展提供基础来看，《国文百八课》功不可没。

二、1956年文学、汉语教材（人教版）：
20世纪下半叶最重大的教材改革

1956 年至 1958 年的文学课本和汉语课本是新中国成立以来改革幅度最大的课本。

这套课本的编写经过了长期的酝酿和准备。早在 1951 年 3 月，第一次全国中等教育会议就提出了语言文学分科的设想。1951 年 6 月，《人民日报》社论《正确地使用祖国的语言，为语言的纯洁和健康而斗争》指出："只有学会语法、修辞和逻辑，才能使思想成为有条理的和可以理解的东西。但是我们还只有很少的人注意到这个方面。我们的学校无论小学、中学或大学都没有正式的内容完备的语法课程。"这实际上也提出了语言、文学分科教学的要求。这时候，全国掀起"学习苏联教育经验"的热潮，许多教师认为应该像苏联那样实行语言、文学分科教学。1953 年 12 月，中央语文教学问题委员会给党中央的《关于改进中小学语文教学的报告》系统地分析了语言、文学混在一起教学的弊端，强调语言、文学分科教学的长处。1954 年 2 月，中共中央政治局扩大会议批准了这

---

[1] 李杏保，方有林，徐林祥. 国文国语教育论典：下 [M]. 北京：语文出版社，2014：735.

个报告，决定中学语文实行汉语、文学分科教学。

人民教育出版社受教育部委托，于 1952 年成立汉语、文学教学大纲起草委员会，1954 年开始编写汉语教材和文学教材。从 1955 年秋季开始，教育部指定北京、上海、天津等地区的 79 所学校，在初中一年级对汉语、文学新教材进行试教。1956 年 4 月，教育部发出通知，从 1956 年秋季起，全国使用新编的汉语课本和文学课本。于是，汉语、文学课本在全国正式推开了。

文学课本，初中编完六册，是按照《初级中学文学教学大纲（草案）》编写的；高中编到第四册，是按照《高级中学文学教学大纲（草案）》编写的。这套课本有不少优点，简述如下。

一是文学教学的目的任务和各年级教学要求比较明确。中学文学教学的任务分为教养任务和教育任务。

初中文学的教养任务是在小学语文教学的基础上，指导学生学习更多的文学作品，领会这些作品的思想内容和艺术形式；结合文学作品的教学，讲授必要的文学理论常识和文学史常识，帮助学生更好地领会文学作品；指导学生在学习文学作品的过程中，丰富语言知识，并学会用口头语言和书面语言明确地表达思想感情。通过这样的教学，使学生提高阅读、理解和欣赏文学作品的能力和运用语言的能力，养成阅读文学作品的兴趣和习惯，增进对社会生活的认识。

初中文学的教育任务是：帮助学生树立社会主义政治方向；培养学生的辩证唯物主义世界观；培养学生的共产主义道德，特别是爱国主义精神，共产主义劳动态度，集体主义精神，自觉遵守纪律的精神，爱护公共财物和坚韧、勇敢、谦逊、诚实、俭朴等品德，热爱祖国语言和文学的感情；提高学生的认识能力，发展想象能力；培养学生正确的审美观点，特别是对社会生活的明确的是非、善恶观念和强烈的爱憎感情。

高中文学的教养任务是：指导学生系统学习中国文学史上的重要作品，指导学生学习外国的某些重要作家的作品；指导学生学习经典性的文学论文，结合所有课程的文学作品的教学讲授一些文学理论基本知识，结合中国文学作品的教学讲授系统的中国文学史基本知识；在指导学生学习文学作品和文学论文的时候，指导学生熟悉文学作品的语言，使学生初步认识中国文学史各主要阶段的作品语言特点，指导学生学习用口头语言和书面语言明确地描述客观事物和表达比较复杂细致的思想感情。通过这样的教学，进一步提高学生的阅读、理解和欣赏文学作品的能力，培养学生初步阅读文言著作的能力，提高学生运用语言的能力，巩固学生阅读文学作品的兴趣和习惯，进一步增进学生对社会生活的认识。

高中文学的教育任务是：在初中的基础上继续帮助学生树立社会主义政治方向；培养学生的辩证唯物主义世界观；培养学生的共产主义道德，特别是爱国主义精神、共产主义劳动态度、集体主义精神，自觉遵守纪律的精神，爱护公共财物和坚韧、勇敢、谦逊、诚实、俭朴等品德，热爱祖国语言和文学的感情；提高学生的认识能力和发展他们的想象能力；培养学生正确的审美观念，特别是对社会生活明确的是非、善恶观念和强烈的爱憎感情。文学的教育任务是在完成教养任务的过程中完成的。按照上述规定的任务，初中、高中各年级都有具体的教学要求。

初中一年级，着重培养学生观察和叙述客观事物的能力，逐渐增进学生对生活的认识，使学生对文学的意义和作用、对文学同社会生活的关系有初步的认识。

初中二年级，着重培养学生分析和理解比较复杂的事物的能力，借以开拓学生的思想领域，并使学生对我国文学的发展有大致的了解。

初中三年级，除了继续提高学生认识生活和分析事物的能力，还要系统地介绍文学作品的各种体裁，使学生获得关于各种体裁的特点的基本知识。

学生在初中已经学习了一些我国古典作品和现代作品，对我国文学发展的历史有了一些认识。到了高中，就要求学生在这个基础上熟悉更多的著名作品，有系统地研究这些作品，初步认识我国文学的发展概况和基本规律。

二是建立了比较完整的文学教学体系。根据文学教学的目的任务和各年级教学要求，初中文学课以讲授文学作品为主，结合文学作品讲授一些文学常识。文学作品包括我国的古典文学、现代文学作品和外国文学作品，我国文学作品以现代为主，外国文学作品以苏联为主。文学常识包括文学史常识和文艺理论常识。从初一到初三，让学生先初步学习文学作品,了解我国文学的发展概况,然后分体裁进一步学习文学作品,这样就构成了一定的教学顺序。高中在初中的基础上,按照文学史系统编排文学作品和中国文学史基础常识。文学作品包括中国文学史上的名家名著和外国某些重要作家的代表性作品,文学史基本常识主要介绍我国各个时期的文学发展概况。从高一到高三,让学生从学习中国文学作品到学习外国文学作品,从学习文学作品专题到学习文学史概述,这样就构成了更具有系统性的教学顺序。就整个中学阶段的文学教学来说,初中是高中的基础,自成系统;高中在初中的基础上提高,自成系统。整个中学文学教学有一个相对完整的体系。

三是选文典范,以名家名作为主。全套教材除七篇政论文外,其他都是文学作品。初中课文的体裁是多种多样的,包括寓言、童话、诗歌、小说、戏剧、散文等。散文一类包括传记、随笔、杂文、报告、游记、书信以及富有文学色彩的论文。高中课文的体裁也是多种多样的,有诗歌、小说和戏剧,有各种形式的散文:书信、游记、传记、随笔、杂文和富有文学色彩的论文等。这些体裁的选文绝大多数是名家名作,是素有定评、脍炙人口的。名家有中国古代的屈原、司马迁、李白、杜甫、白居易、施耐庵、罗贯中、吴敬梓、曹雪芹等,现代的鲁迅、瞿秋白、郭沫若、茅盾、叶圣陶、老舍、曹禺、张天翼、艾青、赵树理等,外国的普希金、高尔基、奥斯特洛夫斯基、伏契克、安徒生、都德等。名家名作的数量多、质量高。

四是编写了丰富的文学常识。文学常识包括文学理论常识和文学史常识。

初中课本的文学理论常识有:

(1)文学作品是通过形象认识现实的手段,是斗争的武器;

(2)文学作品的主题和思想,主人公,叙述、描写和对话,结构;

(3)文学作品的体裁——寓言、童话、诗歌、小说、戏剧、散文(传记、随笔、杂文、报告、游记、书信、富有文学色彩的论文)等;

(4)文学作品的语言;

(5)评价文学作品的标准;

(6)我国民间口头文学和它在文学发展史上的作用;

(7)我国古典文学的人民性和艺术价值;

（8）我国现代文学在人民革命和社会主义建设中的作用。

初中课本的文学史常识不追求系统，只是结合作品介绍，例如，讲授《解珍解宝》时，简单地介绍《水浒传》。介绍作家的方式和详略，各年级不同。主要在初二年级介绍作家，初一、初三年级只在对理解课文有必要的时候才介绍。屈原、杜甫、鲁迅、瞿秋白等，有专文介绍；李白、白居易、吴敬梓、郭沫若、茅盾、高尔基等，结合课文内容介绍。

高中课本的文学理论常识有：

（1）文学的起源，民间口头创作同文学的关系；

（2）形象和典型的概念；

（3）文学中的人民性、阶级性、党性；

（4）各种体裁的艺术特点；

（5）文学语言的概念；

（6）批判的现实主义和社会主义现实主义的概念；

（7）评价文学作品的历史主义原则；

（8）我国文学的独特性和独创性。

高中课本的文学史常识，编成"文学史概述"。"文学史概述"的内容是系统地讲述这一时代的文学发展概况。此外，高中课本还编入一些经典性的文学论文。

五是编排形式灵活，适合教学需要。中学文学课本的编排方式是根据教学要求决定的（见表2-1）。

表2-1

年级	教学要求	编排方式
初一年级	初步认识文学的意义、作用及其与社会生活的关系	按照思想内容组织单元
初二年级	了解我国文学发展的轮廓	按照作家和作品年代的先后编排
初三年级	了解文学作品的各种体裁	按照诗歌、散文、小说、戏剧四种体裁组织单元
高一、高二年级	了解我国历代主要作家和作品，了解我国文学史基本常识	按照文学史系统编排

为了丰富每册课本的教学内容，激发学生的学习兴趣，初中文学课本每个年级采取上、下学期两次循环的编排方式。

可以看出，中学文学课本的编排是很有创新意义的。它既线索分明，又灵活多变；既有利于达到教学要求，又能调动学生学习的积极性。它对于今天编写教材仍有借鉴作用。

但是，这套中学文学教材也有不少缺陷，主要有如下方面。

一是片面突出纯文学教学，忽视培养一般的读写能力。首先，其指导思想有片面性。《关于语言文学分科的问题》专题报告指出，"中学的任务不是培养文学家，这不错。但是认为文学课似乎对写作没有多大好处，那就不对"。"要让学生学会写一般的散文，主要的事情是训练学生使他们能把自己的正确的意思用明白确切的语言完整地表达出来……这些培养和训练，光就写作方面说，是根本的，又是共同的，写书信，写日记，写报告，写总结，全离不开这些。而这些培养和训练，在语言和文学两课里完全可以做到"。"读了文学作品，就能够学会写一般的散文，而且比仅仅读一般的散文学得更好"。这种说法不能说没有一点道理，但无疑忽视了一般文章的读写规律，也不符合学生的实际读写水平。

在这种指导思想的误导下，课本只选纯文学作品，只编写文学常识，排斥记叙、说明、议论的文章，也不讲授一般的读写知识。初中、高中文学教学大纲里都列有"文学教学中的语言教学"一节，课文后的练习中也有提到语言和写法的，但这些是从学习文学语言和表现手法的角度提出的，与学生读写一般文章的需要并不完全吻合。而对于学生来说，具备读写一般文章的能力比具备欣赏文学作品的能力，显得更为必要、更为实用。因此，文学课本忽视对学生一般读写能力的培养，不能不说是一个重大缺陷。当时的相关负责人觉察到这一点，认为文学、汉语课本没有很好地解决作文教学问题，于是教育部组织人员拟订了《中学作文教学初步方案（草案）》。

二是文学课本分量过重，要求偏高。文学课本篇数多，课文长，文字深。初中第一册19.5万字，初中第三册20.2万字。初中第一册的《三千里江山》（节选）约1.6万字，《岳飞枪挑小梁王》约2.6万字，《三里湾》（节选）近万字。有些课文，尤其是文言课文和理论性强的课文，内容和文字都较为艰深，教师教得困难，学生学得吃力。

文学课本，特别是高中文学课本，教学要求偏高。高中文学课本编入我国古代各个时期文学的"专题"和"文学史概述"，要求学生能全面地评述作家作品，研究古代文学史和文学理论知识。课文后的练习要求学生对于作品在文学史上的地位及其对后世的影响，对于作家的创作思想和语言的艺术特色等，都要了解。这些要求，对高中生而言显然是过高了。

文学课本过难，与编排方式也有关系。例如，初二年级的文学课本按照从古到今的文学史系统编排，这对刚学过几篇文言文的初二学生来说，显然会有困难。又如，高中第一、第二册文学课本，按照文学史体系编排，较为艰深的先秦文学排在前面，较为易懂的唐宋文学排在后面，顺序为由深入浅，十分不利于教学。尤其是初中生只学过一点儿文言文，一升入高中，又遇上较为艰深的文言文，其困难之大可想而知。

三是脱离语言文字，偏重文学分析。中学文学教学大纲过分强调文学分析。大纲认为，"阅读和分析，是一篇文学作品的教学过程的主要阶段，目的在使学生全面地深入地领会作品的思想内容和艺术形式"[1]。大纲规定的课文教学要点，往往着重关注思想内容和艺术形象的分析，忽视学习课文的语言和写法。课文后的练习与教学要点相呼应，也主要是思想内容和艺术形象的分析题，很少涉及语言文字。至于与课本配套的教学参考书，也是为架空的文学分析推波助澜，用绝大部分篇幅去烦琐地分析思想内容和艺术形象，脱离了对语言文字的学习。

偏重文学分析，是大学中文系的做法，在中学是不适宜的。在中学，应该注重学习文学语言。文学分析，只能放在一定位置。更要紧的是，一定要紧扣语言文字进行文学分析。离开语言文字的架空的文学分析，对培养学生的一般读写能力是十分不利的。

四是对培养学生阅读中国古代作品的能力，要求不够明确。中学文学教学大纲在"文学教学中的语言教学"中，对培养学生阅读古典作品的能力提出了要求，然而不够明确。初中阶段，大纲指出："古典文学作

---

[1] 人民教育出版社中学语文编辑室. 中学语文教材和教学［M］. 北京：人民教育出版社，1981：23.

品的教学，可以使学生对古典文学作品里的词汇和语法，得到一些感性的知识，逐渐获得阅读古典文学作品的能力，同时，古典文学作品里的好些词语，至今还活在人民口语中，所以，讲授古典文学作品，还可以丰富学生的词汇，提高他们运用语言的能力。"[1]高中阶段，大纲要求"通过中国古典文学作品的教学，培养学生阅读中国古典文学作品的初步能力"[2]。培养学生阅读中国古典文学作品的能力，首先要培养学生阅读文言文的能力，学生的文言文阅读要过"关"。对文言文的实词、虚词、特殊句式，初中、高中六个年级应逐步掌握多少；对文言课文的诵读、背诵，初中、高中六个年级各应达到多少篇、段；对古代文化常识，初中、高中六个年级各应了解多少，教学大纲都没有明确规定，文学课本自然也没有落实。文学课本没有编入文言知识，也没有文言字、词、句方面的练习。中国古典文学作品绝大部分是文言作品，由于对文言文的阅读能力没有作明确要求，因此，要培养学生阅读、欣赏古典文学作品的能力，势必有相当的困难。一般说来，古代文学作品的教学与文言文的教学应该同步，相辅相成。文学课本没有这样做，也是一个不小的缺陷。

初中六册汉语课本按照《初级中学汉语教学大纲（草案）》编写，其教学要求是明确的。教学大纲规定，初中汉语课的基本任务是使学生掌握有关汉语的基本科学知识，提高学生理解和运用语言的能力。同时，对学生进行爱国主义思想教育，培养学生的民族自豪感和爱国主义热情，帮助学生树立辩证唯物主义世界观。初中汉语课本根据教学大纲的规定明确了教学要求。

初中汉语课本的内容富于系统性。先复习小学的汉语知识，然后在"绪论"介绍整个初中汉语课的轮廓。接着学习语音（第一学期），文字和词汇（第二学期），词法、句法的概略和词类（第三学期），单句（第四学期），复句和标点符号（第五学期），修辞基本知识（第六学期）。应该说，各部分内容之间的联系也是紧密的。学生对汉语课本也有兴趣。他们不仅从中学到语音、文字、词汇、语法、修辞和标点符号等知识，而且遣

[1]人民教育出版社中学语文编辑室.中学语文教材和教学［M］.北京：人民教育出版社，1981：27.

[2]同［1］47.

字造句的能力有所增强。同时，对推广普通话、实现语言规范化也有促进作用。

相关领导当时对汉语课本的编写曾经做过一些指示：在汉语基础知识方面，讲述要生动活泼，不要用过多术语；词应讲得具体，说明词的用法不一定多讲原理，让学生从反复练习中明白道理，举一反三，掌握各项规律；汉语课本的结构应和文学课本不同，汉语课本讲述的是一般文章的写法，一般文章的段落、句子结构法；汉语课本讲文章结构，应以段为中心。遵照这些指示，相关人员在编写汉语课本时，注意做到多举例子，让学生在反复练习中掌握各种语言规律。但汉语课本仅局限于传授字、词、句的知识，没有从段出发讲述文章结构和各项语言知识。这是一大缺憾。

初中汉语课本的缺点是明显的。它没有着力于培养学生理解和运用语言文字的能力，而片面追求汉语知识的系统性、完整性；课本内容烦琐，缺乏重点，主次不分；讲述比较呆板，文字枯燥，缺乏兴味；练习缺乏变化，比较单调；有些例句不够典型；不能有效地提高学生的读写能力，学生费力甚多而获益甚少。

文学、汉语课本于1956年秋季在全国推广使用以后，受到广大语文教师的欢迎，同时也提出了一些问题。《人民教育》杂志开辟《语文教学问题》专栏展开讨论。有人提出课本里古典作品不宜选得太多。于是，1957年春对文学课本发出了精简的通知，1957年秋文学课本做了进一步精简。1957年"反右"运动以后，有人对汉语、文学课本的编写指导思想进行了批判，认为教材编写存在"厚古薄今，脱离实际，脱离政治"的倾向。有的文章批判教材"宣扬了消极避世、人生如梦的颓废思想"，使学生"盲目崇拜古代诗人和作家的'反抗'精神，'与世横眉'的对立精神"。许多文章质问："今天全国人民以无比的干劲建设社会主义，而现行文学教材却编选了一些消极避世、闲情逸致、儿女情长的作品来教育学生，这和今天轰轰烈烈的时代合拍吗？"从1957年下半年起，汉语教材在许多学校停止使用，文学教材也被各省市自编教材代替。1958年春，国务院第二办公室正式决定取消汉语和文学分科，恢复语文课本。于是，在高中文学课本尚未编写完毕，教材试用仅一年半的情况下，这一场语文教材的重大改革便半途而废了。它留下的经验教训是非常深刻的，值得精心总结。

三、1963年中学语文教材（人教版）：
"工具性"教材的奠基性改革

1963 年中学语文教材（人教版）是根据教育部 1963 年 5 月颁布的《全日制中学语文教学大纲（草案）》的精神编写的。

文学、汉语分科课本于 1958 年春停用以后，人民教育出版社当年就新编了一套语文课本。这套课本于 1959 年、1960 年进行过两次修订，但是依然存在很多缺点。1961 年，人民教育出版社又新编十年制学校用的中学语文课本（试用本），这套课本与上一套课本相比，有了长足的进步。1963 年新编的中学语文课本吸取了上述几套，尤其是 1961 年十年制课本的编写经验。1963 年中学语文教材（人教版）有如下特点。

（一）突出语文的工具性，明确语文教学的目的任务

关于语文课程的性质，历来争论不休。1957 年的"反右"运动和1958 年的"大跃进"影响了人们对语文课程性质的理解，人们片面强调语文课的思想政治性，忽视工具性。有的地方文件规定："进行政治思想教育是语文教学的首要任务。"1963 年的教学大纲首先把 1958 年前后对语文课性质的错误理解纠正过来，指出："语文是学好各门知识和从事各种工作的基本工具。"这个论断出自毛泽东同志 1942 年撰写的《〈文化课本〉序言》。

遵照教学大纲的精神，1963 年中学语文教材（人教版）的"编辑意图"指出："语文是学好各门知识和从事各种工作的基本工具。中学语文教学，要使学生具有现代语文的阅读能力和写作能力，具有初步阅读文言文的能力；作文要文理通顺，用词确切，正确地使用标点符号，字写得端正，不写错别字。"为了切实达到这个要求，编辑这套课本的时候，相关人员参照我国传统的语文教学经验以及语文课本的编辑经验，着重探讨了有关提高学生阅读能力和写作能力的几个重要问题，有针对性地进行了一些改革。课本在选文、知识内容、编排等方面，都力图体现语文的工具性和培养读写能力的教学目的任务。

（二）选材面广，课文量多，文质兼美

教学大纲规定："选材的范围应该广泛，包括古今中外的优秀作品；包括文学、社会科学、自然科学等方面的内容；包括记叙、说明、议论、抒情等表达方式；包括书信、通讯、报告、总结等应用文。题材、体裁、风格各方面都要丰富多样。""课文以散文为主，包括故事、寓言、特写、传记、游记、杂文、说明文、议论文、科学小品等。散文可占课文总数的80％左右。""议论文可占课文总数的20％左右,各年级依次增多。""文言文可占课文总数的40％以上，各年级依次增多。""外国作品可占课文总数的10％左右。"1963年中学语文教材(人教版)遵照教学大纲的精神，在1961年十年制学校课本的基础上，进一步扩大了选材的范围。

1963年中学语文教材（人教版）的课文数量多。1961年编写的十年制学校中学语文课本共选课文300篇，1963年中学语文教材（人教版）共选课文360篇（包括精读、略读课文),平均每册课文30篇。课文虽多，但短小精悍，初中课文每篇不超过3000字，高中课文每篇不超过5000字,因此,1963年中学语文教材（人教版）的总字数与1961年课本相比，没有明显增加，课文篇幅短，便于教学。

1963年中学语文教材（人教版）的课文力求文质兼美，适合教学。教学大纲规定："课文必须是范文，要求文质兼美，具有积极的思想内容和优美的艺术形式，足为学生学习的典范"；"入选文章一般应是素有定评的，脍炙人口的，特别是经过教学实践证明教学效果是良好的"。这套课本的360篇课文的作者包括古今中外名家近百家，传统名作和已经在教学中证明效果良好的课文有200多篇。

对于选用古代作品，当时中宣部周扬同志有指示，要用历史唯物主义观点去看待古人作品。古人的有些作品艺术性很好，但内容不太健康，也可以考虑选一点;有些作品写得很好，但毒害也很大，甚至能迷惑青年，就不能多选，选了应该在适当地方讲清楚。教学大纲规定："古人的作品，应当尽量多选思想内容和语言文字都好的；其次，也可以选内容无害而写作方面值得学习的。至于思想内容稍有消极因素而艺术水平很高，足以作为学习借鉴的，也可以选一点。讲读这些作品，要指导学生吸取其精华，剔除其糟粕。对于稍有消极因素的作品，为防止学生受到不良影

响，应该在注解、提示或练习里指出消极因素，作适当的说明或批判。"[1]
根据领导指示和大纲规定的精神，这套课本选用古代作品的原则，一是思想内容和语言文字都好的，尽量多选；二是内容无害，语言好的，适当选一些；三是思想内容稍有消极因素而艺术水平很高的，酌情选几篇。于是，选材范围广与选文质量高统一起来了。

（三）课本的编排以培养学生阅读能力和写作能力为主要线索，组成由浅入深、循序渐进的体系

人民教育出版社于 1959 年重点研究了新中国成立前十二套语文课本的编排体系，把它们分为三种类型：按照课文的体裁分类编排，按照课文产生的时间先后顺序编排，按照学生学习语文的一般过程编排。这三种类型，第一种难以寻求单元之间的逻辑关系，难以做到循序渐进；第二种系统性强，但不易体现由浅入深的原则；第三种容易"使语文成为一门有规律可循的科学"。因此，1963 年中学语文教材（人教版）选用了第三种类型的编排体系，这与 1961 年编写的十年制学校中学语文课本的编排体系是一脉相承的。这种编排体系的特点表现在三个方面：第一，从学习内容比较单纯、篇幅比较短小的文章到学习内容比较复杂、篇幅相对较长的文章；第二，从掌握词句到掌握篇章，从掌握比较简单的写作方法到掌握比较复杂的写作方法；第三，逐步掌握几种主要的表达方式和几种常用文体的写法。具体做法如下。

一是根据由易到难、循序渐进的原则编排课文。按照教学大纲规定，初中一年级着重培养记叙能力，初中二年级着重培养说明能力，初中三年级着重培养议论能力；高中在初中的基础上进一步提高，高中一年级着重培养比较复杂的记叙能力，高中二年级着重培养比较复杂的议论能力，高中一、二年级还要继续培养说明能力，高中三年级巩固和加深各种阅读能力和写作能力。课文就是围绕着每个年级的教学重点来编排的。例如，为了突出教学重点，初中第一册选入 60％以上的记叙文，编排了三个记叙文重点单元。

二是根据由易到难、循序渐进的原则编排语文知识短文。语法知识

---

［1］人民教育出版社中学语文编辑室. 中学语文教材和教学［M］. 北京：人民教育出版社，1981：84.

安排在初中，分散在一些课文之后。这些知识力求简要而切合实用，而且尽可能把知识转化为技能。逻辑知识相对来说难度较大，因此安排在高中，配合高中阶段复杂的议论文单元。讲解关于概念、判断、推理的基本知识和逻辑的基本规律时，着重讲解这些知识在读写中的实际运用。一些读写知识短文，例如，讲记叙、说明、议论和布局谋篇等知识的短文，讲使用字典、词典等工具书知识的短文，也都根据培养读写能力的要求和步骤做了编排。

三是根据由易到难、循序渐进的原则安排读写训练。教学大纲规定，要加强读写的基本训练。根据大纲精神，课本首先注重字的训练，然后注重用词造句的训练，进而注重布局谋篇、立意选材的训练。

作文是识字写字、用词造句、布局谋篇的综合训练。1963年中学语文教材（人教版）做了由易到难的安排。初中阶段，要求学生能写记叙文、应用文和简单的说明文、议论文。高中阶段，要求学生能写比较复杂的记叙文、应用文和一般的说明文、议论文。

（四）着力于多读多写

教学大纲一再强调多读多写，指出无论"识字写字、用词造句、布局谋篇种种基本训练都要在多读多写的实践中反复进行"[1]。根据教学大纲的精神，1963年中学语文教材（人教版）的"编辑意图"也指出，"多读多写是我国语文教育行之有效的传统方法……拿读来说，读是为了吸收作者运用语文的经验。读得多了，才能学到丰富的词汇，才能学到多种多样的表现方法，才能打开眼界，从比较中体会到一些用词造句、布局谋篇的方法……再拿写来说，写是为了把学到的写作知识应用于实践，锻炼自己的写作能力。语文这种工具很复杂，运用起来又要求准确、熟练，所以必须多写。如果学生读得少，写得少，即使教师讲得清楚，改得认真，也很难期望有多大的效果"。根据这个原则，这套课本不仅增选了课文，而且加强了语文的基本训练。例如，初中语文第一册编写了一百多道练习题，其中，基本训练题占了80%左右。

教学大纲特别指出："必须加强课外阅读指导。课外阅读指导，主要

---

[1] 人民教育出版社中学语文编辑室. 中学语文教材和教学 [M]. 北京：人民教育出版社，1981：86.

是选择有益的读物，提示阅读的方法，培养读书的习惯，协助组织一些读书活动。课外写作指导对培养学生的写作能力也很重要，例如指导学生写日记、笔记，帮助学生编壁报或级刊，练习写作。课外的阅读指导和写作指导，既要有统一的布置和一般的要求，又要适当地考虑到学生能力的差别和爱好的不同，尽可能做到切实具体，因材施教。"[1]课本遵照大纲的规定，加强对课外阅读和课外写作的指导。

（五）编写了一套比较好的教学参考书

1956 年文学、汉语分科时的教学参考书，1959 年、1960 年编写的教学参考书，都过多地复述课文，用大量篇幅分析课文的思想内容和艺术形象，烦琐而又不切实用。1961 年十年制中学语文课本的教学参考书有了一些改进。在这基础上，1963 年中学语文教材（人教版）的教学参考书有了很大进步。这套教学参考书包括如下项目：教学要求，补充注释，课文说明，关于练习，教学建议，参考资料。它的目的明确，即帮助教师钻研和掌握教材，掌握课文的重点、难点，十分简明，参考资料也不以多取胜，给教师留有发挥主动性、创造性的广阔天地。

1963 年中学语文教材（人教版）存在一些缺点。

首先，对中学语文教学目的的提法不够全面。教学大纲指出："中学语文教学的目的，是教学生能够正确地理解和运用祖国的语言文字，使他们具有现代语文的阅读能力和写作能力，具有初步阅读文言文的能力。"1963 年中学语文教材（人教版）的教学目的，就是采用教学大纲的提法，只提培养读写能力，不提对学生进行思想政治教育。根据对"文道不可分割"的认识，读一篇文章，理解内容和理解语言文字是紧紧联系在一起的；写一篇文章，正确地反映客观事物和运用语言文字也是分不开的。因此，培养阅读能力、写作能力与进行思想政治教育是不可割裂的。这套课本在教学目的中不提思想政治教育，容易导致教师在教学中忽视课文的思想内容，忽视正确的思想政治观点对阅读、写作训练的指导作用。这种做法表面上似乎是突出了对学生的读写能力的培养，实际上对培养学生的读写能力是不利的。

---

[1] 人民教育出版社中学语文编辑室. 中学语文教材和教学［M］. 北京：人民教育出版社，1981：88.

其次，不进行文学教育。自 1958 年取消文学、汉语分科课本，20 世纪 60 年代初《人民教育》发表《不要把语文课教成文学课》以后，文学教育不受重视。1963 年中学语文教材（人教版）还是不提文学教育。这套课本选入相当数量的文学作品，教师却只能将其当作记叙文、说明文、议论文来教。与文学教育有关的文学常识，如必要的文学理论和文学史知识，一概排斥在课本之外。

叶圣陶先生在 1961 年 7 月的一封信里，对"不要把语文课教成文学课"做了解释。他说："我谓课本之中各体各类之文都有，书籍报刊亦复兼备各体各类，故政治性之文而不言政治，文学性之文而不及文学，断无此理。所谓'勿教成'云云者，勿舍本文于一旁而抽出其政治道理而讲之，或化作品之内容为抽象之概念与术语而讲之也。苟如是讲课，学生即完全理会老师之所讲，而于本文犹生疏，或竟不甚了了，此与练习读书之本旨不合，故务必戒之也。"[1]这就指出了"不要把语文课教成文学课"的本义，并不是反对文学教育。这套语文课本不进行文学教育的做法，是不可取的。

再次，没有构成比较严密、系统的教材体系。各年级读写训练的要求欠具体明确，在课本中未落实。单元编排比较松散，每册除几个记叙、说明、议论的重点单元外，其他单元的教学要求不够明确，单元与单元之间的联系不够密切。每课的教学重点头绪纷繁，十分杂乱，课文内容，字、词、句、篇知识，以至写作方法，都可以充当重点，这样反而看不出重点。课文深浅，也难以排出一个序列。总之，全书还没有一个完整的体系。

最后，文言文教学问题较多。一是文言课文插在语体文之间，没有体现培养阅读浅易文言文能力的特殊规律；二是文言知识，从实词、虚词、句式到古代文化常识等，缺少系统安排；三是文言文教学要求没有一个可供遵循的从低到高的"序"。

1963 年中学语文教材（人教版）是新中国成立以后，继文学、汉语分科教材之后，第二套改革力度最大的教材。然而，1964 年以后，强调教育要结合三大革命运动，要精简课程。这套课本的教学目的，被控宣

---

[1]叶圣陶.叶圣陶语文教育论集：下册［M］.北京：教育科学出版社，1980：717.

扬"工具论"和"工具课";对于课本的内容和分量，全国也有很多意见。1964年秋，人民教育出版社修订刚开始使用的初中第一、第二册课本，删去文学性课文、读写知识短文和语法教材，精简练习和注释。这样一来，减少了课本容量，但又增加了反映阶级斗争、有关工农业生产和进行劳动教育的课文。1965年1月，教育部发出通知，指出《地板》《牛郎织女》《落花生》《风景谈》《王冕》《范进中举》《原毁》《鱼，我所欲也》等"选作课文是不够妥当的"，都要删去。这样，初中前四册课本实际上已经改动很多，很难体现教学大纲精神。初三以上年级仍旧使用上一轮教材。到1966年"文化大革命"开始，这套只使用到初中第四册的改革型教材最终夭折。这场准备了三年、呕心沥血进行的教材改革，其命运如此坎坷，这种历史教训是沉重的。

四、1987年初中语文教材（人教版）："工具性"教材的再改革

这套全国通用的初中语文课本，先在1977年、1978年作为试用本出版发行，之后经过两次修订，改为正式课本。到1987年，根据1986年国家教育委员会制订的《全日制中学语文教学大纲》又做了较大的修订，于1988年秋季开始使用。《全日制中学语文教学大纲》根据中央关于教育体制改革的决定和义务教育法的精神，突出降低难度、减轻负担和明确要求三个方面。修订后的教材，力求体现这个精神，使教材既有较高的质量，又方便教学。

（一）提高课文质量，增强时代气息

无论是以知识为体系的教材，还是以能力训练为体系的教材，课文总是教材的主体。课文的质量基本上决定了教材的质量。过去人们对通用语文教材有意见，也是首先对课文有意见。第一，教材内容陈旧，反映过去时代生活的课文过多，体现时代精神、面向当前生活的课文过少；第二，一些课文是为了配合当时的政治形势选入的，形势发生了变化，这些课文就不适用了；第三，有些课文偏深偏难，有些课文过于枯燥，不适合教学。1987年初中语文教材的修订力图解决这些问题。

由于是修订，不可能对原课本的课文做根本变动。除教学大纲规定的110篇基本课文之外，还保留了原课本中不是基本课文的课文47篇，

另外新增选课文 83 篇。为了增强时代气息，新增选的课文多数是反映新中国成立以来社会生活和时代精神的文章。在全套课本 240 篇课文中，反映新中国成立以来社会生活和时代精神的课文 149 篇，占 62%。其中，党的十一届三中全会以后写作的，反映当前社会生活的课文 66 篇，占 27.5%。这些课文密切联系当前社会生产、生活的实际，联系学生的思想、生活实际，联系当前我国和外国发展的实际。例如，反映张海迪事迹的《生命的支柱》，表现中国女排夺冠的《金杯之光》，描写中学生生活的《永不忘记》，论述如何对待外来事物的《拿来与送来》，论述应该勤俭过日子的《应该敢提"俭"字》，等等。

语文教材应该选一定数量的素有定评、文质兼美的名家名著。鲁迅、郭沫若、茅盾、朱自清、老舍等人的传统名篇，毫无疑问要在语文课本中占有重要的地位。这是因为这些名篇文质兼美，足以作为学生学习的范例，而且这些名篇一般都是文学史上有影响的精品。

原课本中偏深偏难的课文，主要是文言文，例如，《隆中对》《答司马谏议书》等；比较枯燥、让学生厌学的课文，主要是某些政论文。1987 年初中语文教材的修订，尽可能删掉这些课文，这对降低课本难度、减轻师生负担、激发学生学习兴趣，无疑是有利的。

（二）体现大纲精神，明确教学要求

人们对过去语文课本的意见之一，就是教学目的要求不明确，具有很大的随意性。教师教一篇课文，究竟要达到什么要求，心中没有底。教师可以按照各自的理解，在字、词、句、篇、语法、修辞、逻辑、文体各个方面，随意生发开去。现在，《全日制中学语文教学大纲》从阅读能力、写作能力、听说能力以及基础知识等四个方面分别列出对初中各年级的教学要求，揭示了能力训练和知识教学的重点。1987 年初中语文教材的修订，就是把大纲规定的这些要求进一步具体化，落实到各个单元的教学要点和各篇课文的学习重点中去。

例如，大纲在初中三年级语文基本能力和基础知识的教学要求中规定："阅读议论文，能把握文章阐述的观点，了解论证方法，领会语言的严密性"；"能写五六百字的一事一议的议论文"；"能借助自拟提纲演说"；"对别人的意见或对某一事件，能发表自己的看法"。修订后的初中三年级语文课本在四个议论文单元的教学要求以及每篇议论文的学习重点中提出：把握课本的中心论点和分论点；了解例证法、引证法、类比法、以子之矛攻子之盾法等论证方法；领会议论文语言的严密性，懂得句子与句子之间的关系以及关联词语的用法。在四次议论文写作训练中，要求学生写五六百字的一事一议的议论文，对周围发生的事情能发表自己的看法，做到论点明确，有根有据，有分析。在四次听说训练中，要求学生掌握讨论的方法，在讨论中能听出不同意见的分歧所在，并能针对别人的意见发表自己的看法；要求学生掌握即席发言的方法，在会议、庆典等活动中能流畅、清楚地发言；要求学生掌握演说的方法，能借助自拟提纲发表演说，做到中心明确、思路清楚。

在"教学要求"一项，《全日制中学语文教学大纲》与过去的大纲有一些不同。例如，强调打好扎实的基础：一是纠正过去只强调识字、用词、增加词汇、学习语法等单项做法的偏向，在初中阶段连续三年要求学生熟读背诵相关课文，引导学生培养语感、积累语言材料；二是要求学生养成良好的学习习惯，像"听人说话能集中注意力"，"养成读报习惯"，"保持良好的书写习惯"，"学会做读书卡片"等。又如，要求学生具有听、说、读、写方面的实际应用能力，提出"养成默读习惯，提高默读速度"，"学习做听讲记录"，"学习修改文章"，"熟悉常用应用文的格式"，等等。所有这一切，都在修订后的初中语文课本中的单元教学要求、课文学习重点以及一些练习中得到了落实：熟读背诵、培养语感的教学要求，在全套六册书的所有单元的教学要求以及有关练习中贯穿始终；"听人说话能集中注意力"，"养成读报习惯"，做卡片，字要写端正、写好等，也分别体现在一些单元的教学要求中，并注意通过有关练习复习巩固；为了使学生"学习修改文章"，特地安排两次修改作文的训练，并多次要求学生做修改作文的小型练习；为了使学生"熟悉常用应用文的格式"，安排了24次应用文练习。

（三）改进编排体系，形成训练序列

语文教材目前有各种各样的编排体系，大而言之，有两种类型：一是综合型的，依一定的编排原则，把各种知识内容综合地纳入一个体系之中，大部分教材属于这一类。二是分编型的，为不同的知识内容分别建立独立的体系，人民教育出版社出版的六年制重点中学初级中学语文课本《阅读》《作文·汉语》属于这一类。1987 年修订的教材仍然采用综合型的编排体系，但做了不少改进。

语文教材的内容繁多，但主要是阅读、作文、语文基础知识三大部分。这三部分的内容既相互联系又相对独立。编写综合型教材的困难是如何建立一个既保持各体系的完整又使它们互相紧密结合的体系。在阅读方面，修订前的初中语文教材基本上有一个完整的体系，但还有缺陷；作文方面，严格来说尚未形成独立的体系；语文基础知识有其固有的体系，但教学效果不够理想。至于三者的结合，实际上只是阅读同语文基础知识的结合，显得有些生硬。经过 1987 年的修订，教材不仅阅读、作文、语文基础知识都有独立的体系，而且增加了听说的体系。四者相辅相成，有机地构成一部有完整体系的综合型教材。

首先，阅读训练有比较完整、合理的序列。这套教材包括记叙文、说明文、议论文、文学作品和文言文五类课文的阅读训练序列。这五个序列的线索都很清楚，按照由易到难、由简到繁的原则，串联了教学大纲中规定的所有阅读能力及基础知识教学要求的要点。以记叙文的阅读为例，它的训练顺序为：（1）记叙的要素；（2）理解结构、概括段意、归纳中心；（3）记叙的顺序；（4）观察和记叙；（5）记叙的中心和材料；（6）记叙的详略；（7）理解作者思想感情发展的脉络；（8）前后一贯、首尾一致；（9）用肖像、语言、行动、心理等描写来表现人物；（10）运用典型事例和抒情议论突出中心思想；（11）环境描写对表达中心思想的作用；（12）选择典型事例和按一定顺序表现人物思想品质；（13）多种表达方式的综合运用。说明文、议论文、文学作品和文言文的阅读训练序列，也是如此。

其次，作文训练也有比较完整、合理的序列。教材包含记叙文、说明文、议论文和应用文的写作训练序列。以记叙文的写作为例，它的训练顺序是：（1）记叙的要素；（2）观察生活；（3）顺叙、倒叙、插叙；（4）景物描写；（5）中心和材料；（6）详写和略写；（7）概括叙述和具体叙述；（8）叙述和描写；（9）材料的剪裁；（10）记叙的线索；（11）人物小传；（12）托物寄意；（13）正面叙述和侧面烘托；（14）记叙比较复杂的事情；（15）借景抒情；（16）写几件事表现人物；（17）记叙中穿插抒情和议论；（18）记叙、说明、议论的综合运用。说明文、议论文和应用文的写作训练序列，也是这样。

再次，听说训练也有比较完整、合理的序列。这个序列是：（1）说好普通话；（2）讲话和回答问题；（3）复述和转述；（4）讲述故事和见闻；（5）对话和会话；（6）介绍、说明事物；（7）介绍、说明工作方法和过程；（8）发表议论；（9）讨论；（10）致辞；（11）演说；（12）辩论。这个序列包括教学大纲中规定的听说训练教学要求的所有要点，而且具有明显的由易到难的特点。

此外，汉语知识的安排也有一个合理的序列。

这次修订初中语文课本，不仅使阅读、作文、听说和汉语知识保持各自体系的完整，而且使它们互相紧密结合为一个体系。这个体系以阅读训练为主线，作文、听说和汉语知识为副线，每个单元就是这四条线索，也就是四个序列的结合点。全套书共有48个单元，即有48个结合点。每个结合点都是听、说、读、写训练的小结合体。例如，第一册第一单元安排了五篇记叙文和一篇短文《记叙的要素》，阅读训练是运用记叙要素的知识阅读五篇记叙文，作文训练是运用记叙要素的知识并借鉴五篇记叙文来写一篇记叙文，这一篇记叙文又是进行听说训练的材料和汉语知识教学的材料。于是，听说读写训练和汉语知识教学都综合到这个单元中了。

（四）调整语文练习，突出语言训练

这次关于练习方面的修订着力于加强练习的针对性。课文后的思考和练习题，力求紧紧扣住单元教学要求和课文学习重点。全套课本的单元教学要求和课文学习重点有一个系统，与之相适应，全套课本的思考和练习题也有一个系统。这个系统保证教材中教学要求和学习重点的落实，进而保证《全日制中学语文教学大纲》中规定的教学目的和教学要求的落实。

有一点需要说明的是，为了兼顾整套课本、整册书训练的系统性，单元教学要求和课文学习重点有时不能反映单元和课文的所有重点和精华，只是"弱水三千，只取一瓢饮"。而不列进单元教学要求和课文学习重点的那些精华又弃之可惜，因此，修订时也拟订了一些不扣住学习重点却扣住课文精华的练习题。

过去初中语文课本的思考题和练习题，着重于让学生理解课文的思想内容和写作方法。尽管有一定数量的关于字、词、句的训练题，然而总没有将其放到一定的位置上。1987年初中语文教材（人教版）有意识地安排了一条语言训练的线索，增加语言训练的题量。例如，在这套教材的第五册中，第一单元学习诗词的语言，第二单元学习议论文严密的语言，第五单元分析二重复句，第六单元学习一批实词，第八单元学习几个虚词。围绕这些教学重点，该教材设计了几十道语言训练题，让学生熟读并背诵课文的精彩片段，培养语感，积累语言材料等，这在思考题和练习题的安排中，是一以贯之的。

1987年初中语文教材修订练习时，还力图把大而空的题目删去，尽量出一些有启发性的答案明确的题目。然而必须指出，不能笼统地反对大题。如果一篇课文的思考题和练习题尽是些小题，固然具体，却难免流于琐碎，即使学生全部答对了，也只是在枝节上对课文有些了解。应该既有大题，又有小题，大题与小题结合，使学生从宏观和微观两方面把握课文。因此，修订后的课本把思考题和练习题分开了。思考题一般是大题，帮助学生从整体上理解课文；练习题一般是小而具体的语言训练题，有助于学生学习语言。

此外，1987年初中语文教材修订力图克服过去题型少、出题角度单一的缺点，尽可能使题型多样化、出题角度灵活多变。除常见的问答题型外，还有填空作答型、辨析选择型、相关连贯型、列表归类型和比较说明型，等等。这能够激发学生的兴趣，使其更好地进行语文训练。

最后，对如何使用这套教材，提出以下建议。如前所说，综合型教材是把许多有相对独立性的内容糅在一起，难以建成严密的体系，这是它的不足之处。然而，它的优势是把听、说、读、写训练联系在一起，大大方便了教学。1987年初中语文教材修订时，注意扬长避短，一方面使听、说、读、写训练各自有独立的序列，另一方面又通过一个个单元把它们像麻花似地拧成一个整体。教师在使用教材时，要充分发挥教材的综合优势，使听、说、读、写训练相辅相成、互相促进，以取得较好的教学效果。

五、六年制重点中学初中语文教材（人教版）：分编型教材的重大改革[1]

1981 年，教育部颁发《全日制六年制重点中学教学计划（试行草案）》。根据试行草案的精神，人民教育出版社编写了供重点中学使用的中学语文课本。其中，初中课本 1982~1985 年编出试教本，定名为《阅读》《写作》；1986~1989 年修订为试用本，定名为《阅读》《作文·汉语》。六年制重点中学初中语文教材有如下特点。

第一，分编为《阅读》《作文·汉语》两本，初步建立了阅读教材、作文教材、说话教材和汉语知识教材的体系。

阅读教材的教学顺序是"记叙—说明—议论"，似乎无甚特色。但从单元的结构说，还是很有特点的。每个单元都由讲读课文、自读课文和单元练习三部分组成。讲读课文是供分析揣摩用的范例，是阅读教材的基础。范例的作用在于举一反三。这"三"就是自读课文，以及课外听、说、读、写的技巧，着力于培养学生的自学能力。单元练习是对单元进行适当的归纳和概括。整个单元以讲读课文为主干，以自读课文为拓展，而单元练习使学生的认识深化，向理性发展，这样就形成了同心圆的结构。六册教材中，这一结构也有发展。前四册中文言文与现代文混合编排，第五、第六册的文言文自成单元，有助于学生集中、系统地学习文言文；前两册中单元练习的栏目较多，从第三册起逐步减少，而概括性知识逐步增加，最后变成知识短文加上练习。

作文教材设计了 37 次作文训练，力图有计划、有步骤地培养学生的写作能力。初一，以训练学生的记叙能力为重点，初步训练其说明和议论能力。而训练记叙能力，主要训练学生写真人真事，兼及想象。初二，以训练学生的说明能力为重点，继续训练记叙能力，兼顾训练议论能力。而训练说明能力，上册主要训练说明的顺序、准确性和生动性，下册主要训练说明事物的状态、本质和发展变化。初三上册，以训练学生的议

---

[1] 本文主要内容改写于张定远、王连云的《人教版初中语文实验课本〈阅读〉〈作文·汉语〉介绍》一文。

论能力为重点，继续训练记叙、说明能力。而训练议论能力，主要训练确立论点、选用论据、运用论据证明论点的能力，以及批驳错误观点的能力。初三下册，是记叙、说明、议论能力的综合训练。练笔训练和作文修改训练贯穿全套书始终。

说话教材有两个系统，一个系统在阅读教材内，单项说话训练有26次；另一个系统在作文教材内，说话训练共10次，前四册每册两次，后两册每册一次。在后一个系统中，前三册主要训练学生的口头表达能力，主要为能完整地说一段话的能力，训练内容有"说清楚一件事""说清楚一个观点""说话要围绕中心""说话要有说服力""说话要用语得体"；后三册主要训练学生的口语交际能力，训练内容有"汇报""讨论""演讲""辩论"。每个训练项目都包括要求、提示、命题、评讲四个内容。

汉语知识教材按照汉语知识自身的科学系统编写，其主要部分语法依据的是1983年制订的《中学教学语法系统提要》。教材一共编排47个训练项目，由浅入深、循序渐进。初一是语素、语汇、词的构成、词类，初二是短语、单句、句子的用途、句子的分析，初三是复句、句式的变换、句群、修辞方法。每个项目包括知识短文和练习，要求学生不仅要理解知识，而且会运用，把知识迁移为能力。

第二，着力于构建语文训练系统。六年制重点中学初中语文教材力图成为指导学生进行语文实践活动的蓝本，致力于加强语文训练活动。

以阅读教材为例：初一，着重进行字、词、句等内容的训练，同时进行篇章结构和写作方法等方面的训练。初二，继续进行字、词、句的训练，着重进行句子和句子之间几种主要关系的训练，进行划分段的主要层次关系的训练。初三，继续进行字、词、句的训练，着重进行篇章结构和写作方法等方面的训练，进行段和段之间关系的训练。

阅读教材设计了大量的练习。练习的形式多种多样，由浅入深，从简到繁，既突出重点，又兼顾整体，既重视单项训练，又适当交叉反复，对学生的要求呈螺旋式上升。讲读课文前有"提示与思考"，针对课文的重点和难点以及应当掌握的知识内容提出有启发性的问题，引发学生对课文的思考,一般不要求作答。讲读课文后有"课堂练习"和"课后练习"。"课堂练习"以布局谋篇为训练重点，遣词造句和写作方法方面的练习也占一定比例；放在课内进行，以减少教师讲课的工作量，增加学生的课内活动，减轻学生的课外负担；形式有选择摘录、比较判断、分析解说、纠谬复原、填与表格、听写、改写、写局部、写片段、复述、背诵等。"课后练习"为复习巩固课内学习所得，为不加重学生负担，一般数量不多；形式有拼音、标点、解释词义、造句、词语辨析、文言文翻译、背诵等。

自读课文前有自读提示，提出一些思考题，以吸引学生的注意力，激发学生的兴趣，拉近学生与课文的距离，一般不必作答。另有阅读练习编排在自读课文的前边、旁边和后边，着眼于培养学生主动学习的精神，让他们尽可能在独立活动中得到发展。课文前的练习引导学生带着问题读课文，边读边思考边圈点勾画。课文旁的练习帮助学生对课文进行理解、分析，做出判断、概括，发挥联想、想象。课文后的练习引导学生反复阅读课文，比较异同、归纳总结、延伸拓展，练习的类型同讲读课文。

每个单元后边有单元练习，主要体现各单元的要求和单元之间的连续性。各册书的单元练习不尽一致。所设项目大致有"比较·思考""推敲·琢磨""读写技巧""书面表达""听说训练""朗读练习"等。要求或在课内完成，或在课后完成；或由学生讨论，教师总结；或只要求理解，不一定要求书面回答。

这套阅读教材以多样、灵活、有助于发展学生智力的大量练习设计作为自己的特色。全套书有一千八百多道练习题，其中，发展创造性思维能力、具有开放性和选择性的习题约占20%。自读课文的练习设计有步骤地指导学生自读，讲读课文的练习增加学生语言实践的强度和深度，单元练习为单元阅读做总结。全套教材主要通过练习设计实现训练学生能力和发展学生智力的目标。

第三，《阅读》与《作文·汉语》相互配合，相辅相成。

阅读与写作的心理机制不同，一个侧重于吸收，一个侧重于倾吐，因此，有必要建立各自相对独立的训练系统。然而，阅读是写作的基础，写作又反作用于阅读，读与写密切相关，因此，又有必要使阅读训练系统与写作训练系统尽量保持同步，相互促进。这主要表现在两个训练系统在文体编排上应尽可能保持一致。比如，《阅读》第三册与《作文·汉语》

第三册（见表2-2）。

表2-2

《阅读》第三册	《作文·汉语》第三册
第一单元　阅读传记作品	第一课　记叙的详略
第二单元　阅读新闻、通讯	第二课　学会写新闻
第四单元　理解说明文的顺序和语言	第三课　说明的顺序
第五单元　理解说明方法	第四、第五课　说明的准确性、生动性
第六单元　阅读借景物抒情的散文	第六课　怎样借景抒情
第七单元　把握议论文的观点与思路	第七课　阐述观点要突出中心

以上阅读与写作两个训练系统虽然不能达到严丝合缝，但也大致相互照应，构成一体，这对从整体上提高学生的读写能力，大有好处。此外，安排在阅读教材中的分解的、局部的写作训练，跟作文教材中综合的、整篇的写作训练，也应尽可能互相配合，以利于学生学习。

第四，建立阅读教材知识系统，尽量把知识迁移为能力。

语言知识系统：词义的选择和判断，词义的本义和引申义，句子的顺序，长短句的作用和变化，语句的对称，语言的连贯性，常用的文言虚词，文言词语的整理。

文章知识系统：中心句，文章的构成单位——段，起结构作用的段和语句，其他特殊的段，一篇文章的组成，段与段之间的层次关系，段的承接和转换（顺承、并列、解说、转接、层递），把段放在篇中理解，段的层次分析。

文体知识系统：童话，传记，消息，通讯，近体诗，古体诗，词，散文的景和情，小说的情节，说明文中的分析和综合，论述的基本顺序，戏剧常识。

表达方式知识系统：人称和语气，记叙文中的议论和描写，空间位置的说明，说明中的分析，图表的使用，议论文中的记叙、引用、借物喻理抒情时要注意什么，怎样理解作品中的象征手法。

阅读方法知识系统：朗读、记忆和背诵，编提纲；寻找和提炼中心句，中心句的位置，分辨中心句与支撑材料；调整句序，调整段序，分析文章层次；列表格，分解段内层次，图解文章层次和顺序；怎样理解作品的词语，怎样理解作品的句子，怎样理解作品中的段落，怎样理解作品的中心；怎样阅读复杂的记叙文，怎样阅读说明文，怎样阅读议论文，怎样深入理解议论文的思想观点；怎样鉴赏文学作品，怎样阅读文学评论；浅谈文言词语的翻译，浅谈文言句子的翻译，文言文的断句和标点。

上述几个知识系统融合成一体，构成阅读教材的知识系统。它是循序渐进，逐层深入的。它成为一个系统，但不追求系统的严密性，而是着眼于运用，目的是转化为能力。为此，知识往往在练习中出现，先出现在片段、小型练习中，后出现在整体、大型练习中，使学生在言语实践中掌握知识，增强能力。

六年制重点中学初中语文教材（人教版）的改革，对后来的教材编写产生很深的影响。它的长处和不足之处，至今仍值得回味。尤其是这套教材的丰富多彩的练习，值得后来的教材借鉴。

六、六年制重点中学高中语文教材（人教版）：
分编型教材的重大改革[1]

供重点中学使用的高中语文课本，于1985~1987年编出试教本，1994年起修订为高中语文实验课本，1996年又根据新的高中课程计划和高中语文教学大纲再做修订，之后还有几次修订，教材质量得到不断提高。

六年制重点中学高中语文教材总的指导思想是：根据青少年学习汉语文的规律，运用现代科学的系统方法，采取能力分级、知识分类、训练分步、教材分编等形式，力求使各项训练在纵向发展与横向配合上都有相对合理的内在联系。全书构成一个比较科学、比较系统、比较新颖而又切实可行的语文训练体系，建立一种以"训练系统""能级递进""自学指导"为基本特征的新模式，在高中语文教材体系的改革上有所突破。

六年制重点中学高中语文教材的结构体系的特点有：

第一，阅读与说写分编。阅读与说写在训练要求、训练内容和训练

---

［1］本文主要内容改写于周正逵《人教版高中语文课本编辑说明》一文。

方法上存在很大差异，不宜混合在一起，以免二者互相干扰，所以，教材应分编为阅读教材与说写教材。阅读教材根据高中阶段阅读训练的要求、内容和方法编写，力求体现高中阅读训练的规律；说写教材根据高中阶段说写训练的要求、内容和方法编写，力求体现高中说写训练的规律。二者统一规划，分进合击，相互为用，共同完成高中阶段语文训练的任务。

第二，阅读教材分为课内和课外两种。课内教材是主体教材，是进行阅读训练、培养阅读能力的主要依据。课内教材必须统筹兼顾，精益求精，尽可能保持高度的典范性、代表性和稳定性。课外教材作为辅助教材，是课内训练的补充和延伸，也是巩固课内训练成果，提高学生自学能力的重要凭借。课外教材应该既与课内紧密配合，又能充分放开手脚，体现出较强的时代性、多样性和灵活性。课内教材与课外教材相互配合，相辅相成，共同完成高中阅读训练任务。

第三，把阅读教材分编为文章阅读教材、文学阅读教材和文化著作阅读教材三种，文章阅读教材又分为现代文阅读教材和文言文阅读教材两种。过去的教材，白话与文言、语言与文学、文章与文学往往不加区分，一概混合编排，显得杂乱无章，难成系统。六年制重点中学高中语文教材汲取这个教训，试着从不同角度对选文进行科学的分类，以便全套书形成严整的训练体系。

第四，按照能力形成和发展的规律，确定能力训练系统的主线。阅读能力大体上可以划分为 5 个层次：认读能力→释义能力→解析能力→鉴赏能力→研读能力。这 5 个层次基本上反映了阅读能力从初级到高级发展变化的规律，应该成为阅读训练系统的主线。写作能力大体上也可以划分为 5 个层次：书写能力→用语能力→构段能力→谋篇能力→立意能力。这 5 个层次基本上反映了写作能力从初级到高级发展变化的规律，应该成为写作训练系统的主线。说话能力大体上也可以划分为 5 个层次：正音能力→复述能力→会话能力→演讲能力→论辩能力。这 5 个层次基本上反映了说话能力从初级到高级发展变化的规律，应该成为说话训练系统的主线。六年制重点中学高中语文教材建立了各类教材的训练系统。

（一）《文言读本》和《现代文选读》

《文言读本》分作 8 个单元，每个单元包括 5 个方面的内容：诵读课文、复背课文、文言常识、文言练习和浏览课文。每个单元的训练重点依次是正音读、识文字、通义训、察语气、明文法、断句读、辨辞气、别文体，各单元的训练重点尽可能体现在本单元的各项训练中。它们的排列顺序也从一个角度反映出文言阅读训练的基本序列。作为一条线索，同诵读、文言练习、浏览这几条线交织起来，构成了《文言读本》的文言阅读训练系统，以便完成培养学生文言阅读能力的任务。

《文言读本》训练系统的特点之一是把课文分为三类：诵读课文、浏览课文和复背课文。诵读课文是全书重点，课文前有"诵读提示"，引导学生诵读。浏览课文只有注释，以扩大学生的阅读面，"精读与博览相结合"。复背课文在初中已经背过，是对诵读课文的补充。诵读课文和复背课文是全书的主干，学生把这两类课文熟读成诵，能提高文言水平。特点之二是练习与课文并列，而不作为课文的附属品。全书设计词语练习、点读练习和翻译练习各 8 次，共 72 道题。由浅入深、从易到难，循序渐进，与诵读训练相配合，着重锻炼学生对文言词语的辨析能力和思考能力。

《现代文选读》是课外阅读教材，一方面同课内文言阅读训练和写作与说话训练相配合，另一方面为下一阶段的文学阅读训练打下基础，从而保持全套书语文训练的连续性和整体性。《现代文选读》由四个板块组成：精读训练、泛读训练、比较阅读训练和快速阅读训练。每个板块又参照实用文章的分类标准，划分为记叙类、说明类和议论类三个单元。每个单元都由一篇示例、若干篇精选的课文组成。每篇课文前都有阅读提示，供学生自学时参考。《现代文选读》有效地提高了学生的现代文精读能力、泛读能力、比较阅读能力和快速阅读能力。

（二）《文学读本》和《文学作品选读》

《文学读本》以培养文学鉴赏能力为主线，按照文学作品体裁分类，兼顾时代顺序编排；以鉴赏课文为主体，辅之以简明扼要的鉴赏常识和各种形式的鉴赏练习；力求体现要求的明确性和训练的系统性。

这个文学训练系统的一大特点是多种形式的练习。

（1）参读。教学生学会查阅与鉴赏课文有关的各种资料，以便准确地把握作品的思想内容和艺术形式，为进一步赏析作品打好基础。

（2）美读。教学生在初步理解作品的基础上，通过反复朗诵，有声有色地把作者的思想感情恰如其分地传达出来，这是鉴赏文学作品的感性认识阶段。

（3）比读。把一些同鉴赏课文有某种关联的作品拿来，从不同的角度、不同的侧面认真对照，或相近，或相反，或同中有异，或异中有同，从中得出规律性的认识。通过反复比较，学生学会的知识是完整的，而不是零碎的；是有联系的，而不是孤立的；是灵活的，而不是呆板的。这是由感性认识向理性认识转变的关键。

（4）议读。把一些容易产生歧义的内容挑出来，引导学生自由讨论，鼓励他们通过独立思考，在认真钻研的基础上，敢于发表不同的意见（包括对教材中提出的某些观点的看法）。这对活跃思想、开发智力、发展求异思维、培养创造精神都大有好处。

（5）笔读。文学阅读训练，要让学生不仅多动口、多动脑，还要多动手。如在阅读和鉴赏古代作品的时候，做一点翻译和改写练习；在作品研讨时，写一点鉴赏札记和评论；在作文训练时，搞一点文学习作，等等。这些练笔活动都能巩固和扩大学生文学阅读训练的成果，也是培养和提高学生鉴赏能力的必要手段。

《文学作品选读》作为课外阅读教材，是《文学读本》的补充和延伸，全书框架与《文学读本》相同。为了方便学生自学，《文学作品选读》每篇课文前都有"阅读提示"，介绍同课文有关的背景资料，启发学生独立阅读；课文后有"鉴赏指要"，点拨学生加深对作品的理解。总的要求是引导学生运用课内学习与掌握的文学鉴赏知识和方法独立阅读作品。倡导学生用圈点勾画法、用比较阅读法，适当写一点读书笔记或作文。

（三）《文化读本》和《文化著作选读》

《文化读本》是供课内用的教材。它以培养学生的研读能力为主线，以研究课文为重点，辅之以简明扼要的研读常识和启发思考的参读课文，再结合多种形式的研读练习，有系统、有重点地进行各类文化著作的研读训练。

这个文化著作研读训练系统提倡研读一篇文章或一部著作，大体上包括以下四个环节：

（1）通读与博采（整体把握，开拓思路）；

（2）反疑与设问（发现疑难，找出问题）；

（3）比照与思辨（比较对照，深入思考）；

（4）逻辑与辩证（逻辑推理，辩证评断）。

《文化著作选读》是与《文化读本》相配合的。《文化著作选读》是课内教材的补充和延伸。每篇课文都有"阅读提示"，介绍与文章有关的背景资料，简要提示文章的主要内容和写法，以帮助学生自读。学生可以运用在课内学到的研读文化著作的基本知识和方法独立阅读。

（四）写作与说话

写作与说话训练的基本原则是以思维训练为基础，以说话训练为中介，以写作训练为重点，实行想、说、写三位一体，互相渗透，协调发展，逐步深入，全面提高。

写作与说话训练的基本内容包括"思考与表述"训练、"思路与章法"训练和"思辨与立意"训练。这是根据思维能力与表达能力形成和发展的规律，结合高中语文教学的实际需要，在总结作文教学改革经验的基础上提出来的。这三项训练是高中写作与说话训练的主线，它与阅读训练的主线——"文言文阅读""文学作品鉴赏""文化著作研读"相配合，构成一个双线分流而又完整统一的语文训练体系。

写作与说话训练要在高中三年内有计划地分步进行。

写作与说话训练的第一步是"思考与表述"训练，计划在高中一年级进行。训练的重点是"练短文"(重在提高构段能力)。训练的方式是"课内作指导，课外经常练"。这里突出一个"多"字（多思、多说、多写）。训练的目标是"说一段话，清楚明白，有条有理;写一段文字，文从字顺，脉络清晰"。

写作与说话训练的第二步是"思路与章法"训练，计划在高中二年级进行。训练的重点是"练篇章"(重在提高谋篇能力)。训练的方式是"课内作指导，课外周周练"。这里突出一个"精"字（精思、精说、精写）。训练的目标是"说一番话，中心明确，思路通畅，层次清楚，用语准确。写一篇文章，中心明确，思路畅达，结构严谨，文理通顺"。

写作与说话训练的第三步是"思辨与立意"训练，计划在高中三年级进行。训练的重点是"练立意"（重在提高思辨能力）。训练的方式是"课内堂堂写，课外月月练"。这里突出一个"快"字（快思、快说、快写）。训练的目标是"参加专题辩论或写一篇文章，做到言之有物，言之有理，言之有序。论述要有一点见解，记叙要有一点特色，文章或发言要有一点新意"。

客观地说，这套重点中学使用的高中语文教材，有两个方面值得重视。一是继承发扬传统语文教育经验，坚持在语文实践中提高学生的语文能力，极力倡导多读、多写。多读，三年 12 本教材，共 520 篇左右的文章，几乎是一般高中语文教材的三倍。多写，课内作文堂堂写；课外练笔，高一每周 4~5 次，每篇 300~500 字，高二每周一次，每篇不少于 1000 字，高三每两周一次，每篇不少于 1000 字。二是注重引导学生把握学习方法，养成良好的学习习惯。比如，阅读方法有诵读、参读、比较阅读，等等。

六年制重点中学高中语文教材（人教版）着力进行的体系改革，意义重大，在教材改革史上留下浓墨重彩的一页。它的成功之处以及不完善之处，都给予人们深深的启示。

七、1993年义务教育初中语文教材（人教版）：综合型教材的突破性改革

1993 年义务教育初中语文教材（人教版）是根据《九年义务教育全日制小学、初级中学课程计划（试用）》和《九年义务教育全日制初级中学语文教学大纲（试用修订版）》[以下简称"义务教育初中语文教学大纲（试用）"]编写的。编写这套教材的指导思想是，联系生活，扎实、活泼、有序地进行语文基本训练，培养学生正确理解和运用祖国语言文字的能力；在训练的过程中，传授知识，发展智力，进行思想教育。

（一）教材的体系和结构

为求多样化并显示阶段性，初中阶段的整个学习过程分为单元组织方式和教学要求各不相同的三个阶段，见表 2-3。

表2-3

三个阶段	组织单元的方式	教学要求
第一阶段（第一册）	课文按照其反映的生活内容，分类组织单元	使学生认识语文的运用与生活的关系，着重培养一般的吸收和表达能力
第二阶段（第二至四册）	课文按照记叙、说明、议论三种表达方式组织单元	联系生活，着重培养记叙、说明、议论的吸收和表达能力
第三阶段（第五、第六册）	课文按照若干种实用体裁和文学体裁组织单元	培养在日常生活实践中运用语文的能力，培养初步欣赏文学作品的能力

可以看出，语文基本训练是主体，三个阶段体现着互相承接、逐步递进的训练过程。第一阶段，先指导学生从整体上学习和把握运用语文的能力，是与小学相衔接的初步训练。第二阶段，分解为三种表达方式的训练，适当地加深了训练的难度。第三阶段，更进一步进行三种表达方式综合运用的训练，落实到实际运用上。这样，从综合（初步）到分解再到综合，由简及繁，由浅入深，符合学习的规律。

语文基本训练必须与生活密切联系，相辅相成。语文是交际工具，是用来反映生活并服务于生活的。联系生活进行基本训练，既导流，又开源，有利于学以致用和学文育人。1993年义务教育初中语文教材（人教版）的编写贯彻这个思想，三个阶段从不同角度和不同方面都力求使语文基本训练与生活密切联系。

第一阶段的单元组织方式是研究了多年来的语文教材编写经验、当前一些教改经验以及国外某些教材的编写经验，吸收其中合理的成分而确定的。这一阶段力图让学生一进入初中学习语文，就懂得语文的学习和运用与生活的关系。读和听是理解别人对生活的反映、评价和欣赏，这都要从生活实际出发。写和说是表达自己对生活的认识，表达是流，生活是源。增强理解、观察和分析生活的能力是提高听、说、读、写能力的必要条件，两者密切相关。使学生一开始就树立这个正确态度，对他们今后的发展是十分重要的。在这个阶段，着重培养一般的吸收和表达能力，以便在下一个阶段培养几种不同表达方式的吸收和表达能力。由整体到分解，由简到繁，由易到难，一条线串下来。

第二阶段的单元组织方式保留了过去教科书的单元组织方式，并加以完善。过去教科书的总体结构分为三个阶段。第一阶段（初一学年），以培养记叙能力为主；第二阶段（初二学年），以培养说明能力为主；第三阶段（初三学年），以培养议论能力为主。生活有多种领域，人、事、物算是一个领域，对这个领域的反映，适用记叙。事物的形态、状况和规律，又算是一个领域，对这个领域的反映，适用说明。客观事物作用于作者头脑，形成思想感情，又算是一个领域，对这个领域的反映，适用议论和抒情。这几种运用语文的方式都是由生活决定的。不论是阅读还是写作都要理解或运用这几种方式。选取记叙、说明、议论这三种主要方式依次递进进行教学（抒情掺和在三者之中，不单列重点），体现了由具体到抽象、由简单到复杂的学习语文的顺序。但过去教材的单元组织方式也有明显的不足，主要是未显现语文与生活的联系，而且一个学年着重讲一种表达方式，时间太长，教学内容不够精要，有些学年还难以安排。此外，三个学年一贯到底，未免单调乏味。1993 年义务教育初中语文教材（人教版）的第二阶段，保留了记叙、说明、议论的顺序，又体现了语文与生活的联系；讲授时间大大缩短，只是过去教材讲授时间的一半；不是三年一贯到底，只是三年之中的一个阶段。这样，重点体现出来了，讲授的内容也集中了、精要了。同时，注意解决因集中而带来的单调，穿插安排一些其他文体的课文。

学习了三种吸收和表达方式，再进入第三阶段（第五、第六册），联系生活的不同需要，培养实际运用语文的能力，这样便形成顺水推舟、水到渠成的态势。三种方式，是运用语文方式的分类，不是文章的分类。事实上，文章大都以某种表达方式为主，兼用其他表达方式，不是只运用某一种表达方式。学习语文的实际运用，实际上是学习几种方式的综合运用，自然也要学习一些实用文体的特殊格式和要求。这样安排，使整个初中语文的学习落实到实际运用上，有助于克服语文教学脱离生活实际的毛病，使之更好地适应社会需要。对于义务教育来说，这更具有现实意义。这个阶段，以若干种实用的文体组织单元，主要是消息、通讯、调查报告、演讲稿、解说词、评论、传记、回忆录等；有些单元打破文体分类的限制，按照若干种运用语文的能力编排，如图书馆的利用等。同时，安排若干文学单元，加强文学教育。

上述三个阶段，由简及繁，由易到难，从初步的综合到分析再到进一步的综合，力求体现人们认识事物的规律以及学生学习的规律。

这三个阶段，序列清楚，在整齐划一中错综变化。一是每册课本除主体单元外还有灵活单元；二是有些单元没有严格意义上的课文，或以作文训练为主，或以训练某种语文能力为主等；三是多数课文后面有"小方块"，即一些小诗文、小知识、小资料等，供学生随意阅读；四是有些单元后面还有多种多样的语文活动，如书法比赛等，供师生随意选用。

关于文言文教学，根据义务教育初中语文教学大纲（试用）的精神，一是降低了要求，只要求读一读、背一背，了解内容大意；二是减少了数量，不到20％。因此，1993年义务教育初中语文教材（人教版）前四册每册文言文才两三篇，与现代文混合编排，同现代文一起读读背背就可以了。后两册文言文稍多些，就与过去的教材一样独立组织单元。

多年来的教学实践证明，单元教学是行之有效的。与过去的教材相同，1993年义务教育初中语文教材（人教版）还是采用教学单元的编排方法。语文教科书的内容无非三大部分，即课文、基础知识和听、说、读、写能力训练。每一个单元都是这三个部分内容的小综合体。每个单元之前，都以简明的语言说明单元的教学要求，并加上简明的解说。单元中每篇课文的学习重点以及练习的设计都与单元的教学要求相呼应，一个单元成为课文、知识、能力训练的和谐的统一体。各个单元的小综合体联结组成了教材的综合体系。这套教科书的单元里只有教读和自读两类课文，没有课外自读课文。另外，在教读课文的练习里，增加了一项汉语知识练习。

从1993年义务教育初中语文教材（人教版）每册教科书的角度来看，单元与单元之间的联系比较紧密。以第一册为例，分八个单元，按照课文反映的生活内容，由近及远进行编排：家庭生活、学校生活、社会生活、革命生活、自然景物、经济文化生活、科学世界、想象世界。第二、第三、第四册按表达方式进行编排，每册都把某种表达方式分解为几个方面，由浅入深，编排为几个单元，单元之间的逻辑联系比较密切。

（二）课文

课文是教材的主体，也是学习的主要材料。精心选取一定数量的符合教学要求的好课文，是编写一套好教材的基础。相关专家在这方面做了一番努力。1993 年义务教育初中语文教材（人教版）除选入大纲规定的基本课文外，还增选了大量新课文。这些新课文严格坚持选材标准，即思想内容好，语言文字好，适合教学。

新课文主要选时文，时文在全套书中占相当比例。例如，第一册，新中国成立以后写作的时文占 53%，党的十一届三中全会以后写作的时文占 38%。这些时文紧密联系社会生产、生活的实际，联系学生的思想、学习实际，联系科学技术发展的实际。过去人们对语文教材有意见，主要是认为教材内容陈旧，体现时代精神、面向当前生活的课文太少。这个缺点在 1993 年义务教育初中语文教材（人教版）中有所克服。

选入 1993 年义务教育初中语文教材（人教版）的课文，十分注重其是否适合教学。有些课文具有较强的趣味性，例如，第一册中的童话、神话和寓言；有些课文是反映少年儿童生活的，例如，第一册中的《这不是一颗流星》《羚羊木雕》《金黄的大斗笠》。有些过深、过难、过于枯燥的老课文，主要是文言文和政论文，这套教科书一律不选。此外，课文力求短小适量。叶圣陶说过："国文教本为了要供学生试去理解，试去揣摩，分量就不能太多，篇幅也不能太长；太多太长了，不适宜于做细琢细磨的研讨工夫。"[1] 本套书每篇课文字数，初一、初二、初三年级分别不超过 2000 字、3000 字、4000 字（有特殊教学需要的长课文除外）。

1993 年义务教育初中语文教材（人教版）之所以把课文分成教读和自读两类，主要是为了适应教学的需要。一是可以扩大课本的容量，增加学生的阅读量。阅读量的多少是直接影响学生学习质量的重要问题。如果只有教读课文，按每篇教学二或三课时计算，每册教科书最多只能选入二十来篇课文，少则只能选入十几篇。只有既选教读课文又选自读课文（每篇最多占一课时），才能使每册书的篇幅达到三十多篇。二是有利于培养学生的自学能力。教读课文由教师教读，自读课文在教师指导下由学生独立阅读，可以举一反三，这样，就形成了两个层次，体现由教向不需要教迈进的过程。学生的自学能力可以在这个过程中得到提高。

[1] 叶圣陶. 叶圣陶教育文集：第三卷 [M]. 北京：人民教育出版社，1994：89.

三是给教师提供灵活使用教科书的条件。教读课文的教学任务是必须完成的，有些学校条件较好，教读课文的教学任务完成得比较快，就可以把一部分自读课义改为教读课文；反之，有些学校如果课时不够，完成不了教读课文的教学任务，就可以把自读课文的课时补充进去，变自读课文为课外阅读。

1993 年义务教育初中语文教材（人教版）的选文，增加了议论文、说明文及其他实用文的比例。当然，初中生适合学习形象性强的记叙文，所以这套教科书中的记叙文与其他文体比，还是占多数。但增加议论文、说明文及其他一些实用文，是培养适应现代生活的公民的需要，而且这是世界性的趋势。

（三）能力训练

1993 年义务教育初中语文教材（人教版）将听、说、读、写能力的训练分解为若干训练重点，按由易到难、由简到繁的顺序，有计划、有系统地安排。阅读训练主要安排在课文的练习中。作文训练分片段作文训练和整篇作文训练，前者安排在课文练习中，后者系统地安排在每册课本的六个单元中。听说训练有的分散安排在课文的练习中，有的集中安排在每册课本的两个单元中。

听、说、读、写的训练是密切结合课文进行的。教读课文前面一般有预习提示，主要是针对课文的重点和难点提出一些问题，引导学生学习课文，并提出一些字词的学习要求，让学生利用工具书去理解和掌握这些知识，以便着重培养学生使用工具书和阅读注解的能力，以及一边思考问题一边阅读课文的能力。

教读课文后边的练习，一般分为三个层次。

第一，"理解·分析"：引导学生从整体上理解和分析课文的思想内容、篇章结构和语言含义。例如，《最后一课》第一层次的练习要求学生理解、分析这篇小说的人物形象和思想内容。又如，《纪念白求恩》第一层次的练习要求学生理解、分析这篇课文的段落要点以及段落与段落之间的关系。至于一些字词的音、义，一般在预习提示中已经要求学生通过查工具书进行了解，因此，一般情况下，第一层次不多出语言文字题。

第二，"揣摩·运用"："揣摩"，主要是在理解的基础上深入一步，对文章的思想内容、篇章结构和语言文字反复咀嚼、推敲，进而体会文章比较深层的含义，分辨出语言运用的比较细微的差别。例如，《从百草园到三味书屋》第二层次的练习中，第三、第四、第六、第九题都是揣摩语言的题，要求学生揣摩某些动词、虚词、句式，以及一对意思似乎矛盾的词语的用法；第五、第七题要求学生深入揣摩课文中的描写及感情色彩；第八题要求学生深入揣摩深层的思想内容。

一般说来，对文章的理解过程表现为由表及里和由里及表这样两个互为条件、互相渗透的思维过程。第一层次的"理解"，侧重于由表及里，即通过对文章的词语、句子、篇章的感知，理解文章的思想内容。例如，《最后一课》第一层次的第三道练习题，就是要求从描写韩麦尔先生的服饰、心理、语言、行动的文字入手，理解韩麦尔先生的爱国主义思想感情。第一、二道练习题虽然没有要求从语言文字入手，但实际上也只有在理解词语、句子和篇章的基础上，才能达到练习所提出的理解课文思想内容的要求。而第二层次的"揣摩"，则侧重于由里及表，即品读课文为适应表达思想内容的需要，体会作者在遣词造句上的精妙之处及在篇章结构上的匠心巧思。

"运用"，指在理解、揣摩的基础上，进行动脑、动耳、动口、动手的练习，如组词造句、小型作文、片段听说练习等。经过理解、揣摩，学生基本上掌握了课文内容，"运用"就要把在课文中学到的东西付诸实践。这样，一方面可以加深对课文的理解，另一方面可以把学到的知识转化为技能。任何语文技能，以至学习语文的良好习惯，仅仅靠理解是不能掌握和养成的，只有在运用中才能获得。例如，《从百草园到三味书屋》的练习四，要求揣摩课文中"不必说……也不必说……单是……"这个句式，并模仿这样的句式写一段话；经过这样的"运用"，学生对这个句式不仅理解深化了，而且会用了，将其化为自己的知识。

第三，"积累·联想"："积累"，主要指积累语言材料，如字、词、句以及精彩的段落、篇章，主要通过熟读、背诵、默写以及其他一些训练手段来落实。"积累"为什么放在"理解·分析""揣摩·运用"之后，居于第三层次呢？因为理解、运用过的知识及材料更便于记忆。学生在小学阶段，大多是进行机械记忆，上了中学，除了继续培养机械记忆能力外，还要着重培养意义记忆的能力，即在理解的基础上背诵、复述，锻炼记忆能力，积累语言材料。

"联想"，指利用事物之间的联系，由课文感悟到其他。举例说，由已有知识扩展到新知识，由概念性的语言转化为具体的形象，等等。比如，《〈咏柳〉赏析》的第三层次"联想"题，要求学生回答《咏柳》这首诗"在你脑海里唤起哪些联想，形成哪些画面"。这首诗的语言是形象的，但仍然是概念性的，而不是形象本身。学生阅读时只有从概念性的语言联想到具体的形象，才能体会诗里表达的思想感情。"联想"，还指由课文联想到其他文章，联想到生活中某个事物等。这里的"联想"相当于夏丏尊说的"触发"。

综上所述，这三个层次的练习，是从理解到运用，从知识到能力，从课文本身扩展到其他。它既体现了学习一篇课文的大致过程，又反映了凭借课文这个"例子"提高听、说、读、写能力的一般程序。

（四）语文知识

现代汉语知识教材做了以下三点改进。

1. 精简内容

这套教材根据义务教育初中语文教学大纲（试用），选取必要的语法知识，编排在四册课本里，第一册讲词，第二册讲短语，第三册讲单句，第四册讲复句。每册内容简明、单一。第五、第六册巩固前四册所讲的知识，以便学生更好地掌握。这是从总体上对语法知识内容的精简和落实。从每部分内容看，又选出最切实用的语法知识点，提供教学。以短语为例，课本只讲并列、偏正、主谓、动宾、动补五种短语，不涉及其他。这样处理符合如下要求。

（1）抓住了基本。语法，可以说主要是语言的组合法。汉语五级语言单位组合关系基本一致。从结构关系上讲这五种短语，就把短语的结构关系和合成词的结构关系，以及句子的结构关系统一起来，抓住了汉语组合的基本规律。合成词的构成方式主要是并列、偏正、陈述（主谓）、支配（动宾）、补充（动补、形补）五种。这五种结构方式是汉语语法结构的基本方式。合成词的构成、短语的构成及句子的构成，五种结构方式一以贯之。课本第二册按五种基本方式讲短语的构成，第三册讲句子成分之间的关系，前后一致，不仅让学生容易接受，而且由于集中抓住主要的特点，学生能较好地掌握汉语语法的基本规律，从而使语法教学获得较好的效果。

（2）简明。如介绍五种基本结构关系的短语，只作简明提示，要言不烦。

（3）实用。讲语法不在名称术语上兜圈子，不讲过多过深的内容，主要把精力放在引导学生重视语言运用的实际问题上，以培养学生的能力，发展其智力。讲这五种短语有实用意义，如讲并列短语可使学生注意并列关系要得当，讲偏正短语使其注意修饰语和中心语的搭配，讲动宾短语使其注意动词和宾语的搭配，讲主谓短语使其注意主语和谓语的搭配。这些都是语言规范的重要问题，也是易出问题的地方。讲这几种短语对指导学生运用语言、打好语言基础是很重要的。

2. 结合课文

语法知识与课文紧密结合可使学生更好地理解和学会运用这些知识，同时，也有助于学生加深对课文的理解。这套教材力求将语法知识和课文内容联系起来，或是先讲课文实例，再讲语法知识；或是先讲语法知识，再举课文实例。用课文语句指导学习语法，用语法知识分析课文语句，两者结合起来，使语法教学和讲读教学相辅相成。而且将语法知识放在课文和具体语境中讲，让学生在语言的实际运用中了解这些知识，获得深切的感受。

3. 重在运用

学语法主要不是记术语和定义，也不是仅让学生知道语言是一些现象的解释，重要的是让学生练习运用。这套教材的语法内容分量不重，只有简明的提示和习题。把语法内容安排在每册几篇教读课文的练习题里，作为练习题的一个组成部分。这样安排的好处是着眼于运用，一方面可以及时借鉴课文语句范例，学以致用，教学也省时省力；另一方面可以关联课文其他练习题，互相补充和发挥，一同落实到提高学生的读写能力这个基本点上。如第一册课本有八个单元，每个单元教读课文后面有"理解·分析""揣摩·运用""积累·联想"三个层次的练习题。将语法放在这三个层次的练习题后面，既有相对的独立性，又和课文习题有相应的联系。

这套课本的语法练习题大致有巩固性和创造性两种：巩固性的语法练习题主要是让学生掌握基本知识，创造性的语法练习题主要是让学生学习运用。以学习范例为主，也适当改正病句。重视趣味性和多样化。练习题多引用课文或学生口头、书面表达的实例，与听、说、读、写实际紧密结合，这对学生运用语言逐渐养成语法分析习惯，培养科学思维能力，很有作用。

文章知识和听、说、读、写知识，过去的教材是将其写成短文加以介绍的。但这些短文要说明又要举例，各个要点都要兼顾，动辄一两千字，难免含有一些水分。为了进一步贯彻精要、有用的原则，这套教科书不编写文章知识和听、说、读、写知识短文。阅读知识一般分散在提示语、练习题和注释中进行介绍。写作知识、听说知识分别在作文训练、听说训练中介绍。

文言文教材中不介绍古代汉语知识，是从实际出发考虑的。过去的文言文教学实践已经证明，向初学文言文的初中生讲繁难的古代汉语知识，效果是不好的。这套课本根据义务教育初中语文教学大纲（试用）的规定，大幅度降低文言文教学要求，只要求学生读一读、背一背，了解文言课文的大意。

初中三年级，在比较集中地编入一些文学作品的同时，还比较集中地编入一些文学知识，这对增强学生的文学修养，提高学生的思想水平都有很大的意义。

（五）思想道德教育

语文课有很强的思想性，是进行思想政治教育和道德品质教育的极佳阵地，编写语文教科书自然应该认真地做出安排。第一，教材内容应该着重提高学生的思想道德素质，培养其正确的人生观以及崇高的道德情操。从1993年义务教育初中语文教材（人教版）的内容看，思想道德教育主要分为几个方面：爱国主义教育、国情教育、我国近现代史教育、社会主义道德情操教育和审美教育。第二，着力于思想感情的渲染，不强调理论的灌输。教育的过程应是循环往复、不断扩大和加深的过程，不宜企图一次完成，这套教材强调随着课文阅读达到潜移默化的效果，没有采取设计若干重点的办法。

1993 年义务教育初中语文教材（人教版）注意选取党的十一届三中全会以后发表的文章，有的选入教科书，有的选入自读课本。课文的编排上，例如，第一册除各单元都有的思想政治教育内容外，还特别设计了一个反映革命生活的单元，向学生进行革命传统的教育。此外，课文练习、提示和注释、作文指导和听说指导，都注重思想道德教育。

（六）教材的弹性

1993 年义务教育初中语文教材（人教版）有较大的弹性，注意到面向大多数，即除适应教学条件中等的地区和学校的教学需要外，为教学条件较好的地区和学校的教学也留有进一步发展的空间。至于教学条件较差的地区和学校的教学，只要完成教科书中必教的部分，也能达到教学大纲的基本要求。

这套教科书每册有课文 30 篇左右，其中，基本课文（一般为教读课文）大都是 16 篇，非基本课文（一般为自读课文）大都是 14 篇。与教科书配套的自读课本，篇幅与教科书大体相当。每篇教读课文的练习在 8 题以内，其中必做题 5~6 题，选做题 2~3 题。每篇自读课文的 2~4 道练习题，可做可不做。按照义务教育初中语文课程计划，初一、初二年级每周 6 课时，初三年级每周 5 课时，大多数学校能完成教学任务。全学期上课 18 周，教科书按照 16 周安排教学内容，留下 2 周机动时间。每册分 8 个单元，每个单元安排 2 周教学时间，其中教读课文 2 篇，5 课时；自读课文 2 篇，2 课时；作文或听说训练，3 课时，共 10 课时，余下 2 课时教学机动内容。到初三年级，课时数减少了，课文也相应减少，如初三下学期，只有 25 课，因此，仍留有一定的机动时间。

总而言之，1993 年义务教育初中语文教材（人教版）的弹性表现在：第一，教学时间的安排留有余地。每学期 18 周教学时间，有 2 周机动时间；每 2 周教学时间，有 2 课时机动时间，以适应不同层次的学校的需要。第二，课文分为教读、自读、课外阅读三类，练习分为选做和必做两类。教学条件较好的地区和学校，如教学时间宽裕，可把自读课文作为教读课文，也可把自读课文拿到课堂上教学。教学条件较差的地区和学校，除课外阅读课文在课外阅读外，还可把自读课文改为课外阅读，自读课文的教学时间供教读课文使用；至于练习，可只完成教读课文后的必做题，也能达到教学大纲的基本要求。

（七）系列化教材品种

1.学生自读课本

自读课本是供学生课外自读用的。学习语文，首先是学习教科书。但教科书的课文一般要求精读，教学时数有限，数量不能多，初中阶段六册180多篇，这是不够的。因此，要求学生把在精读课文时获得的种种知识和能力，举一反三，用到课外阅读中。课内是主体，课外自读是补充。这个补充很重要，不但可以巩固和扩大课内所得，而且可以充分锻炼学生的自学能力，增加其学习语文的兴趣。

同教科书一样，自读课本的选文力求文质兼美，适合学生阅读。不同的是：第一，从内容上说，以时文为主。选入大量富于生活气息、密切反映当前时代风貌的范文，以便于学生更好地联系当前生活学习语文，更直接地受到思想政治方面的启示。第二，从体裁上说，以文学作品为主。便于学生接受文学精品，受到民族文化的熏陶，增进文学素养。第三，题材广泛、形式多样。力求使学生读到各种题材、各种样式的作品，以开阔视野、拓宽思路，增进学习兴趣。

自读课本不对学生提要求，不设计程序，而且不规定时间，以便学生自由自在地阅读。在每篇作品前面有简要的导言，后面有"想一想，查一查"，用来帮助学生阅读。同时，也不要求教师经常指导学生，只要教师行有余力时加以兼顾，注意引导学生，为学生解疑答难就够了。因此，不会加重教师的负担。

2.教师教学用书

教师教学用书比过去的教学参考书有较大改进，改为大开本（16开），并收入课文内容，旁边留有较多空白。"课文说明"分为三个方面：旁批，写在课文旁边的空白处，用于引导学生理解关键性字、词、句，词句的深层含义和言外之意，以及语言运用的精彩之处；夹批，插在课文的段落与段落之间，主要从结构入手剖析文章思路；小结，放在课文后边，根据课文的重点、难点、特点，从思想内容、层次结构和语文运用等方面对旁批、夹批进行归纳和补充。"课文说明"立足于点拨，既引导学生掌握课文，又为教师保留进一步钻研的余地。

其他如"关于练习""教学建议"和"有关资料"等部分，与过去的教学参考书大体相同。此外，系列化教材品种还有录音磁带等。

八、1997年普通高中语文教材（人教版）：综合型教材的突破性改革

1997年普通高中语文教材（人教版），即《全日制普通高级中学教科书·语文（试验本）》，是根据国家教委1996年颁布的《全日制普通高级中学课程计划（试验）》和《全日制普通高级中学语文教学大纲（供试验用）》编写的。

编写《全日制普通高级中学教科书·语文（试验本）》的指导思想是：以能力训练为主，注重文化熏陶，在初中的基础上进一步全面提高学生的语文素质，培养学生正确理解和运用祖国语言文字的能力；在训练的过程中，传授知识，发展智力，发展个性和特长，进行思想道德教育和审美教育。

（一）改革教科书的体系和结构

这套教科书的体系和结构，在传统的高中语文教科书的基础上，做了以下三个方面的改革。

1. 阅读和写作、说话分编

长期以来，在传统的高中语文教科书中，阅读与写作、说话、听话混合编排。优点是便于阅读与表达结合，但缺点也是十分明显的。一方面，阅读为了兼顾写作，尽管编排了大量课文，但用力最多的是文体特点、表达方式和写作方法，对如何进行阅读考虑不够。实际上，阅读变成写作的附庸。另一方面，写作、说话、听话在教科书中缺乏系统的安排，带有很大的随意性。从这个意义上说，写作又成了阅读的附庸。阅读和写作互为附庸，大大影响了学生读写能力的提高。为了克服这个弊病，这套教科书以阅读与写作、说话分编的形式构建两个训练系统。

其实，阅读与写作、说话虽然有密切联系，但毕竟有各自的训练目的、训练内容和训练方法。一般来说，阅读是理解、吸收读物的信息。阅读能力强，表现为理解得正确、吸收得快。教科书构建的阅读训练系统就是致力于丰富语言、增长知识、发展智力、开阔视野，以

提高学生的阅读能力。写作、说话通常是把已有材料加工制作为语言作品，学生的写作、说话能力涉及语言问题、表达问题，也涉及思维问题。教科书构建的写作、说话训练系统就是致力于提高学生的思维能力和语言表达能力。由此可见，采取阅读与写作、说话分编的形式构建两个训练系统，有助于分别按照阅读与写作、说话各自的规律编排训练的内容、步骤和方法，使教科书线索简明，序列清晰，便于操作。

"分则系列分明"，"合则相互为用"。根据阅读与写作、说话的天然联系，把两个训练系统合编成一本书。阅读是写作的基础，"读书破万卷，下笔如有神"，阅读对写作有促进作用。反之，写作中运用语言能力、思维能力的提高，也有助于阅读。因此，教科书的阅读训练尽可能顾及写作、说话，比如，设计一些单项性或者综合性的表达训练；在写作、说话训练中，尽可能顾及阅读，比如，作文提示中的示例、命题时的取材，大多来自课文。总之，处理好阅读与写作、说话的辩证关系，才能使学生的阅读与表达能力都得到提高。

2. 破除比较复杂的记叙、说明和议论的"三阶段"模式

高中语文教科书按照比较复杂的记叙、比较复杂的说明和比较复杂的议论三个阶段编排，由来已久。这种编排的长处是便于学生掌握最基本、最常用的记叙文、说明文和议论文这三种文章样式，但它的弊端似乎比长处更为突出。第一，初中教科书已经编排了大量记叙、说明、议论的文章，高中在初中的基础上来一个循环，教材内容陷于低层次上的重复，学生三年读下来感到枯燥乏味、所获不多。第二，明明编排了一些文学作品，但其中相当部分不得不划进记叙、说明、议论的圈子，当作一般文章来处理，把文学教育摒弃于外，致使文章教育与文学教育两败俱伤。第三，记叙、说明、议论三类文章固然需要依次训练，三类文章的共同规律在当前讲究各种文体的文章相互渗透的大趋势下应该说更有训练价值。第四，"三阶段"的记叙、说明、议论三类普通文章成为教科书的主体，而优秀的文学作品和文化经典仅为点缀，严重影响学生语文素养的全面养成。由于上述原因，"三阶段"模式必须进行改革。

《全日制普通高级中学教科书·语文（试验本）》的总体结构如下。

阅读训练分为互相衔接的三个阶段。第一阶段（高一），在初中的基础上，学习现代文章和浅易文言文，着重培养学生理解、分析现代文章的能力和阅读浅易文言文的能力。第二阶段（高二），学习我国现当代文学作品、古代文学作品和外国文学作品，着重培养学生初步欣赏文学作品的能力。第三阶段（高三），学习文化内涵丰富的现当代论文、科技说明文和文学名家名作，着重培养学生研讨、评析现代文章和文学作品的能力。这样，形成由易到难、由浅入深的训练序列。

不难看出，第一阶段是对初中学习内容的巩固、延伸和深化。在初中已经学习大量记叙、说明和议论文章的基础上，高一教科书不分文体组织单元，以利于学生掌握三类文章的共同规律，提高阅读文章的能力；在初中已经读背少量文言文的基础上，高一教科书编排较多的文言文，以利于学生积累常用文言实词、虚词和句式，培养阅读浅易文言文的能力。有了第一阶段的基础，第二阶段可以顺利进入对文学作品的理解和欣赏。第三阶段对文化内涵丰富的文章进行研讨，是文章阅读的高级阶段；对文学作品进行评析，是文学作品欣赏的高级阶段。由于有了第一阶段、第二阶段的基础，进入这一高级阶段就是水到渠成了。

写作训练也分为三个阶段。第一阶段（高一上），进行专题训练，培养从事写作必须具备的几种能力；这几种能力训练，又是按照写作过程进行的分解训练。第二阶段（高一下、高二），在专题训练的基础上，提高写作记叙文、说明文、议论文的能力，如传记、通讯、游记、读后感、思想评论、文学评论等，并学习编辑作文集。第三阶段（高三），在继续训练实用文写作能力的基础上，培养文科学生、理科学生、预备就业学生各自需要的写作能力。

口语训练分为两个阶段。第一阶段（高一上），培养口语表达能力，训练内容有即席发言、演讲等。第二阶段（高一下、高二），培养口语交际能力，训练内容有体态语、交谈、采访、讨论、表演（对白）、辩论等。

与比较复杂的记叙、说明和议论"三阶段"模式相比，《全日制普通高级中学教科书·语文（试验本）》结构体系的优越性是显而易见的：一是构建了阅读、写作和说话各自独立又相辅相成的训练体系，二是按照能力形成的规律，对能力训练做了由简到繁、从易到难的循序渐进的安排，体现了语文学习的螺旋式进展的特点。

3.编写与教科书配套的语文读本

传统的高中语义教科书也配有语文课外读物，然而这套与新编高中语文教科书配套的语文读本、与一般的语文课外读物有很大不同。第一，按照新的高中课程计划，高中语文课时是有史以来最少的，而教学要求并未降低，因此，有些教学内容不得不转移到语文读本中。第二，语文读本中的内容，有些是帮助对教科书内容的理解和掌握，有些是对教科书内容的延伸和深化。要提高语文能力，不能完全依赖于教科书和课堂教学，还必须在教师的指导下在课外认真阅读语文读本。从这个意义上说，语文读本和教科书是姐妹篇，具有同等重要的地位和作用。

（二）着眼于全面提高学生的语文素质

《全日制普通高级中学教科书·语文（试验本）》总结以往教材编写的经验教训，汲取最新的教改成果，根据当前素质教育的要求，力图全面提高学生的语文素质。这就是：致力于发展学生的语文能力，在这个过程中，提升思想水平，发展思维能力，提高文化素质，培育审美观念，锻炼心理意志，扩大知识视野，等等。

这套高中语文教材为了全面提高学生的语文素质，除了把语文能力训练放在头等重要位置外，还大大增加了文化的分量。选编了占课文总数40％以上的文言文和大量的我国现当代文学作品和文化著作，使这套教材富有浓厚的民族文化气息，闪烁出璀璨的民族文化光芒。此外，教材还选编了相当数量的外国文学作品和文化著作。学生的文化根底牢了，语文素质就不会在浅层次上漂浮，而能得到真正的提高。

除了注意选编文化气息浓厚、思想内容深邃、语言富有魅力，能启人智慧、开人心窍的精品以外，新编教材在写作训练、口语训练的设计，课文练习、提示语和注释的撰写上，都着力于在能力训练的过程中拓宽学生的知识视野，开发其智力，塑造其心灵。

（三）突出实用性，培养学生的语文实用能力

这套高中语文教材突出实用性，注重培养学生适应21世纪需要的语文能力。

（1）阅读能力。要求学生养成"快速阅读"的习惯，能够用尽可能少的时间来阅读尽可能多的资料，吸收尽可能多的信息，以适应21世纪工作和生活的需要。换句话说，21世纪所要求的阅读能力，一是会吸收信息，二是要吸收得多、快。这套高中阅读教材摒弃传统教材不合时宜的东西，第一次把筛选信息、概括重点等作为训练重点，把培养判断、选择和处理语言信息的能力放在阅读训练的重要位置上。同时，注意训练学生的阅读速度，扩大学生的阅读面，使学生读得更多、读得更快。

（2）写作能力。21世纪对写作能力的要求更高，讲究高效率、快节奏，要求人们不仅会写，还要写得快。这套高中写作教材坚决与八股文及其影响划清界限，训练项目以学生的实际生活和21世纪初社会的需要为依据。比如，训练学生写报告、总结、通讯、传记、读后感、科技说明文和科技小论文等实用文，培养学生处理生活和工作中的实际问题的写作能力。同时，作文一般都要求当堂完成，逐步训练学生快速立意、快速构思、快速遣词造句、快速完稿的能力。

（3）口语交际能力。21世纪对人们的口头表达能力的要求更高，要求人们能够使用规范、简明、连贯、得体的口头语言。所谓规范，就是指使用全国通用的、国际通用的、规范化的标准语言，也就是我们所说的普通话。21世纪，计算机技术迅猛发展，人机交流成为新的交流形态。在这个过程中，我们更要有优秀的口头表达能力。所谓简明，就是指使用简洁、明确的口头语言，因为机器理解与控制语言意义的能力还不完善，无法排除语言杂质。所谓连贯，就是使用逻辑性强的口头语言，因为机器不理解中心不明确、顺序不合理的语言。所谓得体，就是指使用口头语言要符合语境条件，如场合、对象、话题和表达方式等，否则口头交际难以达到预期目标。然而，由于文言（书面语）与白话（口语）长期并行，以及科举制度"以文取士"的历史原因，我国历来重视书面表达而轻视口头表达，20世纪80年代以后才开始出现口语训练教材，但又很不如人意。这套高中口语训练教材从学生实际和社会需要出发，对学生的口语能力进行系统的、严格的训练，使学生的口语能力能达到教学大纲的要求，并向能够使用规范、简明、连贯、得体的口头语言这个目标前进。

这套教材面向21世纪，突出实用性，还表现在改革旧汉语知识体系，初步建立一个应用语言知识系统。旧汉语知识体系以 19 世纪的分类作为方法特征，内容烦琐，而且难以指导语言实践。新建立的应用语言知识系统，汲取了语用学、社会语言学的研究成果，注重对语言的动态研究，致力于提高学生实际运用语言的能力。例如，从汉语知识、规律上指导学生怎样根据目的、对象、场合、上下文等语境因素，灵活地调整言语行为。应该说，这样讲应用语言知识，能够使知识转化为能力，从而使学生适应社会交际的需要。

（四）加强文学教育，培养学生初步欣赏文学作品的能力

《全日制普通高级中学教科书·语文（试验本）》编排的文学作品约占课文总数的 60％。高二全部是文学作品，包括我国现当代文学作品、古代文学作品和外国文学作品，着重培养学生对文学作品的理解、欣赏能力。高三教科书中三分之二是文学作品，在高二的基础上着重培养学生理解、评析文学作品的能力。同时，文学史、文学理论和文学欣赏常识的短文穿插编排在教科书中，以提高学生的文学素质。

新中国成立以来，文学教育走过了曲折的道路。1956 年曾经有一套文学课本推行文学教育，但到 1958 年被迫停用。20 世纪 60 年代初，有人提出"不要把语文课讲成文学课"的主张，并将其写进了教学大纲，于是文学教育成为禁区。直到 1982 年，人民教育出版社在全国越来越高的要求恢复乃至加强文学教育呼声的鼓舞下，在《阅读》《写作》分编教材的说明中，重提文学教育的任务。到 1986 年，培养学生初步欣赏文学作品的能力这一条，才被写进教学大纲。文学教育恢复了应有的地位。

文学教育之所以能"春风吹又生"，是有其深刻原因的：第一，可以进行语言教育；第二，文学作品有认识作用、教育作用和审美作用，可以提高学生的认识能力、思想道德水平和审美能力；第三，文学教育的根本优势在于发展学生的形象思维。总之，文学教育是十分必要和有益的。《全日制普通高级中学教科书·语文（试验本）》加大文学课文的比例，重视培养学生初步欣赏文学作品的能力，对全面提高学生的语文素质，使学生成为适应 21 世纪需要的建设人才，将产生重大的作用。

（五）重视发展学生的个性和特长，加大教材弹性

加强个性和特长教育是我国教育改革不断深化的必然趋势。以素质

教育为特征的中学教育新模式，是从单一的选拔性教育转变为发展性教育，即加强学生基础，发展其个性和特长。除了为学生打下学会生活、学会学习、学会做人的基础，还要开发学生的潜能，为使学生成为社会所需要的各类人才打下基础。中学语文教材的编写要适应这种新的形势，除了重视培养学生的基本素质外，还应该重视发展学生的个性和特长。

第一，根据中华人民共和国国家教育委员会1996年颁布的课程计划的相关规定，高中语文课程分为学科类课程和活动类课程，学科类课程分为必修课和选修课，选修课分为限定选修课和任意选修课。与课程相适应，教材分编为必修课教材、限定选修课教材、任意选修课教材和活动课教材。具体地说，高一、高二都用必修课教材，高三的文科学生选用文科的限定选修课教材，理科学生选用理科的限定选修课教材，预备就业的学生选用预备就业的限定选修课教材。此外，编写若干种任意选修课教材和活动课教材，供各类学生选用。在这个教材系列中，必修课教材主要用于保证学生基本语文素质的培养，选修课教材和活动课教材主要用于发展学生的个性和特长。

第二，教材内容的编选有所侧重。文科用的限定选修课教材可以是《写作》《文言文选读》《中外文学名著选读》等，侧重于培养学生的语言、文学修养，提高学生的写作能力和阅读浅易文言文的能力。理科用的限定选修课教材可以是《中外科普论著选读》《科学小论文写作》等，侧重于提高学生阅读科普论著的能力和写作实验报告、科技报告和科学小论文的能力。预备就业的学生用的限定选修课教材可以是《实用口语》《应用写作》等，侧重于提高学生的口语交际能力和写作常用应用文的能力。任意选修课教材可以是《汉字和书法》《实用语法修辞》《语言逻辑》《影视欣赏和评论》《实用美学》《民俗文化》《中外文化史话》等，侧重于发展学生的兴趣爱好和各种特长。活动类课程的教材包括听、说、读、写活动的各个方面，使学生在各种活动中积极主动地发展个性和特长。

第三，加大教材的弹性，能力训练分出层次，使教材适用于全体学生，并使学生的个性和特长得到发展。教材包括课内用的教科书和课外用的语文读本，教学要求有较高要求和基本要求，课文有教读课文和自读课文，练习有必做题和选做题。一般学生只要掌握教材中的基本部分，就能达到教学大纲的基本要求。教材又为有余力学得深一点、难一点的学生，为有志于发展自己的兴趣爱好、个性特长的学生，提供了宽阔的发展空间。

（六）重视培养学生的自学能力

新编高中语文教材既是"教本"，又是"学本"，而且更主要是"学本"。编写者的着眼点当然不只是利于教师的"教"，更是要利于学生自学。

为了培养学生的自学能力，教材包括教科书和语文读本，课文分为教读课文和自读课文，以利于学生把在教读课文中学到的知识和技能举一反三，运用到自读课文和语文读本中，进行自学训练。课文配有训练重点、提示、注释和练习，有的还有评点、批语，以利于学生自学。教科书中有补白的小方块，介绍课文作者、作品背景和对作品某些片段的评论，供学生自学课文用。教材还引进关于自学语文的方法，包括听、说、读、写各个方面，使学生能掌握方法，进而养成自学的习惯。

九、《义务教育课程标准实验教科书·语文》（人教版）[1]：
新世纪新理念新改革

《义务教育课程标准实验教科书·语文》（人教版）是遵照国家教育方针和"三个面向"的指示，根据教育部制定的《基础教育课程改革纲要（试行）》和《全日制义务教育语文课程标准（实验稿）》的精神编写的。

《义务教育课程标准实验教科书·语文》（人教版）力图构建语文的综合实践体系，贯彻工具性与人文性统一的精神，以利于全面提高学生的语文素养；改变过于强调接受学习、机械训练的现状，积极倡导自主、合作、探究的语文学习方式，注重培养学生的创新精神；遵循语文教育规律，不刻意追求语文知识的系统性和完整性，突出学生的语文实践活动，使学生在实践中学习语文；力求富于开放性和弹性，给学校和师生留有广阔的活动空间。

（一）构建新的教科书体系

《义务教育课程标准实验教科书·语文》（人教版）的结构见表2-4。

---

[1] 本节指七至九年级的教科书。

表2-4

册次	模块	第一单元	第二单元	第三单元	第四单元	第五单元	第六单元
七年级上册	阅读	感悟人生	理想信念	自然景物	科学世界	人间亲情	想象世界
	综合性学习·写作·口语交际	这就是我	漫游语文世界	感受自然	探索月球奥秘	我爱我家	追寻人类起源
七年级下册	阅读	成长足迹	热爱祖国	名人伟人	文化艺术	探险传奇	动物世界
	综合性学习·写作·口语交际	成长的烦恼	黄河，母亲河	我也追"星"	戏曲大舞台	漫话探险	马的世界
八年级上册	阅读	战争生活	凡人小事	建筑园林	科学世界	古代生活	古代生活
	综合性学习·写作·口语交际	世界何时铸剑为犁	让世界充满爱	说不尽的桥	走上辩论台	莲文化的魅力	怎样搜集资料
八年级下册	阅读	人生轨迹	心灵之声	关爱自然	民风民俗	古代生活	古代生活
	综合性学习·写作·口语交际	献给母亲的歌	寻觅春天的踪迹	科海泛舟	到民间采风去	古诗苑漫步	背起行囊走四方
九年级上册	阅读	自然诗情	思想风采	少年生活	求知与读书	古代生活	古代生活
	综合性学习·写作·口语交际	雨的诉说	演讲：微笑着面对生活	青春随想	好读书，读好书	金钱，共同面对的话题	话说千古风流人物
九年级下册	阅读	祖国情深	人物画廊	生命之歌	戏剧人生	古代生活	古代生活
	综合性学习·写作·口语交际	脚踏一方土	走进小说天地	关注我们的社区	乘着音乐的翅膀	我所了解的孔子和孟子	岁月如歌——我的初中生活

从上表可以看出，这套教科书以语文与生活的联系为线索，按"人与自我""人与自然""人与社会"三大板块组织单元。每个单元包括"阅读"与"综合性学习·写作·口语交际"两部分。

1. 以语文与生活的联系为编排线索

遵照《基础教育课程改革纲要（试行）》和《全日制义务教育语文课程标准（实验稿）》的精神，强调语文教材应与现实生活联系。一方面，关注并充分利用学生的生活经验，另一方面，增强基本知识与现实生活的联系，努力克服"教材中心主义"的倾向。

实际上，语文要贴近生活，早在 20 世纪 80 年代末就已经成为流行的口号。人们认识到，语文是用来反映生活并服务于生活的，运用语文是学生生活的一部分。联系生活学习语文，既"导流"，又"开源"，既有利于学生主动地学习，又有利于学以致用和学文育人。从 1990 年起人民教育出版社编写出版的义务教育初中语文教科书中，就开始了以语文与生活的联系为编排线索的尝试，但当时主要体现在第一册。

从课程生态学的视角，进一步提出语文要回归生活，要求教材尽可能从学生的现实生活、今后的发展出发，与学生相关的生活经验相联系，使教材成为学生生命历程的组成部分，让学生在与生活、与世界的沟通和互动中学习语文，并从中感受到生命的崇高，获得个性的健康发展。

2. 按照"人与自我""人与自然""人与社会"三大板块组织单元

"语文与生活的联系"中的"生活"，包括社会、自然以及自我。每一个学生都是社会的人，是处在自然界中的人，同时又都是一个活生生的"自我"。按照这三大板块组织单元，有利于学生在学习语文的过程中，主动参与社会实践，增强公民意识和责任感，对社会、对他人富有爱心；让学生亲近、关爱自然，懂得与自然和谐相处；促进学生自我了解，肯定自我价值，发展自己的兴趣与特长。总之，使学生从三大关系中学习语文、发展个性，便于学生从整体上得到提高。

从 1990 年起编写的义务教育初中语文教科书中，主要是"社会"和"自然"这两大板块，"自我"这一板块非常薄弱，这显然是一大缺陷。人们常说，世界上最困难的事，莫过于认识自己。现在中学生时常出现的一些心理问题，往往是由于不能正确认识和对待自己而引起的。应该让学生在学习中感悟自己生命的奥秘、意义与价值，养成良好的生活习惯、健康乐观的生活态度，愿意为创造美好的未来而不懈努力。而语文教材在这方面应负起自己的责任。因此，在这套教材中，"人与自我"与其他两个板块平起平坐，"三分天下有其一"，这是顺理成章的。

3. 每个单元由"阅读"与"综合性学习·写作·口语交际"两部分组成

《义务教育课程标准实验教科书·语文》（人教版）的"阅读"部分，以阅读能力的发展为内在线索，抓住主要实践环节（如整体感悟、厘清思路、体验情境、把握意蕴、品味语言、鉴赏评价等）作为显性标志，同时以各种常用的阅读技能与上述能力发展线索相配合，进行专题设计。例如，对朗读提出"美读"的要求，要求在朗读中体验抒情性作品的情感和美感，培养语感，积累语言材料；通过略读、快读等技能实践，通读课文，大体感知课文内容，厘清思路，学习迅速提取信息的方法；通过精读、默读等技能实践，体味和推敲重要词句的意义和作用，学习从各种角度深入解读课文，并进入鉴赏性、评价性阅读。

这就是说，《义务教育课程标准实验教科书·语文》（人教版）的"阅读"部分的编排，外在线索是语文与生活的联系，内在线索是阅读能力的发展，这两条线索是紧密结合、相辅相成的。全套书的"阅读"部分，从外在线索说，是由浅入深，从简单到复杂，从容易到繁难。从内在线索说，大致上分为三个阶段：七年级上、下册为第一阶段，侧重培养学生一般的阅读能力，比如把握文意、厘清思路、体验情境、揣摩语言、筛选信息、质疑问难、发表见解、作出评价等；八年级上、下册为第二阶段，在第一阶段的基础上，结合记叙文、说明文、抒情文的文体与语体的特点，培养学生阅读记叙文、说明文、抒情文的能力；九年级上、下册为第三阶段，着重培养学生欣赏文学作品和阅读议论文的能力。至于培养学生阅读浅易文言文的能力，则贯穿全套书始终。可以看出，在内在线索上，这套教材也是由易到难、由浅入深的规律编排。

"综合性学习·写作·口语交际"与本单元的"阅读"部分密切照应，在内容上是互相勾连的，它是本单元的有机组成部分。例如，七年级上册第一单元，"阅读"部分以"感悟人生"为主题，选编了五篇与认识自我、热爱生命有关的课文。"综合性学习·写作·口语交际"就与"阅读"部分相照应，以"这就是我"为主题，设计了活动内容。

综合性学习是《全日制义务教育语文课程标准（实验稿）》的阶段目

标中与阅读、写作、口语交际相并列的一个项目，这是过去的语文教学大纲中未曾有过的情况。这是一种学习方式，主要体现在语文知识的综合运用，听、说、读、写能力的整体发展，语文与其他学科的沟通，课堂学习与实践活动的紧密结合上。《义务教育课程标准实验教科书·语文》（人教版）全套书的综合性学习，按照由易到难、由浅入深、循序渐进的规律编排。

4. 写作、口语交际整合于综合性学习之中

以往的初中语文教科书，一般分为阅读、写作、口语交际三个版块。《义务教育课程标准实验教科书·语文》（人教版）这套教科书的写作、口语交际训练，一方面，与阅读结合在一起，例如，七年级上册，在课文后的练习中安排了十多次作文和近二十次口语交际训练；另一方面，更主要的是整合于综合性学习之中。这样编排，既体现了语文学习的综合性和整体性，简化头绪，突出重点，又便于学生在实践活动中提高自己的写作和口语交际能力。

（二）致力于全面提高学生的语文素养

《全日制义务教育语文课程标准（实验稿）》规定，语文课应从知识和能力、过程和方法、情感态度和价值观三个维度确定课程目标。过去的教学大纲虽然也提出语文课的目的是要进行思想政治教育、培养学生良好学习习惯，但在实践中往往只强调知识和能力。《全日制义务教育语文课程标准（实验稿）》把课程目标定位于三个维度，就把语文教育的主要任务从传授知识、训练能力转变为全面提高学生的语文素养。根据这个精神，《义务教育课程标准实验教科书·语文》（人教版）教学内容的取舍和确定，都尽可能兼顾知识和能力、过程和方法、情感态度和价值观三个维度。

第一，"阅读"部分每个单元的主题，都具有丰富的人文内涵，便于在教学中达到工具性与人文性的统一。整套教科书共 36 个单元，有 36个主题。这些主题是从"人与自然""人与社会""人与自我"三大母题中，选取的一些基本的生命命题和精神命题。例如，七年级上册的六个主题：感悟人生、理想信念、自然景物、科学世界、人间亲情、想象世界。它们对培养学生对生命的尊重、关爱和敬畏，对建立人与自然、人与人之

间和谐、美好的关系，对培养学生的科学精神和科学思想方法都有不可低估的作用。同时，由于它们都是与生活密切相关的主题，因此使学生感到亲切、有兴趣，有利于激发他们学习语文的欲望，提高学习语文的效率。

第二，选文以经典为主，使学生打破时空的界限，与文学、思想大师进行心灵的沟通、生命的对话，以便学生在生命与语文学习的起点就占据精神和语文的制高点，为终身发展奠定牢固的基础。《义务教育课程标准实验教科书·语文》（人教版）选取了许多我国古代、现当代和外国著名作家的著名作品。这些作品来自多民族、多国家、多地区，表现了不同的思想，属于不同流派、不同风格，是学生与作家进行文学、历史、哲学、科学对话的桥梁。通过这座桥梁，学生可突破原先狭小的心灵圈子，放眼国际多元文化的天光云影，领略中华民族悠久的传统文化和灿烂的现代文明的风采，同时从作品中感受伟大心灵的搏动，领悟言语世界的奥秘，提高语文水平和提升精神境界。

第三，单元、课文前的提示和课文后的"研讨与练习"，也尽可能兼顾知识和能力、过程和方法、情感态度和价值观三个维度。单元提示一般先从情感态度和价值观，再从过程和方法，最后从知识和能力激发学生的阅读兴趣，指点阅读门径，提出阅读要求。例如，七年级上册第一单元提示："学习这个单元，要整体把握课文内容，用心领会作者的写作意图，并联系自己的生活体验，思考人生，还要提高朗读能力，做到读音准确，停顿恰当，能初步读出语气。"应该说，三个方面都兼顾到了。课文后的"研讨与练习"，同样十分注重三者兼顾。《全日制义务教育语文课程标准（实验稿）》中课程总目标在阅读方面提出的"注重情感体验""受到高尚情操与趣味的熏陶，发展个性，丰富自己的精神世界""学会运用多种阅读方法"，属于情感态度、过程和方法方面的要求；"具有独立阅读的能力""有较丰富的积累，形成良好的语感""能初步理解、鉴赏文学作品""能借助工具书阅读浅易文言文"，属于能力方面的要求。《义务教育课程标准实验教科书·语文》（人教版）的"研讨与练习"部分就处处按照这些要求设计题目。例如，七年级上册第10课《〈论语〉十则》的"研讨与练习"，一共有三道题：

（1）看注释，查工具书，把下列各句译成现代汉语，并解释加点词语的意思。（一共6句，略）

（2）"己所不欲，勿施于人"是最早由儒家提倡的待人接物的处世之道，对此曾经有过不同看法。联系自己的生活体验，全班讨论：怎样看待"己所不欲，勿施于人"？

（3）背诵全文，并把文中成语、格言和警句摘抄在笔记本上。

不难看出，这三道题兼顾了课程目标的三个维度。像这样的"研讨与练习"在《义务教育课程标准实验教科书·语文》（人教版）中一以贯之，形成系列，既体现工具性，又体现人文性；既强调结果，又重视过程，把人文修养的培养寓于语文能力的培养之中，学生语文能力的提高过程也是精神文明的培养过程。

第四，《义务教育课程标准实验教科书·语文》（人教版）"综合性学习·写作·口语交际"部分的教学目标也是根据三个维度设计的。全套书一共有36次"综合性学习·写作·口语交际"的活动，所设计的活动主题都是与学生学习和生活相关的问题，是学生在学习和生活中感兴趣的问题，是学生自己身边的、大家共同关注的问题以及社会、自然的问题。例如，七年级上册的"这就是我""漫游语文世界""感受自然""我爱我家"，八年级上册的"世界何时铸剑为犁""让世界充满爱""说不尽的桥""莲文化的魅力"，这些主题使学生的语文学习与生活全方位地结合起来，在学习语文的同时，在"人与自我""人与自然""人与社会"三大关系中发展个性。具体说来，这36次活动，几乎每一次都要求学生通过调查访问，以及从报刊、书籍或其他媒体中获取有关信息，整理分析资料，研究分析问题，有的还要求学生写简单的研究报告，用文字、图表、图画、照片等展示学习成果，意在培养学生运用语文的能力。这些活动重过程、重参与，都强调学生要积极参与、善于合作；重方法、重体验，各个环节都主张学生要善于把握学习方法，养成良好的习惯。在参与活动的过程中，学生要关心学校、本地区和国内外大事，学会辨别是非善恶，热心公益活动，体验合作与成功的喜悦，提升精神境界。例如，七年级上册的"探索月球奥秘"，就要求学生搜集、研究关于月球的资料，参观访问天文台、天文馆，开展关于月球知识的擂台赛，写作以"月球"为话题的作文。这些活动，对培养学生运用语文的能力，无疑是十分有益的。同时，这些活动一般要求分小组或者全班合作进行，需要组织、协调、互动，对培养学生的合作意识也是非常有用的。

（三）积极倡导自主、合作、探究的语文学习方式，注重培养学生的创新精神

多年来，在应试教育影响下，语文教育在一定程度上存在过于强调接受学习、机械训练的状况，使学生丧失了主体性，处于被动地位。在社会普遍高呼"让学生学会学习"时，这种状况不能再继续下去了。这次语文课程教材改革的实质，从某种意义上说，是一次学习方式的革命。为此，《义务教育课程标准实验教科书·语文》（人教版）在目标、内容、呈现方式等方面做了较大的改革和创新。

倡导自主、合作、探究的学习方式的重要途径是综合性学习。《义务教育课程标准实验教科书·语文》（人教版）把综合性学习放在显要位置，与写作、口语交际整合在一起，全力突出语文学习的自主性、合作性、探究性。

自主性。《义务教育课程标准实验教科书·语文》（人教版）设计了36次"综合性学习·写作·口语交际"活动，都是从学习主体的特点和需要出发，教科书对活动的目标、内容和方式只给出了建议，而没有制订具体规则。例如，八年级上册的"让世界充满爱"只是设置了三个活动的情境，提出了大致要求，至于活动的具体目标、内容、步骤，都由学生在教师的指导下选择和确定。学生可以在这三个活动中任选一个，进行口头发言，作文可以围绕话题自拟题目、自定写法。又如，八年级下册的"献给母亲的歌"，尽管活动的层次比"让世界充满爱"复杂得多，但对活动的具体目标、内容和方式也没有明确的规定，由学生在教师的指导下选择和确定。学生可以在教科书提供的丰富多彩的活动中，选择最适合自己的若干活动，对这些活动的内容做适当增删，活动的目标可以根据自己的情况适当提高或降低。而且，在活动的过程中，学生还可以对活动的目标、内容和方式随时做出调整，以追求更好的学习效果。

《义务教育课程标准实验教科书·语文》（人教版）强调学生学习的自主性，还表现在引导学生观察周围事物，重视亲身体验，包括体验自然、生活、社会等各个方面,做到有所感受,有所发现。例如,七年级上册的"这就是我",就是引导学生认识自我;"感受自然",就是引导学生观察自然,发现自然,感悟自然。又如,七年级下册的"马的世界",就是引导学生走进马的世界,感受马文化的熏陶,积累、梳理马文化,力求让学生对马的世界有自己独特的感悟和新的发现。总之,教科书的"综合性学习·写作·口语交际"部分倡导自主学习,主要是帮助学生提高学习的自觉性,找到适合自己的学习方式,养成良好的学习习惯。

合作性。《义务教育课程标准实验教科书·语文》(人教版)的"综合性学习·写作·口语交际"部分,在突出学生学习自主性的同时,强调学生学习的合作性。所安排的36次活动,都给学生群体一个共同的任务,让每一个学生在任务中积极地承担个人的责任,在活动中相互支持、相互配合,遇到问题协商解决,对各人分担的任务进行群体加工,对活动的成效共同进行评估,通过合作,提高学习效率,增强合作精神。例如,八年级上册的"莲文化的魅力",这是给学生群体的任务。学生分成小组进行活动,搜集关于莲的资料,参观莲塘荷池,还要在组内讨论,甚至争辩有关莲的各种问题,分析莲的信息,在班上召开莲文化交流会,进行关于莲的诗文朗读比赛。这些活动,都需要学生互相配合、支持,在协商、合作中才能顺利展开。这对于培养学生的合作精神无疑是十分有益的。

探究性。《义务教育课程标准实验教科书·语文》(人教版)的"综合性学习·写作·口语交际"部分,鼓励和帮助学生自己探究问题,探索解决问题的方法,寻找答案;鼓励和帮助学生在探究之中尝试采用不同的方法,摸索适合自己的获取新知和能力的途径。学生通过自己探究获得的答案可能错了,但这可以通过讨论,让学生反思自己的探究过程和方法,找到导致错误的原因;鼓励学生敢于说出与众不同的想法,支持学生在现成答案之外,寻找"新解"的尝试。例如,八年级上册的"世界何时铸剑为犁",鼓励学生通过适合自己的途径和方式搜集关于战争的资料,在书店、图书馆、网上查找,考察不同历史时期留下的战争遗址,访问健在的革命老人,阅读战争题材的文艺作品,鼓励学生分析、研究战争,对第二次世界大战、抗日战争、科索沃战争发表自己的看法,提倡不同意见的争论。

在《义务教育课程标准实验教科书·语文》（人教版）中，除了"综合性学习·写作·口语交际"部分特别倡导自主、合作、探究的学习方式外，"阅读"部分尽管没有标上"综合性学习"的字样，实际上也贯穿着综合性学习的精神，也注重倡导自主、合作、探究的学习方式；主张自主阅读，独立阅读，个性化阅读；抛弃过去把课文主题思想、写作特点硬灌给学生的做法，创造条件让学生在同教师、同学的互动中自行探究课文，不仅重视探究的结论，也注重探究的过程。

"阅读"部分所有单元、所有课文的学习目标，都处在确定与不确定的统一状态中。《义务教育课程标准实验教科书·语文》（人教版）在单元、课文提示中，对学习目标只是大体上指个方向、提出建议，具体的目标则是由学生在教师指导下自行确定。例如，八年级上册第二单元的提示中说："让我们从课文中感悟到'爱'这种博大的感情，从而陶冶自己的情操。""熟读这些课文，从中了解叙述语言的特点。"该提示只是大体上指出：感悟"爱"，了解叙述、描写，揣摩记叙文语言。至于具体怎样感悟、怎样了解、怎样揣摩且到什么程度等，学生可以在与教师的互动中自行确定。

所有课文的"研讨与练习"部分，在保证语文基础知识和基本技能训练的基础上，增加了开放性练习，突出了探究、体验、讨论等练习方式，部分练习还有拓展性内容。所有开放性练习，每个问题都没有固定答案，而是倡导多向思维，在不同意见的碰撞中，激发学生的灵性和悟性，增进学生的创新意识。例如，《信客》一文后的练习："试写一段话，作为信客墓碑上的文字。"《藤野先生》一文后的练习："展开合理想象模仿作者口吻，给藤野先生写一封信，表露作者当时的心迹。"这些练习都是富于探究性的。又如，《背影》一文后的练习："有人说，本文失之伤感。'一个20岁的大男孩，是不是还要父亲这么照顾，而面临离别，是不是会这么容易流泪，我很怀疑。'你的看法呢？可以与大家讨论一下。"这类练习大多数课文都有，可以引导学生提出自己的意见，培育学生的创新精神。

此外，《义务教育课程标准实验教科书·语文》（人教版）还适当引进当代社会信息化网络化手段，提倡有条件的学生在网上检索、阅读、写作和交流，以促进语文学习方式的变革。

（四）遵循语文教育规律，突出学生的语文实践活动，使学生在实践中学习语文

20世纪80年代中期以来，语文教科书的编写，一般是把语文课内容分解成几十个，甚至一百多个知识点、能力点，把这些点分配到各个学期，按照这些点去寻找课文，然后再编写课文练习、提示等内容。《义务教育课程标准实验教科书·语文》（人教版）的编写则是简化头绪，突出实践，从识字写字、阅读、写作、口语交际、综合性学习等五个方面整合知识和能力、过程和方法、情感态度和价值观三个维度的目标，把教科书分成"阅读"和"综合性学习·写作·口语交际"两个部分，着重在实践中培养学生的语文实践能力和创新精神。

《义务教育课程标准实验教科书·语文》（人教版）建立的是一个综合实践活动体系。就阅读来说，强调学生要"读"：朗读、诵读、默读、精读、略读、浏览。总之要多读、反复读，要读得熟，以至背出来。在读的过程中，主张学生去体验、感悟、理解、评判、积累，潜移默化地受到熏陶感染。以往由教师把现成的结论塞给学生，以大量空洞的理性分析排斥个人感悟的做法，一概摒弃。这套教科书的单元提示、课文提示、课文后的"研讨与练习"，都力图引导学生在阅读实践活动中达到三个维度的学习目标，让学生从阅读实践中学会阅读。

就写作、口语交际来说，与综合性学习整合在一起，可以使学生在实践活动中提高写作能力、口语交际能力。以往的写作、口语交际教材，往往是先讲一些知识，然后让学生说一段话或写一篇作文，有人称这样的教材是知识体系教材。事实证明，这种体系对提高学生的口语交际能力和写作能力的效果不是很好。因为这两种能力的提高，更要借助实践。《义务教育课程标准实验教科书·语文》（人教版）把写作、口语交际安排在综合性实践活动中，不仅避免了知识体系教材的弊病，而且遵循了语文教育的规律。将写作、口语交际与综合性学习整合起来，就不囿于教科书，突破了课堂的限制，不限于教师讲解，完全与生活结合在一起，变成了学生生活的一部分，变成了学生的精神活动、生命活动。这样，学生不再把写作、口语交际视为一种负担、一件苦差事，而是感到写作、口语交际有用、有意义，就会兴味盎然地、有责任心地写作、表达。近两年的实验已经证明，在实践活动中进行写作与口语交际，可以大大提高效率，快速提高学生的写作和口语交际能力。

（五）力求富于开放性和弹性

开放性，指《义务教育课程标准实验教科书·语文》（人教版）的内容和形式都注重沟通教科书内外、课堂内外和学校内外，使语文学习同其他课程的学习、语文课本学习和实践活动紧密结合。语文教科书不仅是知识的载体，更是学生从教科书引发开去全方位地学习语文的切入点。在这套教科书里学习语文，也从其他课程、家庭、社会、自然中学习语文。从教科书课文的练习、每次综合性学习中，都不难看出这套教科书的这个特点。

《义务教育课程标准实验教科书·语文》（人教版）的内容本身也具有开放性。例如对文学作品课文的解读，始终引导学生保持开放的心态，提倡多样化的理解与体验，连名家名作也不例外。如鲁迅的《风筝》、朱自清的《背影》、郭沫若的《雷电颂》等，这套教科书都鼓励学生在学习这些文章时有独特的感悟和个性化的理解，引导学生在与课文的对话过程中，通过讨论、交流、碰撞，不断修正、深化自己的认识。

弹性，指《义务教育课程标准实验教科书·语文》（人教版）为学生个性化的学习提供广阔的空间。这套教科书中学习内容和活动的设计是多样化的：课文分精读、略读，分课内读、课外读；练习分必做题、选做题，供学生在教师的指导下自主选用。"综合性学习·写作·口语交际"部分，内容一般都安排得比较多，供师生选用。作文和口语交际，大都不限定题目，少数命题也尽可能设计若干个，让学生挑选。至于课外古诗词背诵和名著导读，更可以由师生灵活处理。此外，除教科书外，还有配套的自读课本、音像、多媒体、网络等系列教材，以供选用。不仅如此，对教科书中的所有内容和活动设计，师生可以做增删、调整、变动，也就是说，师生可以以这套教科书为平台，重新编写和设计适合自己的教科书。这种教科书，可以充分利用本地区、本校的语文教学资源，体现地方特色和个性风采。

《义务教育课程标准实验教科书·语文》（人教版）的这种弹性，保证了它能适应我国不同地区、不同学校、不同条件的师生的需要。教学条件好的，不妨多学一些、学深一些，使学生"吃得饱"；教学条件差的，不妨少学一些、学浅一些，使学生"吃得了"，但也可以达到课程标准的基本要求。这就是所谓的"保底不封顶"。它给各地区、学校和教师留有开发、选择的广阔空间，也为学生留出选择和拓展的广阔空间，可以满足不同学生学习和发展的需要。

十、《普通高中课程标准实验教科书·语文》（人教版）：新世纪新理念新改革[1]

为了贯彻教育部《基础教育课程改革纲要（试行）》《普通高中课程方案（实验）》的精神，落实《普通高中语文课程标准（实验）》提出的课程理念、课程目标，推进我国普通高中语文课程改革，教育部课程教材研究所中学语文课程教材研究开发中心与北京大学中文系、北京大学语文教育研究所合作，研究编写出一套包括5册必修课本和15册选修课本在内的《普通高中课程标准实验教科书·语文》（人教版）系列教科书。

（一）教科书的几个特色

《普通高中课程标准实验教科书·语文》（人教版）以马克思主义教育科学理论为指导，努力贯彻国家课程改革的精神，落实高中语文课程标准提出的课程理念、课程目标，力图遵循语文教育的规律，正确处理五个方面的关系：掌握基础知识、基本技能与培养创新精神、实践能力的关系，学科逻辑与社会进步、科技发展与学生经验的关系，接受性学习与自主、合作、探究学习的关系，学科的独立性与关联性的关系，农村地区与城市地区的关系。目的是使这套教科书更加适应时代的发展，更加符合我国中学语文教育的实际，更加适应学生发展的需要。

《普通高中课程标准实验教科书·语文》（人教版）跟以往曾用和目前正在用的高中语文教科书比较，主要有以下几个特色。

---

[1] 本文节选自顾之川的《守正出新，全面提高学生的语文素养——〈普通高中课程标准实验教科书·语文〉介绍》一文。

1. 坚持守正出新，适应新时代的特点和普通高中教学的需要

《普通高中课程标准实验教科书·语文》（人教版）并没有一味追求内容和样式的"新""奇""特"，而是在坚持守正的基础上力求出新，这是本套教科书的一个基本特色。

守正，就是坚持以马克思主义教育科学理论为指导，严格遵循高中语文教育的基本规律，注重继承我国高中语文教科书编制的优良传统和成功经验，适当考虑中学语文课程和教材改革的循序度和适用面。因此在编写工作中，没有全盘推翻以往的教材体例，也没有轻易改变基本的教学内容，同时特别注意减轻学生的课业负担和教师的教学难度，从而使整套教科书在一定程度上保持了教科书体例的大体稳定以及与现行高中语文教科书的衔接过渡。

出新，一是从整体面貌看，《普通高中课程标准实验教科书·语文》（人教版）贯彻了《基础教育课程改革纲要（试行）》《普通高中课程方案（实验）》的精神，落实了《普通高中语文课程标准（实验）》的基本理念，突出了现代教育科学的理念方法，体现了鲜明的时代特征和丰富的文化内涵。二是从教学角度看，这套教科书注意了语文学科工具性与人文性紧密结合的特点，在内容体例和呈现方式上力求做到不拘一格、新颖活泼，并留有充分的选择空间和开发余地，以满足不同学校使用的实际需要。三是从学生角度看，这套教科书努力适应当今高中生身心发展的特点，具有鲜明的时代性、扎实的基础性和灵活的选择性，有利于学生自主学习、合作学习和探究学习。

2. 构建立体系统，体现内容的综合性和体例的模块化

《普通高中课程标准实验教科书·语文》（人教版）具有综合性和模块化的结构，也就是注意了内容的综合性和体例的模块化。这也是本套教科书的一个主要特色。

综合性是指：第一，教学目标的综合。这套教科书包含了知识和能力、过程和方法、情感态度和价值观三个维度的综合。第二，课程内容的综合。这套教科书包括了语文学科本身各种要素的综合，语文学科与跨学科内容的综合，课内学习和课外学习内容的综合，以及课堂教学和实践活动的综合等。第三，过程和方法的综合。这套教科书力求让学生体验多种学习过程，运用多种学习方法，并根据学生自身的特点，扬长避短、各

显神通，逐步形成富有个性的语文学习方式。

模块化是指教科书内容的呈现方式不拘泥于通常采用的"文体系列"或"表达形式"的纯文学性概念角度，也避免陷入"生活主题"或"人文专题"的泛语文化编排倾向，而是注意遵照语文学习的规律，用语文的基本要素构建模块化的教学系统。一方面是"化整为零"，把整个教学内容系统分解成不同模块。如每册书中均包含"阅读鉴赏""表达交流""梳理探究""名著导读"四个部分，同时每一部分又分成若干个子系统，如"阅读鉴赏"安排了不同类型的文选，又分精读课文和略读课文；"表达交流"分成不同专题，进而包含相关内容单元，以适应教学安排的需要。另一方面是"聚零为整"，在教学中，各个不同模块可以灵活组合。例如，在"阅读鉴赏"部分学习"情节与语言（中外小说）"文选系列时，可以结合学习"表达交流"部分中的"语言表达（深刻、充实、有文采、新颖）"专题，同时结合学习"梳理探究"部分中的"文学作品的个性化解读""走近文学大师"等内容，让学生举三反一，从而收到学习训练的体验与认识反复归拢、提升的效果。

3. 突出过程和方法，以浸润式学习的设计整合各个方向的教学目标

把过程和方法放在突出地位，并在多种教学目标实施的过程中细腻地体现浸润式学习的思路，是《普通高中课程标准实验教科书·语文》（人教版）的又一特色。

《普通高中课程标准实验教科书·语文》（人教版）整套教科书的教学目标包括了知识和能力、过程和方法、情感态度和价值观三个方向，但过程和方法是一条基本线索，用以联系、整合知识和能力、情感态度和价值观的课程目标和相关内容。

过程和方法的教学目标包括：鉴赏的过程和方法，领悟的过程和方法，应用的过程和方法，启发和调动学生的学习兴趣与主动性，通过几个方面的反复训练使学生掌握基本的学习方法，全面提高学生的鉴赏力、领悟力，以及应用、梳理和探究的能力，同时使学生的情感态度和价值观受到陶冶。例如，"阅读鉴赏"包括三部分内容："品味与赏析""思考与领悟""沟通与应用"。其设计都充分考虑到如何引发学生的学习兴趣，以及学生对学习方法的了解、模仿与反复训练。其中包括：赏析的过程

和方法，如"情感与意象""情趣与理趣""含英咀华""感受与共鸣""披文入情"等；领悟的过程和方法，如"提要钩玄""质疑解难""融会贯通"等；应用的过程和方法，如"博观约取""知人论世""概括与归纳"等。再如，"梳理探究"同样注重过程和方法。其中包括：梳理的过程和方法，如"怎样梳理成语""怎样梳理古代文化常识"等；探究的过程和方法，如"怎样探究新词新语与流行文化""怎样探究影视文化"等。由于教材所设计追求的是浸润式的学习过程，又重在方法上的引导，学习训练的落脚点在能力，从而改变了以往常见的那种偏重课堂灌输的方式，有可能使学生带着浓厚的兴趣和创造性来学习，在读写能力得到稳步提高的同时，情感态度和价值观也自然得到提升。

（二）教科书的内容及其编排

根据《普通高中语文课程标准（实验）》的要求，《普通高中课程标准实验教科书·语文》（人教版）分必修和选修两大部分。其中必修部分按照《普通高中语文课程标准（实验）》规定的五个模块编为五册，每个模块编为一册。另外，作为必修教科书的配套教材，还有《普通高中课程标准实验教科书·扩展阅读》和《教师教学用书》以及相关音像资料等。

《普通高中课程标准实验教科书·语文（必修）》的每一册都分为"阅读鉴赏""表达交流""梳理探究""名著导读"四个部分。

1. 阅读鉴赏

"阅读鉴赏"包括"精读课文"和"略读课文（用＊号标出）"，同时还有"语文读本"和"名著导读"，形成从课内到课外、校内到校外、单篇文章到整本书互相回环结合的阅读系列。"语文读本"部分单独成册，供学生在课外选读，使学生得法于课内，获益于课外。

每册书的"阅读鉴赏"部分都安排了四个单元。其中两个单元侧重于"品味与赏析"，另外两个单元分别侧重于"思考与领悟""沟通与运用"（见表2-5）。每个单元都有三篇精读和略读课文，教师在教学中可以灵活处理，将部分课文作为课堂教学文选，其余的指导学生课外阅读。

每册书的"阅读鉴赏"部分的四个单元都分别由"单元提示""课文""研讨与练习"三个板块组成。"单元提示"简要说明单元教学要求以及学习重点、难点与学习方法，在《教师教学用书》中还有比较详细的教学提示与建议。该套教科书所选的课文与以往的教材相比，有明显的更新，所选课文大都是名家名篇，注重经典性，同时兼顾时代性，适合高中语文教学和高中生的接受水平。《普通高中课程标准实验教科书·语文（必修）》全套教科书的选文，除古代诗文作品外，现当代作品及外国作品总共 54 篇，占选文总数的 64.8%。古代诗文作品在全套教科书中的比例，约占 45%。古代诗文的选文以传统经典名篇为主，也适当扩大了选材范围，新选了一些古代优秀作品。"研讨与练习"的设计，精读课文一般有四道题，略读课文有两道或三道题，帮助学生整体把握课文，突出学习要点，激发学习兴趣与主动性；部分题型和内容设计为开放式，为教师和学生留有发挥的空间。

表2–5 "阅读鉴赏"内容安排表

单元		第一册	第二册	第三册	第四册	第五册
一	品味与赏析	情感与意象（中外诗歌）	情趣与理解（中外抒情散文）	人物与环境（小说一）	性格与冲突（中外戏剧）	情节与语言（小说二）
二		写景与抒情（古代写景散文）	含英咀华（诗经、楚辞、汉魏六朝诗歌）	感受与共鸣（唐宋诗）	情思与意境（词曲）	披文入情（古代抒情散文）
三	思考与领悟	品人与品文（中外记叙散文）	提要钩玄（古代叙事散文）	质疑解难（古代议论散文）	厘清思路（社会科学论文、随笔）	融会贯通（文艺学论文）
四	沟通与运用	博观约取（新闻、报告文学）	对话与交流（演讲）	启迪与想象（科普、科幻）	知人论世（古代传记）	概括与归纳（自然科学论文）

2．表达交流

"表达交流"部分包括"写作"与"口语交际"两个板块。

教科书中关于写作的教学内容实际上有三个子系统：第一个系统是集中独立的写作专题，每册共安排 4 个专题，5 册共 20 个专题（见表2 6）；第二个系统是与阅读整合在一起，在每篇课文后的"研讨与练习"中安排相应的写作练习，写一些读书笔记，强调读写结合；第三个系统与"梳理探究"整合在一起，安排了一些带有综合性、研究性的写作练习。这样安排有利于引导学生进行初步的研究思考，同时引起学生更为浓厚的写作兴趣。

独立安排的写作专题的特点是：第一，过去的写作教材往往只着眼于写法，容易导致纯技术性训练。《普通高中课程标准实验教科书·语文》（人教版）中的写作专题，既讲"写什么"，又讲"怎么写"。每一个专题都包括"话题探讨""写法借鉴""写作练习"三部分内容。开头都先提出"写什么"的问题，接着对"写什么"进行具体分析，在分析的过程中带出"怎么写"，在写法上加以点拨。最后在这个"写什么"的范围之内，设计若干个参考题目，让学生练习（可以选做）。第二，"话题探讨""写法借鉴""写作练习"三者密切结合，使学生在人文素养和写作能力上同时得到提高。第三，在解决"写什么"的基础上谈"怎么写"，符合形式服从内容、写法服从题材的写作规律，有利于提高学生的写作水平。

表2-6 "写作"专题安排表

册次	单元	专题
第一册	一	心音共鸣　写触动心灵的人和事
	二	亲近自然　写景要抓住特征
	三	人性光辉　写人要凸显个性
	四	"黄河九曲"　写事要有波澜
第二册	一	直面挫折　学习描写
	二	美的发现　学习抒情
	三	园丁颂歌　学习选取记叙的角度
	四	想象世界　学习虚构
第三册	一	多思善想　学习选取立论的角度
	二	学会宽容　学习选择和使用论据
	三	善待生命　学习论证
	四	爱的奉献　学习议论中的记叙
第四册	一	解读时间　学习横向展开议论
	二	发现幸福　学习纵向展开议论
	三	确立自信　学习反驳
	四	善于思辨　学习辩证分析
第五册	一	缘事析理　学习写得深刻
	二	讴歌亲情　学习写得充实
	三	锤炼思想　学习写得有文采
	四	注重创新　学习写得新颖

《普通高中课程标准实验教科书·语文》（人教版）的"口语交际"也包括三个子系统：一是结合"阅读鉴赏"部分的课文学习，安排相关的口语交际练习，如朗读、背诵、复述、讨论等；二是在"梳理探究"的专题实践活动中设计相应的口语交际练习；三是每册书设计四个专门的口语交际单元，分别是朗诵、演讲、讨论、辩论和访谈。活动的设计强调具体情境的设置，少讲理论知识，多给学生实际锻炼的机会（见表2-7）。

表2-7 "口语交际"专题安排表

第一册	第二册	第三册	第四册	第五册
朗诵	演讲	讨论	辩论	访谈

3. 梳理探究

《普通高中课程标准实验教科书·语文》（人教版）中"梳理探究"部分实际上是一些语文专题活动。这些活动有的侧重于对学生以前在语言、文学、文化等方面学过的内容进行梳理，便于学生在长期积累的基础上的巩固和整合；有的属于专题研究，重在引导学生自主思考、合作探究一些问题，培养学生的创新精神和实践能力。这些专题活动要求学生在教师的指导下进行，不同地区、不同学校可以有选择地开展这些专题活动（见表2-8）。

表2-8 "梳理探究"专题安排表

第一册	第二册	第三册	第四册	第五册
优美的汉字	成语：中华文化的缩微景观	交际中的语言运用	逻辑和语文学习	文言词语和句式
奇妙的对联	修辞无处不在	文学作品的个性化解读	走近文学大师	古代文化常识
新词新语与流行文化	姓氏源流与文化寻根	语文学习的自我评价	影视文化	有趣的语言翻译

4. 名著导读

为了落实课程标准中"关于课外阅读的建议"，《普通高中课程标准实验教科书·语文》（人教版）还安排了"名著导读"栏目。每册教科书介绍两部名著，以中外文学名家名著为主，其中部分内容与学过的课文内容衔接。"名著导读"分为"背景介绍""作品分析"和"思考与探究"三部分，主要也是为了激发学生的兴趣，引导学生开展课外阅读，养成阅读经典和优秀作品的习惯（见表2-9）。

表2-9　"名著导读"专题安排表

第一册	第二册	第三册	第四册	第五册
《论语》	《家》	《红楼梦》	莎士比亚戏剧	《三国演义》
《大卫·科波菲尔》	《巴黎圣母院》	《高老头》	《谈美》	《堂吉诃德》

十一、普通高中课程标准实验教科书的作文教材系统：新世纪新理念新改革

根据教育部颁布的《基础教育课程改革纲要（试行）》和《普通高中语文课程标准（实验）》的精神，《普通高中课程标准实验教科书·语文（必修）》的作文部分有比较大的改革。

（一）作文教材分为三个系统

在编排上，作文教材分为三个系统。第一个系统是相对独立编排的（见表2-6）。第二个系统与阅读整合在一起，在课文后的"研讨与练习"中，设计了几十次写作练习。这些练习，从阅读方面说，属于应用性阅读；从写作方面说，属于笔记作文。第三个系统与"梳理探究"整合在一起，在全套教科书共15次"梳理探究"中，设计了几十次写作练习。这些练习主要是研究性作文。

上述三个系统中，第一个系统是《普通高中课程标准实验教科书·语文（必修）》作文部分的主体。它力图对学生进行系统规范的作文训练。这套教材虽然尽量加强与阅读鉴赏、梳理探究和口语交际的联系，但更注重按学生的心理特征和作文教学的本身规律来编排。第二个系统是读写结合的产物，基于阅读是写作的基础，"读书破万卷，下笔如有神"的精神，主要是笔记式作文，让学生随时随地把阅读的心得体会写下来。第三个系统是写作与语文实践活动的结合，作文练习是在语文活动中进行的，十分贴近生活，体现了叶圣陶提倡的"练习与应用相统一"的原则。总之，这三个系统的作文教材互为补充，相辅相成。它们与阅读鉴赏、梳理探究等紧密结合在一起，尽可能融会贯通，使全套教科书成为一个

有机的整体。

（二）注重写作的全过程

长期以来，作文教学重结果而不重过程，这可能是作文教学劳而寡效的重要原因之一。实际上，作文教学的关键，不仅在于让学生写出一篇作文，更在于让学生在写作过程中，逐步把握写作要领，从而达到过程与结果的统一。因此，不难理解这次高中语文课程标准为什么旗帜鲜明地把"过程和方法"作为课程目标的三个维度之一，明确规定写作教学必须突出过程与方法。为遵循写作教学的规律，体现课程标准的先进理念，有效地提高作文教学质量，这套实验教科书的作文部分，尤其是第一个系统，致力于突出写作的过程和方法。

对于写作的过程，古今中外学者的看法基本上是一致的：要实现"双重转化"。刘锡庆解释说："任何一篇文章或一部作品的诞生，都要完成这样一种'双重转化'：首先，是现实生活、客观事物向认识'主体'即作者'头脑'的转化。它要依据'反映论'的精神，能动地、本质地、真实地将现实生活、客观事物转化为作者的认识（观念和情感），这是由事物到认识的第一重转化；然后，是作者观念、感情向文字表现的转化。它要遵循'表现论'的原则，有'理'有'物'并有'序'有'文'地将头脑中所获得的意识、情感转化为书面语言（思想的'外衣'）。这是由认识到表现的第二重转化。"[1]简言之，由"物"到"意"，由"意"到"文"，就是写作过程所必须完成的"双重转化"。

这"双重转化"中，第一重"转化"是根本，是基础。生活经历贫乏，认识浅薄，缺少"发现"，是写作的致命伤。第二重"转化"是手段，是关键。思维紊乱，语言表达能力差，如何写出好文章？因此，写作的全过程必须完成"双重转化"，缺一不可。

基于上述认识，第一个系统的作文教材，每一个单元都分作"话题探讨""写法借鉴""写作练习"三大块。"话题探讨"力图帮助学生完成由"物"到"意"的第一重"转化"，解决"写什么"的问题。"写法借鉴"力图帮助学生完成由"意"到"文"的第二重"转化"，解决"怎么写"

---

[1]刘锡庆.基础写作学［M］.北京：中央广播电视大学出版社，1985：5-6.

的问题。"写作练习"则提供一些作文题目或范围，让学生自行经历写作的全过程。

从第一个系统的作文教材目录可以看出，每一个单元作文标题的前半部分就是所要探讨的话题，后半部分就是所要借鉴的写法。例如第一册第二单元"亲近自然　写景要抓住特征"，先在"话题探讨"中，指导学生探讨亲近自然、认识自然、体验自然；接着在"写法借鉴"中，引导学生借鉴范文作者是怎样认识自然、感受自然和表现自然的；最后让学生在"写作练习"中任选一题，投入表现自然的写作实践中。全系统20个单元作文，指导学生探讨了20个话题，借鉴了20种写法，学生经历了20次"双重转化"——20次写作的全过程。

可能有人会问："双重转化"中，哪一重"转化"是中学作文教学的重点呢？对于这个问题，至今见仁见智，认识不一。

20世纪90年代《人民教育》杂志上还就这个问题展开过一场争论。

不少人认为，第二重"转化"是重点，理由是：提高学生认识生活的能力，不是专靠语文一门学科就能奏效的，而是各门学科的共同任务；至于怎样反映生活，怎样表达自己的思想感情，则是作文教学责无旁贷的特定任务。然而，现在越来越多的语文教育工作者认为，应把第一重"转化"作为重点。有一位特级教师说过，在他的思想中，第一重"转化"比第二重"转化"更重要。现在有很多人拿到了作文题不知道写什么，不知道怎样写，指的并不是有了材料不知道怎样去表达，而是指头脑中似乎不存在所要写的东西。对中学生来说，要提高作文水平，首先要抓的，不仅是如何立意、布局、谋篇，而是如何去选择材料，如何进行构思。材料选好了，构思好了，动笔是比较快的。前者是"十月怀胎"，后者是"一朝分娩"。应该说，这种意见有一定的代表性。上面两种意见，各有一定道理。

在过去很长一段时期内，中学作文教材主要解决第二重"转化"的问题，告诉学生应该"怎样写"。从1997年年底语文教学大讨论以来，又出现一些把第一重"转化"作为重点的中学作文教材，主要解决学生"写什么"的问题。两种教材各有长处和优势，但弄得不好的话，前一种教材容易忽视"写什么"，后一种教材容易忽视"怎样写"，都不利于全面提高学生的写作水平。鉴于此，这套高中作文教材试图在上述两种教材之外另辟一条新路，即兼顾"双重转化"，不厚此薄彼。与前一种作文教材相比，这套作文教材多了"话题探讨"；与后一种作文教材相比，这套作文教材多了"写法借鉴"。这套作文教材所强调的是写作的全过程。

（三）倡导自主、合作、探究的学习方式

《普通高中语文课程标准（实验）》指出："教科书应突出语文课程的特点，要便于指导学生自学。内容的确定和教学方法的选择，都要有利于学生自主、合作与探究式的学习，掌握自学的方法，养成自学的习惯，不断提高独立学习和探究的能力。"为了体现这种精神，这套高中作文教材特别重视帮助学生形成自主、合作、探究的学习方式。

首先，这套作文教材致力于贴近生活，与学生的生活体验和思想认识紧密结合，确保学生写作的自主地位。第一个系统的 20 个话题和第二、第三个系统的写作练习设计，涉及人与社会、人与自我、人与自然三个方面，都是现实社会中生活、生产的热点问题，是学生思想、生活和学习中的重大问题，以及学生最感兴趣、最为关心的一些问题。引导学生探讨这些问题，有利于学生发现社会、发现自我、发现自然，并在发现中发展自己的个性，提升自己的生命境界。以这些话题为内容的写作，自然而然地成为学生生命活动的一部分，以适应学生自身精神发展的需要。于是，学生写作的积极性不可遏制地爆发出来，"要我写"变成"我要写"，"为什么写""写什么"的问题已经不成为问题。这就保证学生始终处于主动地位，学生写作的自主性就充分体现出来了。

其次，这套作文教材注重密切联系阅读，把阅读作为写作的基础，让学生在范文中自主探究写法。鲁迅说过："凡是已有定评的大作家，他的作品，全部就说明着'应该怎样写'。"[1]叶圣陶告诉我们，"不要把指导阅读和指导作文看成是两回事"，"把课文讲好，使学生学习每篇文章的思路是怎样发展的，语言是怎样运用的，这就是很好的作文指导"[2]。

---

[1] 鲁迅. 鲁迅全集：第六卷 [M]. 北京：同心出版社，2014：175.
[2] 叶至善，叶至美，叶至诚. 叶圣陶集：第十三卷 [M]. 南京：江苏教育出版社，2004：203.

因此，这套作文教材主要是引导学生揣摩范文的写法，从中学习"应该怎样写"。这些范文，主要是阅读教材中已有定评的著名作家的经典作品，也包括当代具有示范性的佳作和学生优秀习作。教材中只对这些范文或示例做极为简明的解说与点评，对学生各自的揣摩和集体讨论起一些点拨和指引作用。换言之，过去的作文教材，一般都免不了从写作知识出发，介绍一系列写作技巧，让学生全盘接受，而这套作文教材一反这种做法，只是引导学生自己从范文中体味、领悟写法。这对学生形成自主、合作、探究的学习方式有所裨益。

再次，这套作文教材着力于培养学生的思维能力，增强学生思维的严密性、深刻性和批判性，把多思善想作为提高写作水平的关键，注重破除束缚学生的写作程式。上文说过，这套作文教材突出写作的全过程，但在这全过程中有一个重点，就是培养学生个性化思维能力。应该看到，在"写什么"的问题上，对于广大中学生来说，他们的生活范围是相差不远的，差距大的是他们对生活的认识和发现，这就关系他们自身的思想水平高低；在"怎么写"的问题上，立意、选材、谋篇都属于构思，至于语言，则是思想的外衣。这就是说，"想"是写作的总枢纽。因此，第一个作文系统中，有五个单元是直接培养学生的思维能力的："多思善想　学习选取立论的角度""善于思辨　学习辩证分析""注重创新　学习写得新颖""缘事析理　学习写得深刻""想象世界　学习虚构"。还有几个单元与培养思维能力关系很密切，比如"解读时间　学习横向展开议论""发现幸福　学习纵向展开议论""确立自信　学习反驳""'黄河九曲'　写事要有点波澜""锤炼思想　学习写得有文采"。其他单元也贯穿着培养思维能力这根红线。上文说过，对于"双重转化"的重点，有两种不同意见，但它们有一个共同点，就是都重视写作中的思维训练。张志公是赞同第一种意见的，他说过，作文教学"主要解决学生在有了需要写的事物之后怎样整理思路，怎样用语言文字把自己的思想表达出来这个问题"[1]。持第二种意见的一位老师说过，要提高作文的水平，首先要抓的，是如何进行构思。一定要重视构思，一定要在构思上多花时

---

[1] 张志公. 张志公语文教育论集 [M]. 北京：人民教育出版社，1994：330.

间。一个强调思路，一个强调构思，其实都是强调学生的思维能力。因此，这套作文教材把培养学生的思维能力尤其是个性化、创造性的思维能力作为重点，想必是大家所认同的。

从 1997 年年底以来，社会上不断有声音批评一些学校热衷于对学生进行机械的作文训练，片面追求写作技巧。把写作中的立意、选材、谋篇、造句，都"铸"成一个个"模子"，让学生在这些"模子"中制出一个个"标准件"。这套作文教材力图打破这种局面，把学生解放出来，从培养个性化思维、创造性思维入手，真正实现学生的自主性写作、个性化写作。

（四）几个注意事项

使用这套作文教材，需要注意下列问题。

1. 对"话题探讨"的要求要适度

在写作过程的"双重转化"中，第一重"转化"是基础，至关重要。当前，大多数同志认为，高中生作文的主要问题出在第一重"转化"上，学生没有解决好"写什么"的问题。这当然是有道理的。然而，应该看到：第一，完成第一重"转化"，解决"写什么"的问题，不是语文一门学科的特定任务，而是各门学科的共同任务，写作课没有必要也不可能独立完成这个任务；第二，完成这个"转化"、解决这个问题，应贯穿学生的生活，是学生平时生活的一部分，学生不是为了写作才特意去认识生活的，也就是说写作过程中的第一重"转化"只是平时生活中"转化"的结果和延伸；第三，中学生写作是写学生生活范围以内的，能够认识清楚的事物。叶圣陶说过，如果生活没有进展到某一阶段的时候，责备中学生的积蓄没有更正确、更深广，就犯了期望过切的毛病。由于上述三个原因，"话题探讨"主要是"诱导"和"触发"学生平时已积累的对生活的认识和感受。因此，对话题探讨的深度和广度，不可脱离学生的生活范围和认识水平，做过高的要求。

2. 灵活处理"话题"和"写法"的关系

这套作文教材的第一个系统是按照写作本身的规律来设计的。第一册的重点是记叙文的写作，第二册的重点是各种表达方式的训练，第三、第四册的重点是议论文的写作，第五册的重点是更高要求的写作训练。

有人说，把 20 个话题安排在 20 个单元中，有些与所要借鉴的写法有内在联系，安排在一个单元十分自然；而有些与所要借鉴的写法没有必然联系，若安排在一个单元似乎有些牵强。后一种情况是存在的。但要看到，后一种情况下的话题和写法尽管表面上没有必然联系，但本质上还是有联系的，就是说这个话题可以用这种写法，这种写法可以用在这个话题上。过去的作文教材以介绍写法为主，举例可以不局限于某个话题；现在的作文教材突出写作的过程，兼顾话题和写法，一个单元的写作就不能不在借鉴一种写法时，只以一个话题为例。这样，一个单元中话题与写法缺乏必然联系的情况几乎不可避免。教材如此设计，使用教材时学生只需要明白：对于这个话题来说，用这种写法只是举例；对于这种写法来说，用这个话题也只是举例。这样，学生在写作中便可以灵活处理话题与写法的关系。

3. 抓住一个"写"字

"话题探讨"也好，"写法借鉴"也好，最终都要落实到一个"写"字上。因此，教师要指导学生在写作中提高写作水平。

为此，这套作文教材的每个单元都提供五个作文参考题目，全套教材共 100 个题目。这些题目大多数都不同于过去教材的作文题形式，它有助于开阔学生的思路，激发学生的写作兴趣。当然，这些题目只是参考题，没有要求学生非做不可，学生愿意写就可以试试看，不愿意写也能起到促进思考的作用。这些题目不限时间，不限地点，大都不限字数，对于写法也不做硬性规定，有些只限文体，目的是为了学生能够自由自在地、个性化地写作。

高中写作的重要目标是使学生在写作实践中养成良好的写作习惯。这套作文教材关于写作习惯有六个"小方块"，用于提醒学生重视这一点。教师在教学中，应把帮助学生养成良好的写作习惯，贯穿学生写作训练的始终。

4. 改变一个观念

有的老师也许要说："这套作文教材，有三个系统，第一个系统还突出写作的全过程，而作文课的时间却很有限，这让教师如何是好？"

要转变一个观念。《高中语文课程标准（实验）》指出："教科书应有开放性，在合理安排课程计划和课程内容的基础上，给地方、学校和教师留有开发和选择的空间，也要给学生留出选择和拓展的余地，以满足不同学生学习和发展的需要。"正是根据这个精神，这套作文教材为学校和师生提供了一个平台，让大家进一步"选择和拓展"。教师可以根据需要，对教材做删节、补充、调整、重组，而绝不是像过去那样，把教材当作"权威"，一成不变地教学。这套教材编得丰富一些，设计了三个系统，只是想使提供的平台更宽广一些，便于教师和学生大显身手而已。

第三编　语文教材编制与改革设想

　　在梳理我国百年来语文教材编制与改革的理论、实践的基础上，借鉴国外语文教材编制与改革的经验教训，提出语文教材编制与改革的设想。

　　实用文阅读教材：扩大选材面，增大选文难度，着力于培养对实用文的理解与快速筛选信息的能力。

　　文学阅读教材：培养文学阅读、欣赏能力，重点是对文学语言的品味与感悟。选文应着眼于经典，大大增加数量，课内精读与课外博览相结合。

　　写作教材：从学生书面语言交际的需要出发，注重写作过程的指导、思维能力的培养和交际语境意识的养成，构建"大体须有，定体则无"的"一主四副"写作训练系统。

　　口语交际教材：从学生的口语交际需要出发，构建口语交际教材体系。致力于激发学生的口语交际兴趣，养成良好的口语交际习惯，包括文明交际的习惯，依据目的、对象、场合说话的习惯，与对方良性互动的习惯。

　　文言文教材：构建小学、初中、高中"一条龙"文言教材体系，文言教学力求与白话教学"同轨"，进行科学训练，达到培养阅读浅易文言文能力的目的。

　　语言知识教材：采用实用语言知识体系，力求精要、好懂、有用，针对学生语言运用中的问题，辅助提高学生语用能力。

教材编排："分则系列分明，合则相互为用。"教学要求要明确，体现循序渐进、螺旋式上升的原则，把教学内容和谐地组织在一起，既严整又灵活。

在上述设想的基础上，凝成理想教材编制的设想：强调经典阅读，突出语用训练，从而全面提高学生的语文素养。

一、实用文阅读教材的改革设想

近百年来,特别是 20 世纪下半叶,我国的语文教材,除 1956 年文学、汉语分科教材外,实质都是阅读教材。这体现的是叶圣陶的语文教材思想。他认为,写作、口语交际与语文知识都无须单独编写教材,依属于阅读教材就可以。因此,语文教材就是以阅读教材为主的综合型教材,过去人民教育出版社的多数教材就是如此。

一般认为,阅读教材应由实用文章与文学作品组成。按叶圣陶的语文教材观,语文教材主要培养学生阅读与写作实用文章的能力,因此文学作品在语文教材中只占一小部分。1958 年文学教材停用后,教育部权威文件又提出"不要把语文课教成文学课",这样语文教材中的少量文学作品又往往按文章处理,供读写训练用。于是,阅读教材实际上是实用文教材。

从 20 世纪 90 年代开始,这类教材开始改革。写作、口语交际与语文知识独立出来,自成体系,或者分编成几本书。即使仍然是一本综合型教材,它们也有各自的系统,与阅读平起平坐,不再是附庸。到世纪之交,实行新课程改革,文学作品在教材中的比例陡然上升,有的占50%,有的占 70%,甚至更高。不过,实用文教材还是不可小看,很有论述一番的必要。

实用文阅读教材由课文系统、知识系统、作业系统和助读系统构成,重视语言基本训练和课外实用文阅读活动。

(一)关于课文系统

所谓实用文,是一个模糊概念。一般认为,文章分为文学作品与非文学作品,非文学作品就是实用文。它"包括书信、宣言、报告书、说明书等等应用文,以及平正地写状一件东西载录一件事情的记叙文,条畅地阐明一个原理发挥一个意见的论说文"[1]。简而言之,就是习惯所称的记叙文、说明文、议论文和应用文。在教材中已出现过的有科普文章、新闻、社科文、演说词、书信、人物传记、回忆录、游记、参观记、书

---

[1]叶圣陶.叶圣陶教育文集:第三卷[M].北京:人民教育出版社,1994:55.

评与影评、序言、访谈录、调查报告、讨论与辩论、日记、非连续性文本等。

早在五四时期，陈独秀就指出："应用之文，以理为主；文学之文，以情为主。"[1]20世纪90年代，张志公也指出，文艺性文体"主要诉之以情"，实用性文体"主要诉之以理"[2]。文学文与实用文似乎泾渭分明，实际上界限不清。一是有些文章跨界，既是实用性文体又是文学性文体，比如新闻中的报告文学，传记中的文学传记，议论文中的杂文、随笔，科普作品中的科学小品，等等；二是即使是不折不扣的实用性文体，有的也带上文学色彩，甚至是浓烈的文学色彩，比如某些书信。纪实文学是实用性文体，还是文学性文体？类似这种很难断言的情况，给选文带来困难。

关于选文标准，历来的教学大纲、课程标准都有明确的规定，尽管表述的语言不尽一致，但意思基本上是相同的，即文质兼美，适合教学。

首先是"质"好。选文应体现富强、民主、文明、和谐、自由、平等、公正、法治、爱国、敬业、诚信、友善的社会主义核心价值观。既要继承和弘扬中华优秀传统文化、革命文化和社会主义先进文化，有助于增强学生的民族自尊心和爱国主义感情，又要理解、尊重和吸收多元文化，包括外国进步文化，以有利于学生成长为具有现代意识的公民。选文必须围绕立德树人的总目标，与时俱进，传递正能量，弘扬主旋律，着眼于引导新一代公民扣好人生的"第一粒纽扣"，迈正人生的"第一个台阶"。

其次是"文"美。学生学语文主要是学习正确理解和熟练运用语言文字，因此选文的语言文字一定要典范、精粹，"堪为模式"，在这一点上打不得丝毫折扣。要杜绝那些文风不正的选文，比如说教味浓重、标语口号式的粗制品，以及感情虚假、矫揉造作的劣质品。选文切忌只注重内容而忽视语言，在"文"美这一条上，没有任何通融的余地。

再次是适合教学。一是难易适度。过难的作品，学生怎么读也读不懂；过易的作品，学生"一眼就看到底"：都不宜选作课文。应选那些学生经

［1］任建树，张统模，吴信忠.陈独秀著作选：第一卷［M］.上海：上海人民出版社，1993：265.

［2］王本华.汉语辞章学论集［M］.北京：人民教育出版社，1996：230.

过努力能够读懂的作品。二是长短适当。人民教育出版社经过调查统计，大体上语体文初一每篇课文不超过 2000 字，初二、初三每篇课文不超过 3000 字，高中每篇课文不超过 4000 字，比较适合学生细琢细磨。三是坚持正面教育。不少名作都描写了社会的丑恶现象和畸形人物，这类内容自然有它们的价值，但不适宜过多选入语文教科书，放在课堂上教学。四是避免成人化倾向。所选作品要力求符合学生的心理特点和学习需要，富于情趣，具有可接受性。

当下实用文阅读教材的选文主要存在的问题，比如语言好的实用文还太少，相当数量的实用文语言一般，乃至粗糙。本文只着重谈下面三个问题。

1. 典型的实用文偏少，应该增多

所谓典型的实用文，就是不兼有文学身份的实用文，以及不带有或者很少带有文学色彩的实用文。为什么强调选这类实用文呢？第一，在日常生活、工作和学习中，这类实用文使用面最广。叶圣陶一向倡导"应需论"，他认为教材"选文应包括一般人生活上触及的各类文字"。比如说明文，就"极重要，说一种机械，说一种操作方法，说一种原理，皆学生必须学会者……语文以外之其他课本大多为说明文，似可选少数章节入语文课本也"[1]。他指出，如果教材偏重文艺，忽略了非文艺类选文，就减少了学生在生活、学习上的若干受用，这是教材的失误。第二，这类实用文易于剖析、理解，也易于仿效，从此立定基本，才可以进一步学习文学性强的实用文，以至文学作品。叶圣陶说："文学当然不是在普通文以外别有什么方法，但是方法的应用繁复得多，变化得多。不先作基本练习而径与接触，就不免迷离惝恍。"[2]比如，实用文的语言力求准确，避免歧义，总是尽可能遵守约定俗成的语言规则；而文学语言往往突破语言运用的常规，借助各种技巧和语境赋予语词或文句以新的、与其表面意义不尽吻合的暗示义、引申义，充满模糊性、多义性。显而易见，从学习语言运用来说，先学习实用文的语言，在此基础上再学习文学语言，由易到难，循序渐进，才符合学习规律。第三，每个中学生都

---

[1] 叶圣陶. 叶圣陶教育文集：第三卷［M］. 北京：人民教育出版社，1994：514.
[2] 叶圣陶. 叶圣陶语文教育论集：上册［M］. 北京：教育科学出版社，1980：61.

必须掌握这类实用文。历次修订的语文课程标准或中学语文教学大纲无不规定，对于这类实用文的阅读与写作，中学生都要过关。由于上述原因，这类典型的实用文应在语文教材中占重要位置。

实际情况却不容乐观，长期以来，语文教材中这类实用文篇目偏少。过去教材的选文，初中是记叙文、说明文和议论文，高中是比较复杂的记叙文、说明文和议论文，好像是实用文一统天下。实际上，所谓记叙文，大多是文学散文、报告文学、文学传记；所谓说明文，大多是科学小品、科学散文；所谓议论文，大多是随笔、小品、杂文。换句话说，过去所谓的实用文，其实大多一身兼二任，也是文学作品，属于边缘文体，纯粹的、典型的实用文甚少。据统计，在过去多数教材中，典型的实用文一般都是屈指可数的几篇，根本不足以供学生进行基本训练。从21世纪课程改革以来，教材中记叙文、说明文、议论文"三足鼎立"的格局打破了，文学作品上升为教材的主体。由于文学作品在教材中的比例增大，实用文的空间在整体上受到挤压，篇目更为减少。而且，所选用的实用文，也往往不是典型的实用文，而是兼有实用与文学功能的跨界文章，文学色彩比过去的选文更浓厚。因此，典型的实用文在教材中似乎更无立足之地。这种局面应尽快扭转。

2. 实用文的难度偏小，应该加大

20世纪80年代，就有一些专家呼吁加大中学语文教材选文的难度，其中包括实用文选文的难度。刘国正就说："我们把中学生的接受能力估计得太低太低了……课文越来越浅。只给学生吃一些稀粥咸菜，稍加一点红烧肉，就叫不消化了。阅读水平如此低下，怎么能指望学生写作水平得到真正提高呢？"[1]张中行也说，不妨选一些有难度的文章，要求用陶渊明不求甚解的办法读。多读几遍，难的会化为易，易的自然更易了。张中行还说，有些说理较深的文字，读起来比较费力，远不如小说有趣味，但教材也要选，因为作文思路的条理多半由此中学来。张中行又说，有人知道鲁迅的杂文很好，可是不敢选，怕学生读不懂。这种避难就易的办法是错的，因为难，偏偏要选，使学生敢碰难，把难化为易，学生的

---

[1] 李阿龄. 论刘征 [M]. 北京：人民教育出版社，2004：90.

学业（包括作文）水平才能提高。

据说，有些中学数理化学科的教师抱怨学生由于语文水平低，影响了数理化成绩的提高。某年某地一次数学测验中，有这样一道数学题："已知正方形边长为 a，求侧面积等于这个正方形的面积、高等于这个正方形边长的直圆柱体的体积。"结果有 96.9% 的学生都做错了，原因在于没有看懂这道题的意思。实际上，这道题是要求求"直圆柱体的体积"，题中"侧面积等于这个正方形的面积"和"高等于这个正方形边长"是分别用来修饰中心语"直圆柱体"的。这个例子说明，教材中实用文的难度低于并行学科的难度，因而造成这种不良后果。鉴于教材选文过浅，张中行发过愤激之言，他认为像课本上的那些文章，绝大部分让学生自己看看就可以了，分析、讲解、出题、解答都是浪费。这话说得可能过于绝对，但是值得大家深长思之。

3. 实用文的选材面偏窄，应该拓宽

选材要结合学生生活，这条选材原则无疑是正确的，但过去人们往往理解片面。教材的实用文局限于歌颂好人好事的文学性强的记叙文，解说花草虫鱼、建筑园林的生动的说明文，阐释一点思想品德的文艺性议论文，范围实在太小。其实，可以结合的学生生活的天地还广阔得很，它可以是学生学习、生活中所从事的种种活动，包括吃喝玩乐、听说读写；可以是学生实际上遇到的与可能面临的种种问题；可以是学生应该了解的信息与需要获得的知识。

举例来说，吕叔湘一再呼吁的介绍宏观的语言知识的短文，至今未能进入语文教材。比如，语言是怎么回事？文字是怎么回事？语言和文字之间是什么关系？汉语为什么要进行改革？改革的进度如何？这些宏观的语言知识，每一个受过中等教育的中国人都应该具备。再说，教材中的实用文也应该与时俱进，随着时代的发展而发展，以适应现代化的需要。还以语言知识为例。当下中国语言文字基本状况如何？怎样过好现代语文生活？怎样对待信息时代的新词语？怎样处理普通话与方言、母语与外语的关系？这些语言知识，也是每一个中学生所渴望了解、需要了解的，可惜目前的语文教材中这方面知识短文仍付阙如。

当前，知识呈爆发式增长，实用文体品种增多，语文教材的实用文选材无须也无法一一涉及，但应尽可能扩大范围。随着科学技术的发展，出现了科技说明文、科技小品、科技原理分析、科学研究论文。随着商品经济的繁荣，出现了商业信件、项目策划书、市场调查报告、非连续性文本、广告、经济情报分析等。随着信息技术的突飞猛进，网络文本方兴未艾，出现了电子邮件、网络广告、超文本小说、光盘百科全书等。上述种种都应占有一席之地，这是对以传统文本为主的教材的更新、重构与超越。因此，教材应当紧跟时代发展，具备当代品格。从国情出发，丰富选文的体裁和样式，以适应学生学习和生活的需要。此外，还有思维知识短文，似乎应该让它回归。

必须指出，对选文要结合学生生活这一点，要灵活对待。远离学生生活的文章，就不能选一点？正因为远离，才激起学生的好奇心，可借以扩大眼界，丰富知识。当然只要少量。

除了课文的选用，教材还应对课文的解读做正确的引导。

1. 体裁不同，解读方法也不同

所谓体裁，指文章的体式、样子、样式，是文章的表现形式。不同体裁的文章，表现形式不同，解读方法当然不可能相同。过去，在相当长的时间内，曾经不管什么体裁的文章，一概使用五段解读法——时代背景、作者介绍、段落大意、中心思想、写作特点，这显然是走入了误区。其实，凡是谈到解读方法，古今中外一致认为应把"辨体"放在第一位。

无可否认，就实用文而言，有适用于实用文的一般阅读方法，与文学作品的阅读方法有别。这里主要论述的是学生需要掌握的实用文的各种文类、体式的特殊阅读方法。当然，特殊体现一般，个性包含共性，在特殊阅读方法中也含有一般阅读方法。

实用文教材主要包括记叙文、说明文和议论文三类。记叙文以叙述、描写为主要表达方式，写人、事、景、物，表现作者的思想感情。阅读记叙文应该注意弄清记叙的要素和线索。要素指人物、事件、时间、地点、原因和结果；有的以人物为线索、有的以事件为线索，有的有一条线索、有的有两条线索。要注意把握记叙的顺序，常见的有时间顺序、空间顺序和逻辑顺序。要注意领悟描写的作用，人物描写、景物描写、环境描写、细节描写等，使文章生动感人。要注意分析记叙中的抒情和议论，如作者倾吐胸臆、表达自己的观点与感情等，但这方面的分析与记叙的分析应是结合在一起的。总之，弄清记叙的要素，了解文章的梗概；弄清线索和顺序，了解文章的结构；分析叙述和描写，掌握文章的基本思想内容；分析议论和抒情，搞懂作者的思想感情。说明文以说明为主要表达方式，解说事物，阐明事理，给人以知识。它具有科学性、知识性和客观性等特点。阅读说明文，要把握说明对象的特征和本质，为此，不妨抓住文中概括事物特征的中心语句，如文中没有，自己可以通过分析、归纳，总结出事物的特征；要厘清说明顺序，掌握文章的结构，有的是纵式，便于说明事物的发生发展、操作过程、前因后果，有的是横式，便于说明事物的空间方位、组织结构、品种属类；要分析说明方法（有描摹法、比喻法、举例法、数据法、分类法、图表法等），研究文章是怎样科学地说明事物的。如有条件，可以把文字阅读与实物观察或实际操作结合起来，以求得对说明文有更深刻的理解。议论文以事实或事理作为根据，运用逻辑方法来论证观点、阐发道理，从而直接揭示事物的本质及其规律。阅读议论文，要从厘清思路、剖析结构入手，从局部与整体的联系上把握全文。应抓住中心论点，论点在文章中呈现的位置不尽一致，或在开头，或在篇末，或在中间，或在标题中，或没有明确呈现，要自行概括。应辨析论据，论据是用来确定论点正确性的理由。对事实论据，看其是否确凿、典型、新颖；对理论论据，看其是否充分，用得是否适当。应领悟论证方式，论证是用论据来支持论点的过程和方法，是论点和论据之间的逻辑联系纽带。对归纳论证、演绎论证、类比论证等论证方法的运用做出审视。总之，要区分观点与材料，分析观点与材料的联系，并通过自己的思考，做出判断。

记叙文、说明文和议论文是三个大类，每类都包括众多体裁。记叙文包括新闻文（消息、通讯、报告文学等）、史传文（人物传记、回忆录、厂史、村史、校史等）、游记、参观记等；说明文包括说明书、解说词、科学小品等；议论文包括政治论文、思想论文、学术论文、杂文等。这些体裁的特点不同，阅读方法也不可能一样。比如同属记叙文中新闻文的消息、通讯、报告文学，它们都具有新闻性，但又不完全一样。消息用简洁的叙述语言报道新近发生的事实，可使用多行标题，有固定的格式（标题、导语、主体、背景、结语），用事实说话，常用倒金字塔结构。通讯比消息详尽、具体、完整，它除具有新闻性外，还具有评论性和文艺性。报告文学是介乎新闻和文学之间的边缘文体。它用文学的手法（虚构和夸张除外）、文学的语言写出关于人物或事件的"报告"。鉴于它们的不同特点，阅读消息要注意辨析标题的形式和作用，了解导语的特点和形式，掌握主体的结构，分析背景的材料；阅读通讯要注意从标题中推求内容，从描写叙述中分析形象，从抒情中体味感情，从议论中把握主旨；阅读报告文学，要注意其新闻的真实性、文学的形象性和议论的政论性，看它怎样使读者如见其人，如闻其声，具有浮雕感和立体感，看它灵活多样的表现形式。

体裁还可以细分。比如通讯，可以分为人物通讯、事件通讯、概貌通讯、经验通讯。它们具有不同的特点，必须根据它们的特点来确定阅读方法。阅读人物通讯，要着重分析人物的思想和性格；阅读事件通讯，要着重分析事件的来龙去脉及其本质意义；阅读概貌通讯，要着重分析典型材料的内涵及主旨；阅读经验通讯，要着重分析具体事实中所包含的经验和认识。

综上所述，对不同文体，要用不同的解读方法。

2. 语体不同，解读重点也不同

教材中的实用文，往往使用各种语体。因此，很有必要引导学生从语体的角度对实用文进行分析，以增强他们理解与运用语言的能力。过去的教材在这方面有所忽视，现在急需补齐这块短板。

一般把实用文语体分为科学语体、政论语体、公文事务语体和散文语体。科学语体涉及范围较广，包括科学技术的专著、学术论文教科书、总结、报告，科学实验报告、考察报告等。它的用语特点是多用专门术语、抽象词语；讲究客观性，排斥艺术性和形象性，不用带感情色彩的词语，语气词也极少使用；讲究逻辑性，多用主谓句的完全句，多用长句复句。政论语体涉及社论、政治评论、思想评论、时事评论、党和国家领导人的重要文章、宣言、政论性杂文等。它的用语特点，一是有鼓动性，语言带有强烈的感情色彩、一泻千里的气势，常用反问、排比的修辞手法；二是兼有逻辑性和形象性，既用科学的论证法，又用文学的描绘法，用语灵活，句式多样。公文事务语体涉及范围很广，包括决议、文件、通告、条例、规章、会议纪要等。它的用语特点是庄重，用合乎规范的书面语，一般不用方言或口语；明确，用语明晰准确，无疏漏、歧义；简练，用语精练扼要，无陈言赘语。散文语体涉及范围也较广，主要有消息、通讯、报告文学、传记、回忆录、游记、访问记、村史、厂史等。散文语体的用语特点是，广泛使用多种词语，包括俗语、口语词；句式灵活多变，注意使用修辞手段。

值得注意的是，教材中某些实用文兼用两种语体。比如科学小品，既用科学语体，又用散文语体，用语富于科学性和形象性。至于使用政论语体的那些实用文，如上文所述，由于政论语体用语具有逻辑性和艺术性，不妨说近似于用两种语体。

过去教材对实用文的语言分析，大都只停留在贴诸如准确、鲜明、生动一类的标签，至多再分析用了什么修辞手法，这样是远远不够的。无可置疑，对所用的不同语体，着力点要有所不同。科学语体，把握其严密性、逻辑性和客观性；政论语体，把握其鼓动性、逻辑性和形象性；公文事务语体，把握其严肃性、准确性和简洁性；散文语体，把握其丰富性、灵活性和形象性。要注意揭示不同语体在选用语言上的不同特点，引导学生掌握不同语体的特殊用字、词汇、句式、短语和句群。

3. 目的不同，阅读方式也不同

体裁、语体是从阅读客体说的。从阅读主体来说，抱有不同的阅读目的，也要采用不同的阅读方式，对这一点，教材当然也要做适当的引领。

阅读实用文，大多是为了汲取知识、获得信息。为达到这个目的，需采用理解性阅读方式，引导学生理解全文，尤其要抓住文中关键语句，厘清文章要点。有时候，阅读实用文不仅是为了求得知识，而且是为了实际应用，这就需要用到应用性阅读方式，引导学生把文中所说的知识与自己的实践联系起来，力求把自己对文中知识的理解化为实践活动。有时候，阅读实用文是为了对文章做出评价，这就需要用到评价性阅读方式，引导学生运用自己的观念、知识和经验，对实用文的内容和表现形式——进行鉴别，该褒的褒，该贬的贬，尽量做出公正的评价。

（二）关于知识系统、作业系统和助读系统

实用文阅读教材的语文知识，涉及面很广，其中关于语言知识，本书另有专文论述，这里重点阐释阅读技能方面的知识。众所周知，传统语文教材只是罗列选文让学生读，几乎不谈怎样读，学生只能暗中摸索。20 世纪初现代语文教材诞生，阅读技能知识才逐步引入教材，但效果并不理想。教材究竟应该引进哪些阅读技能知识？对这个问题始终言人人殊，难以达成共识。

下列知识都应在教材中受到重视。一部分是上文有所涉及的实用文体裁、语体知识，诸如：句式及其表达效果，句群与句群、段与段之间的关系，记叙段、说明段、议论段的构成，明快与蕴藉，庄严与幽默，观点与材料，关联与照应，记叙六要素等。一部分是语言智力技能的知识，诸如：整体感知课文的大概内容，梳理课文的内容要点，抓住课文的中心意思，了解课文的思路，划分段落、归纳段意，体会一些句子在课文中的深层含义，领悟词语在上下文中的含义和作用，根据课文揣摩作者的态度和观点等。一部分是语言操作技能的知识，诸如：翻查工具书，看注释，做标记，加批注，写札记，搞仿写；朗读、默读、精读、略读、速读、浏览等。

不必多讲实用文阅读技能知识的条文，而要从教材的阅读课文中多多提出实例，让学生自己发现种种法则。随课文讲知识，结合例子讲，比较具体，容易讲"话"，让学生能够触类旁通。叶圣陶认为，知识"不贵乎求之太深"，"不必循原有系统"，"专门术语的运用，应减少到最少程度"，要紧的是，教材务必要引领学生掌握知识切用之要点，且使学生"由知识而进于习惯"[1]。

除了知识系统，实用文阅读教材还有作业系统和助读系统。作业系统主要是课文的练习。我国现代语文教材配备练习，已经有很长的历史了，这些练习也在不断改进中。早先的练习，往往只是思想内容题，容易使学生的思考流于形式；往往只局限于理解课文，拓展不足。之后的练习逐步克服了这些缺点，但仍不尽如人意，需要从以下几个方面进行改革。

---

［1］叶至善，叶至美，叶至诚. 叶圣陶集：第十六卷［M］. 南京：江苏教育出版社，1993：42-43.

1. 形成系统

我国语文教材，一般只就一篇课文，至多一个单元来设计练习题。很少有就一本教材，乃至一套教材来设计练习题的。叶圣陶则认为："一课之后，练习题之数有限，而须令学生思索、辨析、熟谙、练习者，其数必不止此，于是宜通一册之诸课而为安排，宜通六册之诸课而为安排，始可面面俱到，无遗无漏。若此通盘安排，我人尚少措意，今后所宜致力也。"又说："凡为练习，必不能谓为之一度已足，一练再练，锲而不舍，乃长能力。以故已出之题，尽当重出。苟重出而悉如前样，或将使学生生厌，则无妨同其旨趣而异其方式焉。"[1]这就是说，为培养学生的实用文阅读能力，必须进行全面的、反复的训练，既防止疏漏，又避免浅尝辄止、半途而废，这就需要突破一篇、一单元练习的局限，放眼全册、全套教材的练习，统筹兼顾、通盘安排。换句话说，练习要形成系统。

国外有些教材课文的练习就符合叶圣陶提出的要求。比如，为了培养学生利用图书馆的能力，美国某种英语教材做了循序渐进的安排。先在第一册第五单元，让学生了解到图书馆查阅资料的步骤；接着在第二册第十五单元，让学生尝试到图书馆查找一本书；最后在第三册第五单元，让学生像普通读者那样为了完成某个任务而利用图书馆查找资料。我国常有人抱怨，一个比喻手法，从初一教材练到高三教材，在低水平上重复，劳而寡效。其实，比喻有简单与复杂之分，如果能做循序渐进的有系统的安排，这种抱怨声必然少很多。练习系统化是教材编写的一项无可回避的任务。

2. 有可操作性

我国语文教材的练习一般都是提出问题后直接要求学生给出答案。至于通过什么途径找到答案，大多语焉不详，甚至一字不提。不少教材在练习中频繁地要求"有感情地朗读""结合上下文理解""抓住关键词语""整体感知课文"，但没有画出达到上述要求的路线图，使学生手足无措，更不能举一反三。

国外某些语文教材的练习会提示具体的操作步骤。比如，在练习中

[1] 叶至善，叶至美，叶至诚. 叶圣陶集：第十六卷 [M]. 南京：江苏教育出版社，1993：159.

安排一篇短文，要求学生理解并分析短文内容和表现形式的特点。教材编者根据完成这个任务所必须经过的步骤，设计出解题的思路：先从哪个问题入手，然后沿着怎样的思路解决哪些问题，最终得出答案。我国也有个别语文教材在这方面取得突破。比如，要求学生阅读课文《实用文的阅读》，把握文中介绍的实用文阅读方法，以提高学生自己阅读实用文的水平。步骤是：先预习，浏览课文，了解课文梗概；再复读，梳理文中所说的实用文阅读方法；再细读，课文中的举例是对方法的具体运用，从中可以推断出一些可操作的规则，这时需要添加学生自己的经验；延伸到课外，看还有什么别的著作阐述了实用文的阅读方法，并尝试用课文中介绍的阅读方法阅读一部实用文体的名著。可惜这只是凤毛麟角，期待这类操作性强的练习能在我国语文教材作业中更受重视。

3. 联系生活

我国语文教材的练习大都就课文论课文，只在课文这个圈子内打转，较少联系生活。要知道，生活是运用语言的最广阔的天地，语言运用又必须由生活提供背景和提出需求。因此，语文教材的练习应尽可能设计成各种生活情景，让学生在特定的生活情景中进行语文实践，完成练习。例如，国外一本供初一年级用的教材，在叙述部分设计了这样的题目："写一篇短文叙述你的班级或家庭"，"你烧过什么菜？菜的味道如何？写一篇短文介绍你做菜的情况"，"假设台风袭击了你所在的城市，写一篇短文记叙风灾的后果"。当下，我国语文教材在这方面已有不少改进，但还远远不够。

4. 有趣味性

语文教材的作业应该符合学生的心理特征，能激发学生的兴趣，使学生主动、积极地完成作业。国外教材的练习中，趣味性强的练习比比皆是。比如，一本英国教材中，在一篇说明文后附了一道练习题，要求学生运用在说明文中学到的说明方法，写一段说明文字。题目中列出八种外形类似但有细微差别的外套图样，要求学生用说明文字说明自己的外套属于其中哪一种，并念给同学听，让他们猜自己写的是哪一种外套。我国语文教材也有这类练习。例如,《笑的历史》这篇课文有一道练习题，题目中画了四个不同小孩的头像，要求学生为每个头像写一段说明文字。

可惜这样的练习少而又少。对于我国教材增加练习的趣味性，还有很长的路要走。

助读系统也是实用文阅读教材的重要组成部分。为增强学生学习的自主性，帮助学生养成良好的自读习惯，教材中必须要有助读材料。对整套书、一册书、一个单元、一篇课文的学习目的、学习要求、学习的重点难点、学习的方式方法及学习的态度等做简明提示。

1. 制订学习目标

有些阅读教材没有规定学习目标，理由是阅读是学生同文本的对话，学生的生活经验和知识储备不同，阅读收获自然也不同，阅读目标应该让学生在阅读中生成；教材编者事先设定学习目标，容易脱离学生生活实际，束缚学生思维。不能说这种说法毫无道理，但事实证明，不预设学习目标，让学生独自摸索，效果并不好。再说，每篇课文的精彩之处，最值得学习之处都有公论；每个学生都有个性，但学生的年龄、所受教育、所处环境及所具有的生活经验和知识面大致相仿。因此，教材设立学习目标是可行的。关键在于，学习目标不能太死，应该比较灵活，学生在阅读过程中可以随时对它进行调整、修正，成为预设与生成统一的学习目标。教材编者关于学习目标的提示，至少应为学生确立学习目标打下基础。

2. 激发阅读兴趣，提供背景知识，指点阅读方法

教材的助读材料应用生动形象的语言为课文做"广告"，激起学生阅读的欲望，使学生跃跃欲试，处在急切期待之中。或者介绍课文的背景知识，以消除学生因缺乏生活经验和知识储备不足而造成的同课文的隔膜，拉近学生跟课文的距离，沟通学生与课文的联系。或者指点学生运用适当的阅读方法，以顺利接近课文，走进课文的世界，实现与作者的对话。

3. 助读材料自成系统

一篇篇课文都是一个个自成天地的封闭体，很难把它们从逻辑上串连在一起。但教材中凭借课文的阅读实践活动，是能够形成系统的，那么作为阅读实践活动的组成部分，课文和单元的助读材料，也能够随之形成系统。一般来说，助读材料系统之下，还可以形成阅读目标、阅读方法、阅读技能等子系统。

当前，国外教材的助读系统比较成熟，材料丰富，语言活泼，设计新颖。我国语文教材在这方面的差距较大，须"撸起袖子加油干"。

（三）关于语言基本训练

20 世纪 60 年代初，我国语文教育根据语文的工具性，强调"双基"，其中包括语言的基本训练。1963 年版的语文教材贯彻了这个精神。"文化大革命"把这一切冲得无影无踪。改革开放以来，20 世纪 80 年代的语文教材试图恢复 1963 年版教材的某些做法，比较重视语言的基本训练。可惜由于应试教育的影响，一些地区和学校风行题海战术，导致语言的基本训练达不到应有的效果。于是新语文课程标准不再把训练作为核心概念，遵照新课标编写的语文教材，自然也就把语言基本训练"淡化"了。眼下，这种"淡化"的不良后果已经暴露出来，就是学生语言基本功不足，以致社会上啧有烦言。有学者指出，新课程下语文教材改革的一大失误就是削弱语言的基本训练。可谓一言中的。

实用文阅读教材必须加强语言基本训练，主要是字、词语、句和句群的训练。

1. 字的训练

识字是阅读的起点，也是基点。教材要把识字放在突出的位置。课程标准规定，初中生要累计认识常用汉字 3500 个，其中 3000 个左右会写。据《现代汉语常用字表》，汉语的常用字 2500 个，次常用字 1000 个，合计 3500 个。学生如果达到课标的规定，就基本上过了汉字关，为阅读奠定基础。然而，汉字难学。一是看见字形读不出字音，读不出字音也就未必能准确理解字义，必须一个字一个字地学；汉字的音形义之间有很多交叉关系，有多音多义字、一音多义字、一义多音字，容易搞错。二是难查，据说有一百多种查字法，编成字典的也有二三十种，即使掌握其中主要的四五种，使用起来也不简便。汉字难学，但汉字这一关必须过。吕叔湘认为，学校里的语义教学，第一步是识字教学，应该把现代汉语中最具活力的两千来字给学生讲清楚。实用文阅读教材责无旁贷。

2. 词语的训练

学习语言，最重要的是学习词语。词语是语言的建筑材料。一个人掌握词语的多少，一定程度上代表了其语言能力的高低。但学习词语很难。

一是词语太多。要过词语关，需要掌握多少词语呢？对此尚无科学统计，但据一些学者推测，大约需要掌握 15000 个到 20000 个词语。二是词语规律难以把握。词的构成、词义、词的用法，往往是约定俗成的，似乎无规律可循，变化多端，复杂万状。三是词语负载着民族文化传统、社会风土人情和民族的心理特征、思维习惯。如果缺乏这方面的知识储备，必然会给理解和运用词语带来困难。四是词语变化较快。社会发展变化，词语跟着发展变化。当代中国一日千里，新词语以前所未有的速度大量涌现。总之，词语重要，但掌握词语难。实用文阅读教材很有必要加强词语的基本训练。

3. 句的训练

句子是文章的骨干，十分重要。但掌握句子也不是容易的事。涉及句子的四个因素：句子的意思要合乎事理，合乎逻辑；句子的语气，比如陈述、疑问、感叹、祈使等，要合宜；句子的声音，要念起来顺口，听起来悦耳；句子的构成，比如语序，要符合语言环境，要适当。这四个因素是衡量句子优劣的标准，学生须经过严格的训练才能把握。其中，尤为重要的是要掌握一定量的句式。中学生到底应该掌握多少句式？至今尚无定论。由吕叔湘主编的《现代汉语八百词》中，列出 42 种大句型，据说这些句型还需要细分，因此训练句式的教学任务也不轻。此外，还要进行标点的训练。标点是书面语言的五官，句子的意思、语气与标点密切相关；标点变了，句子的意思也变了。

4. 句群的训练

句群，也称句组或语段。它是由几个前后衔接的句子构成，表达一个中心语义的语言使用单位。特点是：由句子构成；构成句群的几个句子，用语法手段组织起来，保持语义上的事理关系；有一个中心语义。句群内部的句子与句子之间，有并列、承接、递进、选择、转折、假设、条件、因果等关系。在阅读中，掌握句群也不容易，但很重要。掌握句群是掌握全文的基础。教材必须引导学生掌握课文中的句群，这就要分清句群的层次，梳理内部关系，明确中心语义，掌握语句在语境中的含义。

怎样加强字、词语、句、句群的基础训练呢？教材应该指导学生在下列几个方面狠下功夫。

第一，重理解，重积累。学习字、词语、句、句群，不能要求学生去背字典、背词典、背句典，而应引领学生结合课文去学。学生理解了字、词语、句、句群，才能理解课文的思想内容；理解了课文的思想内容，又能反过来对字、词语、句、句群加深理解。有时，应该适当脱离课文，让学生理解字、词语、句、句群在其他语境中的意义和用法。在理解的基础上注重积累。字，3500 个；词语，20000 个以上；句式，大致几十种；句群，至少二三十种。这样的积累，主要不在于记忆性的积累，而在于消化性的内化，要使这些字、词语、句、句群真正地融入自己的语言，同时也使这些概念、判断真正地融入自己的思想。最好不只积累个别的字、词语、句、句群，而且积累意义相近的一组一组的字、词语、句、句群，熟悉它们的相通之处，也熟悉它们的区别所在。为此，教材应引导学生，一是熟读课文，把字、词语、句、句群的意义咬得实，懂得透，而且下一番比较归纳的功夫，把课外相近的字、词语、句、句群一并加以积累；二是提倡做读书笔记，每个学生都备有生字本、词语本、名言警句本，随时记录、随时整理、随时温习；三是勤查工具书，养成使用工具书的习惯。

第二，利用汉语特点进行训练。首先，在字、词语、句、句群之间，抓住词（包括成语）这个关键。字的训练，往往离不开词，不能孤立地进行；句的训练，也往往离不开词，不能丢下词去抽象地进行。错别字，大都是由于对词义理解有误造成的。把"毕竟"写成"必境"，既是写了两个别字，又是写错了一个词。究其原因，是不知道"毕竟"的意思，因此说写错词更为确切。病句，大都跟用词有关，或者用词不当，或者词与词搭配不当。用词水平一旦提高，病句必定减少。抓紧词语训练，可以带动字、句、句群的训练。其次，利用汉字的特点进行识字训练。有些字留有象形、会意的痕迹，可以利用这些痕迹识字；有些字的偏旁有助于认识、记忆整个字，可以利用偏旁识字。基本上一个汉字代表一个单音节的语素，容易构成整齐押韵的短语和句子，可以利用韵语识字。汉字中约有几百个基本字，构词能力很强，它们能够构成大量的词，可以利用基本字识字。上述种种，都能提高识字训练的效率。再次，利用汉字容易构成整齐押韵的短语和句子的特点，倡导学生对对子，这是相当严格的句子训练。根据汉语依靠语序和辅助词来表示语法关系、语义关系、语气情态的特点，着重进行语序和辅助词的训练，指导学生在阅读中注意涵泳、玩味语序和辅助词。因为汉语从字、词、短语、句到句群在结构上都有相似之处，都是并列、递进、选择、转折、支配、补充等若干种，可以建议学生对各种语言单位的结构进行一贯到底的训练。

第三，适当介绍字、词语、句和句群的知识，重在运用。学习语言不是学一套知识，而是学一种技能，但知识对掌握技能有辅助作用。比如，形声字，同音字，形似字，多音多义字，合成词，词义的大小、交叉，短语的结构，单句的成分，复句的类型，句群的类型等，这些都不妨适当介绍。但是，不要孤立地教，不要求之太深，不要多讲术语，而要联系实践，与阅读课文结合起来。不要教死，要教活。吕叔湘批评教材中的练习"一是少，二是偏，三是死"。"何谓偏？偏是偏重作文，忽略用词、造句的基本练习，忽略阅读的综合练习。"[1]重视作文的基本训练是好事，但如果只有作文而没有其他练习来配合，作文的水平也不容易提高。何谓死？是说练习大都注重考查学生是否把学过的知识记住了，不太注重检验学生能否创造性地运用。比如，问学生某个词或成语怎么讲，不如要求他将这个词或成语用在句子里；让他分析已经讲过的句子，不如要求他分析一个没有讲过的句子，更不如要求他改换句法，把一句话拆成两三句话或者把两三句话合成一句话。总之，不仅要求学生把学过的知识记住，还要求他能运用，能动脑筋。学生能动脑筋，这才是教育的目的。吕叔湘为教材加强语言基础训练指明了途径。

（四）关于课外实用文阅读活动

实用文阅读教材首先关注的是课内阅读，但课外阅读也不可忽视，应把课内外阅读统一起来，二者并重。叶圣陶一再说，教材的课文"是从青年现在或将来需要读的同类的书中举出来的例子"，其意是说"你如果能够了解语文教本里的这些篇章，也就大概能够阅读同类的书"[2]。"举

［1］王晨. 重读吕叔湘·走进新课标：什么是语文［M］. 武汉：湖北教育出版社，
　　　2004：64.
［2］叶至善，叶至美，叶至诚. 叶圣陶集：第十六卷［M］. 南京：江苏教育出版社，
　　　1993：63-64.

出来的例子"是"举一隅","读同类的书"是"以三隅反"。只"举一",不"反三",达不到教学目的。"举一"往往是精读,"反三"往往是略读,精读是教材的土体,但大量略读才是应用。只注意课内精读,忽略课外略读,"功夫便只做得一半"。一言以蔽之,必须重视课外阅读活动。引导学生多读书,好读书,读好书,读整本书。

教材中,可以把阅读分作多种层次,分别进行指导。一是课内阅读课文及相关文章,二是课外阅读配合教材的文章和书籍,三是课外自由阅读图书。对前两种,要重点指导;对后一种,也要不断指点。

可以在教材中穿插名人读书故事,述说图书知识,介绍读书方法,激发学生的读书兴趣,帮助他们养成良好的读书习惯。还可以在教材中有计划地推荐古今中外名著、有影响力的优秀新作,要求学生认真阅读,做读书笔记。

在教材中,不妨提倡开展各种课外读书活动。比如,组织读书小组,举办读书报告会、读书讨论会、读书讲座、读书心得交流会、读书比赛。又如,联系社会,参与每年世界读书日的有关活动,与作家、记者、编辑见面,参观报社、出版社的编辑部,参观大型书店、图书馆、阅览室和书籍博物馆。

二、文学阅读教材的问题与对策

我国古代没有严格意义上的文学教材。因为传统语文教育忽视文学教育。张志公指出:"我国本来有历史悠久、内容十分丰富、数量很大的文学遗产(其中自然也有比较薄弱的方面)。但是在语文教学中完全不予重视。诗,已经不属于语文教学的正当内容(只有在启蒙教育阶段,为了便于背诵,教儿童读很少量的短诗),习诗者大都是自学的或者另行单独拜师学习的,不是在语文教学中作为正常课业学来的。至于戏曲、小说则完全视为邪门歪道的东西,不仅不教,甚至禁止孩子们阅读。属于教学内容的名家名篇中有不少是文艺散文性质的,然而并不把这些作为文学作品来教,而是作为文章范例,供背诵模仿之用。"[1]从20世纪初语

---

[1]张志公.张志公语文教育论集[M].北京:人民教育出版社,1994:139-140.

文独立设科以后，文学教育开始受到重视，于是文学教材开始在语文教材中占有一席之地。文学教材至今已有近百年的历史，但社会对此一直批评声不断，原因是有些"老大难"问题迟迟没能解决。比如，文学教材处于什么地位，它的教学目的是什么，它的内容有哪些，它的选文应如何解读，等等。

第一，地位不定。在我国近百年来的语文教材史上，只有在20世纪50年代实行文学、汉语分科。文学教材与汉语教材平起平坐，并无第一、第二之分，力求使学生受到充分的系统的文学教育和语言教育。从所使用的范围来看，汉语教材只用于初中，文学教材则初中、高中全用，似乎文学教材重于汉语教材。不过这套教材只使用了一年半。在20世纪的绝大部分时间内，实用文在语文教材中占主要地位，初中语文教材主要是记叙、说明和议论文体，高中语文教材主要是比较复杂的记叙、说明和议论文体，文学作品也有，仅是少量，而且大都按实用文体教学。文学教材显然居于次席。吕叔湘明确地说："语文课的主要任务是什么？是教会学生使用现代语文，主要是读和写现代文。语言和文学比较，语言是主要的，文学是次要的。读文艺作品，首先是把它作为范文来学习。"[1]叶圣陶也说："普通文易于剖析、理解，也易于仿效，从此立定基本，才可以进一步弄文学。文学当然不是在普通文以外别有什么方法，但是方法的应用繁复得多，变化得多。不先作基本练习而径与接触，就不免迷离惝悦。我也知道有所谓'取法乎上，仅得其中'的说法，而且知道古今专习文学而有很深的造诣的不乏其人。可是我料想古今专习文学而碰壁的，就是说一辈子读不通写不好的，一定更多。少数人有了很深的造诣，多数人只落得一辈子读不通写不好，这不是现代教育所许可的。从现代教育的观点说，人人要作基本练习，而且必须练习得到家。""这个目标应该在中学阶段达到。"[2]在吕叔湘、叶圣陶两位前辈眼中，从语文课的主要任务看，从现代教育的观点说，文学教材与实用文教材比较，势必是第二位的。不过对此学术界一直存在不同意见。李广田早在20世

［1］王晨.重读吕叔湘·走进新课标：什么是语文［M］.武汉：湖北教育出版社，2004：113.
［2］叶圣陶.叶圣陶教育文集：第三卷［M］.北京：人民教育出版社，1994：56.

纪 40 年代就针对以文艺性教材为辅助教材，以实用文教材为主要教材的
主张，提出"中学国文应以文艺性的语体文为主要教材"。李广田认为"文
艺之于中学生，对于其心埋，其精神，其向前向上的发扬上，也同样是
一种营养"，因为文艺可以"启发青年的想象，丰富并平衡青年的感情，
增强其生活意志，并可以造就其高贵的人格"。教材的选文应该做到"教
育标准与文艺标准两全其美"[1]。朱自清也认为，"文艺是语文教学的主要
教材"[2]。到新世纪初，王富仁更是大声疾呼，中学语文教材应以文学作
品为主[3]。王富仁说，语文教育的目的是情感的培养，情感属于审美范畴，
从阅读来说，当然主要是读文学作品。中学时代是文学阅读的时代。中
学生在文学阅读中形成对世界的看法。王富仁认为现在教材中非文学类
课文、说明性的课文太多。学生的议论、说明能力应该由其他学科培养。
经过 20 世纪末的语文教育大讨论以后，所谓"文学派"的"势力"陡然
大盛，压倒了所谓"语言派"，于是中学语文教材中的文学作品大量增加。
不过，不要忽视实用文教材的呼声随之响起。文学教材的地位摇摆不定，
令语文教育工作者莫衷一是。

　　第二，目的不明。一般认为，文学教材的教学目的是进行文学语言
教育、艺术审美教育、文化知识教育和思想品德教育。学界对此没有多
大分歧，不明确之处是语言教育与审美教育之间的关系，究竟以谁为主。
一派意见认为，语文教材的教学目的是培养学生正确理解与运用祖国语
言文字的能力，文学教材不能例外，应该服从这个总目的，把培养学生
正确理解与运用文学语言的能力放在首位。蒋仲仁说过，学生读的是文
学，学的是语言。对此，刘国正表示赞同。有学者也说："文学语言是
一种话语的虚构，较之日常语言和科学语言，它有更多精妙的表达，更
适合用来学习。文学作品，不论是诗歌、小说还是戏剧、散文，都是语
言艺术，作者对于语言的运用是成功的、独到的，这也就是我们选用文
学作品作为教材的原因。因此，学习文学作品，首先是学习这种精妙的

————————
［1］李广田. 论中学国文应以文艺性的语体文为主要教材［J］. 国文月刊，1944
　　（31/32）：2-45.
［2］朱自清. 朱自清语文教学经验［M］. 北京：教育科学出版社，2007：192.
［3］王富仁. 只有真实的表达，才有健康的人格［M］∥王富仁. 语文教学与文学. 广州：
　　广东教育出版社，2006：84.

语言表达。""'培养文学爱好，提高鉴赏能力'，其实也不是学习文学作品的主要目标。"[1]另一派意见则认为，新时代党的教育方针规定，要使学生在德智体美劳诸方面都得到发展，而文学教材正可以实行艺术审美教育。在语文教材中，只有文学教材独具这个功能，文学教材的价值主要就在于此。方智范在解读语文课程标准时指出，"文学教育应该有其独立的目标、内容，有具有个性特色的教学方法、过程，其核心是文学鉴赏能力的培养"。"审美活动的目的，是陶冶性情，涵养心灵，提升学生的文化品位和审美情趣。作家赋予其作品以丰富的人文精神和文化内涵，这可以大大拓展学生的精神领域，滋润他们的心灵世界，在情感熏陶中体验并提升人生境界，从而构建起健康个性和健全人格。"[2]不少学者认为，文学教材是精神教材，教学的主要目的是进行审美教育，是"立人"。上述两派意见，各有一批拥护者，至今未能达成共识。

第三，政治影响。无可置疑，文学教材有进行思想政治教育的任务，但硬拉文学教材配合一时的政治宣传，一味突出政治，势必伤害文学教材。比如1956年的文学教材，集中一批专家、学者，历时五年编成，却只使用一年半就夭折了，主要原因是不适应当时"反右派""大跃进"的政治形势。"文化大革命"中，语文教材蜕变为政治教材，文学教材更难有立锥之地。20世纪80年代，"反自由化""清除精神污染运动"兴起，一些文学名作也被认为不能够配合时事，而被排斥在教材之外。

第四，选文标准不当。在相当一段时间内，文学教材根据一些中学语文教学大纲的规定，课文的选取"以政治标准放在第一位，以艺术标准放在第二位"。其结果是，外国作品局限于苏联社会主义现实主义文学作品和欧美19世纪批判现实主义文学作品，我国古代作品局限于反映阶级矛盾和阶级斗争的具有人民性的文学作品，我国现当代作品局限于反映新民主主义革命和社会主义革命的无产阶级文学作品。1956年的文学教材就是这个选材范围，一直到20世纪90年代才逐步改变。在很长的时间里，西方20世纪现代派作品、我国古代政治上无害或稍有消极因素而艺术上成就很高的作品、现当代革命色彩不浓而艺术上值得称道的作

---

[1]王意如.中国古代文学与语文教育［M］.上海：上海文艺出版社，2015：9，13.
[2]方智范.语文教育与文学素养［M］.广州：广东教育出版社，2005：39-40.

品，大都被排斥在文学教材之外。像现在评价很高的沈从文、汪曾祺、钱锺书、徐志摩、张爱玲、梁实秋等人的作品，都难入当时的文学教材之门。朱自清的名作《背影》，一直是教材的传统篇目，不想 20 世纪 50 年代初，有人批判它宣扬所谓消极颓废的小资产阶级思想感情，于是从教材中抽去，直到"文化大革命"以后，它才重归教材。尤有甚者，《青春之歌》一直被誉为红色经典，节选其中一节作为课文实属正常，"大跃进"时期却有人上纲上线，挞伐它美化小资产阶级知识分子。此时，著名作家茅盾仗义执言，发表《怎样评价〈青春之歌〉？》，这篇课文才得以保留。

第五，解读失宜。从 20 世纪 60 年代初《全日制中学暂行工作条例（草案）》和《全日制中学语文教学大纲（草案）》规定"不要把语文课教成文学课"以后，语文教材中的文学作品大都按实用文来解读，置作品的文学性于不顾，用逻辑归纳法去划分段落，概括段落大意，归纳中心思想，总结写作特点。张志公痛斥道："目前的语文教材里有比例很不小的文学作品，但并不是用来进行文学教育，而是用来'读写训练'的，连古典文学作品也不例外。这样的语文教学、语文教材，实际上是一种互相掣肘，两败俱伤的做法。"[1] 后来，逐步抛弃这种解读法，注意到文学作品的文学性，但又产生另一种不良倾向。不是首先要求学生去直接感知和体验文学作品，而是让学生用一些文学知识来简单、片面地图解文学作品，以"通过……，表现……，赞美（或批判揭露）……"的格式，归纳作品的主题思想。欣赏文学作品，理解它的主题思想，有合理的一面。问题在于：（1）作品的主题思想应该是学生直面作品，在自己赤裸的心灵、情感与作者的心灵、情感的应和中体悟到的，绝不是还没有怎么读作品，就用一个归纳主题思想的格式，从作品中"套"出来的；（2）这种离开自身体验归纳出来的主题思想，往往是庸俗社会学、伦理学的空话、套话、废话，从中看不出作者的精神活动，看不出作者深广的情感世界，更看不出学生的审美情感；（3）这种归纳主题思想的格式已经程式化，不管什么体裁、风格的文学作品，毫无例外地一概往上"套"，机械呆板、枯燥无比，致使学生不仅无法把握作品的真谛，也得不到美感的熏陶。新

---

[1] 张志公. 张志公语文教育论集 [M]. 北京：人民教育出版社，1994：267.

世纪以来，又从着眼于机械反映生活的主题解读法转向着眼于反映抽象、普遍人性的主题解读法，关注具有超越性的意义和价值命题：从作品中读出人类的基本境遇，读出人性的复杂与深刻，读出人生的美好与无奈，等等。这种解读法现在也已有陷入绝对化、成为一种套路的苗头。似乎不需要怎么解读作品，只要把这种解读法往作品上"套"，就能"套"出"说法"：写人生，必然是或美好，或无奈，或痛苦；写人性，必然是或善良，或丑恶，或复杂。文学作品变质为哲学、心理学的传声筒，还有什么独立存在的价值？这不是重蹈了机械反映论的主题解读法的覆辙吗？

面临上述种种问题，有什么应对之策呢？

第一，确定地位：文学教材与实用文教材并重。

一些人反对文学教材与实用文教材并重的理由，主要有两条。一条理由是，语文教材的主要功能是培养学生正确理解和运用语言文字的能力，至于培养文学欣赏能力，则是次要的。吕叔湘说，"行有余力，则以学文"，这"文"，一是文学，二是文言。[1]换句话说，如果没有"余力"，不学文学欣赏也无不可。

现在看来，这理由似难成立。新时代党的教育方针规定，要培养德智体美劳全面发展的社会主义建设者和接班人。这美育与德育、智育、体育同等重要。美学家认为，世间事物有真、善、美三种不同的价值，人类心理有知、情、意三种不同的活动。这三种心理活动恰和三种事物价值相当。教育要求在这三方面同时发展，于是有德育、智育、美育三个项目。德育叫人培养良善品格，智育叫人研究学问，美育叫人欣赏艺术，"三育"对于人生同等重要。我国却少有人顾及美育，多只重视智育。理想的教育应是让天性中所有的潜蓄力量都得到尽量发挥，所有的本能都得到平均调和发展，以造成一个全人[2]。按照马克思的说法，到共产主义社会，"人以一种全面的方式，也就是说，作为一个完整的人，占有自己的全面的本质"[3]。因此，我国教育方针规定培养全面发展的人。党的

[1] 王晨. 重读吕叔湘·走进新课标：什么是语文 [M]. 武汉：湖北教育出版社，2004：113.

[2] 朱光潜. 谈修养 [M]. 桂林：广西师范大学出版社，2004：117-118.

[3] 马克思，恩格斯. 马克思恩格斯全集：第42卷 [M]. 中共中央马克思恩格斯列宁斯大林著作编译局，译. 北京：人民出版社，1979：123.

十九大明确提出，要培养德智体美劳全面发展的社会主义建设者和接班人。由此可见，对培养学生的文学审美能力，应与培养学生的语言运用能力一视同仁、等量齐观，决不能畸轻畸重。

另一条理由是，实用文的阅读与写作是基础，文学作品的欣赏与创作是提高。"现在青年往往喜欢读文艺，也喜欢写文艺，可是读普通文字的能力还不够，写普通文字的能力还欠缺，只是胡读胡写。"必须读写普通文字的能力过关，"然后去追求文艺，才不是徒劳"[1]。因此，初中教材以记叙、说明、议论的文章为主，高中教材以比较复杂的记叙、说明、议论的文章为主，文学作品只能退居次席。

不能说这个理由毫无根据。的确，文学作品的欣赏与创作，比实用文体的阅读与写作，对学生有更高的要求。不过，一定要等实用文体的读写完全过关以后，才能把文学欣赏能力的培养提上日程，这还是值得商榷的。德育、智育、美育必须从小时候着手。美育专家认为，学龄前儿童，比较喜爱即兴式的艺术创作和欣赏。小学生开始进入审美常规阶段。中学生开始趋于社会化和成人化，审美理解力提高，有批判意识，个性也明显地凸现出来[2]。美育，包括文学欣赏能力的培养，应针对个体在审美发展的各个不同阶段所具有的特点，采用相应的教学目标、内容和方法。美育应该与智育、德育齐头并进，文学欣赏能力的培养应该与实用文读写水平的提高不分先后。朱光潜说："爱美是人类天性，凡是天性中所固有的必须趁适当时机去培养，否则像花草不及时下种及时培植一样，就会凋残萎谢。""美育必须从年轻时下手，年纪愈大，外务愈纷繁，习惯的牢笼愈坚固，感觉愈迟钝，心里愈复杂，欣赏艺术力也就愈薄弱。"[3]至于有些青年读写普通文字的能力还不够，就去胡读胡写文艺作品，对这现象要具体分析。实用文还写不好，就去搞文艺创作，当然是躐等，应该劝阻；至于文学作品的欣赏则完全可以与实用文体的读写同时进行，当然前提是了解文学作品与实用文体的区别，不同的文体应该用不同的

［1］叶至善，叶至美，叶至诚.叶圣陶集：第十六卷［M］.南京：江苏教育出版社，1993：61.
［2］杜卫.美育论［M］.北京：教育科学出版社，2000：294-295.
［3］朱光潜.谈修养［M］.桂林：广西师范大学出版社，2004：123-124.

阅读方法。学生胡读胡写文学作品是不了解文学作品的特点所致，不能因此把文学欣赏能力的培养挪后。

外国是怎样安排文学教材的位置的呢？欧洲英、法、德等国家，在文艺复兴运动以后，强调文学熏陶与道德教育，旨在培养绅士。英国的文学教材大都选用 20 世纪以前英国优秀作家的代表作品，以莎士比亚的作品为主；法国的文学教材主要选用法国的著名作家的著名作品，内容丰富，形式多样；德国的文学教材以文学史为序，系统地编排德国名家名作。"文学教育中心"风行欧洲几百年。然而随着科技的进步、社会的发展，文学教材一家独大的局面越来越遭到反对。人们认为语言学科应该充分重视培养学生实际运用语言的能力，以适应社会生产、生活的需要。于是语言教材的地位陡升，选入各类各样的实用性文章，以利于提高学生的语用水平。不过文学教材只是不再"称霸"，仍保留相当地位。到了当代，人们已不再或偏重语言教材，或偏重文学教材，而是强调语言与文学不可分割以及文学对学生个体发展的功能，文学教材与语言教材平起平坐。美国的情况与欧洲诸国有所不同，杜威的实用主义曾十分流行，因此美国十分注重培养学生的语用能力。但在后来的发展中，美国反思教育上的短板，也逐渐重视起文学教育。"美国全国英语教师理事会"的文件《英语的要素》指出，学习英语包括语言运用与文学语言艺术的欣赏。这样，文学教材与语言教材平分秋色。二战后，日本一度忽视文学教育，20 世纪 70 年代起开始转变，现在虽然依旧坚持语言教育的立场，但文学教育已经加强，教材中文学作品的比例，初中接近 50%，高中超过 50%，可以说文学教材与语言教材并重。苏联（俄罗斯）从 20 世纪 40 年代起，就是文学教材与俄语教材分编，二者平分天下。只是文学教材所占教学时间更多，块头更大。由上面简述可见，不管是英、法、德早先文学教材一家独大，还是美、日长时间语言教材"称王称霸"，最后都是文学教材与语言教材地位相当。

我国文学教材的位置如何呢？上文说到，在古代，文学教材是无位置可言的。自 1904 年语文独立设科以后，文学教材才正式亮相。1923 年国语课程纲要曾规定，初中要"引起学生研究中国文学的兴趣"，要求学生"能欣赏浅近文学作品"；高中要"培养欣赏中国文学名著的能力"，精读、略读指定的中国文学名著各八种以上。可惜这些规定在教材中并没有得到真正落实。绝大多数语文教材以记叙、说明、议论的实用文章为主体，文学教材位居次席。1956 年文学、汉语分科，实现了文学教材与语言教材并重。1963 年"不要把语文课教成文学课"的声音响起，文学教材似乎成了禁区，教材所选的文学作品，也大都按实用文处理。这种状况大致延续到 20 世纪 80 年代。21 世纪以来，实行新课程改革，对文学教育的要求明确，高中更是把培养文学审美能力与语文应用能力、探究能力并提。这体现在教材中，文学作品课文所占的比例，初中约 50%，高中高达 70%。

第二，明确目的：以培养文学审美素养为核心，以丰富语言审美素养为基础。

文学的本质是审美性，文学的首要和根本的功能是审美功能。文学还有其他功能，但其他功能不能以独立的形式存在，而只能寓于审美功能之中才能实现，在本质上也是审美功能。文学的所有功能都以审美为主导。离开了审美，文学就不成为文学。基于文学的本质和功能以及文学教育的核心目的，语文教材应着力于培养学生的文学审美素养。从能力角度说，一是要培养文学感受力，即对于文学形象的感觉能力、审美能力。解读文学形象，总是从感知开始，感觉越敏锐、精细，对文学形象的把握也就越准确、全面。二是要培养文学推想力，指审美思维能力。通过想象，将抽象的语言文字转换为文学形象或意象，进而发掘作品的人物、主题以及意义。从情感态度和价值观的角度说，要培养积极的鉴赏态度，使学生在情感熏陶中陶冶性情，涵养心灵，提升人生境界，从而构建起健康个性和健全人格。能力目的与情感目的是融合在一起的，不可分离。

培养文学审美素养的基础是培养文学语言审美素养、提高文学语言运用能力。

理由有两个方面：（1）语文课程的教育目标，主要是培养正确理解与运用语言文字的能力，这其中包括正确理解与运用文学语言文字的能力。文学语言与科学语言、日常语言有共同点，也有不同点。它们的文字、语音、词汇、语法是一样的，同属一种语言，但文学语言有特殊性。

①文学语言具有多义性和互义性。科学语言、日常语言的意义是单一的，它要求每一句都要准确传达一定的信息，强调词句的"字典意义"。文学语言则情况不同。它被作品背景，特别是其中的语境框定，不再是单纯的传达信息的载体，而是获得了丰富的附加意义。即使读者解读它的时候，不同读者也有不同解读，出现多义或歧义。此外，作品中的全部话语处于一个大语境中，其中任何一个字、词、句、段的意义，不但从它本身获得，而且从大语境中获得。这就是互义性。

②文学语言是内指性的。科学语言、日常语言是外指性的，指向语言符号以外的现实世界，它必须符合现实生活的逻辑，经得起客观生活的检验。而文学语言是内指性的，它只指向文本中的艺术世界。它不必符合现实生活的逻辑，只要与整个艺术世界的氛围相统一就可以了。

③文学语言往往是"内部言语"。科学语言、日常语言是"外部言语"，语法、逻辑都完整规范，只具有一般化、概括化的品格，与人的欲望、情感分离，表现生活本相的功能薄弱。作为文学语言的"内部言语"，总是与作家的欲望、需求、知觉、情绪的表达密切相关；没有完整的语法形态，缺少应有的关联词，只有一些按顺序堆置起来的中心词语，所含意蕴是密集的。文学语言更能表现世界本相和人的深层精神结构[1]。具有上述特点的文学语言，显然是需要学生重点把握的。

（2）文学语言审美素养是文学审美素养的重要组成部分，培养文学语言审美素养是培养文学审美素养的基础。

①文学作品的思想内容与语言形式是不可分割的整体。高尔基有一句名言：语言是文学的第一要素。文学是语言的艺术，国外有些文学教材就命名为"语言艺术"。传统的语言工具论把语言视作表达内容的手段，是与内容分离的。20世纪上半叶，西方形式主义诗学指出，文学文本的意义与文学语言及其形式不可剥离；西方哲学则提出语言本体论，维特根斯坦说，想象一种语言就意味着想象一种生活方式。语言不是工具，而是生活的本体。语言是存在的家园，是思想、精神、文化，乃至"人"自身。汪曾祺说："语言不只是一种形式，一种手段，应该提到内容的高

---

[1] 童庆炳.文学理论新编：第3版［M］.北京：北京师范大学出版社，2010：55-59.

度来认识……语言不是外部的东西。它是和内容（思想）同时存在，不可剥离的。语言不能像橘子皮一样，可以剥下来，扔掉。世界上没有没有语言的思想，也没有没有思想的语言。……语言是小说的本体，不是附加的，可有可无的。从这个意义上说，写小说就是写语言。"[1]朱光潜说："在完成的作品中，内容如人体，形式如人形，无体不成形，无形不成体，内容与形式不能分开，犹如体与形不能分开。"[2]既然文学作品的内容与形式不能分离，是融为一体的，那么对整个作品的审美来说，对语言的审美和提高语用能力是基础。

②文学审美必须从语言审美入手。如上所述，文学是语言的艺术。文学作品呈现在读者面前的，只是一个语言的组合体。不像绘画，用线条、颜色构成的艺术形象直接冲击读者的视觉；也不像音乐，用旋律、节奏和乐音构成的具有艺术效果的音响来直接作用于听众的听觉。文学作品蕴含的某种意义、意味，它所描绘的艺术形象、刻画的大千世界，都是由特殊组合的语言文字来表达的。叶圣陶说："文字是一道桥梁。这边的桥堍站着读者，那边的桥堍站着作者。通过了这一道桥梁，读者才和作者会面。不但会面，并且了解作者的心情，和作者的心情相契合。"又说："鉴赏文艺的人如果对于语言文字的意义和情味不很了了，那就如入宝山空手回，结果将一无所得。"[3]作品审美必须也只有从语言审美，提高语用能力着手。

③语言审美的过程就是作品审美的过程。瑞士语言学家索绪尔认为，语言单位由概念和音响形象两项要素联合构成。但这只限于日常生活语言和科学著作语言。在文学作品中，同音响形象相对的，主要不是概念，而是意象和意味。"意象是图象或者物体的内心模拟物，是想象中的具体形象，它精确性较差而可塑性较大，不具有直接性而具有间接性。""意味是文学作品的语言所隐含的和所唤起的特殊情感，它可能是由作品语言所描述、所表现的内容所包含和激起的情感，也可能是由语言的音响

[1]汪曾祺.中国文学的语言问题［N］.文艺报，1988-01-16.
[2]朱光潜.谈文学［M］.合肥：安徽教育出版社，1996：76.
[3]叶圣陶.文艺作品的鉴赏［M］∥叶圣陶.叶圣陶语文教育论集：上册.北京：教育科学出版社，1980：261，265.

形象本身直接引起的，更可能是两者的融合。"[1]欣赏文学作品，读者与作品中语言传达的意象、意味相联系的人生经验、体验被激发而呈现出来，借此帮助，再现作家所描写的情景和所表现的情味。读者从中受到了审美熏陶。显而易见，在阅读文学作品的过程中，语言审美、提高语用能力融入整个作品审美之中。

④字字落实与不求甚解相结合。上文说过，作品审美要从语言审美入手。文学语言与科学语言、日常语言有所不同，后两种语言要求尽可能遵守约定俗成的语言规则，避免理解中歧义的发生；文学语言却力求语言的"陌生化"，打破语言运用的常规，赋予语言以新的、与其表面意义不尽吻合的暗示义、引申义、比喻义，发掘语言的潜在义、言外义。因此，欣赏文学作品，一方面，要字字落实，每一个字、词乃至标点都不能放过，要逐字逐词逐句吃透它们的含义。有时一个词理解错了，会连累把整个作品都理解错，真是失之毫厘，差之千里。另一方面，要不求甚解，不拘泥于文字，而着重从总体上把握作品，把握文字的言外义。其原因，一是字字落实有时做不到。像科学语言，找到词义所传达的概念就算是落实了。文学语言词义具有模糊性，往往落实不了，只能在作品语言的引领下，去体悟字外、句外的意味，就像九方皋相马，"得其精而忘其粗，在其内而忘其外"。二是完形心理学认为，整体大于它的各部分的总和。欣赏文学作品，关键是要关注"字外之义""句外之意""弦外之音"，即那些各部分字句中本没有，却在整体中灌注、流动的东西。要善于把部分与整体联系起来，把词句纳入全篇中来领会。总之，可以逐步把字字落实与不求甚解结合起来。先弄通词、句，又不必拘泥于一词、一句的意思；不再把作品中的字、词当作一般的语言符号，而是将其化为构筑艺术形象的材料去对待；不只弄清词语所表达的概念，更要体会作品的意象和意味。反过来，把握了作品的意象和意味，把握了艺术形象的整体，也就能更细腻、更准确、更深入地体味作品的语言，理解每一句、每一个词语乃至某个标点符号在作品中的特殊含义。[2]这就是常说的"在作品中走一个来回"。语言审美、提高语言运用能力与作品其他要素审美

［1］王先霈. 文学美［M］. 武汉：湖北教育出版社，1991：12.
［2］同［1］25-26.

是紧密相连、不可分割的。

如此看来，文学语言审美素养融合在整个文学审美素养中，而且在文学素养中占有基础地位。因此，文学教材的教育目的，一般都是二者并提。在国外，俄罗斯既提出形成学生高尚的审美感，提高学生理解和评价文学作品的水平，又提出培养学生的言语修养，即注意发展独白言语，教会学生流畅地掌握文学语言。英国既提出使学生能从表面意义和深层主题、态度等多方面理解文学作品，又提出让学生认识和欣赏作家运用语言的方式。美国既提出要求学生了解不同文学体裁和题材作品的要素和结构，能够欣赏作品的不同文体风格，又提出提高对语言文字的感悟能力。[1] 在我国，1956 年的文学教材，根据中学文学教学大纲的规定，并提了审美熏陶与语言能力培养两个方面的教学目的。初中，指导学生学习更多的文学作品，领会这些作品的思想内容和艺术形式，指导学生在学习文学作品的过程里，丰富语言知识，并学习用口头语言和书面语言明确地表达思想感情。高中，在初中基础上提高要求。之后的语文教材的内容大都是综合型的，选有一定比例的文学作品，但在教学目的中，一般不会同时提出培养艺术审美能力与文学语言能力。到了 21 世纪，教材才根据课程标准的规定发生变化。初中提出：欣赏文学作品，有自己的情感体验，初步领悟作品的内涵；品味作品中富于表现力的语言。高中提出：鉴赏中外文学作品，能感受形象，品味语言，领会作品的丰富内涵，体会其艺术表现力。应该说，培养审美能力与语言能力大致上是同时提出的。但当下仍没有达成共识，在教材中也没有完全落实。

第三，优化选文：经典为主，注重传统。

文学作品的选文必须以经典为主。所谓经典，指具有永久的思想和艺术魅力，永不过时，常读常新；拥有最广大的读者，是世代人民的精神食粮，受到世代人民的喜爱。它凝聚了人类精神文明的成果和最美好的创造，人类的文明成果就是通过经典代代相传的。经典课文的阅读，可以使学生从小就站在大师的肩上，占领精神的制高点；从小就受到优

---

[1] 柳士镇，洪宗礼. 中外母语教材比较研究论集［M］. 南京：江苏教育出版社，2001：296-297.

美语言的熏陶，提高语言运用的品位。

选取文学经典，利于培养学生的文学欣赏能力。德国诗人歌德指出："鉴赏力不是靠观赏中等作品而是靠观赏最好的作品才能培养成的……等你在最好的作品中打下牢固的基础，你就有了衡量其他作品的标准。"[1]我国美学家朱光潜也认为，要培养高尚纯正的文学兴趣，唯一的办法是多多玩味第一流的文艺杰作，然后拿"通俗"的作品来比较，自然会见出优劣[2]。这就是俗话说的"不怕不识货，只怕货比货"，"有比较才有鉴别"。著名作家老舍以亲身体会说，使他受益最大的是但丁的《神曲》；天才与努力的极峰便是这部《神曲》，它使他明白了文艺的真正深度。选取文学经典，是培养文学欣赏能力的必由之路。

国际上不少国家和地区都拟定了中学生必读经典书目。像美国这样注重语言实际运用的国家，也在 1984 年规定了必读书 30 部。在我国翻译出版的《美国语文》教材，选用了美国独立以来的大量经典作品。我国在 20 世纪末的语文大讨论中，不少学者对教材中缺少经典作品甚为不满。施蛰存教授建议："要有一个基本教材，由教育部组织全国最有权威的学者来编，选的篇目必须是适宜中学生读的、众所公认的名篇，然后固定下来，十年八年不变，这样不管你在什么地方念书，一提起那些文章，大家都读过，使全国的青少年有一个比较统一的语文水平。"[3]这一基本教材，等于是学生精神上的"基本口粮"，学生"食用"后能够具备基本的文学欣赏能力和文化素养。

选取文学经典作品，必须注重传统。21 世纪初教育部颁布的语文课程标准就规定："学习中国古代优秀作品，体会其中蕴涵的中华民族精神，为形成一定的传统文化底蕴奠定基础。"我国基础教育要培养具有中国根、怀有中国心的中华民族优秀接班人。必须把弘扬和培育民族精神作为文化建设极为重要的任务，纳入国民教育全过程。民族精神寓于民族文化之中，我国古代文学经典是优秀的古代民族文化，学习古代文学经典可以有助于培育学生的民族精神。

［1］艾克曼.歌德谈话录［M］.朱光潜，译.北京：人民教育出版社，2003：44.

［2］朱光潜.艺文杂谈［M］.合肥：安徽人民出版社，1981：58-62.

［3］王丽.中国语文教育忧思录［M］.北京：教育科学出版社，1998：88.

　　传统文学经典作品既居于它那个时代，又不仅属于它那个时代，而是具有永久的魅力。文学作品不能笼统地说它随着历史的进步而进步。在时间上先后产生的作品，并不标志着价值的高低，时间顺序跟价值顺序并不等同。传统文学经典可以永恒不朽，可以长久地打动人们的心灵，塑造人们的情感。马克思赞美古希腊神话具有"永久的魅力"，在某些方面是一种"高不可及的范本"[1]。曹丕感叹文学是"不朽之盛事"。传统文学经典可以帮助我们的心灵进行美好的历史性积淀，使人间保持一些温情，保持一点温暖。因此《诗经》《离骚》，李白、杜甫的诗，《西游记》《红楼梦》等，至今受到人们的喜爱，甚至还将流传千百年。

　　"有些青年人以为古书古文学里的生活跟现代隔得太远，远得渺渺茫茫的，所以他们不能也不愿接受那些。"朱自清解释说："古人所谓'人情不相远'是有道理的。尽管社会组织不一样，尽管意识形态不一样，人情总还有不相远的地方。喜怒哀乐爱恶欲总还是喜怒哀乐爱恶欲，虽然对象不尽同，表现也不尽同。""人情或人性不相远，而历史是连续的，这才说得上接受古文学。"[2]契诃夫也说："一切时代和一切国土上的天才是说不同的语言的，不过在他们的心里燃烧的是同一种火焰。"[3]由于古今人情和人性不相远，现代青年人应该能够欣赏古代文学经典。当然，考虑到古文学里的生活跟现代生活差距很大，教材选用的传统文学经典，应尽量缩短与学生生活的距离。比如我国古代诗歌，大都是写给成年人看的，内容有的是表达感逝伤别、惜老怜贫的愁苦之情，与当代青少年有较大隔膜。这类作品就少选乃至不选，尽量选用清新、健康、易懂的篇目。小说、散文、戏剧等篇目，也如此处理。这样就容易激起学生的兴趣，使学生乐于阅读。

　　应该承认，由于时代与阶级的局限性，传统文学作品，即使是经典，也难免会有瑕疵，以至糟粕。近一二十年以来，学界乃至社会上对何谓古代文学经典，发生了激烈的争论。这集中表现在对《水浒传》《三国演

　　［1］马克思，恩格斯. 马克思恩格斯全集：第46卷［M］. 中共中央马克思恩格斯列宁斯大林著作编译局，译. 北京：人民出版社，1980：49.
　　［2］朱自清. 朱自清语文教学经验［M］. 北京：教育科学出版社，2007：94–95.
　　［3］契诃夫. 打赌集［M］. 汝龙，译. 上海：新文艺出版社，1957：29.

义》的评价上。一种意见认为，这两部书从文学上讲，是很好的作品，但从文化观念，即价值观上讲，应该批判。《水浒传》宣扬"凡是造反都是合理的"，美化暴力；《三国演义》是中国权术和阴谋的大全，诸葛亮是大阴谋家。因此，应该将《水浒传》《三国演义》撤出教材。另一种意见则认为，这两部书文学价值很高，而且在中国历史上影响很大，渗透在中国文化中，无法回避；再说《水浒传》反抗恶势力，有历史合理性，《三国演义》充满智慧，诸葛亮是智慧的化身。因此，教材中应该选这两部书。这是当下思想多元化在古代文学经典评价上的反映。真理越辩越明，争论是有益的。笔者认为，《水浒传》《三国演义》作为在我国影响极大的经典，还是应该选为中小学生的必读书，其精彩章节还是应该选入教材。至于不同评价意见，不防引入教学参考书，供教师阅读，再由教师适当介绍给学生，以引发学生思考。

注重经典，除注重古代传统文学经典外，还要注重革命文学经典。即使强烈否定革命文学的人，也不得不承认革命文学中也有经典的优秀作品。比如教材中曾经选用过的高尔基《伊则吉尔老婆子》中的《燃烧的心》，奥斯特洛夫斯基《钢铁是怎样炼成的》中的《生命的意义》，杨沫的《青春之歌》，罗广斌等的《红岩》中的有关章节，等等。它们能丰富人的情感、心灵，引人积极向上，使人成为真正的人。把革命作品一概撤出教材的论调是不妥当的。

优化文学教材选文，注重传统经典，当然还要兼顾当代名作。尽管这些名作能否成为经典，还有待于时间的考验，但由于它们富有时代气息，语言鲜活，与学生所处时代接近，因此应该在教材中占有一定比例。

经典文学作品中，还应包括外国经典作品。需要讨论的是，外国文学经典应在教材中占多大比例，以前是10%，现在有人主张30%。笔者以为以20%为宜。如此一来，既有利于学生了解与汲取世界多元文化，也能确保中国风格、中国气派的民族语文经典在教材中占绝对优势地位。

第四，正确导读：学生为主，审美解读。

文学教材一般通过阅读提示、练习、注释及知识短文等形式，引导学生正确解读课文。要求学生解读正确，教材的引导要正确。

首先，尊重学生在文学解读中的主体地位。文学解读理论已从作者中心、作品中心发展到读者中心。从关注作者、作品已经说了什么，发展到从读者的视角，关注作者、作品可能说些什么；从关注作者、作品原本存在着什么，发展到读者会从中获取什么和创造什么。解读的乐趣从小心地寻找和解释，发展到大胆地发现和创造。以读者为中心，就是以人为中心，重视文学解读中人的主体性地位，这是人本主义思潮的回归在文学解读中的反映。

我国过去的文学教材，往往以作者、作品为中心，局限于追寻作者、作品说了些什么，教学内容多是作者介绍、作品背景、主题思想、写作特点。而且，把这些内容通过课文阅读提示、课后练习等方式传递给学生，学生只能被动接受。文学解读本来是读者对文本的发现和创造，本来是读者与作者的对话，学生作为读者，本来应居于中心地位，却被边缘化了。语文课程标准指出，不能以教师的讲解代替学生的阅读。同样，不能以教材编者的解读代替学生的解读。教材必须尊重学生在文学解读中的主体地位，对学生的文学解读主要是起引导、协助作用，应指引学生在解读的过程中自行发现，自行建构作品的意义。

以学生为主，就要重视学生的个性化感受和体验。外国有"一千个读者有一千个哈姆雷特"的说法，我国有"说不尽的阿Q"的说法，这些都说明对同一个解读对象，不同的读者有不同的感受和体验。这是因为，就作品本身而言，具有很多"不定点"和"意义空白"的召唤结构；就读者而言，阅读文学作品既有"共同视域"，也有个人"期待视野"。教材应有意识地关注个人"期待视野"。学生虽然年龄尚小，但他们的个性气质、生活经验、爱好特长，往往有所不同，甚至差异甚大，那么他们对文学作品的感受和体验，必然不完全一致。教材应该鼓励、引导学生用自己的情感、经验、眼光去体验作品，对解读内容做出有个性的独特反应，包括一些灵光乍现式的"奇思妙想"。萨特说："阅读是一种被引导的创造。"学生在解读中表现的任何独特的反应，只要能够言之成理、自圆其说，都应该细心呵护。

过去教材常常强调作品解读结论的唯一性。比如《病梅馆记》的解读结论是：作者托梅议政，形象地揭露和抨击了清朝封建统治者束缚人民思想，压制、摧残人才的罪行，表达了作者要求改革政治，打破严酷的思想统治，追求个性解放的强烈愿望。实际上，这篇文章还可以有其他的解读结论：对任何一个具有生命力的个体，都不应用强力扭曲它，而应让它自由生长；用强力摧残它，只会使它削弱以至丧失生命力。还可以从美学角度得出解读结论：自然健康的事物才美，畸形的东西必然丑。平心而论，后两个解读结论也可以成立，过去的教材却不承认它们，这无疑束缚了学生思想，限制了学生视野。应该引导学生在解读作品时，除运用社会历史视角外，还可用文化视角、心理视角、人类学视角、形式视角（如叙事视角）等。学生视角的转换，往往可以发现作品新的审美意蕴。

当然，应该看到，读者中心论的主要理论依据是接受美学。接受美学有它的进步意义，但也有片面性。杜夫海纳认为，读者对文学作品并不填补和完善什么，接受美学的所谓补充只不过是作品中原来已存在的。[1] 过分强调读者的再创造，会走向主观主义，导致对文学作品本身的忽视，看不到自身在审美过程中的被创造。因此，要正确对待读者中心论。尊重学生在文学解读中的主体地位，鼓励学生在解读作品时的"奇思妙想"，但也要注意"多元有界"。学生可以对文本进行多元同化，甚至可以超越作家的"意图"。不过，学生主体总受文本主体的制约。多元解读是以一元为基础的。"一千个读者有一千个哈姆雷特"，但还是哈姆雷特而不是麦克白或奥赛罗。读者阅读接受有非确定性与多义性，但非确定性中又有某种确定的趋向，多义性中仍保持一定的意义，仍有一定的限定，在再现艺术（小说、戏剧）中，这种确定性往往相对突出。对这一点，我们在强调突出学生在文学解读中的主体地位时，必须十分注意。

其次，倡导学生确立正确的文学审美态度。阅读、欣赏文学作品，必须采用审美的态度。如果用非审美的态度来看待文学作品，就会取消、贬低甚至歪曲作品的美学价值和社会意义。

过去的教材有些就脱离了作品的审美价值的判断而孤立地进行道德的、政治的裁决。当然，文学作品一般都具有道德的、政治的价值，

---

[1] 米·杜夫海纳. 审美经验现象学 [M]. 韩树站，译. 北京：文化艺术出版社，1996：405–407.

但它们与道德、政治教材中的道德、政治的价值有所不同。道德、政治教材阐述道德、政治道理，讲究以理服人。道德、政治教材中蕴含的道德、政治价值是单纯的道德、政治价值；文学作品塑造文学形象，道德、政治因素寓于形象中，讲究以情感人。其蕴含的道德、政治价值则与审美价值融合在一起，应该称为审美道德价值、审美政治价值。道德、政治价值与审美价值是无法分离的。以前分析作品中的人物形象往往用贴标签，或者用区分阶级、区分好坏的方法，看这个人物是地主、资本家还是工人、贫下中农，是流氓恶棍还是英雄模范，这是搬用了道德、政治教材中的分析标准。如果把文学教材等同于道德、政治教材，文学教材成了道德、政治观念的传声筒，像这样偏离了审美价值的判断，必然贬低乃至歪曲作品。比如《雷雨》中的周朴园，过去教材把他定性为伪君子，其实他开支票赎罪，出于真心。他的"丑"不完全在于他虚伪，而在于他把金钱看得比感情还重，他在感情上是个空壳，还美滋滋地自我欣赏，心灵已完全麻木。这是真正的丑。[1]可见，离开了审美价值的判断，势必不能客观地分析作品的人物形象。

过去的教材还往往用科学求真的态度对待文学作品。科学讲究客观，一就是一，二就是二，绝不含糊。科学绝对不能跟着感觉走，要排除感情。而文学作品反映的不仅有客观的事实，还有主观的真诚。绝对的真不是文学作品，作者为了真实地表达思想感情，就要进入假定的想象，真假互补，虚实相生。教材中曾经选过一篇课文《〈咏柳〉赏析》，说《咏柳》这首诗的好处是写出了柳树的特征，歌颂了创造性劳动。这就是多少受了科学求真态度的影响，局限于"美就是生活""美等于真"的机械反映论和狭隘功利论，没能分析出这首诗的真正价值。实际上，这首诗写的柳树的特征与真的柳树是有差异的。柳树不是碧玉，却说是碧玉；柳叶不是丝的，却说是丝的；柳叶像柳丝是季节变化的结果，却说是有意剪裁而成。通过想象，所写的柳树之美比自然更美，寄托了诗人珍贵的感情。这首诗的审美价值就在这里。[2]

[1] 孙绍振. 审美阅读十五讲 [M]. 北京：北京大学出版社，2013：22-23.
[2] 同 [1] 6-7.

再次，指引学生把握审美解读方法：入乎其内，出乎其外。入乎其内，是指读者借助自己的生活阅历、阅读经验，发挥联想和想象，将作品的语言文字转化为艺术形象，并且发挥情感体验能力，顺利地进入作品的情感世界。这里的关键之一是读者要被作品打动，同时读者主动将感情投注到作品的艺术世界中。朱自清说："欣赏是情感的操练，可以增加情感的广度、深度，也可以增加高度。欣赏的对象或古或今、或中或外，影响行动或浅或深，但是那影响总是间接的，直接的影响是在情感上。"[1]可见，欣赏、解读文学作品的过程就是情感活动的过程。情感活动的质量关系到文学解读、欣赏的质量。关键之二是要读者在文学解读过程中，通过想象和联想，在自己的头脑中把作品的语言符号重建、还原为艺术形象。夏丏尊、叶圣陶说："文章是无形的东西，只是白纸上的黑字，我们读了这白纸上的黑字，所以会感到悲欢，觉得人物如画者，全是想象的结果。"又说："想象是鉴赏的重要条件，想象力不发达，鉴赏力也无法使之发达的。"[2]这里说的两个关键，情感体验的深入与想象的展开是相互激发、相互推动的。展开想象，重建形象，往往引发情感活动；情感体验，也激发联想和想象的充发展开。不过，上述种种都只属于文学解读、欣赏过程中的入乎其内阶段。文学解读、欣赏不能止于此，还必须出乎其外，就是跳出作品，进行理性思考，对作品的意义、价值做出审美的判断。也有可能，在入乎其内审美直觉中，就有理性思考的因素，但这因素应融入审美直觉中。出乎其外的理性思考是相对独立的认识、理解活动，要求对作品的内容和形式做冷静的分析。如"知人论世"，把作品放到更大的范围去考察，顾及作者的"全人"和全部创作，顾及作品产生的时代和社会。经过综合分析，把握作品美及美的成因。入乎其内与出乎其外是交互作用、不断加深的。

文学教材应该引导学生既能入乎其内，又能出乎其外，并把二者统一起来。过去的文学教材，有的很注意引导学生入乎其内，使学生置身于作品艺术的境界之中，真切地、直觉地进行审美体验，与作品中人物

［1］朱自清.朱自清语文教学经验［M］.北京：教育科学出版社，2007：96.

［2］夏丏尊，叶圣陶.文心［M］.北京：中国青年出版社，1983：237.

产生共鸣。但忽视引导学生出乎其外，结果学生除激动一阵子外收获甚少；乃至像鲁迅说的硬充其中一个角色，比如充当林黛玉，整天多愁善感、哭哭啼啼，反而起负面作用了。有的教材虽然很注意引导学生出乎其外，引导学生评判作品的意义、价值，做理性的分析，但忽视引导学生入乎其内，学生还是个旁观者，没有很好地感受和体验作品，这样对作品的评判就缺乏基础，无异于沙上建塔，当然劳而无功。只"入"不"出"，或只"出"不"入"，都是不可取的。文学教材必须注意引导学生先"入"后"出"，又"入"又"出"，"入""出"交替融合，学生的审美能力才能不断提高，人格也才能获得提升。

此外，还有一些审美解读方法值得教师引导学生把握。例如，比较法。俗话说，比较是鉴别事物的好办法。事物的特征往往在与相似或相异事物的比较中显示出来。在文学审美解读中，普遍采用比较法。可以是不同作家的作品的比较，也可以是同一作家的不同作品的比较，从比较中辨别它们的异同，以得出作品的审美特征。再如，"以意逆志"法。"意"，即文本审美解读的主体意识；"志"，指作品的原意，读者探求的目标；"逆"，指读者"现在的视域"与审美对象"初始的视域"融合起来，以最终获得作品的审美价值。"以意逆志"，就是解读者之"意"与作品之"志"，通过"逆"的方式相互交融，从而完成审美解读。又如，整体统观法。就是从整体上全面、完整地解读作品。切忌"尸体解剖式"。作品有"格式塔质"，它不是作品各种成分的性质的叠加，而是超越各个组成因素的整体质。因此，任何局部都应放在整体中去解读，进行整体的感受。

第五，加强活动：课内外结合。

开展多种文学教育活动，是语文教材的重要组成部分。过去的文学教材，往往只注重课文的讲授。文学课文选定，基本上就万事大吉了。

从20世纪80年代中期起，文学活动论在我国文艺理论界勃然而起。这种理论认为，文学是一种高级的特殊的精神活动。在这种理论的影响下，相关专家开始提出，文学教材必须以文学课文为纽带，设计审美性的文学教育活动。

新课改以前的教材，往往局限于传授文学知识和机械分析课文的技能，不注意设计文学活动。比如1981年人教版初中语文第一册《鲁提辖拳打镇关西》后的练习："一、这篇课文按照事情的发生先后顺序，把鲁达拳打镇关西的起因、经过和结果叙述得清清楚楚。仔细阅读课文，试按照原有顺序口述故事的梗概。""二、鲁达是怎样的一个人？试用他的言谈和行为作具体说明。"这仅是低层次的活动设计，只用于测试学生对课文内容的记忆和相关技能的训练。以后文学课文的练习设计逐渐注重活动化、生活化和多样化，质量不断提高。比如2002年人教版初中语文第六册《鲁提辖拳打镇关西》后的练习："二、鲁提辖的性格有鲁莽的一面，也有细心的一面。试分析小说是怎样通过细节来刻画鲁提辖的多重性格的。""三、思考：郑屠为富不仁，霸占民女，却要立下'文书'，披上'法'的外衣；鲁提辖伸张正义，打死郑屠，却违犯法律，不得不亡命江湖。这里的'法'和'正义'似乎有些相悖，你是如何理解的？""四、课外阅读《水浒传》，关注鲁提辖后来的命运。"除要求学生更加深入地解读课文外，还从课文扩展开去，涉及其他；不仅检验有关课文的知识技能，而且牵连到情感、态度和价值观。不过，练习的活动性还是不够强，从课文延伸的面也还不够广。

新课改以后，按照新课程标准编写的语文教材，才开始出现大量与课文有关，但相对独立于课文的文学活动的内容。多数教材称其为综合性学习，也有教材称其为专题。2001年《义务教育课程标准实验教科书·语文》（人教版）七、八、九年级共六册，每个单元都设计了综合性学习，其中大多数单元设计中有文学活动的内容。比如九年级下册《走进小说天地》要求，"一、难忘的小说世界"，"以小组为单位，每人讲讲自己最难忘的小说故事，最喜欢的小说人物"，"谈出自己独特的感受来。""二、缤纷的人物画廊"，"给小说人物建立档案"，"在班上开展小说人物大家猜的活动"，"分工合作，编写一本小说人物词典"。"三、有趣的文学想象"，"1.重新设计人物命运。例如，假如孔乙己中了举人，他的命运会发生什么变化？"，"2.为小说续写故事"，"3.穿越时空的对话"，例如，闰土站在你面前，你将对他说些什么？"4.试着写一篇小说"。与做练习等围绕文学课文展开的文学活动不同，这是相对独立于课文的文学活动。这些活动突出学生的自主性，主要由学生自行设计和组织；强调合作精神，注意培养学生在活动中集体探究的能力；重视开放性、多元化，拓展学生实践和创造的空间。2017 年版统编本初中语文又在这个基础上前进了一大步。比如七年级上册综合性学习"文学部落"，主要活动是组织文学社团。分为三个步骤：（1）读书写作交流会；（2）布置读书角；（3）创立班刊。建议将活动设置得比较具体，引导学生一步步去实施，指导性和可操作性比较强。2001 年版教材的文学活动，重在提供学习内容和大致方式，并不关注过程，显得有些大而无当，结果学生很难操作，新统编教材消除了这个弊端。

设计文学活动要注意处理好几对关系。（1）学生自主活动与教材指导活动。毫无疑问，文学活动要突出学生的自主性，由学生自主筹划、组织、协调、开展活动。教材对活动规定得过多过细，难免束缚学生手脚，不利于发挥学生的主观能动性。但是，如果教材的建议过于粗放，又显得可操作性不强，起不到指导作用。这分寸如何拿捏得恰当，值得考量。（2）课内学习与课外活动。一般认为，学生以课内学习为主，课外活动为辅，课外活动是课内学习的延伸与拓展。不过，课外活动可以反作用于课内学习；学生往往对课外活动比对课内学习更感兴趣。因此，也有人认为，课内、课外是鸟之双翼、车之两轮，二者应该并重。这关系究竟怎样处理？还需探讨。（3）语文与跨学科。文学活动要有语文味，但课外文学活动大多跨学科，联系生活，联系学生的思想实际，这时语文味难免会被冲淡以至消失。这是文学活动设计中的常见困难，克服起来很难，但必须克服。此外，文学活动设计应该突出创新性。当下，要探索网络环境下新的文学活动方式。例如进图书馆、建图书角之类，或是组织诗歌朗诵比赛、小小说创作比赛，或是分角色演剧等。

三、文言文教材的问题与对策

从 20 世纪初算起，我国中小学文言文教材已有一百多年的历史，但一直饱受争议。尤其是 20 世纪下半叶，社会上甚至响起"让文言文退出基础教育"的声音。争议较多的问题主要有下面两个。

问题一，以"文言文无用"论取消文言文教材。

白话文已经取代文言文成为通行的语言，文言文从语言的社会职能来说，已经失去了在日常生活中的使用价值，一般人不再把它当作交流思想的工具，"在工作中在进修中都用不着文言文"[1]。然而，由于它超越时代、超越方言的特性，它记载了中华民族几千年的灿烂文化，与中华民族文明史共存。学者唐德刚说过："八千年来的人类文明史中，学者们还未找到第二种文字能与我们传统语文比。它替我们保留了 19 世纪以前，人类文明最丰富的记录。它保留的总量超过人类文明史上，所有其他文字所保留的总和！"[2]文言文固然失去了普遍使用的价值，但它所具有的认识价值、教育价值和审美价值是不可低估的。比如体现和表达民族精神的内容："天下兴亡，匹夫有责"的忧患意识和爱国主义精神；"兴利除弊"的改革精神；"民为贵，君为轻"的重民贵民的民本思想；"自强不息"，不畏强暴，不怕困难的独立自主、自力更生、吃苦耐劳精神；注重和谐的"和合"思想；"厚德载物"的包容精神和善于吸收异质文化的"会通"精神。又如扬善抑恶，注重人格、道德修养和人生价值观念的内容："己所不欲，勿施于人"的"仁爱"精神；"勿以恶小而为之，勿以善小而不为"的律己观念；"三军可夺帅也，匹夫不可夺志也"的人格正气；"杀身成仁""舍生取义""以天下为己任"的重气节和大公无私的人生价值观念；"立己立人，达己达人"的处世原则[3]。这些无比宝贵的精神资源，怎么能够抛弃呢？我们应该对传统文化进行提炼、改造和更新，使之完成现代化转型，融入当代的社会主义核心价值观，而这项工作要从基础教育做起。

至于认为学会了文言，"也只能自怡悦，茶余饭后哼几句'池塘生春草''杨柳岸晓风残月'而已"[4]，这无疑是严重低估了古代文学作品的审美教育作用。新时代党的教育方针规定，要培养德智体美劳全面发展的社会主义建设者和接班人。而文言诗文经典，既能进行美育，又能促

［1］叶圣陶.叶圣陶语文教育论集：上册［M］.北京：教育科学出版社，1980：153.

［2］唐德刚.胡适口述自传［M］.上海：华东师范大学出版社，1999：146.

［3］张小荣，雷根虎，易宏军.中国传统文化及其现代价值［M］.西安：西安出版社，2010：28.

［4］张中行.文言和白话［M］.哈尔滨：黑龙江人民出版社，1988：250-251.

进德育、智育和体育，为学生的全面发展注入强大的正能量。当今世界，高度发展的科学技术、利润至上的商品经济，有把人异化为"单向度的人"的危险。而文言诗文经典的审美体验，恰恰有助于人们清除心理障碍，丰富人的精神世界。

主张中学里不教文言文的又一理由是，可以组织力量把有用的古籍翻译、改写成现代语文，让学生通过现代语文而不必通过文言去接触传统文化。这个理由也经不起推敲。一是我国古籍浩如烟海，据估计，需要整理的古籍有八万至十二万种，仅标点一部《二十四史》就用了二十多年，如果把这些古籍都整理完毕，不知要到哪年哪月，更遑论翻译、改写。二是翻译、改写古籍绝非易事，从眼下已出版的一些古籍翻译、改写来看，良莠不齐。三是大量的古典文学作品，尤其是诗词曲赋，思想内容和语言形式浑然一体、不可分离。语言美是整个作品美的有机组成部分，语言形式一改，作品美感顿失。很多文学作品是不适宜被翻译、改写的。

也许有人说，眼下全球经济一体化，世界已成为地球村，学习西方文化是当务之急，继承传统文化不妨缓行。这说法有问题。吸收西方文化来丰富自己，绝不意味着放弃文言文及其负载的传统文化。只有熟悉传统文化，懂得民族传统文化与西方文化的共同点与不同点，才能把西方文化的精华"拿来"，使它与本国优秀文化融为一体，在内容和形式上切合本民族现代化的需要。换句话说，把民族优秀传统文化作为根基，才能正确吸收西方文化。批判继承民族传统文化与吸收西方文化相比，前者更是当务之急。而且这项工作不能只由少数专家去做，如果不落实到普及上，很难产生效应。也就是说，必须从基础教育开始，加强文言文的基本训练。

问题二，以文言、白话的二元对立思维钳制文言文教材。

所谓文言和白话的二元对立思维，就是把文言和白话的关系看成势不两立的关系。这种错误思维生发如下错误主张或错误认识：一是小学基本上不学文言文；二是初中尽可能少学文言文；三是文言文教学占用教学时间，致使白话文教学质量低下；四是学习文言文干扰学习白话文，造成作文不通顺，作文不文不白；五是即使学习文言文，也不能学语言，只能学写作技巧或文学审美。

错误主张一：小学基本上不学文言文。1920年，在新文化运动反对文言文的大潮中，国民政府教育部训令将科目"国文"改为"国语"，初小四年纯用白话文；1923年新学制《小学国语课程纲要》规定只在第六学年"可酌加浅易文言诗文的诵习"。从此定下小学阶段基本上不学文言文的规定，一直到20世纪末才打破。20世纪初，反对小学生读经，用白话作品取代经书，无疑是历史性的进步，但不等于小学生就不能适当阅读文言文。儿童时代是学习文言诗文的黄金时代，儿童记忆力好，学习效果佳，最易练就"童子功"。14岁以后，就事倍功半。几千年来，文言诗文一直是我国蒙学教育的重要内容。比如，《三字经》《千家诗》《神童诗》等，对于儿童识字写字、增进语言素养、体验美好感情起到良好作用。有人担心儿童理解不了文言诗文，余秋雨回答说，在孩子们还不具备充分理解古诗文经典的能力的时候，就把经典交给他们，乍一看莽撞，实际上却是文明时代的绝佳措施。幼小的心灵纯净空阔，由经典奠基可以激发起他们一生的文化向往。在一定程度上决定了他们是文化意义上的中国人[1]。而文言、白话的二元对立思维，却使儿童在学习文言文的关键时期无缘文言文。

错误主张二：初中尽可能少学文言文。20世纪下半叶，新中国成立初期、"大跃进"时期和"文化大革命"时期，初中基本上不学文言文。"文化大革命"结束后，不少教师在教材改革会议上呼吁中学生多学一些文言文，王力却号召"继续提倡白话文，反对文言文"[2]，甚至倡导"再来一次白话文运动"[3]。吕叔湘认为初中文言文少学为妙，他说，如果文言文增加到三分之一、二分之一，会不会妨碍学生学好现代文，弄成驼子摔跤——两头没着落？[4]事实证明，这完全是过虑。从20世纪60年代以来，至少有北京景山学校、华东师范大学第二附属中学

---

[1] 出自1999年4月3日余秋雨在上海座谈会上的发言，载于1999年4月22日《中国青年报》。

[2] 王力.白话文运动的意义 [J].中国语文，1979（1-6）：161-163.

[3] 王力.需要再来一次白话文运动 [J].教育研究，1980（3）.

[4] 李行健，陈大庆，吕桂申.吕叔湘论语文教育 [M].郑州：河南教育出版社，1995：113.

等几十所学校，实施过初中文言文教学改革实验，文言文占课文总量的50%～80%。在这些学校中，没有一所学校因为多学文言文而致使学生的现代文水平下降，恰恰相反，所有学校都是文言文、现代文水平双提高。因为多学文言文，知识面扩大，思想活跃，加深了学生对现代文的理解，学生阅读现代文的能力随之增强，学生的作文也思路开阔，内容丰富，语言简洁。由于文言、白话二元对立思维的影响，这些教改经验没有得以总结推广。在这种情况下，张志公提出折中的办法：初中可以读少量很好的旧体诗词、文言散文，目的是使年青一代接触一下文化遗产，但不做什么要求[1]。于是长期以来，初中教材中对 20%左右的文言文，只要求读读背背，了解内容大意，对字、词、句不作要求，对于培养阅读浅易文言文能力更是闭口不谈。本来初中一、二年级的学生仍处于学习语言的黄金时期，这时接受文言文的基本教育，是比较容易的事情。而错过学习时机，那么文言文真是很难再学好了，损失将难以弥补。

对于文言文教材，还有一些错误认识。

错误认识一：文言文教材占用教学时间，致使白话文教学质量低下。众所皆知，白话文教学质量之所以不高，是因为学生阅读量过少，读物不丰富，读法不恰当，作文缺少科学练习，等等。文言文教材的教学时间约占教学时间总数的四分之一，至多三分之一，若把这些时间统统归入白话文教学，白话文教学就能取得良好效果？恐怕谁也不敢相信。白话文教学效果不好，应从自身找原因，不能诿过于文言文教材。我国台湾地区曾经比较重视文言文教学，高中语文教材中文言文课文占 65%以上，用的教学时间多，学生语文水平因此较高；后来高中教材中文言文大幅度减少，必读篇目降至 30 篇，所用教学时间大为压缩，学生语文水平也随之下降。文言文教学占用时间，影响了白话文教学之说，实在不符合事实。

错误认识二：学习文言文会干扰学习白话文，致使学生作文不通顺，作文不文不白。王力说："我常常看见人家的孩子在读小学的时候已经能够写出通顺条畅的文章，等到中学毕业后，写的文章反而不通顺了，多

［1］张志公.张志公语文教育论集［M］.北京：人民教育出版社，1994：227.

半是由于受了古文的影响。"[1]这个结论缺少事实支撑。根据心理学家的研究以及一些优秀语文教师的观察,学生小学时作文通顺、中学时反而不通顺的主要原因是:小学生的思维比较单纯,语言与思维容易保持一致,因此作文清通;中学生的思维比较复杂,语言也日益丰富,思维保持清晰、语言与思维保持一致的难度都大大增加,致使作文表达一时混乱。"古文的影响",即使有,也是次要原因。王力还说,中学"选读了许多古文、古诗,倒反导致学生写不文不白的文章"[2]。这要具体分析。如果有的学生以为文绉绉的文章好,特意追求不文不白,那就是对文章优劣的看法有误,不能说是因为学习文言造成的。如果有的学生作文本来就不通顺,对文言、白话的区别分辨不清,写作时把文言词语、句式胡乱混入作文之中,使不通的作文雪上加霜,这时把学习文言当成罪魁祸首,似乎于理不通、本末倒置。如果有的学生作文本来清通,加了文言成分后不文不白,反而不通,这种情况即使有,也极少。因为作文清通的学生,都会说现代语,清楚文白分界,避免文言越界不难做到。总之,学文言有害于作文的观点,似难成立。

错误认识三:学习文言文,不能学语言,只能学写作技巧或者文学审美。王力说:"我们教文言文的时候,不是教我们的学生去学古代的那些辞藻,学文言文,学古文,学它的辞藻,这是错误的。我们学古文,要学它的文风,学它的文气,就是看人家写文章怎样写,开始怎么写,中间怎么写,最后怎么收的。"[3]张志公说,"历来选入语文教材的文言文,绝大多数是文学作品或者是取其具有文学性而入选的其他作品",用来解决"青年们普遍需要的语文能力,它们的用处是不大的,甚至是无能为力的,然而作为文学作品,却都是我们文化遗产中的瑰宝,青年们应当读"[4]。由张志公主编的一套初中语文教材,就强调把文言文作为文学作品来读,决不能当作学习古汉语的材料;认为中学,尤其是初中,没有

[1]唐作藩,李行健,吕桂申.王力论语文教育[M].郑州:河南教育出版社,1996:291.

[2]王力.王力文集:第十九卷[M].济南:山东教育出版社,1990:387.

[3]唐作藩,李行健,吕桂申.王力论语文教育[M].郑州:河南教育出版社,1996:282.

[4]张志公.张志公语文教育论集[M].北京:人民教育出版社,1994:277.

必要承担培养阅读文言文能力的任务。两位先生不约而同地从文言、白话二元对立思维出发，对于学习文言，一个反对学辞藻，主张只学写作技巧；一个反对培养阅读文言能力，主张只学文学审美。问题是，不学辞藻，读不懂文言文，何以学写作技巧？何以学审美？学生首先具备了文言文的认读能力，在此基础上，才能进一步具备文言文的理解分析能力、欣赏鉴别能力。如果"躐等""凌节"，恐怕欲速则不达。在这个问题上，朱自清的意见比较公允："我主张大家都用白话作文，但文言必须要读；词汇与成语，风格与技巧，白话都还有借助于文言的地方。"[1]文言辞藻、句子还是要学的。比如，"先天下之忧而忧，后天下之乐而乐"，说明先天下、后个人，吃苦在前、享乐在后的崇高品质；"海内存知己，天下若比邻"，说明深厚的友情超越空间的阻隔；"己欲立而立人，己欲达而达人"，意思是自己想树立的也帮别人树立，自己想达到的也帮别人达到，等等。像这样的文言诗文中的语句，引导学生适当引用借以表达自己的思想感情，既添情趣，又增文采。文言文阅读能力也还是要培养的，只有掌握文言文这把钥匙，才能打开优秀传统文化的大门，进而借鉴文言文的写作技巧，享受文学审美体验。这一切现在已成共识。

综上所述，文言、白话二元对立思维，给文言文教学带来了混乱和伤害，那么，它们为什么能风行几十年呢？主要是人们至今对文言与白话的关系还缺乏科学的认识。

文言与白话不是你死我活的对立关系，而是相辅相成的关系。文言不当普遍使用的工具，但不等于死了，它是白话的一个重要来源，有相当的生命力。

白话与文言有差异，但文言是白话的老祖宗，两者有很多共同的成分。第一，从文字上说，两者都是汉字。现代汉语常用字 3500 个，古代汉语常用字 1086 个（据王力主编的《古代汉语》），经比较，相同的字约 1000 个，在文言文中，生僻字多一些。第二，从语音上说，承袭多于变化，现在我们还能以普通话的语音念骈体文和诗词曲赋。第三，从语法上说，现代汉语与文言文有许多一致性，可以说一脉相连。比如，（1）名词作

---

[1]朱自清.朱自清语文教学经验[M].北京：教育科学出版社，2007：76.

状语：口服、笔谈、蚕食、雷鸣、烟消云散、鬼哭狼嚎、风起云涌、狼奔豕突、虎踞龙盘、神出鬼没、星罗棋布、土崩瓦解。"口服"是用嘴吃，"烟消云散"是像烟云一样消散，不会被看作主谓结构。（2）名词用作动词，如箪食壶浆、焚书坑儒、厉兵秣马、衣冠禽兽、怒形于色、未雨绸缪、兵不血刃、洞烛其奸等，"箪""壶""坑""秣""衣冠""形""雨""血""烛"都是名词，却具有动词性。（3）形容词用作名词，如披坚执锐、好高骛远、温故知新、谨小慎微、恃强凌弱、居安思危、驾轻就熟、防微杜渐等，"坚""锐""高""远""故""新""小""微""强""弱""安""危""轻""熟""渐"都是形容词，却具有名词性。（4）名词、形容词意动用法，如妄自菲薄、郑重其事、礼尚往来、安贫乐道、草菅人命、恃才傲物、幕天席地等，"菲薄""郑重""尚""安""乐""草菅""傲""幕""席"都是意动用法。（5）宾语前置，如唯利是图、唯才是举、马首是瞻这些词用"是"作标志，把宾语前置。（6）名词活用作使动词，如汗马功劳、胼手胝足、祸国殃民、汗牛充栋等，"汗""胼""胝""祸""殃"都是名词，却具有动词性。（7）形容词活用作使动词，如热饭、松绑、饱了私囊、红了樱桃、完璧归赵等，"热""松""饱""红""完"都是形容词，却具有动词性。发掘上述这些现象，不但有利于从白话出发理解文言，而且对白话的认识也会加深。比如，了解了使动式，才能明白为什么"救生"和"救死"意思相同，"纠正"和"纠偏"意思相同。第四，从词汇上说，变化较大，但白话和文言的沟通也是无处不在的。很多文言词、成语直接融入白话，是白话的一大组成部分；相当一部分单音词的古义不再单独运用，而是保留在白话文双音词的语素里。比如，"失"在白话文中是"丢掉"的意思，但"失声""失态""失手""失神"中的"失"却与"丢掉"无关，这里用的是文言中"失"的本义，即放纵、无法控制。明白"失"的本义，才能把握"失声"等词组的确切意思。又如，"危"在白话文中是危险的意思，但"正襟危坐"中的"危"，意思是端正；"危言耸听"中的"危"，意思是使……感到恐惧。"端正"和"使……感到恐惧"，是从文言中"危"的本义"高耸"引申而来的。了解"危"的本义，才能正确理解"正襟危坐""危言耸听"的意思。如果把白话词汇教学与文言联系起来，就既能从白话的"已知"出发来认识文言的"未知"，又能用获得的文言知识来加深对白话词汇的理解。因此，文言与白话、文言教学与白话教学，决不可二元对立，而要相互促进。

近百年来的文学史已经证明，最美的文学语言是文白融合的语言，并非所谓纯粹的白话。所有现代的白话文大师，如鲁迅、郭沫若、郁达夫、林语堂、梁实秋、钱锺书、沈从文等，都是使用文白融合的典范。例如，鲁迅《阿 Q 正传》中的一段：

未庄老例，看见略有些醒目的人物，是与其慢也宁敬的，现在虽然明知道是阿 Q，但因为和破夹袄的阿 Q 有些两样了，古人云，"士别三日便当刮目相待"，所以堂倌，掌柜，酒客，路人，便自然显出一种疑而且敬的形态来。掌柜既先之以点头，又继之以谈话：

"嗄，阿 Q，你回来了！"

"回来了。"

上述文白融合的文字，化入一些文言词汇和句式，言简意赅，念起来铿然有声，风格亦庄亦谐，别有一番味道。

海外华人学者夏济安这样评论鲁迅："他承认他的文体、句法，甚至思想，都受到文言作品很深的影响。""以他独有的拗口的韵律和赤裸的意象，予白话文学以很好的影响。因为他把白话文带出了平民化主义之理想的窄径。""我曾经指出鲁迅是创造革新派散文的泰斗。"[1] 从阅读上说，有一定的文言知识，有助于更好地理解鲁迅等白话文大师的文白融合作品；反之，从现代的文白融合作品里，也能获得某些文言规律，两者是相辅相成的。如果这样去学习文言文和鲁迅的作品，学生怎么会"一怕文言文，二怕周树人"呢？从写作上说，如有一定文言基础，能向文白融合的方向努力，不是值得鼓励吗？能从文言文中学习语言运用技巧，不是应该的吗？总之，学习文言文是学习白话文读写的重要组成部分，决不是可有可无的。

有必要说明一下，王力也曾经是文言、白话二元对立思维的反对者。20 世纪 40 年代，王力创作了文白融合的小品文《龙虫并雕斋琐语》，说："有时候，好像是洋装书给我一点儿烟士披里纯，我也欧化几句；有时候，又好像是线装书唤起我少年时代的《幼学琼林》和《龙文鞭影》的回忆，

[1] 夏济安. 夏济安选集 [M]. 沈阳：辽宁教育出版社，2001：16，19，29.

我也就来几句四六，掉一掉书袋，结果不尴不尬，连我自己也不知道是什么文体。"[1]这种文体，恰恰因为文白融合，至今受人欢迎，有人称赞它"兼融并包，其味深足，像上等橄榄"[2]。20世纪50年代，王力在《论汉语标准语》一文中说："从前许多人对文言采取一种敌视的态度。此外还有一些人（包括我自己在内），对文言和白话存着'分家观点'，以为写白话文就非纯粹用口语不可，如果要写文言文，就得纯然用古人的词汇和依照古人的语法（我嘲笑提倡文言文的人自己的文章就夹杂着现代人的口语和语法）。现在看起来，敌视态度和'分家观点'都是不正确的……现在文言文已经被打倒了……咱们就应该回过头来看看已经死去了的语汇和典故的后面还存在着哪些是有生命的东西。"[3]

上述关于文言文教材的诸多问题中，"文言文无用"论和文言、白话二元对立思维，需要花很长的时间才能逐步消除。俗话说，破字当头，立在其中，当下关键的对策在于尽早建立文言文教材体系。从小学、初中到高中，整个基础教育阶段做整体设计；从教材的教学目的、内容到教法，从课内到课外，做通盘考虑。大致思路是：小学，启蒙；初中，入门；高中，提高。

小学启蒙阶段。

小学低年级（一至三年级）以培养学生对文言诗文的亲切感为重点。诵读浅易的文言诗文，包括文言韵语、介乎韵语与散句之间的对联、格言，类似古代蒙学读本中的文言小段，以感受语言的优美，获得初步的情感体验。小学高年级（四至六年级），以培养学生对文言诗文的感受力为重点。诵读文言经典诗文，理解作品大意，体会其意境和情感。在小学语文教材中，文言诗文占课文总数的比例，第一、第二学年为20%，第三、第四学年为25%，第五、六学年为30%。共选用文言诗词约100首，文言文约30篇。选文要短小精悍，朗朗上口，富于童趣。

初中入门阶段。

初中阶段以增强学生对文言诗文的理解力为重点。诵读文言诗词，

---

［1］王了一.龙虫并雕斋琐语［M］.北京：中国社会科学出版社，1982：3.

［2］伍立杨.文字灵幻［M］//伍立杨.语文忧思录.郑州：大象出版社，2002：25.

［3］王力.王力文集：第二十卷［M］.济南：山东教育出版社，1991：66-67.

初步涉猎诗词规律；诵读浅易文言文，注重积累、感悟和运用，提高欣赏品位。所谓浅易文言文，是指一般叙事、状物、说理的文章，并非专业性著作；多用常用词、常用句式，大都与白话文相同，无佶屈聱牙的句子；极少专用术语、冷僻典故和名物典章制度用语。初中生应能借助注释和工具书理解浅易文言文的基本内容。在初中语文教材中，文言诗文占课文总数的比例，三个学年依次为 35%、40%、50%。共选用文言诗词约 70 首，文言文约 60 篇。选文要体现知识性、科学性和趣味性，篇幅宜短，容量宜大，范围宽广，形式活泼。

高中提高阶段。

高中阶段以增强学生对文言诗文的理性认识为重点。必修：阅读浅易文言文，能借助注释和工具书，理解词句含义，读懂文章内容；了解并梳理常见的文言实词、文言虚词、文言句式的意义或用法，注重在阅读中举一反三。选修：借助工具书和有关资料，读懂不太艰深的古代诗文；学习古代诗词格律基础知识，了解中国古代文化常识，丰富传统文化积累。在必修教材中，文言诗文占课文总数的比例约为 60%。选用文言诗词约 30 首，文言文约 30 篇。选文要经典，有永久魅力，可读性强。至于选修教材，可以编成专门的文言读本，选文要经典，不妨深一些，量大一些。

这个体系的教学目标大体上可以分为三个层次：（1）只接受过义务教育的学生，能借助注释、导读文字和工具书基本上读懂类似通俗读物的浅易文言文；（2）既接受过义务教育，又接受过高中必修阶段文言教育的学生，具备借助注释和工具书阅读浅易文言文的能力；（3）既接受过义务教育、高中必修阶段文言教育，又接受过高中选修阶段文言教育的学生，则为升入大学攻读一般文史专业乃至古典文献专业，奠定进一步深造的文言基础。

这个体系的教学内容，小学、初中和高中必修，共诵读古代诗词约 200 首、浅易文言文约 120 篇。高中选修，诵读文言文可达 100 篇。

在小学、初中和高中三个阶段中，小学是关键。张志公在 1962 年说过，要想具备一点看书的能力，只是在中学念上三五十篇古文恐怕不行，但多念些古文，时间又不允许。怎么解决这个难题呢？可以借鉴古人"运用韵语知识读物这条经验"，"要是小学生早一点——比如三四年级，念过一些经过仔细斟酌、严格编选的类似蒙求之类的东西，也许五六年级就能念点短而浅的文言文，这样，到了中学就可以不花过多的时间而能达到预期的目的了"[1]。

这个体系的教学原则有下列几条。

第一，把诵读放在首位。要获得阅读浅易文言文的能力，必须接触感性材料，诵读一定量的文言文。只有熟悉了文言文，才能真正掌握文言文的规律。苏轼就非常强调诵读，他在《送安惇秀才失解西归》中说："旧书不厌百回读，熟读深思子自知。"古往今来有成就的文史学家，无一不是通过诵读打下牢固基础的。周振甫说，不要求中学生像古人那样熟读很多的古书，只要在小学的基础上，仿照民国时期某些旧制中学那样，规定中学六年以背出多少篇古文和诗词作基础，或者要求熟读古文中精彩的段落，积累起来熟读背诵多少段精彩古文，就都可以达到能阅读一般古文的目的了[2]。王力说，熟读，最好能背诵三五十篇古文，一二百首唐诗，这是学习古代汉语的最基本要求[3]。吴晗说："有一定文化水平的人只要能坚持一个礼拜背一篇古文，十二个月背完五十篇，一年就可以过关。"[4]黎锦熙说，在中学六年间，只要每年平均熟读背诵文言文十篇，合计六十篇，那么一旦升入大学，对于部颁的这个国文选目五十篇（按：指文言文），讲习解读，可以毫无问题[5]。

这里说的背诵，不是死记硬背，而是"因声求气"。死记硬背是为记而记、为背而背，苦不堪言；"因声求气"则不然。"因声求气"的"声"指文辞的音节美，"气"指作者所表达的气势，在表达思想感情时所形成的气势的抑扬、疾徐、顿挫。"因声求气"，是通过诵读文言文，从音节的抑扬顿挫里体会作者的辞气，体会作者表达的思想感情。好比演员说台词，从台词的抑扬顿挫中，体会角色的思想感情，学生自然不会认为

［1］张志公.传统语文教育教材论：暨蒙学书目和书影［M］.上海：上海教育出版社，1992：48.

［2］周振甫.怎样学习古文［M］.北京：中华书局，1992：7.

［3］王力.怎样学习古代汉语［M］//张定远.文言文教学论集.天津：新蕾出版社，1986：24.

［4］吴晗.怎么学古文［M］//张定远.文言文教学论集.天津：新蕾出版社，1986：404.

［5］黎泽渝，马嘨风，李乐毅.黎锦熙语文教育论著选［M］.北京：人民教育出版社，1996：205，239.

背诵是苦差事。一般来说，背诵分三步：首先要粗通文意，读准、上口，这是熟读成诵的基础；其次要搞清作品的层次，把握层次要点，沿作者思路诵读原作；再次要克服回生，背出后隔一定时间再背，反复多次，才能牢记不忘。背诵还要达到一定的量，上文提到过要求中小学生熟读文言诗文的数量，大约只要背诵其中的50％，即文言文约60篇、文言诗词约100首，基本上就能过文言关了，而且将一生受益。

第二，将掌握常用词作为重点。学习文言文，在语音、词汇、语法三者中，词汇是重点；在词汇中，常用词是重点；在多义词的多种意义中，常用意义是重点。掌握常用词就掌握了一把能打开古书大门的钥匙。王力主编的大学《古代汉语》，要求掌握1086个常用词，目标是能阅读中等难度的古书。对于中学生来说，能借助注释和工具书阅读浅易文言文即可。《马汉麟古代汉语讲义》要求掌握常用词458个，中学似可不超过此数。一旦掌握了一定量的常用词，对于有注释的浅易文言文，利用工具书就不难读懂了。为掌握常用词，可采用比较和归纳的方法。比较，有纵向比较，辨析古今词义的差别，注意文言词的古代意义。还有横向比较，同义词在特殊的修辞格里，如对文、互文、连文，有时只求其同，不计其异；而在一般行文中，词语因语言环境的不同而具有不同意义，这时则要因文而训，只求其异，不计其同。只有仔细比较，才能真正把握词的意义。至于归纳，主要用于梳理多义词的义项，列出其本义和引申义的系统，以便于提纲挈领地掌握词义。掌握常用词是学习文言的基本功，须从小练起。

第三，用文言知识作辅助。20世纪八九十年代，文言教学一度大讲文言知识，试图让学生通过辨词性、分析句子结构来把握文言规律，一通百通。出发点很好，最终结果却是劳而寡效。其实，对于培养阅读文言能力，文言知识还是很有用的，不过仅是辅助作用。具体来说，要在学生诵读了若干篇文言文，对文言文有了一定的感性认识以后，才能进行文言知识教学，以利于学生把对文言的感性认识提高到理性认识；所涉及文言知识力求简明、好懂、管用，渗透在提示、注释和练习中，让学生逐步积累，学会运用；要尽量结合学生实际，引导学生从具体的语言材料中自求文言规律。如果遵循了这些原则，文言知识定能发挥其应有的作用。

第四，力求与白话文教学同轨。白话文与文言文有血缘关系，借助白话文来学习文言文，文言文就比较容易学；反之，有一定文言文知识，有助于更深入地理解白话文。二者结合，相辅相成。

（1）文言文中有大量有生命力的词语，现在白话文还直接使用。比如，《廉颇蔺相如列传》中的"完璧归赵""刎颈之交""戏弄""得罪"等，《陈情表》中的"零丁孤苦""朝不虑夕""形影相吊""盘桓""侥幸"等。联系白话文中如何运用这些词语的例子，有助于学生理解文言文，并培养运用这些词语的能力。还有些词语在文言文句子中是拆分使用的，在白话文中则已成为成语。比如，《劝学》中"青，取之于蓝，而青于蓝"，在白话文中成为"青胜于蓝"；《庖丁解牛》中"恢恢乎其于游刃必有余地矣"，在白话文中成为"游刃有余"；《桃花源记》中"后遂无问津者"，在白话文中成为"问津"。这些句子不一定就是这些词语的最初出处，不过读到这些文言句子，能联系白话文中的相关词语，自然既容易读懂文言文又可以掌握、运用这些词语。（2）文言诗文的句子，或史实、故事，在白话文中已经概括为一个成语。比如，《诗·魏风·伐檀》中"彼君子兮，不素餐兮"，在白话文中概括为"尸位素餐"；《孟子·告子上》中"生，亦我所欲也；义，亦我所欲也；二者不可得兼，舍生而取义者也"，在白话文中概括为"舍生取义"；欧阳修的小品《卖油翁》、柳宗元的寓言《黔之驴》、韩非子的寓言《扁鹊见蔡桓公》，在白话文中分别概括为"熟能生巧""黔驴技穷""讳疾忌医"。应把文言文与白话文中相关语言材料贯通起来，便于学生从理解到熟悉，再到学会运用。（3）不少文言词语在白话文中仍然使用，但它的含义已有变化。比如，《寡人之于国也》"弃甲曳兵而走"中的"兵"指兵器，"走"指跑，在白话文中"兵"指军人，"走"指行走；《论积贮疏》"罢夫羸老易其子而咬其骨"中的"罢"，是疲惫的意思，在白话文中却是停止、罢免、完了的意思。应引导学生了解这些词语在文言文中的意思及在白话文中的意思，借以使其懂得词义变化的道理，并学会运用这些词语。

第五，必须以语言为抓手去理解内容。文言文是古代语言，与白话文有较大差异，阅读文言文，首先要扫除语言障碍。除此以外，由于文言文自身的特点，文言文教学必须从多方面牢牢把握语言这个抓手。

（1）抓住关键性词句，借以把握诗文内容。文言诗文惜墨如金，有的甚至一字不易，对它的关键性词句，尤其是诗眼、文眼，如果囫囵吞枣，就会直接影响对诗文意思的理解。例如，韦应物的《滁州西涧》："独怜幽草涧边生，上有黄鹂深树鸣。春潮带雨晚来急，野渡无人舟自横。"全诗比较好懂，唯有"舟自横"有点令人费解。原来，"横"由"横向的挡门的门闩"引申出"横竖"和"横逆"两义，又由"横逆"引申出"迂曲""任意""不定向"等意思，"舟自横"的"横"正是用了这个义项。从"横"的意思就可以接触到诗的意境：在渡口的湾里，船自由自在地、方向不定地漂泊着。这就从语言里看出事物形象。又如，《鸿门宴》中，曹无伤没有出场，三次写到他，只是三句话。第一句，"沛公左司马曹无伤使人言于项羽曰"，其中"言"是关键词，主动对人说的意思，曹无伤主动给项羽送情报；第二句，"此沛公左司马曹无伤言之，不然，籍何以至此"，项羽承认怀疑过刘邦，那是因为曹无伤主动送了情报；第三句，"沛公至军，立诛杀曹无伤"，刘邦立刻把里通外敌者杀了。这三句话一般一带而过，没有细加琢磨，其实对理解刘邦、项羽的不同性格，对理解《鸿门宴》的主旨，有相当重要的作用。项羽的天真坦诚、没有城府，刘邦的老谋深算、心狠手辣，都从中表达出来了[1]。这就从语言里看出人物性格。因此，虽不必求字字落实，但对关键性词句，务求透彻了解，这样才能真正读懂文言诗文。

（2）抓住词语的语境义，借以领悟诗文内容。通常说的词义，指词语的客观性、社会性意义，有人称其为词典义；而处在言语作品中的词语，受语言环境的改造，还具有语境义，包含作者个人的经验。抓住词语的语境义，才能把握文言诗文的精髓。例如，孟浩然《宿建德江》"移舟泊烟渚，日暮客愁新。野旷天低树，江清月近人"中的"新"，古人注为"添"。"新"原本没有"添"的意思。不过"新"相对于旧，"新"是旧的延续，于是诗中有了增加乡愁的意思。增加乡愁就是"新"的语境义，抓住了它就接近了诗的主旨。又如王维《观猎》："回看射雕处，千里暮云平。"

［1］王宁，2009，《语文规律与语文素养》，全国中语会2009年工作会议上的讲话，太原。

古人注："千里暮云平，暮云沉沉，一望无际。"把"平"解释为"沉沉"，但是"平"并无这个义项；这只是它的语境义，是说暮云与地面齐平了。抓住了"平"的这个语境义，诗的形象和主旨就凸显了[1]。就阅读文言诗文而言，抓住词语的语境义比抓住词语的词典义更为重要。

（3）抓住词语的言外义，借以理解诗文内容。所谓言外义，是作者未尝言传，而读者却可以意会的。言外义在字里行间的"行间"，作者虽然没有诉诸言辞，却有一种暗示，引导读者往某一个方向去想，以达到作者意向的所在。比如，元稹的《行宫》："寥落古行宫，宫花寂寞红。白头宫女在，闲坐说玄宗。"一个"在"字，说明如今只有"白头宫女"还在这里，暗示昔日行宫的繁华已一去不复返，"白头宫女"成了历史的见证人。从这里可以体悟到诗中凄凉寂寞的气氛和抚今追昔的情调[2]。又如杜甫《春望》："国破山河在，城春草木深。感时花溅泪，恨别鸟惊心。"司马光《温公续诗话》评点："古人为诗，贵于意在言外，使人思而得之。……近世诗人，惟杜子美最得诗人之体……山河在，明无余物矣；草木深，明无人矣……他皆类此，不可偏举。"可见，要抓住词义，不应局限于词义，还要抓住言外之意，这样才能真正把握诗文主旨。

第六，坚持精读与博览相结合。上文强调的熟读、背诵，都属于精读，必须有博览，即略读、参读相配合。20 世纪上半叶，梁启超、胡适、钱穆乃至鲁迅等诸位大师，都给学生开过国学书目，数量之多、程度之深，是今天文史专业大学生都不敢问津的，更不用说中小学生。从中透露出一点信息，就是课外博览不可忽视，对广大学生尤其是有志于将来从事文史专业的学生来说，应以课外博览配合课内精读，这犹如鸟之双翼、车之两轮，缺一不可。博览可以是课内精读篇目的扩展与延伸，比如，同一作家的，读了孟子的《寡人之于国也》，再读他的《寡人愿安承教》；同一内容的，读了苏洵的《六国论》，再读苏辙、李桢的《六国论》；同一部书的，读了《史记》的《鸿门宴》，再读《史记》的《垓下之战》；同一时代的，读了李白的诗，再读杜甫的诗；同一篇文章的，读了节选

---

［1］王宁，2009，《语文规律与语文素养》，全国中语会2009年工作会议上的讲话，太原。

［2］袁行霈. 中国诗歌艺术研究［M］. 北京：北京大学出版社，1987：22-23.

部分《庖丁解牛》，再读全文《养生主》；等等。也可以阅读今人编选的文言通俗读物，如张中行编的《文言文选读》（共三册）之类。总之，范围从小到大，程度由浅入深，细水长流，持之以恒，养成习惯，使课外博览最终成为自己语文生活的有机组成部分。

切实贯彻教学原则，是落实教学内容、达到教学目标的保证。叶圣陶在 1964 年给教师的信中说："我思读文言，最当令学生明白同一个字而意义有古今之别。次则须令熟习常用之文言虚词，熟习常用之文言句式。此数者皆于读课文时训练之。训练得好，学生读课本以外之文言自能大体通晓。自己能读《资治通鉴》，若悬为高中毕业之标的，我想良师善教，学生勤学，或可做到。"[1]叶圣陶一向出言谨慎，他说"或可做到"，应该是能够做到的。

眼下正逢构建中小学文言文教材体系的大好时机。从 20 世纪末开始，优秀传统文化教育和文言文教学的形势越来越好。1995 年，赵朴初、冰心、曹禺、启功、夏衍等九位全国政协委员在中国人民政治协商会议第八届全国委员会上，以正式提案的形式发出《建立幼年古典学校的紧急呼吁》。1998 年 6 月，团中央、少工委和中国青少年基金会启动了"中华古诗文经典诵读工程"（下文简称"诵读工程"），季羡林、杨振宁、张岱年、王元化、汤一介担任顾问，南怀瑾担任指导委员会名誉主任。这个诵读工程编辑出版了《中华古诗文读本》，选用古诗文经典 300 篇，供几百万一至六年级小学生诵读。他们的口号是："读千古美文，做少年君子。"进入新世纪后，2007 年，教育部、国家语委推出"雅言传承文明，经典浸润人生——中华经典诗文诵读活动"；2008 年，中宣部等六部委联合发出《中共中央宣传部　中央文明办　教育部　民政部　文化部　国家语委关于以传统节日为主题开展经典诵读和诗词歌赋创作活动的通知》，于是国学学堂遍地开花，中小学课内外诵读古诗文已成为新常态，有些中小学甚至"年年读，月月读，天天读"。教育部于 2014 年颁布了《完善中华优秀传统文化教育指导纲要》，中共中央办公厅、国务院办公厅于 2017 年颁布了《关于实施中华优秀传统文化传承发展工程的意见》，将

---

[1]叶圣陶.叶圣陶语文教育论集：下册［M］.北京：教育科学出版社，1980：728-729.

优秀传统文化教育和文言文教学推向一个新高潮。现在不构建中小学文言文教材体系，更待何时？文言文教材的春天到了，果实累累的秋天还会远吗？

四、语言知识教材改革设想

新中国成立以来，中学语言知识教材走过了一条曲折的道路，大致呈现出两个马鞍形轨迹。新中国成立初期，语文教材中的语言知识很少；到了1956年，汉语、文学分科，编写系统的汉语课本，语言知识占了语文课的半壁江山；1963年，重新制订中学语文教学大纲，明确规定教学汉语知识只是培养阅读能力和写作能力的辅助手段，教材中的语言知识锐减，只是在课文练习中出现一些。"文化大革命"结束，1978年重编语文教材后，语言知识的地位再度上升。在20世纪最后20年的几套中学语文课本中，语文知识的分量不尽一致，但一般每套都有一二十篇语言知识短文。在20世纪80年代末，曾刮起一股"淡化语法"之风。1991年1月，北京语言学会、中国社会科学院语言研究所、教育部课程教材研究所等几家单位联合召开了中学语法教学研讨会并达成共识：语法教学不能淡化，但需要改进。这样一直到2001年语文课程标准颁布以前，中学语言知识教材基本上保持原有态势。新课改以来，才彻底淡化。

从语言知识教材的曲折历程中，可以归纳出一些经验教训。

第一，不能喧宾夺主。

以语言实践为主体，以语言知识为辅助，现在已成共识。

1956年，文学、汉语分科不到两年就中止，原因固然复杂，但误把汉语知识课本放在主位，而忽视对学生一般读写能力的培养，致使教学效果不佳，不能不说是其中重要原因之一。实际上，前辈学者对此早有预见。1952年9月20日，教育部提出学习苏联实行语法、文学分科。叶圣陶当天就在日记里写道："凡平日留心语法者，如叔湘、莘田、声树诸君，咸谓语法非万应灵药。可以为辅助而不宜独立教学，使学生视为畏途。此大可注意也。"[1]1957 年，教材已基本编完时，分管汉语、文学分科教学的有关领导同志也觉察到了这个偏颇，曾指示制定《中学作文教学初步方案（草案）》，以期有所弥补。1963 年，教育部重颁中学语文教学大纲，明确规定教学语言知识是培养阅读能力和写作能力的辅助手段，终于把语言知识教材放到了恰当的位置上。

在语文课程中，知识与能力的关系比较特殊。从一定意义上说，语文课是语言运用技能课，学生获得语言技能的基本途径是正确地模仿和反复地实践，在这个过程中，不知不觉地掌握语言知识。语言知识教材的一大功能，就在于使不自觉地习得的潜意识语言知识转化为可以言述的语言知识，使学生运用语言不仅知其然，而且知其所以然，从暗中摸索上升到明里探讨。这大概就是 1963 年教学大纲所指出的语言知识的辅助作用吧。

第二，不能脱离运用。

中学语言知识教材应着眼于运用，对此人们早有共识。以语法而言，有理论语法和教学语法，中学教材采用教学语法。《中国大百科全书：语言文字》指出，教学用的语法目标是"致语法的用"，分类"不要求十分严格，以说明用途为主"，举例"力求详实：例子本身就是学习材料"[2]。1978 年版中学语文教学大纲规定："语文知识包括语法、修辞、逻辑、写作知识和文学常识等。这些知识力求精要、好懂、有用。"然而知易行难，20 世纪 80 年代的中学语言知识教材尽管在致用上做了不少努力，但因为过于追求语言知识的系统性，一大堆名称、术语、定义占据了主要篇幅，陈述性知识唱主角，致使实用性知识被挤得几乎没有位置。"淡化语法"的呼声随之而起。叶圣陶呼吁语言学家编写不用语法术语的语法书籍，张志公倡导建立实际应用语言的知识系统，都旨在解决中学语言知识的致用问题。人民教育出版社 20 世纪 90 年代的初中语文教材，张志公主编的北京大学出版社出版的初中语文教材，在语言知识的"有用"

［1］叶至善，叶至美，叶至诚.叶圣陶集：第二十二卷［M］.南京：江苏教育出版社，2004：366.

［2］中国大百科全书总编辑委员会《语言文字》编辑委员会，中国大百科全书出版社编辑部.中国大百科全书：语言文字［M］.北京：中国大百科全书出版社，1988：468.

上做了一些探索，可惜没有继续下去。

中学语言知识教材要致用，就应密切联系学生语言运用的实际。长期以来，人们以为学生的语文能力是遵循语言知识的体系逐步形成的，只要系统地按照语言知识体系去逐项学习，便能获得语言运用能力。中学语言知识教材的编写，往往只是简单地把学科知识体系压缩为教材的语言知识系统。这个系统只是从教科书的课文、学生的作文中摘取一些例子来阐释知识，与学生的读写实践基本上是分离的。这种语言知识教材的教学效果很不理想。现在人们认识到，必须面向学生语言运用的实际，根据学生语言运用中的问题组织语言知识教材。学生运用语言的现状如何，各个学段分别存在哪些问题，这些问题应该用哪些办法去解决等，为解决这些问题而编写的中学语言知识教材，才有可能是有用的。

一般来说，把中学语言知识教材与学生的语言运用实践联系起来，一是要指引学生从丰富的语言材料和实例中，概括出、领悟到规律；二是要指引学生在足够的语言实践中运用、印证这些规律；三是要培养学生观察和分析语言现象的习惯，举一反三，熟练运用语言规律，提高语文能力。如果教材没有通过足量的语言现象就把语言规则赤裸裸地呈现出来，学生面对的只是别人归纳好的干巴巴的名称术语和规律规则，学习目标就容易变成死记硬背这些条文，这样实际上与学生的语言运用实践是分离的。学生感到语言知识学了无用，也就不足为奇了。

反思，是为了更好地前进。下面对中学语言知识教材的编写，提出一些设想。

设想一：改换重点。

新中国成立以来，中学语言知识教材一直以语法为重点。1956年颁发的《初级中学汉语教学大纲（草案）》指出，在汉语教学中，语法教学占有十分重要的地位，学好语法是正确地理解语言和正确地运用语言的关键。为此，制定了《暂拟汉语教学语法系统》，按照这个系统编写的语法知识教材，在1956年汉语课本中占了多数篇幅。20世纪80年代，《暂拟汉语教学语法系统》修订为《中学教学语法系统提要（试用）》。按照这个提要编写的语法知识教材，仍在整个语言知识教材中占主要地位。在人们的心目中，语法知识几乎成了语言知识的代名词。在2001年版、

2011年版义务教育语文课程标准的附录中，关于语文知识，只列出"语法修辞知识要点"，而语法知识占这个要点的五分之四。

以语法为重点，是有深刻的历史和时代原因的。早在清末时期，尤其是五四运动以来，西学东渐，包括语法学在内的西方文化传入中国。先是1898年马建忠的《马氏文通》，引进的是拉丁语语法和英语语法，后是1924年黎锦熙的《新著国语文法》，引进的主要是英语语法。然而，这些著作在当时影响不是很大，直到新中国成立初期，这些舶来品语法学忽然成为显学。原因是斯大林发表了《马克思主义和语言学问题》，批判反对学习语法的学派，指出学习和研究语法的必要性。当时正值全盘学习苏联时期，这个指示变得非常重要。其时相关领导同志正号召全国学习语法。1950年5月21日，《人民日报》发表短评《请大家注意文法》；1951年6月6日，《人民日报》发表社论《正确地使用祖国的语言，为语言的纯洁和健康而斗争》；1951年6月至12月，《人民日报》连载吕叔湘、朱德熙两位学者合著的《语法修辞讲话》。在全国形成学习语法的热潮。

这股浪潮在学校掀得更高。胡乔木同志根据中央政治局扩大会议的决定，领导全国中学学习苏联，实行汉语、文学分科教学。最初是叫语法、文学分科，后来把语法改成汉语，但仍以语法为主。从此，奠定了中学语言知识教材以语法为重点的格局。尽管半个多世纪以来，中学语言知识教材经历了两个马鞍形的发展轨迹，但是以语法为重点这个格局始终没有被打破。

现在到了应该打破的时候了。以语法为重点，不符合汉语的实际，更不符合学生学习汉语的实际。众所周知，印欧语言是形态语言，学习和研究形态语言首先遇到的拦路虎是语法，所以在很长时间内，印欧语言学习和研究的重点是语法学。而汉语则不然，它是非形态语言，学习和研究汉语首先遇到的拦路虎不是语法，而是汉字和词汇。因此，我国古代长期把汉字和语汇作为学习和研究的重点。由于盲目学习西方，20世纪中学语言知识教材才陷入以语法为重点的"洋框框"。

印欧语系用的是拼音字，学生掌握了二三十个字母和一套拼写规则后就能阅读和写作；而汉语用的是方块字，汉字有它的特殊性，一个字有一个字的形体，字的形、音、义之间有很多交叉关系，有多义字、多音字、多音多义字和同音同义异形字等，因此，字要一个一个地学。《义务教育语文课程标准（2011年版）》规定：小学累计认识常用汉字3000个左右，其中2500个会写；初中累计认识常用汉字3500个左右。如果达不到这个标准，阅读和写作都会产生困难。汉字是学习汉语必须过的第一关。

词是构成语言的原材料，在任何语言中都是十分重要的。由于汉语是非形态语言，语言的组合没有形态的约束，同印欧形态语言比较，汉语语汇就显得更为重要。语汇是语言的根本。学生使用语言能力的高低，在相当大程度上取决于掌握语汇能力的高低。国外甚至认为，学生的智力能力同语汇量的多少成正比。从某种意义上说，中学生学语言，主要是扩充语汇，提升运用语汇的素养。初中生应掌握7000个以上的词。语汇是学习汉语必须过的第二关。

汉语语法的特点是，组合语言不像印欧语言那样靠形态变化，而是靠语义、逻辑事理和约定俗成。语言组合灵活，强制性的规律规则少。学生从小习得母语时，语法规则已经融会在语言习惯中。学生在学前阶段已经掌握了基本语法。因此，语法不是学生提高语言运用能力的主要障碍。再说，学习语法必须以丰富的语言积累和一定的语感为基础，初中学生，特别是初一、初二年级学生，语言积累少，语感还不强，系统学习语法知识就很难体会、印证，更难以将知识转化为能力。何况，语法是从外国引进的，至今还没有完全中国化，"真正的汉语的语法"尚未问世，教学语法的主要制定者张志公就说，要"造语法的反"。犹如用西餐餐具吃中餐，这样的语法，初中生凑合着学一点是应该的，作为重点学习实在是大可不必。

综上所述，学习语言知识的重点应是汉字、语汇，并非语法。我国古代语文教育正是遵循这个规律。张志公在《传统语文教育教材论：暨蒙学书目和书影》中说，前人在"文字方面用的工夫特别大，首先用种种办法教学生识字，然后又用种种办法帮助学生巩固已识的字，进而多方面地进行语汇教学，所有有关语汇的书，字典，大都是按义类编排的……语汇是语言的根基……而汉语、汉字的特点，使得语汇之学的重要性格外突出。我们的先人一上来就准确地抓住了语言的根本……接着教学生一些有关文字的基本知识，特别着重在造字的原则，字的结构，帮助学生辨音、辨形；语法方面，则只讲一些虚词用法，此外很少讲词法、句法的知识，而是着重采用属对练习这种方式，帮助学生实际掌握词的运用和句子结构。这些作法显然同汉语汉字特点有密切关系。"[1]吕叔湘认为，中小学学习书面语要依次注意三个环节：首先是识字教学，其次是语汇教学，最后是语法教学。在语汇教学中，鉴于汉语词汇的基本单位还是一个一个的单字，应该把现代汉语中最有活力的两千来字（估计不超过此数）给学生讲清楚[2]。至于语法教学，"初中：不系统地讲语法"，"高中：高三上学期设选修课《现代汉语语法》"[3]。不难看出，从汉语汉字的特点和培养学生语言能力的需要出发，小学应以识字与写字为重点；初中在继续完成识字、写字任务的同时，以语汇为重点；高中不妨以语汇、语法为重点。这中间应特别重视语汇，字离不开词，不能离开词孤立地讲字；讲词，又离不开句，不能离开句孤立地讲词。语汇一头跟字联系起来，一头跟句联系起来，地位十分重要。何况，语言作为表情达意的工具、信息传递的工具、负载文化的工具、思维的工具，主要是依靠语汇来实现的。总之，中学语言知识教材总的应以语汇为重点。

设想二：突出综合。

语文是一门综合性很强的课程，作为语文课程一部分的中学语言知识教材，同样富于综合性。它所对应的主要不是许多相关学科的分门别类的理论，而是运用语言文字的规律和方法。因此，中学语言知识教材不是文字学、语汇学、语音学、语法学、修辞学、逻辑学等各学科的简编本，也不是从各语言学科中各割一块，然后像搭积木一样搭在一起的杂凑本，而是根据培养运用语言文字能力的需要，把相关学科中的一些知识，经过改造、融会、重组，成为综合的、有独立系统的中学语言知识教材。

［1］张志公.传统语文教育教材论：暨蒙学书目和书影［M］.上海：上海教育出版社，1992：111.

［2］吕叔湘.谈语言的学习和教学［M］//吕叔湘.吕叔湘论语文教学.济南：山东教育出版社，1997：39.

［3］吕叔湘.在"中学语法教学研讨会"上的书面发言［J］.中学语文，1991（4）：1.

定型于 18、19 世纪的各学科知识，是以分类为基本特征的。从 20世纪开始，综合性的边缘学科不断出现，并呈现出强大的生命力。在汉语言知识方面，语法、修辞、逻辑虽然属三门不同的学科，但在实际运用中往往联系在一起。汉语在组合时没有形态上的变化，组合就比较容易。选用哪种组合规则，核心是语义问题，衡量标准是表情达意的需要。从表情达意、从语义考虑，就涉及逻辑、修辞问题。事实上，一篇文章、一场演说乃至一副对联，都综合运用了语法、修辞和逻辑知识。张志公说："义理（逻辑）和修辞都不是语法，但对于汉语，义理（逻辑）、修辞和语法实在不可分家。"[1]王力、吕叔湘两位学者多次讲过："我们讲语法，实在是用语法术语在讲逻辑。"[2]

早在 20 世纪 50 年代初，吕叔湘、朱德熙两位学者在《语法修辞讲话》中，就把语法、修辞结合起来，"匡谬正俗"，列举语言运用中所犯的语法、修辞错误，指出错误产生的原因以及改正的方法。张志公紧随其后，他的《修辞概要》从正面结合语法讲修辞，如关于造句，阐述造句的一些基本问题，长句、短句的运用以及语序、语气。"文化大革命"以后，郭绍虞的《汉语语法修辞新探》是又一部把语法、修辞结合起来的力作。在几位学者的引领下，后来不断有同类著作积极跟进。

中学语文界吸收了语言学界的这些研究成果。1978 年颁布的《全日制十年制学校中学语文教学大纲（试行草案）》，就明确要求"语法、逻辑、修辞以及词句篇章的有关知识，可以结合的内容要尽可能结合起来教学"，"例如，辨别同义词，可以把概念的外延与内涵、概念的相互关系这些因素渗透进去；又如，讲单句和复句，可以把关于判断的问题结合起来等等"。按照教学大纲的这个精神，1978 年版、1982 年版的中学语文课本中，编进了《陈述和陈述的对象》《肯定和否定、全部和部分》《形容和限制》《相关·相承·相反》这类尝试把语法、修辞、逻辑结合起来的语言知识短文。毋庸置疑，这类短文符合文章是语法、修辞、逻辑等各种因素的综合体的特点，更切合实用。然而，因为它是综合的，习惯于分门别类教的教师反映"不好教"，致使其不久就在教科书中销声匿迹。现在看来，这不

能不说是一件憾事。

可以说，把语法、修辞和逻辑结合起来，以求实用，是张志公一生的追求。他在 20 世纪 60 年代初，就提出了建立汉语辞章学的设想，于1996 年出版了专著《汉语辞章学论集》。汉语辞章学的一大特点就在于综合性，其包括几层意思：一是指把语法、修辞、逻辑等知识融和起来；二是指把语法、修辞、逻辑知识跟其他语言、语文知识，如文字、语音、词汇知识、文学常识、文章常识、读写知识等融和起来；三是指把语文知识与运用语言的各种能力训练，包括听、说、读、写能力训练融和起来；四是指除上述因素外，还把语言运用中涉及的其他因素，如心理特点、社会因素、民族特点等融和起来。汉语辞章学是一门综合性学科。张志公多次说过，希望汉语辞章学能为编写中学语言知识教材开辟一条新路。期望有识之士不辜负张志公的遗愿，在这条道路上探索前行。

设想三：建构系统。

吕叔湘说过初中不系统地讲语法。2001 年颁布的《全日制义务教育语文课程标准（实验稿）》也指出："不必进行系统、集中的语法修辞知识教学。"显而易见，吕叔湘和课标指的系统，是语法、修辞这样的语言学科知识系统。而本文说的则是中学语文课本的实用语言知识系统，此系统非彼系统，不是一回事。它是综合性的，以致用为目的的知识系统。对于初中生来说，语法、修辞等学科知识不必进行系统学习，而实用语言知识系统却是非构建不可的。

大家知道，系统的知识与不成系统的知识，其价值是不同的。认知心理学认为，只有知识与知识之间建立了某种关系的成系统的知识，才便于人脑贮存、提取和利用，便于将知识迁移为能力；反之，那些支离破碎、无序和没有条理的知识，不便学，不便记，不便用，更不便于迁移为能力。教材应该指引学生在掌握知识的过程中，通过分析、综合、比较、归纳等思维活动，将知识归类，使知识系统化，弄清知识与知识之间的关系，了解每项知识在整个知识系统中的位置和意义，并能运用知识来解决实际问题。

怎样构建中学教材的实用语言知识系统呢？下列几条值得注意。第一，从学生运用语言的实际出发。适应学生发展语言能力的需要，以解决学生语言运用问题为原则，构建教材的实用语言知识系统。上文对此已有所阐述。第二，把各类知识和谐地组织在一起。实用语言知识包括文字、语音、词汇、语法、修辞、逻辑等各类知识，把它们恰当地熔铸起来，成为一个和谐的有机整体。就像一帖中药，需调配得当，相辅相成，绝不能互不搭界或互相干扰。第三，把实用语言知识合理分类，区别处理。有的属于常识，比如，宏观的语言知识、语言和文字的关系、汉语有什么特点等，对形成能力没有直接作用，学生一般了解即可。有的属于方法性、技能性知识，比如，怎样把长句化为短句、怎样使用人称代词，务必使学生多多实践，在实践中把知识化为能力，成为习惯。有的属于理论性知识，比如，名称术语，学生不必深究，只为了认识语言现象和问题时便于称说；又如，某些语言规则规律，不要求学生立即消化，容许其在实际运用中逐步理解把握。第四，在现有语言知识的基础上构建新知识系统。对现有语言知识，或淘汰冗余，或删繁就简，或重新改造。同时，积极引进新的语言知识，比如，语用学、语义学、话语语言学、心理语言学、社会语言学。把新旧知识熔成一炉，一个崭新的实用语言知识系统才可能诞生。此外，这个实用语言知识系统不是作为结果，而是作为动态的过程呈现；不是仅由静态的知识点组成的封闭系统，而是在学生的理解中构建起来的开放的行动方式。学生可以运用，也可以改造和重新建构。

张志公在汉语辞章学中构建的实用语言知识系统，可以作为构建教材实用语言知识系统的借鉴。比如，汉语辞章学把各类实用语言知识综合起来，统摄于词句、篇章的基本训练之中。那么教材的实用语言知识系统是否可以统摄于读、写、听、说语言能力的培养之中？又如，汉语辞章学内容安排的顺序是由大到小：篇章论、句读论、语汇论、字论。语言理论研究一般从小到大，即语素、词、句、篇；而学生观察、理解和分析语言一般是由整体到局部，由宏观到微观，语言单位由大到小，即篇、段、句、短语、词。

新中国的中学语言知识教材已经经历了六十多年的风风雨雨，却始终不很理想，这实际上是"五四"以来东西方文化"对话"的折射。中学语言知识教材至今没有完全走出"食洋不化"的阴影，传统语文教育也没有完成现代化转型。成熟的中学语言知识教材的出世，尚须假以时日。促使它早日诞生，是每一位语文工作者的神圣职责。

五、写作教材改革设想

改革开放以来，我国写作教材发展迅速，不断革新，不妨做一番梳理。

1. "知识——传授"教材

我国传统的作文教学轻视知识。鲁迅以他的亲身经历说："从前教我们作文的先生，并不传授什么《马氏文通》《文章作法》之流，一天到晚，只是读，做，读，做；做得不好，又读，又做。他却决不说坏处在那里，作文要怎样。一条暗胡同，一任你自己去摸索，走得通与否，大家听天由命。"[1]

新文化运动以来，西方的语法学、修辞学、文体学等理论知识引进中国，作为现代写作理论的基础，成为作文教学的主要内容。人们认为，作文教材的主要功能，就是讲述一整套写作知识，以便学生把写作知识迁移为写作能力。这样一来，就为"暗胡同"装上了"电灯"，使学生从暗中摸索转为明里探讨。

20世纪70年代末80年代初，写作知识教材风行天下。这些教材一般包括"八大块"：主题、题材、结构、表达、语言、文风、修改、文体。主要是文章学体系的知识，静态的陈述性知识。当时，有些同志错误地认为只要学生熟谙了"八大块"条条，把它们转化为能力，写作就过关了。这里有三点误解。第一，知识分为几类，如陈述性知识、程序性知识、策略性知识。其中，程序性知识又称操作性知识，可以通过实践转化为能力；陈述性知识一般不具有可操作性，无法直接转化为能力。而"八大块"恰恰大都是陈述性知识。第二，有些学科的能力是直接由知识转化而来的，要训练能力必先传授知识，但写作能力却不完全是这样，一般是通过实践，在实践的基础上初步形成，然后再通过知识的学习达到自觉掌握、日臻完善的。第三，只能在写作实践中学习写作，写作知识

---

[1] 鲁迅. 二心集·做古人和做好人的秘诀[M]//鲁迅. 鲁迅全集：第四卷. 北京：人民文学出版社，1981：270.

只是起辅助作用。如果写作知识喧宾夺主，即使把"八大块"知识条文倒背如流，也无助于写作实践能力的提高。

平心而论，对于提高写作能力，写作知识有用，但用处有限，且需发挥得当。首先，在学生经过了一定的写作实践，写作已略有经验，换句话说，感性认识已经有所积累，这时候接触写作知识，最为适宜。有助于把感性认识提高到理性认识，把握一些规律性的东西，知其所以然。如果在学生对写作没有或只有很少感性认识的时候，就贸然把写作知识塞给学生，学生对写作知识无法体会、印证，不仅不能形成理性认识，反而会陷入迷茫状态。其次，写作知识教材一般供初学写作者学习，通常写得简明具体，而文章的写法变化多端，人说"文无定法"。因此，学习写作知识，要领悟教材的精神，而不能将其当作法条，以为非照办不可。如果胶柱鼓瑟，固执拘泥，不能变通，反而有碍于写作水平的提高。最后，写作知识主要是在自己的写作实践中，经过不断的积累、归纳而逐步形成的，作为参考材料的写作知识教材，可以对自己写作知识的形成助一臂之力。也就是说，学习写作知识教材是手段，形成自己的写作知识才是最终目的。

由此可见，以陈述性知识为主的写作知识教材，难以有效提高学生的写作能力。

2."能力——训练"教材

由于写作知识教材教学效果不佳，于是从 20 世纪 80 年代中期开始，写作教材把重心转移到写作能力训练，由此蜕变为能力训练教材，注重在训练中提高写作能力。然而，经过一二十年的"惨淡经营"，人们沮丧地发现，写作教学效率并没有较大提高，社会上依然响起"中小学生写作水平低下"的责难声。原因何在呢？

第一，写作水平的提高依靠人的综合素养，综合素养包括智力因素和非智力因素，不能片面地只归结为能力训练。新世纪语文课程标准把综合素养分为三个方面：知识与能力、过程与方法、情感态度与价值观。这三个方面相互渗透，融为一体。叶圣陶说过："话与文都不是可以'做作'的，有几分品德知识能力只能说几分的话，写几分的文。只会打折扣，不会超过增多（如果说或写的时候马虎就会打折扣）。所以说或写似技能而非技能，实际是其人的表现，一封信如此，一部小说一首诗也如此。"[1]
其实，古人早有言在先。清代袁枚说："作史三长：才、学、识，缺一不可。
余谓诗也如之，而识最为先；非识，则才与学俱误用矣。"[2]清代章学诚
也说，一个人在才、学、识三者上，"得一不易，而兼三尤难"，而写作
恰恰需要三者得兼。因为"非识无以断其义，非才无以善其文，非学无
以练其事"[3]。这就是说为人治学需要综合素养，其中，"识最为先"，但
离不开"才、学"，反之亦然。事实也证明，如果不具有一定的学养和阅历，
对写作没有正确的态度和动力，只靠训练写作技能，写作水平是难以得
到提高的。丰富综合素养，同时训练技能，才是提高写作水平的必由之路。

　　第二，能力的养成不能只靠训练。我国不少文章中能力与技能不分，
其实能力与技能是两个概念。技能是通过学习或训练而获得的一种动作
经验，是一种合乎客观法则要求的活动方式。而能力则是为了顺利完成
语文活动而在个人身上经常而稳定地表现出来的心理特征，它不是指完
成语文活动的具体行动方式，而是指调节这些行为方式的心理品质，它
是长期教育和培养的结果，不是在较短时间内通过针对性练习就能提高
的[4]。能力的培养离不开技能的训练，但不能只靠训练。养成能力，与个
体的情感、意志、性格等心理品质密切相关。而这些心理品质的获得，
训练是无能为力的，只能在长期潜移默化的实践活动中，通过熏陶渐染
的途径逐步养成。孟子说，"梓匠轮舆能与人规矩，不能使人巧"。陆游说，
学习写诗，"工夫在诗外"。这"巧"、这"诗外工夫"，决非由训练得来。

　　第三，机械训练贻害无穷。从 20 世纪 90 年代以来，受应试教育的
影响，写作教材逐步陷入机械训练的泥潭。毫无疑问，为提高学生的写
作水平，应该加强写作技能训练。这训练，是指科学训练。科学训练不
是嫌多，而是嫌少，但若是陷入机械训练，就走向了反面。机械训练最
大的弊端是把一些写作规矩、技巧变成教条，要求学生按照这些教条写
作义，结果这些教条变成捆绑思想的绳索。学生写作变成"依样画葫芦"

[1] 叶圣陶. 叶圣陶教育文集：第三卷 [M]. 北京：人民教育出版社，1994：551.
[2] 袁枚. 随园诗话：卷三 [M]. 顾学颉，校点. 北京：人民文学出版社，1960：87.
[3] 章学诚. 文史通义校注·文德 [M]. 叶瑛，校注. 北京：中华书局，1994：279.
[4] 章熊. 语文教学沉思录（四）[J]. 中学语文教学，1997（4）：3-6.

的简单劳动，一种程式化的填空行为。比如，写叙事性作文，框框就是见景—入境—抒情—升华—煞尾点题。其结果是千文一面、万口一词，不仅使学生作文程式化，而且思维也程式化。至于教套题作文、馅饼作文、宿构作文，就更等而下之了。

3. "素养——养成"教材

知识是必要的，但不能喧宾夺主；能力是要培养的，但不能机械训练。"知识—传授"与"能力—训练"都片面关注写作客体——写作知识技能，而忽视写作主体——人的发展。早在20世纪90年代中期，特级教师于漪就大声疾呼，语文教育，包括写作教育，应当从片面追求工具意义的技术教育转变为真正关注学生心灵的人文教育，在培养学生语文能力的同时，融合人文素养。

21世纪初颁布的语文课程标准充分吸收了于漪等专家的研究成果，提出"素养—养成"的教育模型。"素养"是目标，"养成"是手段，目标与手段都注重一个"养"字。这是把学生从机械训练枷锁下解放出来，把学生作为教育的对象，更当作教育的目的。这是教育本质的回归。

"素养—养成"教育模型是对"能力—训练"教育模型的超越。教育部语文课程标准（实验稿）研制组组长巢宗祺教授解释说："长期以来我们已习惯了的'语文能力'是指读写听说的能力。课程标准所提的'语文素养'包括：字词句篇的积累，语感，思维品质，语文学习方法和习惯，识字写字、阅读、写作和口语交际的能力，文化品位，审美情趣，知识视野，情感态度，思想观念。'语文能力'包含于其中。实际上这里面种种内容在以前的语文教育中也必然涉及到，但不能都归在'语文能力'的范围之内，语文课程需要有一个名称能够涵盖这样一些教育教学目标。我想，就是基于这样的出发点，考虑用'语文素养'的名称，把上述内容都纳入语文课程的目标体系。作这样的改动，不仅仅是在名称上做文章，其目的在于进一步开发语文教育在'实用'之外的功能，重视语文课程实施过程中增强底蕴、提高修养的功夫。"[1]语文课程标准把语文课程目标定位在"语文素养"的全面提高上，使语文教育目标从"知识和能力"

［1］巢宗祺. 关于语文课程性质与基本理念的对话（一）［J］. 语文建设，2002（7）：23.

一维，扩展为"知识和能力""过程和方法""情感态度和价值观"三维，不仅消除机械训练的弊端，而且更有利于学生语文能力的提高和精神的发展。

有的同志对语文素养的提法不认同，担心提出语文素养会使语文课程负荷过多，影响学生语文能力的提高。这是一个误解，似乎"过程和方法""情感态度和价值观"与"知识和能力"是互不相干，甚至此消彼长的，殊不知，它们是融为一体的。前二维可以帮助后一维，上文提到，"知识—传授""能力—训练"只突出后一维，由于没有前二维的支撑而寸步难行。何况，提出语文素养，还为了使学生除学到技能外，心灵得到滋养。

与上述问题相联系，有的同志对课标不把"训练"作为核心词而另外提出"养成"颇有微词。其实，新课程只是反对机械训练，对科学训练还是重视的，"养成"包括训练。《全日制义务教育语文课程标准（实验稿）》指出："语文教学要注重语言的积累、感悟和运用，注重基本技能训练，让学生打下扎实的语文基础。"应该说，用"养成"代替"训练"，更符合语文学科的特点和语文课改的精神。

21世纪初的中学写作教材，基本上是遵照《全日制义务教育语文课程标准（实验稿）》的这个精神编制的。以人民教育出版社出版的2003年版《普通高中课程标准实验教科书·语文（必修）》的作文部分为例，它贴近生活，与学生的生活体验和思想认识紧密结合，确保学生写作的主体地位。它编排20次作文，就有20个话题，包括人与社会、人与自身、人与自然等三个方面，都是现实社会中生活、生产的热点问题，学生思想、生活和学习中的重大问题以及学生最感兴趣、最为关心的一些问题。引导学生探讨这些问题，有利于学生发现社会、发现自然、发现自我，在发现中发展自己的个性，提升写作水平。以这些话题为内容的写作，自然而然地成为学生生命活动的一部分，适应学生精神发展的需要。

4."立言——立人"教材

21世纪初，新语文课程标准颁布同时，有一套《新语文写作》系列丛书问世。这套丛书宣告，写作是一种精神体验和生命活动，"立言—立人"是写作教材的出发点和归宿。丛书编者声称："作文，不是获取分数的工具，不是掌握文章做法、技巧的手段，而是'立言—立人'的途径。""抒写自己的感受，发表自己的见解，以和别人对话、交流，这是人之为人的天性，或者说是人之为人的基本需要。""自由忠诚地表达自己，孩子将会从中得到愉悦感、解放感和满足感，并且变得善于表达。另一方面，表达自我的过程，同时也是寻觅自我、发现自我、实现自我、超越自我的过程。"[1]

《新语文写作》把"对话"和"发现"作为丛书的关键词。始终强调，作文就是"对话"，就是与自我、他人、社会以及自然的对话，是用语言文字向他人、向社会传达自己的情感和观点。在这个过程中，学生将不断丰富和发展自我，使朦胧模糊的、杂乱无序的、粗糙的思想感情变得明晰、完整、系统。在这个过程中，可以发现自我、发现社会、发现大师，并在发现中实现生命的开发和提升。[2]

有学者对《新语文写作》的基本理念提出质疑，认为新语文写作的基本理念是基于浪漫主义哲学。浪漫主义注重自我、注重自我的内心，强调人的自主性，强调人在自然状态下的自由境界。浪漫主义认为人的自我有一个内在的深度，在深不可测的内心中存在着精神和精神得以生长的土壤，浪漫主义因此而希冀人的个性的高度发展。也因此而反对"规训"，把"规训"视作是束缚人、压迫人、妨碍人的精神自由，甚至是反人性的东西。表现在语文教育的观念上，浪漫主义当然强调语文学习的自主和自由，强调作文应该真诚，应该说出心里话，等等，而不认为作文有规范，作文也是一种训练。这样一来，就出现了非常大的毛病：几乎没有可操作性[3]。

当然，事实上，《新语文写作》并没有完全置写作知识技能于不顾。《〈新语文写作·初中卷〉编者的话》就声明："整套书是以学生精神成长、心理发展、日常生活为经，而以写作理论、写作技巧为纬，编织一个个单元，设计一道道作文题的。"[4]《〈新语文写作·高中卷〉编者的话》也声明："本

［1］冯玥. 让写作成为贯穿孩子一生的精神活动［M］//钱理群.《新语文读本》：一段历史，一个故事. 南宁：广西教育出版社，2007：270.

［2］同［1］273.

［3］薛毅. 反思新语文观念［M］//钱理群.《新语文读本》：一段历史，一个故事. 南宁：广西教育出版社，2007：325.

［4］钱理群.《新语文读本》：一段历史，一个故事［M］. 南宁：广西教育出版社，2007：62.

书编写着重实用性。通俗地说，就是针对一个问题，教你一个方法，帮你出个点子，打开一些思路。"[1]可见，还是有一定可操作性的。

问题在于,《新语文写作》旨在"立言—立人",而"立人"是整个教育、整个文化乃至整个社会的任务。换言之,怎样把"立人"任务语文化？《新语文写作》坚守自由写作、个性发展,而写作讲究规范、严格练习,二者怎样达到平衡,融为一体？这是两个需要进一步解决的问题。

5."言语生命——自我实现"教材

21 世纪肇始，潘新和在他的《语文：表现与存在》中提出，以"言语生命"作为语文教育的核心概念，建立"言语生命动力学"语文教育理论和实践体系。他认为，现代语文教育以应付社会和生活需要为宗旨，忽视人内在的生命、精神需要。在人本主义看来，人的言语要求，既外在于生命，又内在于生命，归根结底是内在于生命的。因此,应内（生命）外（生活、社会）同致，以内为本，以言语生命意识的培育为本。他主张，从当代重言语技能训练转向重言语动机和人格的养育，从重语文素养的培养转向重言语生命本性的养护，顺应言语生命的天性、个性，扶助言语生命的成长,引领言语上的自我实现,促成每一个言语生命的最大发展。

潘新和从"言语生命动力学"出发，指出理想的语文教材应以写作为中心，可分为三本。

一本是供课堂教学用的教材。体现"以表现（说、写）为本位"的"创造发展"型语文教育理念，具有可操作性、可教练性，内容以说、写教学为中心，听、读、说、写诸方面相互联络、相互迁移，以期相生共长、相得益彰。其功能主要是提高言语表现的"创造发展"素养，特别是写作方面的"创造发展"素养。演说与辩论这两种体式，最具兼容性与生长性、创造性与发展性，可听、可读、可说、可写;又具有很高的智能性、展示性与竞争性，能激发学生的创作动机、兴趣、热情与斗志，堪称最佳教练体式，可作为教材"主打品牌"，以此为基本载体，设计、构造教学单位。一本教材（用一个学期）可由三个或四个教学单元构成，每一单元听、读、说、写教学兼备，有理有趣、有静有动、有议有评、知行

---

[1]冯玥.让写作成为贯穿孩子一生的精神活动［M］∥钱理群.《新语文读本》：一段历史，一个故事.南宁：广西教育出版社，2007：65.

递进，周而复始。

一本是自读教材。自读教材是基础性、辅助性的。它可以独立成册，其基本功能是提高学生的文体感、语感、感悟力、想象力、创造力及认知、学识与人文素养，培养学生形成良好的阅读习惯、方法、趣味、品位，等等。在老师的指导下，学生一般通过自读能够实现这一目标。如果教材编得好，即使教师不进行指导，只要求学生通过查询工具书和相关资料，适量地写些读书笔记，持之以恒，也能奏效。

一本是任课教师自编的补充教材。内容由三个方面构成：一是教师视野中的好文章（主要是时文），一是学生习作中的优秀文与问题文，一是教师自己的"下水作文"。这本教材可取活页式，随编，随印，随发。教材由教师自编，教师用起来自然特别顺手。选文又切近学生，十分新鲜，易使学生产生兴趣并从中获益。

两本通用教材，学生一方面从阅读中广征博采、往还吐纳，一方面从言语"斗智竞技"中经受摔打磨炼。另加一本自编教材，与学生的言语学习、表现极为切近地相感通。如此三管齐下，相信学生的言语生命可获得长足发展，从而最终走上追求自我实现的"言语人生""诗意人生"[1]之途。

与一般读写分编的纯粹的写作教材不同，这是综合型教材，只是以写作为中心。在这一点上，与北京景山学校以"写作为中心，阅读为基础"的教材相类似。当然，它的"言语生命—自我实现"的宗旨更带理想色彩。

6."以生立写——见心成文"教材

2013年，广东省教育研究院研究员、正高级教师、特级教师王土荣花了30年时间写成的专著兼教材《学生写作学》出版。这部大作基于学生的身心发展规律来创造性地构建新的写作理论与写作实践，以顺应与引导学生的身心发展的写作实践来发展学生的写作能力。核心是以生立写，见心成文。"生"，是学生，以学生为主体；"见"，是显现；"心"，是心得。学生写作必须顺应与引导学生的身心发展，反映学生的身心发展，并以写作促进学生的身心发展；基本目标是学生身心发展的文字化、文

---

[1]潘新和."表现—存在论"语文学视界［M］.北京：人民出版社，2015：97-98.

章化，即以文章的形式记录学生自己的人生教育成果；最高的境界是以创造性的写作培养学生身心发展中的创造精神与写作能力。

《学生写作学》这部教材的特点是，立足于一个成长发展中的"人"来构建"言为心声"的写作。重在自我表达，表达个人的思考、意念与独特感悟，是十分个性化的，不在意别人的感受与反应。教材中提供的写作选题或选项都是自助餐式的，如吃喝玩乐、衣食住行与人、事、物、理相融合的系列选题，学生可以根据自己的成长需要与个性特长，在自主选择中自由写作。

《学生写作学》建立了三级写作体系。

第一级（一至六年级），基础性写作。小学生处于形象思维阶段，思考问题以实物印象为主，因此，不妨直接引导学生写自己接触到的、听到的、见到的、感受到的事物，如同美术中的素描。主要内容是让学生在接触实际的人、事、物、理时，写正在接触的人、事、物、理。吃时写"吃"，穿时写"穿"，玩时写"玩"，学习时写"学"，主要培养写作的兴趣与习惯。

第二级（七至九年级），"我"的写作。中学生的思维已经有了质的飞跃，即从完全的形象思维向抽象思维过渡，理论的指导作用越来越明显。因此，可以从理论与实际操作两个方面做指导。写作的内容是学生的身心发展加自己的兴趣爱好，要掌握基本的写作方法，写出个性化的自我。嘴的写作，如向好友谈心中的喜怒哀乐；身体的写作，如写一次游戏；眼睛的写作，如写观察一朵海棠花；耳朵的写作，如写听到大自然的种种声音；双手与鼻子的写作，如写摸一片叶子、闻一朵花；心灵的写作，如写对某事的感悟。总之，写"我"关心的人、事、物、理，突出"我"的个性。

第三级（高中），思想性写作。高中生的思维发展更为成熟，更应从理论与实践两个方面进行指引，引导学生做个有思想的人。学生在作文中，基于自己独特的生命体验和思维方式，能够提出自己的想法和见解。引导学生感悟人生与世界，可以运用一些思维规律，把感悟、思维活动诉诸文字，即是高质量的作文。引导学生掌握基本的写作模式，目标是不仅把写作作为交流思想感情的手段，同时将其当作提高思维品质和个人情志境界的途径。

《学生写作学》这部教材别具一格。它真正以学生为主体，一切从学生的实际出发，以学生的发展需要为目的的。它建立在大量的调查研究的基础上，经过定性、定量的科学分析，又经过多次反复的实验，具有较强的可操作性，具有推广的价值。它以中外先进哲学思想和教育理论为指导，从整体到细节都有学理依据，从这个意义上说也是较为出色的教材。

上述六种类型的写作教材，是我国新时期以来写作教材改革的一个缩影。进入新时期后，我国的教育改革"先是几乎竭尽全力强调知识的学习；接着不满足于知识的学习，要求通过知识的学习，培养学生的能力、智力；逐渐地又提出利用和培养非智力因素的课题；80年代末90年代初，教育界形成共识，要与国际上相呼应：教育要发展学生整个的个性，真正使个人全面发展的理想和理论走向现实和实践"[1]。随着这个教育改革大潮，写作教材也从注重知识传授转变到强调能力训练，再发展到重视非智力因素，全面养成语文素养，21世纪起又转向养护言语生命，发展学生个性，培养全面发展的人。改革步步深入，成绩不容低估。

当然，必须继续增强改革的力度，着重解决好下列关键问题。

1. 力求学生发展、知识技能、社会需要三者的完美结合

国内外教育学家早已达成共识，教育要在学生个性发展规律、学科知识技能体系、社会需要三者上达到平衡。写作教材要以学生个性发展为着力点，同时必须兼顾写作知识技能体系和社会需要。

当下，人们都意识到写作教材要以人为本，以学生为主体，以学生的个性发展和写作能力的提高为目标。"立言—立人""言语生命—自我实现""以生立写—见心成文"三种类型教材就是以这种理念为指引的。不过，这中间有一个不可回避的问题：怎样处理发展学生个性与提高学生写作能力的关系？

且看苏联心理学家、教育家赞科夫是怎样处理这个问题的。他强调，教学要使学生得到"一般发展"，即身心的全面发展，包括情感、意志品质、

[1] 王策三. 认真对待"轻视知识"的教育思潮：再评由"应试教育"向素质教育转轨提法的讨论[J]. 北京大学教育评论，2004（3）：21.

性格和集体主义思想的发展。为此，关于作文，他主张从小学一年级起，就引导学生写自己的思想，说自己的话；反对用复述和列提纲的方法指导作文，以免压抑学生的思维和个性，致使作文千篇一律。他提倡学生"自由创作"，爱写什么就写什么，爱怎么写就怎么写，能写几句就写几句，使学生有充分的空间表达自己的思想感情。那么，他是不是忽视知识、技能教学呢？不是。赞科夫认为，语文学科的特殊性决定了它必须让学生掌握字、词、句、篇、听、说、读、写的知识技能。一是直接去掌握，二是间接去掌握，即推动学生的"一般发展"，而掌握知识技能是"一般发展"的必然结果。他指出，语文教学应该"两条腿走路"。换言之，让学生掌握知识技能与推动学生"一般发展"是同一个过程的两个方面，是相辅相成的，"一般发展"是在落实字、词、句、篇知识技能的过程中进行的。同时，矛盾的主要方面是"一般发展"，它是学生掌握字、词、句、篇的心理学前提。总之，把眼睛盯在"一般发展"上，把功夫落在字、词、句、篇知识技能上。赞科夫说："教学法专家们中间流传着这样一种看法，认为在学生发展上下功夫似乎就会损害技巧的巩固。然而，这是极大的误解。学校在促使学生发展方面所作的工作，并不要求为此抽出任何专门的时间，因为这种工作完全是在丰富学生的知识和培养他们的技巧这一进程中进行的。反复的检验说明……学生在发展上的进展，对他们掌握自觉而巩固的技巧是起推动作用的。"比如，有人担心，不给学生讲文章结构知识，恐怕学生作文会缺乏逻辑性。赞科夫认为，任何一种现成的文章结构，都无法容纳生动活泼的思想，相反会限制这些思想的自由表达。学生只有在深刻地、全面地认识现实生活的基础上，在头脑里形成的不是支离破碎的片段，而是事物之间的联系，能把所感知的现象的各个方面有机地结合起来，才会有认识与感受的系统性，写出来的作文才会有条理[1]。

实际上，《新语义写作》主张"通过'立言'来'立人'"，让学生首先"借助语言文字'站起来'"，那就得掌握语言文字。要掌握语言文字，就无法避开字、词、句、篇等知识技能。对文章做法、作文技巧不屑一顾，

---

［1］吴立岗.赞科夫的小学语文教学新体系［M］// 吴立岗.语文教育寻踪：吴立岗小学语文教育文集.北京：人民教育出版社，2010：3，7-8，23.

是不可能"立言"的，当然也不可能"通过'立言'来'立人'"。如赞科夫所指出的，要把学生的个性发展跟掌握写作的知识技能统一起来，达到平衡。一方面，引导学生在实践中学习写作的知识技能，以"立言"；又通过"立言"，使学生的情感、态度和价值观获得提升，从而"立人"。另一方面，引导学生有个性地全面发展，丰富思想，熏陶情操，净化心灵，可以有力地促进学生写作水平的提高，为"立言"提供前提。这两方面互相补充，相辅相成。过去，喧宾夺主，传授知识为主，注重机械训练，固然是失误。现在，摒弃知识技能，只管"立人"，难免也会失误。只有二者紧密结合，才是正确选择。这与新世纪语文课程标准提出的"知识和能力""过程和方法"与"情感态度和价值观"这三维融为一体，精神上是一致的。

这里要强调的是，在二者之间，一是要以学生的发展作为着眼点取得平衡，因为学生的发展是矛盾的主要方面。二是要在提高学生写作知识技能水平的过程中，求得学生的个性发展。

发展学生个性不仅要与培养写作能力统一起来，还要与社会需要紧密结合。新时代党的教育方针规定，要培养德智体美劳全面发展的社会主义建设者和接班人。社会需要的是体现社会主义核心价值观的健康个性，通过写作培养的学生个性就是这样的个性。事实却不乐观。以风头十足的"新概念"作文大赛为例。大赛评委会主任王蒙曾说，他目睹"新概念"蒸蒸日上，但是他还是禁不住害怕，在"新概念"的作文里呈现这么一种趋势：过于求新、求怪、求另类。

在教育学中，人的个性是共性与个性的统一。所谓学生的个性发展，其中已经包含学生一般水平的发展和共同标准的达成。过去的程式化作文，只注意共性，忽视甚至扼杀个性，为人们诟病。现在提倡作文张扬个性，但不能放松学生共性的发展，而且要求在个性中蕴含丰富优秀的共性。叶澜说，教学过程的基本任务是使学生学会实现个人的经验世界与社会共有的"精神文化世界"的沟通和富有创造性的转换，逐渐完成个人精神世界对社会共有精神财富富有个性化和创生性的占有。换句话说，学生一般水平的发展和共同标准的达成是个性化的，与个别性结合在一起的。写作教材引领学生在写作中塑造的个性，应该尽可能体现丰富的共性，即社会主义核心价值观，以符合社会的需要。至于那些在创新旗号下渲染自私、偏执、冷漠、狂妄、蛮狠、低俗的作文，实际上张扬的是人性的弱点，有害于社会，必须清除干净。写作教材编者必须时时牢记，要发展符合社会需要的健康个性，关键在于要正确引导，对片面求新、求怪、求另类的个别性给予批评教育，对阳光、真诚、纯朴、崇高的个别性，要大力发扬光大。总之，尽力使每一个青少年都在作文中发展合乎社会需要的健康个性。

此外，要将把握写作知识技能与社会需要统一起来。传统的作文教材，往往着力训练铺陈、渲染、描绘、形容的技能，要求面对一把扇子、一阵清风，也能写出一大篇文章来，根本不考虑社会需要。这种遗风或隐或显地影响着目前的某些作文教材，比如，片面传授写作获取高分的技能、写作过考试关的技能，而跟社会上的实际应用毫不搭界。这种弊端必须清除，应该训练社会需要的写作技能。

2. 关于写作教材体系：大体须有，定体则无

构建写作教材体系，是近百年来语文教育工作者的不懈追求。上文所举的六种类型的写作教材都自成体系。当然，成体系的写作教材远不止这六种，还可以举出很多。不过，有学者对此提出质疑，写作教材具备并且需要一个严密的系统与结构吗？也有学者对这质疑又提出了质疑：写作教材如不能构建体系，那么教材的科学性表现在哪里？本书的意见是，写作教材需要而且可以构建体系，这体系的特征是：大体须有，定体则无，在有与无之间。

写作教材是需要体系的。在很长的时间内，我国写作教材没有体系，致使写作教学无所遵循，有很大的随意性，甚至"脚踩西瓜皮，滑到哪里是哪里"。学生只是受到零碎、简陋的写作教育。就是在当下，这种现象也没有完全绝迹。这就造成写作教学质量低下，影响学生的成长，不合乎社会的需求。

写作教材是能够构建体系的。写作不同于数理化学科，数理化有学科知识的逻辑系统，而写作知识的内在逻辑特征并不特别显著。蔡元培、叶圣陶、吕叔湘三位学者都说过语文教育不同于工业，而类似农业。说到农业，得讲究天时、地利、人力的条件，何时播种、何时松土、何时

灌水、何时除虫、何时锄草、何时收割，都有一定的规律。农业生产既然如此，类似农业的语文教育，包括写作教材，构建大体上的体系，不是十分正常的吗？

再说，写作教材体系的构建，需要符合学生心理，适应学生思维的发展。而大量成熟的心理学研究已经揭示了学生思维发展的规律，为写作教材构建体系创造了条件。朱智贤、林崇德两位学者的研究表明：幼儿从出生到三岁，主要是直观动作思维；幼儿期或学前期，主要是具体形象思维；学龄初期或小学期，主要是形象抽象思维，即处于从具体形象思维向抽象逻辑思维的过渡阶段；少年期，主要是以经验型为主的抽象逻辑思维；青年初期，主要是以理论型为主的抽象逻辑思维[1]。这与皮亚杰的研究结果基本一致，可以此为理据，构建写作教材体系。

对于构建写作教材体系，其实已经积累了一些经验。业界比较认同的，有以下三个方面。

第一，先放后收。这是我国传统作文教学经验。初学写作时，鼓励学生写"放胆文"，由学生根据自己的情况自由写作，率性为文，可以自立题目，自选题材，自择文体，自定写作的时间和场所，让学生把文章写"开"，把笔头写"顺"，同时写出真情实感，不抄袭、不硬套、不瞎编。等学生有了一定的写作基础，就鼓励学生写"小心文"，要"收束"笔墨，讲究"规矩"。由粗入细，由俗入雅，由繁入简，由豪荡入纯粹，更上一层楼。"收"应是学习写作过程中，学生在教师指导下的自我超越。先放后收，还是以放为主。

第二，先规矩而后巧。"没有规矩不成方圆。"学习写作，必须掌握写作的规矩。规矩是可教可学的，把握了规矩才能进一步求巧，规矩是巧的基础，但巧可遇而不可求。写作训练的目标是合于规矩，写得多了，有可能生出巧来。朱光潜把写作发展的程序划分为四种境界："疵境""稳境""醇境""化镜"。"疵境"是"驳杂不稳"，毛病很多；"稳境"是合乎规矩，却不精彩；"醇境"是凝练典雅，极人工之能事；"化境"不仅显示出纯熟的功夫，而且表现出高尚的人格。他说，由"'疵境'到'稳

[1]朱智贤，林崇德.思维发展心理学[M].北京：北京师范大学出版社，1986：135.

境'最需要下功夫学规模法度,小心谨慎地把字用得恰当,把句造得通顺,把层次安排得妥帖"[1]。至于"醇境""化境",靠教学难以达到,学生作文融入"稳境",把握了作文规矩,已属不易。巧,是终身追求的事情。

第三,先记叙而后论说、抒情。朱光潜认为,宇宙间一切现象可以纳到情、理、事、态四大范畴里去。"情"指喜怒哀乐之类主观的感动,"理"是思想在事物中所推求出来的条理秩序,"事"包含一切人物的动作,"态"指人物的形状。作文的材料不外这四种,所以,作文通常分为言情、说理、叙事、绘态(亦称状物或描写)四大类。四类作法对于初学者而言有难有易,初学宜由易而难,循序渐进。他指出,说理文可缓作。因为说理文需要丰富的学识和严谨的思考,这恰是青年人通常所缺乏的,他们没有说理文所必备的条件而勉强作说理文,势必发空洞的议论。青年人想象力丰富,应该趁此及时引导学生学会驾驭具体的情境,让世界活现于眼前,不只是一些冷冰的理。舍想象不去发展,只耗精力去说理,结果心里就只会有"理"而不会有"像",违反学生心理发展和语言发展的规律。言情文也可缓作。一是因为情感迷离恍惚,不易捉摸。青年人容易感受情绪,却不容易于沉静中回味情绪。回味之后,表现情绪必借叙事绘态,如果没有先学叙事绘态,言情文决不易写得好。二是因为情感自身也需要陶冶修炼。人生经验愈丰富,事理观察愈深刻,情感也就愈沉着,愈易融化于具体的情境。青年人的情感来得容易,也来得浮泛,因此难以写好言情作品。说理文、言情文都缓作,剩下来的只有叙事、绘态两种。事与态都是摆在眼前的,极具体而有客观性,比较容易捉摸,好比习画写生,模特儿摆在面前,看着它一笔一笔临摹,如果有一笔不像,还可以随看随改。紧抓住实事实物,决不至堕入空洞浮泛的恶习。叙事与绘态之中还是叙事最要紧。叙事文与绘态文做好了,其他各体文自可迎刃而解。[2]

应该指出,写作教材体系、序列是大体上的、是灵活的,决不是固定的、僵化的、一成不变的。比如,"先记叙而后议论、抒情"。第一,有的写作教材一定要记叙文写作过了关,才把议论文、抒情文写作提上日程;在记叙文写作没有过关之前,议论文、抒情文写作被视为禁区。其实,"先

[1]朱光潜.谈文学[M].合肥:安徽教育出版社,1996:124-125.
[2]朱光潜.谈文学[M].合肥:安徽教育出版社,1996:41-44.

记叙",完全可以以记叙文写作为主,兼顾议论文、抒情文写作。"后议论、抒情",也就是不再以记叙文写作为主,可以议论文、抒情文写作与记叙文写作并驾齐驱。第二,我国多数写作教材,一般都是到初中才开始安排议论文、抒情文写作。按照皮亚杰、朱智贤、林崇德的心理学研究结论,小学生处于从具体形象思维向抽象逻辑思维的过渡阶段,因此,议论文写作可以提前到小学高年级。第三,学生的个性与特长不完全一样,有学生以解说见长,有学生以议论居优,有学生钟情于抒情,有学生喜欢夹叙夹议。那么,完全可以根据他们的情况区别对待,不必死守"先记叙而议论",不必强求一律。

有学者认为,写作教材不应有体系和序列。美国佛罗里达大学教授傅丹灵说:"在美国最喜欢搞序列和体系的是出版商,因为有利可图。这种教材出版了也失败。""写作多难教啊,靠一个课本、一个体系就能解决学生的困难?这等于把老师手脚都捆住了,每个人思想必须整齐划一,怎么可能呢?"她引用《写作教学革命化》一书的作者唐纳德·莫里的看法,"没有任何一本课本能让学生写作成功,按课本体系教写作完全是错误的","写作教学只有跟着学生走,不能跟着课本走"[1]。

傅丹灵的看法并非全无道理,但要对教材体系做具体分析。试想,如上文所说,写作能力的养成有一定的规律,这规律对一般学生大致上是适用的;青少年思维和智力的发展,也有一定的规律,这规律对绝大多数学生也应该是适用的。那么,体现这些规律的写作教材体系怎么可能完全是错误的呢?当然,即使处于同一年龄段的学生也往往有不少差别,他们写作的起点不一定相同,他们的个性和特长不大一样,他们写作上存在的问题各种各样。如果写作教材体系不兼顾这些情况,而片面追求体系的所谓严谨周密、整齐划一,那么的确成了捆绑师生手脚的绳索,是错误的。所以说,写作教材体系"定体则无"。然而,如果写作教材体系既体现一般学生写作能力养成和思维发展的共同规律,又兼顾不同学生不同的个性和特长,这体系是大体上的、灵活的、可以变通的。这样的体系应该说不仅不是错误的,而且是"须有"的,它使教师的教学有

---

[1]曹勇军,傅丹灵.中美写作对话4:教材里的写作风景[J].语文学习,2015(4):
58—63.

所依据，使学生的学习有所遵循。

　　还要考虑到国情的不同。美国是小班制，一个班有学生二十人左右，由一个老师负责。我国一个班四五十人，多则六七十人，一个老师管两个班，还兼班主任。美国老师有条件实行个性化教学，针对每个学生的实际制订个性化的写作教学的序列、体系。我国老师恐怕心有余而力不足，只能针对全班共同问题进行教学，一对一的个性化教学很难实施。再说，我国与美国教育传统不同。杨振宁说过，我们中国的教育重视一步步教，一步步学，讲究规矩，夯实基础；美国的教育讲究由学生自定方向，自找路子，自主向前。前者基础扎实，但后劲不足，创新能力薄弱，后者创新能力不小，但基础知识有漏洞，需要日后弥补。傅丹灵拒绝写作教材体系，是从美国国情出发，有其合理性；我们坚守"大体须有，定体则无"的写作教材体系，是从中国国情出发，也是无可厚非的。

　　实际上，重视构建写作教材体系的，并非只有我国，苏联也诞生过一些著名的写作教材体系、序列。据介绍，有苏霍姆林斯基的"智力型"的"心理能力型"作文训练体系，以发展智力作为训练的主线，首先从观察作文入手，艺术性的描写文着重发展形象思维，科学性的描写文着重发展抽象思维；接着安排写读书笔记，发展想象和创造性思维。有赞科夫的"个性型"的"心理能力型"作文训练体系，以发展个性为训练的主线，让学生有充分的余地自由写作，反对任何框框，目的是"使学生的个人特点及完整的个性得以充分发展"。有拉德任斯卡雅的"写作能力型"作文训练体系，把基本的写作能力分为七种，其中六种是一般写作能力，一种是特殊写作能力，按照先一般后特殊的原则进行培养。有达维多夫、玛尔珂娃的"语言交际功能型"作文训练体系，以培养语言的交际功能为主线，四年级养成构造"句子复合整体"（片段）的能力，五年级养成表达主观态度（中心思想）的能力，六、七年级养成根据不同对象施加影响的能力。还有斯卡特金、聂恰耶娃的"科际联系型"作文训练体系，以作文内容决定作文训练主线，加强作文与各科教学的联系，发挥作文对整个学校教学的作用[1]。上述写作教材体系，尤其是苏霍姆林

---

[1] 吴立岗.中小学作文训练序列方法浅析［J］.教育研究，1988（7）：73–77.

斯基、赞可夫的写作教材体系，不仅在苏联获得成功，而且赢得国际声誉，在我国有广泛影响，值得我们研究、借鉴。

我国进入新时期后，构建写作教材体系形成一股潮流。其荦荦大者，除上文列举的六种外，还有一二十种之多。比如，特级教师钱梦龙的"模仿—创造"体系提出，模仿、改写、评析、借鉴、博采——这似乎构成一条由易到难的读写结合的链条，反映了学生从简单模仿到逐步摆脱模仿而进入创造的历练过程。又如，北京景山学校的"文体为纬，过程为经"体系，以各种文体的写作特点为纬线，以写作的一般能力——审题、立意、选材、布局谋篇、语言运用等为经线，经纬结合，构成一个读写结合、分阶段、有层次的有机体。又如，刘朏朏、高原的"观察—分析—表达"体系，以培养认识能力、思维能力为主线，观察是基础，分析是核心，表达是结果，三者串连成一个整体。又如，吴立岗的"交际功能型"体系，以儿童语言交际功能为主线，写作教学的其他方面为副线构建而成。又如，马正平的"非构思作文"体系，以兴趣动力激发和思维操作为核心，这是较为科学化、较具操作性并具有汉语思维特点的写作教材体系。这些教材体系各有各的局限性和不足之处，有的局限性还较大，如"观察—分析—表达"体系，观察、分析、表达的训练实际上难以分级。尽管如此，它们都有一定的理论依据，在实践中也都取得了实效，发挥了作用。当前的中小学作文教学依然存在不少问题，原因是多方面的，不能完全归罪于教材体系。从这些写作教材体系来说，问题出在没有再接再厉，大力克服其局限性，不断完善，并且扩大实践面以获得更好效应，导致这些体系往往只是红火一阵子，过后便无人问津。

关键在于，写作教材体系应该与时俱进。当下社会，崇尚个性发展，写作教材体系除注意体现写作的共同规律与学生心理的共同特征外，应尽可能兼顾学生不同个性与不同兴趣特长的发展。做不到像傅丹灵主张的那样，照顾到每个学生的个性，也应该做到照顾到每类学生的个性。比如，不同的写作教材体系有不同的侧重，有的侧重百分之一二十的优秀生，有的侧重百分之一二十的后进生，有的侧重百分之七十的多数学生；有的侧重教育发达地区学生，有的侧重"老、少、边、穷"地区学生。当下社会，创新是主旋律，所有写作教材体系应注重发展学生的创新能力。

除保持我国教育着力于夯实基础的优良传统外，还应汲取美国教育鼓励学生独立思考、自主向前的先进经验，力图设计出创新型的写作教材体系。总而言之，期待"大体须有"的理想高效的写作教材体系早日问世。

3. 注重写作过程，突出思维训练

我国写作教材一向只注意写作结果，即最后的产品——作文，缺失对写作过程进行指导的内容。往往只是一篇篇写作知识短文，加上一些作文题。实行新课程后，有些写作知识短文"淡化"为知识片段，这些写作知识短文或片段只是笼而统之地讲述一些文体知识或写作注意事项，始终很少涉及写作过程指导。这样的写作教材自然教学效率低下。

20 世纪 60 年代以来，一些认知心理学家提出，写作是作者思维活动和问题解决的过程，弗劳尔和海斯提供了一些写作模型。欧美的"写作过程运动"随之而起，"写作即过程"的理念为大家所接受。据《西方写作理论、教学与实践》一书介绍，程序法"这个模式在目前的美国写作教学实践中占着绝对的主导地位"，它"是对传统的重视语法、形式等教学法的挑战，旨在把注意力从评价、评估学生的产品转向帮助学生更好地认识写作过程，在学生的写作过程中——预写活动、思考、酝酿、研究、讨论、构思和修改等——帮助他们"[1]。英国的写作教材也非常重视写作过程的训练，按写作前、写作中、写作后修改等步骤，进行详细引导。俄罗斯的一些写作教材过去重视文体训练，现在注意把文体训练与写作过程训练结合起来。"过程写作"从关注写作结果到关注写作主体的思维过程，写作教材可以不只根据最后的产品，而且主要根据作者的活动设计写作训练的步骤和程序。现在，我国对写作教材过程化也已形成共识，出现了一些注重写作过程的写作教材。

叶圣陶很重视学生写作的全程训练。他指出，一篇文章的写作，总要经历构思、起草、修改三个阶段。构思阶段，要引领学生正确地审题、认真地选材、合理地布局，把要写的、该写的都"想清楚"。他说："为什么要写，该怎样写，哪些必要写，哪些用不着写，哪些写在前，哪些写在后，是不是还有什么缺漏，从读者方面着想是不是够明白了……诸

---

［1］祁寿华. 西方写作理论、教学与实践［M］. 上海：上海外语教育出版社，2000：65-66.

如此类的问题都有了确切的解答，这才叫想清楚。"最好列成提纲，"提纲越详细，也就是想得越清楚，写成整篇就越容易"[1]。到了起草阶段，要引领学生把"想清楚"了的内容用恰当的语言表达出来。在遣词造句的过程中，列好的提纲会不断调整、明朗，"想清楚"了的内容会不断丰富、充实。"想"与"写"互相推动，相辅相成。最后的修改阶段，要仔细审核所"想"的是不是周妥，所写的是不是同所"想"的一致，要在某些"想"得或写得不周妥、不准确的地方再做必要的调整、充实和修正。

祁寿华把写作过程分成五个阶段。（1）创造。就题目进行探索，了解和发现自己对题目所知有多少，是什么感觉、态度和立场，琢磨在文章中说些什么。对题目方面进行初步了解，产生很多与之有关或有用的素材。（2）构思。首先是整理创造阶段所产生的素材，从中发现哪些可能有用，特别要发现有意义、新颖、独到和闪光的材料。然后是确定文章的主旨及写作的目的：为了说明什么，建议什么，分析什么，纠正什么，商榷什么，挑战什么。接着是确定更具体的东西：文章包括哪些内容，该怎么组织，怎么开首，怎么展开，怎么结尾。使用什么例子、典故、引语、数据和逻辑分析等。要确定写作提纲。（3）起稿。根据提纲写文章的初稿。主要是先搭起框架，看是否符合原先设想，基础是否牢固。不要过于注意遣词造句、语法标点等。（4）修改。根据文章题目、读者和目的进行修改，包括通篇内容的结构、段落和遣词造句。这是一个再认识、再发现和再创造的过程。（5）校读。主要是纠正字、词、句、语法、标点方面的差错。上述写作五部曲只是一个基本的模式，这个模式不是僵化的、一成不变的，而是有弹性的、动态的、视具体情况而发展变化的[2]。

写作过程究竟分成几个阶段，人们的意见并不一致，从三个阶段到八个阶段都有。20世纪三四十年代，于在春的"集体习作"实验将写作过程分成八个阶段：命题，材料的搜集，材料的整理，材料的评议，选

---

[1] 叶圣陶. 叶圣陶语文教育论集：下册［M］. 北京：教育科学出版社，1980：466-467.

[2] 祁寿华. 西方写作理论、教学与实践［M］. 上海：上海外语教育出版社，2000：100-104.

择主题，材料的排列，确定大纲，文字形式的写定。这个实验受到叶圣陶的称赞。不过不管分成几个阶段，大都强调了写作过程中的准备、起草和修改，并认为写作是一个曲线型的、循环反复的发展过程。

我国过去的写作教材往往只抓了起草这一环，很少顾及起草以前的准备和起草以后的修改润色。这是"半截子训练"，不是全程训练。因此，写作教材的改革，一个重要方面是实行写作的全程训练。为此，应该对学生需要掌握哪些写作规矩做一番梳理。有一般规矩，如聚材、选材、命题、立意、谋篇布局、遣词造句、讲求文面、修改润色；特殊规矩，如记叙文写作、说明文写作、议论文写作的种种规矩。这些规矩又可以分别细分为若干小规矩。一般规矩与特殊规矩相结合，又可以分出好些规矩。这些规矩都是传情达意的基本技能，犹如体操运动训练中的分解动作、绘画的素描写生、戏曲的基本程式、弹琴的起码指法，是写作的基本功。规矩确定以后，接着确定训练学生掌握这些规矩的步骤和程序。这些步骤应该是比较具体的、相对固定的、可操作的。这样编写的写作教材，使写作可教可学，可以提高写作教学的效率。

写作全程训练必须突出思维训练。叶圣陶在1962年写的一封信中说："通过写作关，大概须在思想认识方面多下功夫。"他指出，"写一篇文章或一部分，像说一番话或者做几次连续的演说一样，是一连串的思想过程"：构思阶段，思想萌发、成熟、定型；起草阶段，把定型的思想用文字表现出来，使思想得到进一步整理、因而更加具体化条理化；修改阶段，把一些想得不严密之处再做最后的弥补。因此，他认为："学习写作的人应该记住，学习写作不单是在空白的稿纸上涂上一些字句，重要的还在乎思想。"[1]

朱光潜的看法跟叶圣陶不谋而合。他说："语言的实质就是情感思想的实质，语言的形式也就是情感思想的形式。""就我自己的经验说，我作文常修改，每次修改，就发现话没说清楚时，原因都在思想混乱。把思想条理弄清楚了，话自然会清楚。"[2]实际上，早在20世纪20年代，

---

[1]叶至善，叶至美，叶至诚.叶圣陶集：第二十五卷.南京：江苏教育出版社，2004：42.

[2]朱光潜.朱光潜美学文集：第二卷［M］.上海：上海文艺出版社，1982：88.

梁启超就指出，"文章的作用在于把自己的思想传达给别人"，在写作训练全过程中，"最要是养成学生整理思想的习惯"，教学生以"怎样的结构成一篇妥当文章的规矩"[1]，这可以说是开作文教材"以思维训练为中心"的先河。叶圣陶、朱光潜两位学者发展了梁启超的主张。

从20世纪末起，我国有些写作教材已经开始重视思维训练，其中影响较大的是马正平主编的《高等写作思维训练教程》和《高等文体写作训练教程》（上、下册）。马正平认为，中学写作教材要以写作思维操作技术训练为核心。写作思维中最重要的是立意思维和结构思维。立意思维的任务是确定中心、主题，结构思维的任务是将主题、立意化为形式，包括聚材选材、谋篇布局、遣词造句。在记叙文写作中，要引导学生运用因果分析等立意思维的思维方法，发现人物的个性、景物的特征，写出立意的新颖性来；运用重复与对比的结构思维模型，去进行选材、谋篇、用语的思维运作。在说明文写作中，要指导学生用事物比较、转换角度、转换时机等思维方法，把握事物的特征；又用分析的思维模型，把事物特征说明清楚。在议论文写作中，要教会学生运用分析和综合的多种思维模型，从材料中提炼出观点。解说性议论文，用"结构分析"的写作思维模式，进行议论思维（解说）；证明式议论文，依靠论点与论据、个别与一般、局部与整体在立意内涵上的相似性，进行议论思维（证明）；思辨性议论文，则依靠因果分析的思维模式，进行议论思维（论证、思辨）。[2]

当然，思维训练须贯穿写作训练的全过程，但思维训练并非写作训练的全部。语言和思维并不总是一回事，语言技能训练有相对独立性。一般说来，写作训练中，语言训练与思维训练相辅相成，互相促进，思维训练必须通过语言训练进行，换言之，是在语言训练中进行思维训练。否则，就混同于一般的逻辑训练。马正平等的写作思维训练教材做了很有意义的探索，有志者可以在此基础上继续开拓、创新。

4.注重交际语境，培养功能意识

注重写作过程，突出思维训练，使写作教材的重心从关注写作结果

[1]梁启超.中学以上作文教学法［M］.上海：中华书局，1925：44.
[2]马正平.中学写作教学新思维［M］.北京：中国人民大学出版社，2003：181-182.

转向关注写作过程，把"半截子训练"变成全程训练；从关注写作客体转向关注写作主体，突出生成作文的思维活动。这样就解决了作文怎样写出来的问题。不过，写作是具体语境下的表达交流，还有一些深层次的问题有待解决：为什么写，为谁写，写了有什么用。直言之，写作教材既要强调"过程写作"，又要同时注重"交际语境写作"。

20世纪70年代，语用学在西方异军突起；1986年，国际语用学会成立。英国语言学家列文森说："语用学所要研究的是语言使用者在特定的语境中运用合适的语句的能力。"[1]语境一般分为三类：上下文语境、情景语境和社会文化语境。与此同时，交际语境写作应运而生，指出写作的交际和语境功能，强调"为读者而写""为不同的目的写""根据情境、目的和对象调整写作"。

写作的交际语境，一般包括话题、读者、目的、呈现形式等要素。话题有根据自己的知识经验自行生成的以及外在指定的；读者包括明确的和潜在的，个人和群体；目的或间接或直接，为了传递信息、介绍经验、解答事物、说服读者；呈现形式主要指文体和语体。从一定意义上说，交际语境决定了写什么、怎么写和为什么写，交际语境决定了写作。

我国传统写作教材的一大弊端，就是脱离实际应用，很少涉及交际语境。古时写文章只是为了通过科举考试，以便进学或中举，获取一官半职。只有各级考官是文章的评判者，可算作异化的读者。后果是，在内容上，"代圣人立言"；在形式上，只在八股上下功夫。科举文章成为我国"假、大、空"文章的鼻祖。新文化运动以来，我国写作教材走向现代化，但大都只专注于文章制作。写作着力于训练主题正确、结构完整、条理清楚、语句通顺，不考虑学生作为写作主体的交际需要。作文的读者只是教师，写作的目的只是为了获得晋级或升学的高分。这种没有交际语境的写作训练，造成写作教学缺乏效率。学生不想写，不会写。朱自清早就说过："自己也在中学里教过五年国文，觉得有三种大困难。第一，无论是读是作，学生不容易感到实际的需要。""不感到实际的需要，读和作都只是为人，都只是奉行功令；自然免不了敷衍，游戏。"[2]张志公

[1]王建华.语用学在语文教学中的运用[M].杭州：杭州大学出版社，1996：5.
[2]朱自清.朱自清论语文教育[M].郑州：河南教育出版社，1985：6.

也在 20 世纪 60 年代,批评当时作文教材的命题不注意写作的目的和对象。比如,时常出"北海"之类题目,为什么要写北海?写给谁看?就不大管。写北海可以有各种写法,要依写作的对象和目的来定。自己游了北海,想写篇日记,是一个写法;游北海有所见,有所想,想写篇文章发表,另是一个写法;跟友好国家的小朋友通信,向他介绍北海的景物,又是一个写法。读者对象不同、目的不同,写法也不同。既无对象,又无目的,学生从何写起?他不知道写什么,只好硬憋出一些话,敷衍了事[1]。这种情况至今没有完全绝迹。

在欧美发达国家,"写作即交流"是他们的语文课程标准和写作教材共同的、一贯的理念。在美国,交流能力被视为语文核心能力,贯穿于各学段的课程标准。马赛诸萨州作文标准中提到"为不同目的和读者写作"[2]。奥尼尔市的英语语言艺术课程"以发展学生的实际交际能力为教学目的"[3]。南卡洛莱纳州《语言艺术标准》要求学生"为读者而写","必须经常写并为不同的目的写"[4]。美国《提高写作技能》一书第一章开宗明义指出,"写,是为了更好的交流"。在英国,教育和科学部颁发的《英语:5~16 岁》文件中,要求学生"为多种目的而写作;针对写作目的用适当的方式去组织内容;针对写作目的和预期读者采用合适的文章样式"。2007 年修订的英语课程标准第三学段中提到,学生作文"要和任务目的协调,并能引导读者","语言风格要和读者、目的、形式统一起来"[5]。在德国,不仅提出母语教学"以语言交际为方向和目标",而且提出交际能力的两个标准:一是"交际——实用化",一是"交际——标准规范化"[6]。

我国的一些著名学者也关注写作的交际功能。蔡元培、梁启超、刘半农等一概主张作文要重在"应用"。叶圣陶几十年如一日,呼吁学生作

[1] 张志公. 张志公语文教育论集 [M]. 北京:人民教育出版社,1994:333.
[2] 洪宗礼,柳士镇,倪文锦. 母语教材研究(6)[M]. 南京:江苏教育出版社,2007:94-96.
[3] 朱绍禹,庄文中. 国际中小学课程教材比较研究丛书:本国语文卷 [M]. 北京:人民教育出版社,2001:243.
[4] 同 [2] 122.
[5] 荣维东. 交际语境写作 [M]// 王荣生. 写作教学教什么. 上海:华东师范大学出版社,2014:47-48.
[6] 曾祥芹. 文章学与语文教育 [M]. 上海:上海教育出版社,1995:85-86.

文应"有所为"，提倡"应需论"。朱自清强调培养学生的"读者意识"。他认为，在写作训练中给学生确定一个明确的目标，并让学生在提笔作文时心目中有个"假想的读者"，这是使训练贴近"应用"的重要方法。夏丏尊提出"文章的六种态度"（1）为什么要做文？（目的）（2）文中所要述的是什么？（话题）（3）谁在做选文？（作者）（4）在什么地方做选文？（环境或场合）（5）在什么时候做选文？（时代观念）（6）怎样做选文？（方法）[1]倡导的就是交际语境写作。新世纪以来，语文课程标准开始体现交际语境写作的理念。《义务教育语文课程标准（2011年版）》就明确规定，"懂得写作是为了自我表达和与人交流"（第三学段），"写作时考虑不同的目的和对象"（第四学段）。有些写作教材更是旗帜鲜明，如《新语文写作》就宣称，"对话"和"发现"是它的理念。抒写自己的感受，发表自己的见解，以和别人对话、交流，这是人之为人的天性，或者说是人之为人的基本需要[2]。可惜这个理念尚未被广泛付诸实践。

当前，写作教材应该着力于利用真实的或营造拟真的交际语境，培养写作中的读者意识、目的意识和功能意识，解决不想写、没得写和不会写的问题，切实提高学生的写作水平。所谓真实的交际语境，就是它的构成要素，话题、读者、目的等都是真实的。比如，家属、亲戚和朋友间的通信，学校的公告、通知，图书馆的新书推介、名著评论，校广播站的广播稿，小记者站的通讯报道，都是实用的，会产生社会效果。学生面临真实的交际语境，为实用而写作，会产生使命感，认识写作的重要性，增强写作的兴趣和动机。不过，由于学校环境的限制，写作教材中只能设计少量的真实的交际语境，主要力量应放在设计拟真的交际语境上。这就需要创设拟真的话题、读者、写作目的、体式要求等。张志公曾经设计过几个。比如，"有一个没到过北京的亲戚最近要来北京，并且要到学校来看你。写一段文章。告诉他下了火车之后怎样找到你的学校。注意把学校所在的街道和学校门口的情形写清楚，使他根据你的

［1］夏丏尊. 关于国文的学习［M］//夏丏尊. 夏丏尊教育名篇. 北京：教育科学出版社，2007：116.

［2］钱理群.《新语文读本》：一段历史，一个故事［M］. 南宁：广西教育出版社，2007：49.

说明很容易找到地方"[1]。美国写作教材《作者的选择》中也有这样的例子——阐释文写作任务。"话题与形式：你正在编写一本有关你所在城市的宣传册。你需要收集你所在城市居民类型的相关信息。这些信息包括年龄、种族、习惯、职业和其他足以构成区别的特征。目的：使参观者和新来的居民获得你所在城市居民类型的信息。读者：参观者和新来的居民。"[2]像这种拟真交际语境的写作，因为对象和目的明确，不难写；因为结合学生的生活，有趣味；因为要观察周围事物和收集资料，有好处；因为这是确实把训练写作当作训练掌握生活、学习和工作技能的工具，有意义。适当采用这种方式，可以破除学生不想写的心理以及为作文而作文、硬"做"作文的习惯。

写作教材利用真实的或营造拟真的交际语境，有多种形式和途径。(1)由学生的学习、生活中的直接经验活动形成情境。比如，通过物理课写实验报告，通过化学、地理课写环境考察记，通过学校运动会、艺术节写通讯报道，参加学校组织的春游、秋游写游记，参加社区组织的爱心活动写"我为敬老院写对联""我教幼儿园小朋友做游戏"；参观博物馆，观察动物园动物，到野外采集植物标本，做航模等，写各种作文。(2)由"搞活动"或者"制造生活"的办法形成情境。比如，通过现场游戏、活动，像吃西瓜、擦皮鞋、讲故事、做实验、演小品、做动作，模拟或制造生活情境。李白坚设计的"道听途说""小脑袋——大仓库""环境保护大会"等课例堪为代表。(3)利用新媒体的音像视听活动形成情境。过去，多用图片等静画的观赏活动形成情境，看图作文即是；多用诉诸听觉的广播、录音、放唱片形成情境，听音乐作文便是。现在，新媒体空前发展，运用高科技表现生活，通过影视活动形成情境已轻而易举，影视作文已在不少地方悄然兴起。(4)利用语言符号和视觉符号的活动形成情境。语言作为标志的符号，最为抽象，在阅读活动中可以形成写作交际情境。视觉符号包括地图、表格、图形、徽标、旗语等，有的附有说明性文字，视觉符号活动形成情境的例子，比比皆是。

当然，利用真实的或营造拟真的写作交际语境，应该切合学生的实际。

[1]张志公.张志公语文教育论集[M].北京：人民教育出版社，1994：335.
[2]倪文锦.文化强国与语文教材改革[M].北京：语文出版社，2015：154.

要激发学生写作的动机，解决"不想写"问题，就必须使情境创设侧重于学生关注的热点问题，乃至学生心中最隐秘的地方。要使学生"有得写"，解决写作内容的问题，就必须使创设的情境密切联系学生的生活经验，包括与自然的对话、与社会的对话、与自己的对话。要使学生能够写，解决"怎么写"的问题，就必须使创设的情境基于学生原有语言表达经验。总之，无论真实的或拟真的情境，都应以学生为本，从学生实际出发。

要看到，利用真实的或营造拟真的写作交际语境，把写作训练与实际应用打通，旨在更好地进行写作训练，提高写作训练的效率，以利于学生学作文，并使学生在学作文的过程中学做人。这与社会上主要着眼于应用的应用写作是有区别的。这一点，写作教材编者不可忘记。

5.写作训练的根本途径：多看、多读、多写

写作教材一定要着力于引导学生多看、多读、多写，这是写作训练的基本途径。这条途径看似传统，没有速效，实际上非走不可。

多看，指多看社会人生。《红楼梦》中有一副对联："世事洞明皆学问，人情练达即文章。"古代文人十分讲究"行万里路"，以大量的考察、广博的见闻、丰富的经历打下写作的基础。司马迁"行天下，周览四海名山大川，与燕、赵间豪俊交游"；李白"仗剑去国，辞亲远游"；杜甫"长啸下荆门"，"骑驴十三载"。他们天南海北，丰富阅历，获取写作的"源头活水"。（1）"见得真，方道得出。"[1]因为，"天下事，未经历者，必不如曾经历者之能稍知其理也"[2]。"纸上得来终觉浅，绝知此事要躬行。"[3]（2）阅历深，愈易触发写作的灵感与激情。王国维说："客观之诗人，不可不多阅世。阅世愈深，则材料愈丰富，愈变化……"（3）阅历广，开拓胸襟。苏辙自述，早年眼界狭窄，因为"居家所与游者，不过其邻里乡党之人；所见不过数百里之间，无高山大野可登览以自广"。于是他"决然舍去，求天下奇闻壮观，以知天地之广大"[4]，终于成为大散文家。有人评价司马迁："昔人谓汉太史迁之文所以奇，所以深，所以雄雅健绝、

---

[1]出自查慎行的《十二种诗评》。
[2]出自唐彪的《读书作文谱》。
[3]出自陆游的《冬夜读书示子聿》。
[4]出自苏辙的《上枢密韩太尉书》。

超丽疏越者，非区区于文字之间而已……能尽天下之大观，以助其气，然后吐而为辞，笔而为书。故尔欲学迁之文，先学其游可也。"[1]外国作家也强调接触社会，深入生活。巴尔扎克说："从来小说家就是自己同时代人们的秘书。"屠格涅夫也说："我现在所有的相当不坏的东西，是生活赐给我的，而完全不是我自己创造出来的，一般说来，生活就是一切艺术的永恒的源泉。"

从 20 世纪八九十年代起，活动化写作异军突起，企图通过设计各类活动来开展写作教学，上文已有所介绍。如"情境作文"，通过创设典型的场景，触发学生的兴奋点，使学生情不自禁地开始写作。往往先做再写，或先玩再写，或先演再写。又如"现场演示作文"，通过演示活动，如游戏、实验、表演等，引导学生愉快地拿起笔来，完成写作任务。活动化写作突破过去写作教材局限于知识技能教学的不足，解决学生"写作动机"缺失与"写作内容"贫乏的难题。然而，单纯依赖活动或为写作制造活动，能否有效地提高学生的写作能力呢？有的学者表示怀疑，认为这种以制造生活为教学内容的写作课，忽视了生活之于写作的"原材料"的特质，更忽视了学生在写作过程中对"原材料"的选择和提炼，有可能产生虚假的作文。这不能不警惕。不少人认为，活动化写作大概只能作为辅助，引导学生多看社会人生、积累生活经验才是根本。

多读，指多读书。"阅读是写作的基础"，对叶圣陶的这句名言，人人耳熟能详。过去写作教材的一大缺陷就是没有充分发挥阅读对写作的促进作用。学生一定要多读书，从阅读中可以吸收思想，获取知识，以陶冶心灵、充实写作内容；可以领悟写作方法技巧，以提高写作本领；可以练习衡量文章优劣的眼力，以利于自己写作；可以养成熟读名文、品味语言的习惯，使自己的语言水平日渐得到提升。

以读促写是古今通行的法则。扬雄说："能读千赋则善赋。"杜甫说："读书破万卷，下笔如有神。"欧阳修说："惟勤读而多为之，自工。"现代作家也倡导多读。鲁迅说："文章应该怎样做，我说不出来，因为自己的作文，是由于多看和练习，此外并无心得或方法的。"赵树理说："写

---

[1] 出自郝经的《内游》。

起文章来要像走路一样的顺当，我认为这和我小时候坐在板凳上哇喇哇喇地读书有关系。譬如，小时候老师教我们读《庄子》，我们就学到庄子的句法；读韩愈的文章，又学到了韩愈的笔法。各种风格的文章都学，久而久之，我们学会了读别人的文章，说自己的话。"

张中行指出："学作文，必须先学会精读。""正确的方法，由要求方面说是了解文字意义之外，还要把文字所含的思路条理和语言条理印入脑中，成为熟套的一部分。想做到这样……要读。起初要读慢些，出声不出声均可，但要字字咬清楚，随着词语意义的需要，有疾有徐，有高有低，口中成声，心中体会思路和语言的条理，尤其是前后的衔接。这样读两三遍，熟些了，放下。过几天，再这样读两三遍，随着体会的渐变为容易，速度可以稍快。过几天，再……直到纯熟，上句没读完，下句像是冲口而出为止。像是冲口而出，这是语言的熟套已经印入脑中，到自己拿起笔自然就不会不知如何表达了。"[1]

朱光潜也指出："最简捷的办法是精选模范文百篇左右（能多固好；不能多，百篇就很够），细心研究每篇的命意、布局、分段、造句和用字，务求透懂，不放过一字一句，然后把它熟读成诵，玩味其中声音节奏与神理气韵，使它不但沉到心灵里去，还须沉到筋肉里去。这一步做到了，再拿这些模范来模仿（从前人所谓'拟'），模仿可以由有意的渐变为无意的。习惯就成了自然。入手不妨尝试各种不同的风格，再在最合宜于自己的风格上多下功夫，然后融合各家风格的长处，成就一种自己独创的风格。从前做古文的人大半经过这种训练，依我想，做语体文也不能有一个更好的学习方法。"[2]

当然，除了精读还要博览。以精为本，由慢而快地向外延伸。因为写作是以深厚的学养为基础的，而学养又须以博览群书为前提。

然而，有人不仅看不到这一点，反而怀疑以读促写的原则，认为这会导致学生作文的公式化、概念化。不错，如果在以读促写的问题上走极端，一味大搞机械模仿，读什么就写什么，单纯从形式上生搬硬套，这样久而久之，"克隆文"就满天飞了。不过这里所倡导的是朱光潜所说

［1］张中行. 作文杂谈［M］. 北京：人民教育出版社，1984：57-58.
［2］朱光潜. 谈文学［M］. 合肥：安徽教育出版社，1996：15.

的模仿，是把名作化为自己的营养，然后用以写自己的文章，学生始终处于主动地位，只是借鉴人家的写法表达自己的思想感情。开始时，可以有意模仿，逐步"由有意的渐变为无意的"，进而"成就一种自己独创"。茅盾说，"模仿是创造的第一步"，模仿由多到少，创造由少到多，模仿就逐步过渡到创造。叶圣陶说："果能善读，自必深受所读书籍文篇之影响，不必有意摹仿，而思绪与技巧自能渐有提高。我谓阅读为写作之基础，其意在此。"[1]阅读对写作的作用，以读促写，难道还有什么疑问吗？作文公式化概念化的弊端，不是可以避免的吗？

有的学生读了不少书，写作水平却并不高，这是怎么回事？八成是阅读方法不对。一般来说，熟读成诵是沟通阅读和写作的重要桥梁。上文引用的张中行的一段话，就强调熟读、反复读，读到把文章的思路条理和语言条理印入脑中，到作文时就知道如何表达了。可惜有的学生看书，浮光掠影，浅尝辄止。看小说，以了解故事梗概为目的，用什么词语，语句如何连贯，有何值得欣赏的妙笔，一概视而不见。即使读教材上的课文，只要知道大意，会讲难词，能答习题，就不再过问其他。这样的阅读，不管思路的条理和语言的条理，当然谈不上吸收，也无助于写作了。因此，是阅读方法不对致使多读失效，以读促写还是不能否定的。

多写，像在游泳中学习游泳一样，必须从写作中学习写作。巴金说："只有写，你才会写。"多写的作用至少有两点：由阅读得来的写作方法、技巧，必须通过自己的写作实践，才能化为自己的东西，真正熟练掌握；写作不只随着常见的思路走，还是整理思路的过程，必须常写，内容才可以精粹，更有条理[2]。法国作家司汤达说："应该鞭策自己每天写作。"俄国作家列夫·托尔斯泰说："应该写了又写。这是磨练风格和文体的唯一方法。"俄国作家契诃夫说："我们大家都应该写，写，写，写得尽量多。"他们都强调多写的重要性。我国古人也主张多写，"文人妙来无过熟""多作自好"，是一些文人的座右铭。有学者认为，没有两三百篇的练习，是难以过写作关的。

也许有人要说，梁启超不是反对学生多写作文吗？梁启超说："现在

[1]叶圣陶.叶圣陶教育文集：第三卷[M].北京：人民教育出版社，1994：498.
[2]张中行.作文杂谈[M].北京：人民教育出版社，1984：40，41.

中学生至少一星期做一篇文，不但中学生做不好，便叫我做也必定越做越不通。我主张每学期少则两篇，多则三篇……"[1]但他所主张的每学期两二篇作文，每篇都严格要求，作前充分准备、反复琢磨，作后再三修改，篇篇讲求实效。他还要求一题多做，此外，还主张学生在课外随意做笔记。重点作文与随感笔记齐头并进，作文训练的总量增加，实际效果比单纯追求篇数多更好。

多看、多读、多写是传统写作教育三原则，随着时代的发展，需要不断地修正、更新，但不能忽视，更不能抛弃。这三原则落实得越好，写作教材的质量就越高。

6.构建"一主四副"写作教材

在人们的印象中，写作教材就是包办每学期六七次整篇作文训练。其实不然，这只是写作教材的主系统，理想的写作教材还应该包括以下四个副系统。

（1）与日常生活结合的系统。黎锦熙说，"日札优于作文"。叶圣陶说："能不能从小学高年级起，就使学生养成写日记的习惯呢？或者不写日记，能不能养成写笔记的习惯呢？凡是干的、玩的、想的，觉得有意思的就记。一句两句也可以，几百个字也可以，不勉强拉长，也不硬要缩短。总之实事求是，说老实话，对自己负责。""这样的习惯假如能够养成，命题作文的办法似乎就可以废止。"[2]两位学者都把与日常生活结合的日札，即日记、札记或随笔，看得比整篇作文还重要。原因有：这是"放胆文"，不拘形式，学生可以充分表现自己的个性，发扬自己的优势；这是"应需文"，切合学生需要，学生完全可以从自己实际出发，说想说的话，达到练习与应需的统一；这是"生活文"，学生所写的是他的生活及他对生活的感悟，易于养成写作的习惯，使写作成为生活的一部分。现在学校大都规定学生必备练笔本，对学生练笔的指导应纳入写作教材。

（2）与阅读结合的系统。比如，写读书笔记，包括读后感、读书报告、读书心得、书文评价等；又如改写、扩写、缩写、续写、补写等。有人称之为应用性阅读，其实是与阅读结合的写作。苏霍姆林斯基曾为一至

［1］刘国正，陶伯英.中国近现代名家作文论［M］.郑州：文心出版社，1992：13.
［2］叶圣陶.叶圣陶语文教育论集：上册［M］.北京：教育科学出版社，1980：156.

十年级学生设计了 233 个作文题，其中读书笔记占 42%，或是对课文中人物形象的分析和评价，或是对课文中的格言、有代表性的言论开展议论。美国的高中语文课有一种"与阅读相关联的写作任务"，以"阅读引导写作"，话题更放开，学生有更多的自由去探索。这种写作能促进学生的阅读，只有读懂了，把读的东西化为自己的营养，才能够开始写作；同时，又利于提高学生写作课文分析类文章的水平。写作教材理应对此加强引导。

（3）与口语交际结合的系统。西方文化传统植根于古希腊，强调说胜于写，这种文化传统至今仍为西方世界所珍视。俗话说："想得好才说得好，说得好才写得好。"特别是小学阶段及初一、初二年级，坚持先说后写，可以减少写作的难度，增强写作的自信心。何况，说话要求快速组织语言，有利于锻炼思维的敏捷性；说话有一定的对象、场合和目的，有利于训练学生作文的针对性；口头语往往有通俗、活泼、新鲜的特点，有利于充实、丰富学生的语言，使作文念起来上口，听起来顺耳。叶圣陶说，话怎么说就怎么写，写作是用笔来说话。这就直截了当地说明，写作教材必须与口语交际训练相结合。

（4）与综合性学习结合的系统。在所有综合性学习活动中，都少不了写作，甚至以写作为重点。虽说听、说、读、写并重，但写作最富于创造性，最能体现学习的成果，综合性学习的着力点大都在写作。由于综合性学习具有综合、自主、合作、创新等特点，一般以写总结、调查报告、研究报告居多，所以综合性学习中的写作，往往跟其他类型的写作不同，自有其特色。写作教材自应对它特别关注。

"一主四副"，互相配合，相辅相成，共同构成理想的写作教材。

六、口语交际教材改革设想

我国传统的语文教材忽视口语交际的训练。《汉书·艺文志》："古者八岁入小学，故周官保氏，掌养国子，教之六书，谓象形、象事、象意、象声、转注、假借，造字之本也。汉兴，萧何草律，亦著其法，曰：太史试学童，能讽书九千字以上，乃得为史。又以六体试之，课最者，以为尚书、御史、史书令史。史民上书，字或不正，辄举劾。"可见，自古以来，进小学就只学书面语。到封建社会后期，也只是识字，写字，读古文和八股文，写古文和八股文，完全不涉及口头语。这种积弊的负面影响，尽管经过新文化运动的冲击，但远未消除。现在口语交际已进入语文教材，但始终步履蹒跚，很不如人意。吕叔湘批评说，忽视口头语言的语文教育，是"半截子"语文教育。忽视口语交际训练大致有以下弊端。

第一，影响书面语言水平的提高。吕叔湘认为，人类先有口头语言，后有书面语言，口头语言是书面语言的基础，书面语言是口头语言的提高，二者有明显差异而又互相渗透。因此，语文教材应该口头语与书面语并举，以口头语为门径，以书面语为重点，达到口头语和书面语都提高的目的。从口头语训练入手，符合规律，事半而功倍；忽视口语训练，孤立地训练书面语，违背规律，事倍而功半。

第二，妨碍思维能力的发展。书面语言的训练，也可以发展思维能力。不过口语交际的训练，对发展思维能力有独特的作用，这是书面语的训练难以替代的。一是在口语交际训练中，学生边想边说，要求说得有条有理，说得有针对性，这就锻炼了快速选词组句的能力，对思维的条理性、敏捷性和灵活性是很好的培养。二是"一言既出，驷马难追"，说出来的话，声音稍纵即逝，一说出来就是最终的形式。这就训练了思维的准确性、严密性。

第三，不适应人的发展和当代社会发展的需要。党的教育方针规定，要培养德智体美劳全面发展的社会主义建设者和接班人。每一个学生都必须具备良好的口头表达习惯和相当的口语交际能力。自古以来"沉默是金"、轻视说话的陈旧落后观念务必破除，能说会道、出口成章才是学生获得良好发展的必经之路。忽视口语交际训练，毫无疑问不适应人的发展的需要。

当代社会是一个高交际化、高效率化、高信息化的社会，要求人们具有很高的口语交际能力。（1）社会高交际化，人际交往越来越频繁。过去农业社会，闭塞保守，当代信息社会，人际关系空前密切，这就要求人们掌握口语这个交际工具，学会社交用语，懂得说话的艺术，以便妥善解决社交场合的问题。要求人们会说话，把话说得动听，以便与人和睦相处，适应高交际化社会生活的需要。（2）当代社会高效率、快节奏，口语交际也讲究提高效率、加快节奏，慢条斯理、冗长拖沓的口语表达与快节奏的社会生活格格不入。这就要求人们说话简明扼要，严谨周密，快言快语，一语破的。（3）当代社会是信息社会，传声技术的发展一日千里，智能机器人不断扩大服务范围。人们不仅用口语进行人际交流，而且用口语进行人机交流。这人机交流对口语表达提出较高要求，说话必须规范、准确、简明，否则机器"听"不懂，无法进行交流。

西方有重视口语交际训练的传统。古希腊亚里士多德的《修辞学》和古罗马昆体良的《演说学原理》就是西方国家进行演讲训练的奠基性教材。在中世纪，演说是学校不可或缺的课程。在文艺复兴时期，说话训练仍然是学校教育的重要组成部分。到18世纪，新演说学派坎普贝尔的《演说学讲义》成为课堂口语训练的主要教材。19世纪，马克思、恩格斯等无产阶级革命家开创了马克思主义演讲艺术的新纪元。第二次世界大战以后，随着全球化和人机对话时代的到来，口语交际训练也飞跃发展。西方发达国家除在正规学校加强口语交际训练外，还设立专门的"演说学校"，出版大量的关于口语交际的报刊、书籍和教科书。对口语交际训练的重视程度，超过以往任何时候。

总结我国口语交际教材的经验教训，汲取外国口语交际教材的先进经验，根据我国的国情，建立起新时代中国特色社会主义的口语交际教材体系，这无疑是摆在大家面前的重大课题。建议从以下几方面着手。

1. 培养口语交际的兴趣，端正口语交际的态度

教材对学生进行口语交际的训练，首先应该在情感态度上加以指导。其一，要帮助学生扫除口语交际的心理障碍，激发学生对口语交际的兴趣。众所周知，兴趣是最好的老师。对口语交际发生了兴趣，练习口语交际就有内驱力，不愁口语交际水平不提高。可是中学生处于从少年期向青年期发展的过渡期，初中一、二年级口语交际的心理障碍尚少，到了初中三年级和高中阶段，口语交际的心理障碍就加大。其原因是中学生的内心世界有一种"闭锁性"，自认为长大了，对讲话的后果、影响考虑得多，不愿意轻易说话。有鉴于此，教材可以引导学生开展一些活动。比如，让学生对着录音机即兴说两分钟的话，再笔录下来，看其中词不达意的话、颠来倒去的话，由此知道自己的口头表达的不足之外，明白这不利

于自己的成长，不适应社会发展的需要，从而增加口语交际训练的自觉性。又如，利用榜样的力量，组织播放演说家精彩演讲的视频，选用史上著名演说家的演说故事和演讲稿，鼓励学生效法。又如，动员学生走向社会，到农村做宣传，去市场搞访谈，了解社会对口语交际能力的要求，从而提高口语交际能力。其二，要引导学生在口语交际中尊重听众或交流的对象，培养平等对话的精神。据零点调查公司参与的"世界公民文化与消费潮流调查"，多数国家公众认为最重要的价值观是讲究礼貌、有责任感、宽容和尊重别人。因此，在教材中，可以设置各种活动，引导学生与各阶层的各色人物进行口语交际，在实践中培养容忍和礼让之心，学会尊重交流的对象，懂得体谅别人。

2. 结合阅读、作文进行口语交际训练

结合阅读的口语交际训练有多种方式：朗读、复述、口头答问、课文讨论等。（1）朗读训练可以锻炼胆量，胆小的学生从敢于当众朗读，逐渐进步到敢于当众说话。通过朗读丰富口头语言，培养敏锐的语感，提高运用语言表情达意的能力，掌握停顿、轻重音、语调变化及语速快慢等语音技巧。教材可以安排范读、领读、个人读、分组读、齐声读、接力读、分角色读等多种训练方式。（2）复述要求基本上用自己的话转述课文的内容，主要培养学生系统、连贯的说话能力。这样可以加深对课文的印象，熟谙文中的语汇、句式和章节，进一步锻炼语感，提高语用能力。教材可以安排详细复述、简要复述、变角度复述（变换体裁、人称、结构、语体、中心），安排口头评述、口头综述，安排个别复述、问答式复述、接力式复述、提示性复述等多种训练方式。（3）就课文进行答问训练，对锻炼学生的口语能力和思维能力都有好处。教材须引导学生在仔细钻研教材的基础上，学会发现问题、提出问题；还须引导学生在听准问题后作答，提问和回答的语言力求准确、简明、连贯。问答的形式可有多种：一人问，一人答；一人问，多人接力答；几人问，一人综合答。还可口问笔答，笔问口答，等等。（4）讨论是口语交际训练中的重要项目。一位哲人说过，"讨论犹如砥石，思想好比锋刃，两相砥砺，将使思想锋利"。讨论能培养学生敏捷思考、参与争论和评判的能力，对学生即兴说话能力也是极好的锻炼。教材应引导学生进行各种形式的讨论：同桌讨论、小组讨论、班级讨论、自由组合讨论，要求议题要明确，发言要有针对性；组成学习共同体，在交换看法的过程中共同提高。

结合写作的口语交际形式主要是口头作文。口头作文要求学生对话题迅速做出判断，展开联想，围绕中心意思组织材料，再用口头语言准确、连贯地表达出来。口头作文的形式有抽签题目口头作文、听录音口头评述、当场观察口头描述、时事口头述评等。在这过程中，学生的口头表达能力和思维能力都得到很好的锻炼。口头作文与书面作文都是作文，有很大的相关性，也有不少不同。口头作文是即兴讲说，在有限的时间内根据话题边想边说，不像书面作文可以充分准备、反复修改；口头作文是当众讲说，与听众双向互动交流，要根据听众反应调整讲说内容，不像书面作文没有"现场性"，只是"心中有读者"；口头作文是口语讲说，语句通俗易懂，不用晦涩的书面语。教材可以安排学生先做口头作文训练，然后把口头作文修改加工后成为书面作文。这就是先说后写，说写结合。口头作文有助于提高说话的条理性、连贯性和完整性，又为写书面作文铺路，减少书面作文的难度，利于提高书面作文的质量。苏联作文教材中，口头作文与书面作文各占50%。我国的作文教材，尤其是小学与初中一、二年级的作文教材中，口头作文的比例似应不低于苏联。

3. 开展独白体、对话体、辩论体的口语训练

除了在阅读、写作训练中进行口语交际训练外，语文教材还必须编有专门的口语交际训练的内容。专门的口语交际训练，一般按语体分为三大类：独白语体、对话语体、辩论语体。独白体，如自述、讲故事、解说、致辞、报告、演讲等。一个人面对着许多人讲说，要考虑到听众的心理和接受能力，根据听众的反应控制自己的讲说；要语言连贯，条理清楚，逻辑性强；要熟练运用准确、规范、得体的口头语言讲说；要有良好的语态，并恰当运用肢体语言增强表达效果。对话体，如日常交谈、调查访谈、谈判、面试、学术对话等。这是由两人或多人（双方或多方）进行的直接交谈，特点是由于交谈双方或多方面对面地说话，容易形成互动；由于交谈双方或多方处在同一语言环境中，说话往往有许多省略；由于交谈一般不具备庄重的形式，多使用口语，少用专业术语，语态亲切、自然。辩论体，如专题辩论、专题研讨、论文答辩等。辩论也是双方或

多方参加的一种对话。不过，辩论必须以不同观点的对立为基础，论断是单一性的；辩论多是以对方的论点展开话题，力求驳倒对方，树立自己的观点。辩论除要求词语口语化、语句要简短外，还要求词语概念明确，对每一个关键词语都做出精确的定义。辩论语体是典型的动态化口语，要求运用积极修辞手法，增强语言的色彩感，如反诘、对比、引用、比喻、设问等。上述独白体、对话体、辩论体各有特点，创造互动语境、注重现场效果，则是它们的共同之处。

独白体、对话体、辩论体包括许多口语形式，最好能够逐一训练。但课时有限，口语交际教材只能抓住最主要的口语形式加以训练。比如，独白体中，初中一、二年级学生可以训练讲故事，因为这个年龄的学生喜欢听故事，也喜欢讲故事，首先讲自己的故事，也就是自述，向大家介绍自己，使自己深入集体中。其次讲别人的故事，可以是熟人的，也可以是陌生人的；可以是自编的，也可以是人家编好的。再次，讲新闻故事、讲历史故事、讲科学故事、讲影视故事、讲寓言故事、讲成语故事、讲神话故事、讲民间故事，等等。讲故事的方式多种多样：课前三分钟讲，轮流讲，分小组讲，多角度讲，开故事会等。讲故事要描绘人物的肖像、行动、语言以及心理活动，口头表达必须生动、形象；要叙述事件的开头结尾、情节的发展脉络，语言表达必须连贯、有条理。这对丰富学生的语言储备、增强语言表现力很有帮助。

还可以训练演讲。演讲是在公众场合就某个问题发表的系统、成套的讲话。它的特点有：传声性，运用适当的语调、语量、语音、语速来表达思想感情；表情性，运用肢体语言强化演说效果；现场性，与听众互动，根据现场变化调整讲说。通过演讲训练，可以提高口语表达的扩展性、条理性和生动性，使口语交际的素养得到全面提高，还可以改善思维品质、促进智力发展。训练演讲，先要训练写演讲稿，可分几步：选好题目，应选自己感兴趣的、熟悉的，而听众又喜欢听的题目，力争醒目、有新意；确定主题，主题要鲜明、集中，便于在规定的时间内阐释清楚，能吸引住听众；选择材料，材料要围绕主题，要真实、准确、典型、生动，既丰富又精当；安排结构，开头要简洁流畅、亲切有趣、新颖别致、有吸引力，正文要条理分明、逻辑严密、波澜起伏，结尾是全篇演讲的高潮，应最能打动听众，使他们奋起；推敲语言，要语意鲜明，不隐晦，要通俗易懂，不故作高深，要通顺连贯，一气呵成，要有情有味，令人回味无穷。演讲稿写好之后，教材要指导学生做好演讲前的准备工作。把演讲稿反复读，改正不顺畅、拗口的地方。在反复读的基础上，把重要的观点和材料背下来，其他部分内容可只记大意。然后进行演讲的模拟练习，不妨拿着讲稿，边看边讲，或者看着演讲提纲演讲，或者运用腹稿演讲，或者对着镜子演讲。接着练习试讲，听取反馈意见，改正缺点，增强自信。最后，教材组织演讲活动，让学生演讲。可以出一些演讲题供选用，可以准备一些演讲提示，如要从容潇洒，控制全场；与听众互动，取得反馈；遇事不慌，机敏应变；掌握节奏，重视语态。

　　教材应指导高中生训练即席演讲。与一般演讲相比，即席演讲难度更大，演讲者事先没有准备，是在特定的场合进行的当众说话。它要求演讲者在特定时境的激发下产生联想，迅速做出反应，捕捉到演讲的主题；要紧扣主题发表见解，思路清楚，感情真挚，言语动人。命题式即席演讲类似口头作文，审题很重要。注意围绕题目，力求观点鲜明，内容集中，不必过于讲究语序。教材可以安排即席演讲活动，布置即席演讲练习，力争使高中生都能具备即席演讲这种运用广泛的口语交际能力。

　　对话体的口语形式中，教材可以着力于交谈训练。交谈是运用最广泛的口语交际形式，它的主要特点是对象明确、固定、话题灵活、易转换，内容连贯性差，语句自然、松散。交谈训练要求学生端正态度，讲礼貌，要专注，要诚恳；选择的话题，要有价值，双方感兴趣，适合当时情境；转换话题，要自然，可用过渡性语句；结束交谈，目的达到就及时停止，保持融洽气氛。教材要设计多种交谈练习，引导学生在交谈中学会交谈。

　　访谈是交谈的一种形式，有一定难度。比如，调查、采访以及学习、工作中向特定对象进行访谈。教材进行访谈训练，要求学生做到：访谈目的明确，根据目的拟订访谈计划；访谈态度谦虚、诚恳，给对方以好感；提问机智得当，使对方乐于回答；随机应变，随着访谈现场情况的变化而变动访谈计划。访谈能锻炼学生进行有目的、有成效的对话能力，语言应变能力和快速听记能力，进而提高整个口语交际能力。教材应重视安排访谈活动和访谈练习。

辩论体中的口头辩论，是对话体的高层次的口语交际训练形式。它把独白语言与对话语言结合起来，一边倾听对方的论说，一边形成自己的见解，并组织语言进行表述，从中锻炼口头表达的准确性、条理性和论辩性，思维的敏捷性、灵活性和缜密性以及现场应变、即兴讲说的能力。教材要组织口头辩论的活动，布置口头辩论的练习。指导学生做好辩论训练的准备：研究论题，搜集资料，确定我方的观点和理由；预测对方的论点和论据，找出批驳的重点和途径。教材可以对辩论做技术指导，介绍一些"辩术"，如反驳的技术："以子之矛攻子之盾"术、归谬反攻术、利用对方弱点反攻术。防守的技术：以攻为守术、以守为攻术、反围攻术、心理战术。教材可以对辩论的程序提出建议。教材还应该采用多种形式对学生进行口头辩论的训练。比如，学习辩论文的范例，从中揣摩论辩的方法，课文中就有刘基的《卖柑者言》《战国策》中的《触龙说赵太后》、《墨子》中的《公输》等。又如，设计一些反面言论，让学生从中挑选一个，自己试着进行反驳，看怎样才能击中要害，把它彻底驳倒，并在批驳中立论，以此提高学生的辩论能力。出好辩论题，是教材编写的一项重要工作，关系到辩论训练的成败。有学者提出，当今辩论题的设置大多是对立型的，辩论双方的观点必须针锋相对，一正一反，这容易导致形成片面性、绝对性的思维。应该设置"范围"型的辩论题，辩手可以对同一问题持不同观点，但不是对立的，培养学生全面、严密的思维方式。

独白体、对话体、辩论体的口语交际训练，要注重活动。教材的活动设计至关重要，尤其应注意下列问题。

（1）设置情境。口语交际总是在一定情境中进行的。即使同一话题，因为情境不同，口语表达方式也不一样。例如，"自我介绍"是一个非常普通的交际话题，然而新生联欢会上的自我介绍，旅游途中面对陌生人的自我介绍，亲友聚会时的自我介绍，学校文艺会演中作为嘉宾的自我介绍以及竞选小记者时的自我介绍，都因情境不同而使用有所不同的语言、语调和语气，甚至差别很大。教材要设置各式各样的情境，也可以引导学生自己设计情境，这样更能激发口语交际的兴趣，锻炼在特定情境中进行口语交际的能力。

（2）形成互动。口语交际训练的重点不是学生单方面的说话、听话练习，而是在"学习者共同体"中学生之间特定的会话活动。教材要引导学生，首先学会倾听，能在尊重、包容对方的心态下，耳听、眼看、脑想，迅速抓住对方说话的要点，准确领会对方话语的意思，及时发现问题，得出自己的结论。然后针对对方的话语，理清思路，理顺语脉，快速进行语言编码，组织好内部语言。最后用外部语言和辅助手段把它表达出来，要掌握好语调语气，适当运用表情、眼神、手势，在互动中达到和谐、有质量的交流。可见，纯粹的听话和纯粹的说话都不能达到交际的目的，一定要有互动。为此，要引导学生根据交际目的、对象和场合的不同，根据对方话语的变化，对自己的说话相应做出调整，增强自控能力和应变能力，以实现"学习者共同体"内的有效互动。

（3）联系生活。口语交际是学生生活的一部分，口语交际的话题毫无疑问应该紧密联系学生生活。凡是学生在学习、生活中遇到的问题、急欲了解的问题、感兴趣的问题，都可以作为话题。此外，社会生活、生产中的热点问题、公众关注的问题，也可以作为话题。这些话题由教材编者设计，但不强加于学生，要充分发挥学生的自主性，鼓励他们自主设计话题，以使话题训练取得更好的效果。

4. 开展课外口语交际训练

课外口语交际训练是在课外进行的，但教材也要予以指导，它是教材不可忽视的有机组成部分。与课内口语交际训练相比，课外口语交际训练内容更为广泛，形式更为灵活，与实际需要更为贴近。应把课内外口语交际训练统一起来，形成一个有机整体。

教材应引导学生把口语交际训练渗透于学校所有课程以及日常生活之中，使所有课程的课堂答问、日常生活中的所有口语交际，都成为学习口语交际的实践活动。可以指导学生利用课外时间当志愿者，比如，为幼儿园小朋友讲故事、陪敬老院老人聊天、在结婚典礼上致贺词、在烈士墓前发表演说。可以引导学生到社会上进行调查访谈，比如，调查留守儿童、拜访英雄模范、慰问烈军属、访问名人。可以引导学生与广播电台、电视台、互联网等媒体建立联系，请播音员、主持人等传授口语交际经验，要求学生把这些经验化为自己的东西，然后运用到自己的口语交际实践中去。还可以指导学生成立朗诵队、戏剧队、演讲队、辩论队，定期开展活动，如一学期至少开展一次朗诵比赛、戏剧比赛、演讲比赛、辩论比赛。

上述种种课外口语交际训练活动，有利于提高学生口语交际水平，有利于学生德智体美劳全面发展。

5. 着力于养成良好的口语交际习惯

不应讳言，当下我国中学生的口语交际水平普遍低下，不适应新时代社会发展的需要。当务之急，是引导学生把不良的口语交际习惯清除干净，养成良好的口语交际习惯。只有养成了良好的习惯，才真正具备口语交际的能力。

中学生的不良口语交际习惯主要表现在：受方言影响，口音重，有些话语让人难以听懂；口里说的跟不上心里想的，顾不上用词是否恰当，语句是否通顺，磕磕巴巴，把应该连贯的话说得支离破碎；说话跑题，正在说东忽然又说西，使人不知其意；口头禅多，说话过程中夹杂许多没有实际意义的"然后""的时候""嗯""啊""是不是"等；说话粗俗，语态不雅，当众说话时搔首、低头、上身摇晃、两脚乱颤，让人反感。上述种种不良的口语交际习惯，教材要首先采取措施消除。

在消除不良口语交际习惯的同时，养成良好的口语交际习惯。教材中必须着重培养的口语交际习惯有下面几种。

第一，养成文明的口语交际习惯。要懂得语言美，学会说文明语言。一是使用文明的称谓语。针对对方的性别、年龄、职业、职务，考虑自己的年龄和身份以及自己与对方的关系，给对方以恰当的称呼。二是使用文明的敬语和谦语，比如，"您、请、谢谢、别客气""对不起、请原谅、没关系、麻烦您""您好、您早，再见、留步"，等等。三是使用委婉语，比如，"死"的委婉语是"逝世""去世"，"小便""大便"的委婉语是"上洗手间"等。还要注意态度。一是诚恳的态度。说真诚的话，充满善意，这样才令人信服。二是虚心的态度。说谦虚的话，与对方平等交换意见，不自以为是，更不盛气凌人，这样才会受人尊重。三是认真的态度。说负责任的话，不说空话、大话、套话，这样才使人爱听。

第二，养成良好的听话习惯。有些学生已形成了不良的听话习惯，比如，听话时，侧身站，眼望别处，不注意听；随便打断人说话；误解甚至曲解别人话中的意思。教材要引导学生逐步克服不良习惯，同时养成良好习惯。良好的听话习惯有：耐心专注地倾听；对说话人讲究礼貌；边听、边审视、边思考，能听出对方的观点和意图；边听、边记，如现场不能记，可事后追记。

第三，养成想清楚再说的习惯。中学生说话，语意混乱，表述不清，往往是由于没有想清楚，想不清楚造成说不清楚。要想想清楚，不妨列一个说话提纲，梳理一下思路，先说什么，后说什么，哪些详说，哪些略说。有了提纲，即使交流过程中现场情况有变化，也容易做出调整。一些演说家都有写讲话提纲的习惯，张志公的演说极为精彩，他至少有一个写在香烟壳上的讲话提纲。

第四，养成不断练习、随时总结的习惯。在口语交际中学习口语交际，要抓住一切机会多加练习。抛弃"多说多错，少说少错，不说不错"的错误观念，在日常生活中不妨"胆大皮厚"，多说多练。讨论会上，积极发言；演讲坛上，敢任主讲；辩论会上，勇当辩手。说错了就改正，说漏了就补充，说好了就肯定，不断总结经验教训。美国的林肯、中国的孙中山都是勤学苦练口语交际的楷模。中学生只要养成多说多练的习惯，定能增强口语交际的自信心，提高口语交际的水平。

第五，养成依据目的、对象和场合进行口语交际的习惯。口语交际前，要明确目的是什么，依据目的决定口语交际的方式。比如，为了促进相互了解、增进友情，可以采用自述与会话的方式；为了改变对方的想法，使对方接受自己的观点，可以采用劝告的方式。进行口语交际，还要切实了解对象。根据对象的不同年龄、性别、职业以及不同性格、不同心理，决定口语交际的话题与口语交际的方式，这样口语交际才有可能取得好的效果。比如，跟老人交谈要用尊称，语速要慢，声音要大；跟同辈交谈，语气亲切，语调活泼。进行口语交际，还要适应场合。比如，在大礼堂里演讲与在小型座谈会上发言，所用的音量、语调和语速是不一样的。养成依据目的、对象和场合进行口语交际的习惯，对于每个中学生都是非常必要的。

第六，养成与对方良性互动的习惯。口语交际，总是双向互动的。在讲述过程中，听众的反应会影响讲述者。掌声使讲述者受到鼓舞，嘘声则使讲述者受到打击。因此，讲述者应该力求良性互动，输送正能量。要善于拉近听众与自己的心理距离，一言一语都能使听众心领神会，以至双方产生共鸣，这样就进入很好的互动境界。

要帮助中学生消除不良的口语交际习惯，养成良好的口语交际习惯，教材还需要呼吁学校、家庭、社会净化口语环境，提高口语交际水平。那么，"蓬生麻中，不扶自直"，中学生口语交际能力的增强指日可待。

七、语文教材编排体系改革设想

教材编排的改革有三个层面：整套教材编排的改革、单本教材编排的改革以及单本教材内单元编排的改革。下面按这三个层面说明改革设想。

（一）整套教材编排改革设想

整套教材的编排，大致上分为合编型与分编型。

合编型教材有五大特征：语言文学合在一起，文言白话凝成一块，听说读写集于一体，语文知识融入读写，课文、知识、导学、作业、图表、附录等六个系统高度综合。有五种类型：阅读主线型，比如，上海九年义务教育 H 版语文教材、王均主编的"注音识字·提前读写"语文教材，都以阅读训练为主线；写作主线型，比如，叶圣陶、夏丏尊主编的《国文百八课》、北京景山学校编写的初中语文教材，都以写作训练为中心；知识主线型，比如，张志公主编的北京大学出版社出版的初中语文教材以"知识为先导"，法国母语教材《文学与表达》也属这类教材；方法习惯型，比如，王尚文主编的浙江师大版初中语文教材设学法指导120次，上海九年义务教育 S 版语文教材也以方法指导贯穿全书；多线并行（交织）型，比如，张鸿苓主编的北师大版四年制初中语文教材是听、说、读、写等七条线齐头并进，人教版三年制初中语文教材听、说、读、写等五条线协调发展。

分编型教材是把语文这门课程分成两种或两种以上不同的科目，分别编制而成的教材。它在西方有着悠久的历史，我国则在 20 世纪初才出现。按照不同的分编标准，分编型教材一般分为四种：一是文学和语言分编，这在国外非常普遍，我国则只有1956年版《文学》《汉语》分编教材。二是阅读和写作分编，这在 20 世纪八九十年代有好多种，比如，人教版初中《阅读》《作文·汉语》教材、中央教育科学研究所编制的初中《阅读》《作文》教材、欧阳黛娜主编的《阅读》《写作》教材。三是文言和白话分编，在 20 世纪上半叶有三套，下半叶有一套，即人教版高中实验教材，有《文言读本》和《现代文选读》。四是多块内容的分编，一般编成三种以上教材，分编标准无明确规定，比如，人教版高中实验教材在内容上是阅读与写作分编，在语体上是文言文与白话分编，在文体上是文学与文章分编；又如，我国台湾地区有国文教材，有中国文化基本教材，也有书法、应用文、文法与修辞、国学概要等教材。

合编型教材的长处在于其综合性，体现了语言和语言学习的综合性特点，符合中小学生的认知规律。它把所有的内容编排在一起，有明确的目标；由易到难，螺旋式上升；各项内容相互为用，如合奏一曲交响乐，富有整体效应；它的分量相对较小，有利于减轻学生负担。合编型教材的缺点也在于其综合性，由于把繁杂的内容糅合在一起，往往顾此失彼，眉目不清，系统性不强，混乱而芜杂，易成为"大杂烩""大拼盘"。

分编型教材与合编型教材恰恰相反，分编型教材的长处在于分编，各种内容按各自的系统编排，因而头绪分明，系列清晰，严整而有条理。这类教材一般内容丰富，训练力度大，学生可以从中多多受益。分编型教材的缺点也在于分编，教材内容之间的联系，若处理不好就不利于相互渗透、协调发展。

这两种类型教材的改革方向很明确，各自汲取对方的长处，克服自身的局限性，尽可能互相渗透。同时，教材编排要找到合编与分编的平衡点。

就合编型教材来说，固然要把识字、写字、阅读、写作、口语交际和综合性学习等内容融会贯通，熔为一炉，也要使这五部分内容保持相对独立、自成系统，正所谓"合则相互为用，分则系列清楚"。编排这样的教材，第一，要找准各部分内容的结合点，解决用什么把各部分内容综合在一起的问题。用知识技能，用过程方法，还是用人文主题，可以百花齐放。第二，正确处理各部分内容之间的关系，使之和谐。一副中药，由多味药合成，各味药的地位和作用并不相同，俗称君臣佐使，各尽其职。

合编型教材也是如此，各部分内容应有主有次，各自居于适当的位置上。以阅读为主，以写作为主，或以知识技能为主，都不妨一试，但要有所依据，使各部分和谐共处。第三，各部分内容各自成系统。合编型教材好像一张网，从横向说，各部分内容联结在一起，从纵向说，各部分内容各自成系统，都是按一定关系组织成的整体。比如，阅读是一个系统，写作是一个系统，口语交际是一个系统。有人说，这种教材是分编合册，这在一定意义上可以成立。摆在改革者面前的难题是，怎样真正落实上述三个方面，编排出理想的合编型教材。尽管到现在为止，有不少有志之士做了尝试，然而离理想境界还相距甚远。

就分编型教材来说，固然要保持阅读与写作、文学与语言、白话与文言等各个系列分明，但也要使各个系列的内容尽可能互相补充、相辅相成。如文学与语言，过去一度只把文学当作语言训练的材料对待，确是不妥的，但不等于文学教材就只能讲文学欣赏。即使只讲文学欣赏，也应突出文学作品的语言因素，首先欣赏语言，这样就可以与语言教材沟通联系，文学教材与语言教材不仅不对立，而且还能相互促进。又如文言与白话，长期以来，过分夸大文言不同于白话的一面，改革开放以来有些学者强调文言与白话的相同之处，学习文言联系白话，既有利于学习文言，又有利于学习白话。文言教材与白话教材具有天然的联系，何来对立？因此，重要的是促使它们共同协调发展。又如阅读与写作，读写结合众所周知，不过这读，应该不仅是现代实用文章的读，还包括文言的读、文学作品的读。阅读文言、欣赏文学作品也要跟写作结合起来，可以进行扩写、缩写、改写训练，可以写读后感、读书报告、读书评论等。于是，阅读教材、写作教材、文学教材和文言教材四者可以联系起来。分编型教材汲取合编型教材的长处，有很多工作要做，有待于教材改革者的不懈探索和持续努力。

（二）单本教材编排改革的设想

单本教材的编排，一般应服从于整套教材的编排，在决定了整套教材是合编还是分编以后，再考虑单本教材怎样呈现合编或者分编的内容。这些内容一般都分作单元，单本教材的编排就是把若干单元组织成一个整体。大致上有以下五种类型。

一是知识主线型，以语文知识为线索，把若干单元串连在一起。例如，叶圣陶、夏丏尊的《国文百八课》第一册，有 18 个单元，用 18 篇阐述文章理法的文话来引领。这些文话是前后衔接的，这 18 个单元随之构成一个整体。又如人民教育出版社 1982 年高中语文实验课本《文学读本》上册，以文学常识为线索组织全书，古代诗歌常识、现代诗歌常识、古代散文常识、现代散文常识，依次统领古代诗歌、现代诗歌、古代散文、现代散文四个单元。知识主线型教材有两个特点：一是知识是系统的，在全册书中形成一个序列，它是教材的主体部分；二是知识统领教材的其他内容，引导听、说、读、写等语文实践活动。

二是方法引导型，以学习方法为线索，把若干单元整合在一起。例如，洪宗礼主编的 2004 年版课标实验教材九年级下册，共五个单元，依次以比较与辨微、迅速捕捉阅读信息、疑为学之始、知人论世读经典、横看成岭侧成峰等五种学习方法来引领。日本光村出版社和教育出版社编写出版的初中语文教材以及德国的中学母语教材《德语·思索》，基本上也采用这种编排方法。这种编排有两个特点：（1）学习方法成系统，有序地安排在若干单元，便于学生学习把握；（2）用学习方法统领教材其他内容，以利于在听、说、读、写等语言实践中运用这种学习方法，最终形成语文能力。

三是技能训练型，以技能训练为线索，使各个单元连贯起来。例如，上海九年制义务教育课标语文 H 版六年级上册有六个单元，其中三个单元由易到难地训练朗读技能，三个单元从简到繁地训练默读技能，以朗读和默读技能的训练来统领全书的内容。20 世纪 90 年代，初中语文教材虽然品种不少，但几乎都是根据 1992 年版《九年义务教育全日制初级中学语文教学大纲（试用）》中列出的 48 项能力训练来确定技能训练点，然后据以编排教材内容。因此，这类教材可以被称为技能训练型教材，其突出了工具性，着力于帮助学生掌握语文工具。

四是人文主题（话题）型，以人文主题为线索，使全册书各个单元成为一个有机的整体。例如，孙绍振主编的北师大版七年级上册，按照童年梦痕、秋日撷英、亲情歌吟、品行善恶、生命礼赞、性灵愚慧等六个人文主题来编排。当前其他课程标准语文实验教科书，也大都采用这种编排方式。在国外，例如，美国哈克特和布莱斯公司出版的中学六年级（相当于我国的初中一年级）文学教材《文学宝库》，就采用了以文学作品表达的主题为线索的编排方法。这种编排追求工具性与人文性的统一，关注学习中的非智力因素，使人文主题与学生身心发展相结合，有利于学生融会贯通地学习语文，使知识、技能和情感、态度、价值观协调发展，获得语文素养的整体提高。

五是活动板块型。与前几种类型都不同，在一册书中，活动板块型分作几个板块（单元），这些板块相对独立，相互之间没有联系，也没有先后次序，它们的学习目标不同，内容也不同。例如，德国韦斯特曼出版社于20世纪末出版的初中《现代德语》，共设七个板块：主题篇（黄色）、语法（绿色）、正确书写（蓝色）、说写训练（红色）、语言实验园地（紫色）、学习技巧（灰色）和附录（黑色），以不同颜色来区别。这种类型的教材给教师提供了更大的活动空间，教师可以根据教学条件和学生情况，灵活掌握学习内容和进度；可以利用教科书的范例，自行设计各种激发学生思维和促进学生学习的练习形式。这种教材也给学生开辟了更广阔的自主学习的空间。

上述单本教材的五种编排类型，都有其存在的价值，但都还需要改革，其中知识主线型的改革尤其迫切。至今为止，人们对知识主线型的《国文百八课》好评如潮，殊不知叶圣陶自己却说这套教材的教学效果并不好，初中教材的编制要"重起炉灶，重辟途径"[1]。在学习过程中，学生主要在自主的言语实践中形成语文能力，知识只起辅助作用，而且要在一定条件（学生已具备一些语感）下、用一定方式即"随文讲"才能起到辅助作用，《国文百八课》"知识主线型"在某些方面与此相悖。知识主线型的改革，不妨做到：精选能够作为"先导"的方法性知识，把这些知识排成系列，用精要、好懂的语言表述这些知识。最重要的是，应引导学生在言语实践中自行归纳、比较、建构这些知识。

方法引导型与知识主线型相反，由于它所涉及的知识是方法性知识，具有可操作性，获得较好效果，人们始终对它齐声喝彩，但这并不意味

---

[1] 叶至善，叶至美，叶至诚. 叶圣陶集：第二十四卷［M］. 南京：江苏教育出版社，2004：131.

着这种编排方法不需要改革。方法引导型的改革至少应该考虑以下方面：精选学习方法；把学习方法排成系列；用精要的语言阐述这些方法；引导学生在言语实践中正确运用这些学习方法，最终形成适合自己的学习方法。此外，方法引导型编排方法适用于较高年级教材，在学生有了一定语文基础以后再教方法，容易见效。

技能训练型现在基本上已停止使用，但不少人仍对它怀念不已，"想要忘它不容易"。中国香港一位教授甚至为它撰文著书，历数它的长处。语文课程标准尽管不再把训练作为语文课程的核心概念，但还是主张"注重基本技能的训练"。可见，只要还需要技能，技能训练型就依然有生命力。必须改革的是：鉴于技能只是"三维"目标中的"一维"，还有过程和方法、情感态度和价值观这二维，因此这种类型教材除了有技能训练线，还需要兼有过程和方法线、情感态度和价值观线。应以技能训练线为主，其他两条线为辅，三股线交织在一起。这样，或许能克服被人诟病的弊端，而充分发挥它的长处。

人文主题型是目前课程标准实验教材普遍采用的编排类型。与上述以知识、方法、技能训练为主线不同，人文主题型以人文主题（话题）为主线，力图一举达到"三维"目标。人们对它赞扬有加，质疑声也不绝于耳。问题在于它树起了工具性与人文性统一的旗帜，却过于青睐人文性，而怠慢了工具性，致使学生实际运用语文的能力下降。显而易见，以人文主题为主线，不能只顾人文，还要兼顾知识能力和过程方法。比如，日本光村图书出版株式会社20世纪90年代初编写的初中语文第二册就是这样编排的："走向新世界——思考学习方法""文学的乐趣——抓住对事物的看法和感受""自然中的奇特现象——掌握文章的结构和条理""祈求和平——领会情境和人们的心情""在生活中——抓住对事物的看法和想法""接触古典文学——养成阅读古典文学的习惯""少年岁月——领会人物心情，触及作品主题"。人文主题型的改革应朝一主两副的方向发展：主线是人文主题，副线是技能训练、方法习惯培养。

活动板块型教材，目前能见到的只有德国的一种。它的每个板块类似于我国教材中的专题、综合性学习，把这些板块无序地拢在一起，成了一册书。在某些人看来，这是毛坯，不是成熟的教材。它要求教师发挥创造性，根据当时当地的条件改编教材，完成编者没做完的工作，教师也成了教材编者。鉴于我国国情，活动板块型不妨缓行，但它的先进理念应该吸收，前卫做法可供研究参考。也许若干年以后，这种类型能成为我国教材编排的创新点。

理想的整套教材和单本教材的编排，应该是怎样的呢？下边提出几种设想。

第一，按照学生的身心发展和学习语文的规律编排教材。这意味着致力于培养学生知识、技能、情感同步的有个性的全面发展。教材编排为什么从知识主线型、技能训练型、方法引导型发展到人文主题（话题）型、活动板块型？就是因为后两种类型更符合学生的学习规律和心理发展特征。教材编排改革要进一步深入研究学生心理，把握学生心理发展规律，使教材编排更适应学生学习发展的需要。

第二，培养语言运用能力是语文课程的基本任务，是开设语文课程的主要目的，不可稍有忽视。必须把语言运用实践活动编排为教材的主体，以期在实践活动中培养学生的语言运用能力。然而，语言运用能力的培养必须伴之以情感的熏陶、价值观的渗透，换句话说，培养语言运用能力必须寓于养成情感和价值观之中。三者是一体的，共同发展、提高。

第三，教材编排的线索可以一条为主，两条或两条以上为辅，几条线索或并行或交织，把整本、整套教材贯串成一个整体。这样可以兼顾学生身心发展、学科知识能力结构和社会需要三个方面，有利于学生语文素养的全面提高，"三维"目标的全面达到。有些外国教材就是这样编排的。

第四，学生心理的发展和语文运用能力的发展往往不是直线，而是螺旋式上升的。因此，教材内容的编排趋势是由易到难、由浅入深、从简到繁，但允许必要的回顾甚至反复。

第五，在整套教材中，各册的编排可以不尽一致。比如，1993年义务教育初中语文教材（人教版），第一册课文按照其反映的生活内容，分类组织单元；第二至四册，课文按照记叙、说明、议论三种表达方式组织单元；第五、第六册，课文根据若干种实用体裁和文学体裁组织单元。又如1956年文学教材，初中一至六册，高中一至四册，编排方式各有特点。

这样有利于激发学生学习兴趣，体现学生学习规律，落实教学要求。

（三）单元编排改革的设想

单元是整套教材、单本教材的具体体现，它的编排是由整套教材和单本教材的编排所决定的。单元编排要正确处理单元内容各要素之间的关系和呈现方式。大致说来，单元编排有下面三种类型。

一是多元组合型。指确定一定的知识点和能力训练点，配以适当的范文，编入相应的语文知识和作业练习，把听、说、读、写等内容组合成一个整体。这种类型遵循三条原则：第一，以单元为整体。在纵向上，由首、腹、尾三部分组成。首，即教育教学目标（知识点和能力训练点）的确定；腹，即目标实现的过程和方式；尾，即目标实现程度的检测。在横向上，把学习语文知识、掌握学习方法、提高语文能力等结合在一起，形成具有整体教学效应的"集成块"。单元合成的具体方式多种多样，或以阅读为主，或以写作为主，或以语文知识为主，或以学习方法为主。这种多元组合，符合听、说、读、写相互联系、互相促进的规律。第二，以目标为核心。多元组合要以特定的教学目标为核心和依据。单元内容的综合性与单元目标的单一性是一个矛盾，能否正确处理这个矛盾是多元组合成败的关键。以恰当、明晰的目标为核心，才能有效地把各项内容组合成整体。第三，以知能转化为依归。多元组合要按照知能转化的要求精心设计。课文分为精读、略读、参读。作文分整篇作文、课外练笔、日记，随文讲语文知识，练习题分感知理解、积累运用、探究拓展，等等，这些都有利于学生在语文实践中完成知能转化。20世纪八九十年代语文教科书的单元编排，大都采用这种多元组合型。这样编排，有利于学生训练语文技能，提高语文能力，养成良好的语文习惯。

二是主题—情境型。主题是指根据学生的生活经验、学习兴趣及汉语丰富的表意功能和独特的文化内涵来确定的语文学习主题，它统摄一个单元中所有的阅读材料及语文实践活动。而情境则是围绕主题设计的一系列语文实践活动的背景。情境由主题生发，主题又以情境呈现。这种类型单元的主体不是课文，而是语文实践活动，课文只是作为引发阅读活动的材料，它固然重要，但要服从于语文实践活动。怎样把语文实践活动设计成单元的主体，是编制主题—情境单元的关键。这种类型的单元有三个长处，一是把语文实践活动置于情境之中，缩短学生与教材的距离，便于激发学生的学习兴趣，突出学生在学习中的主体地位；二是依赖情境呈现学习内容，增强语文与生活的联系，强调在实践活动中学习语文，注重语文学习的过程；三是便于在语文学习中开展平等对话，进行对话教学，便于开发更多的语文课程资源，使语文学习内容丰富多彩。与多元组合型着力于训练学生的语文技能不同，主题—情境型致力于学生知识、能力、情感等语文素养的全面养成。当下的语文课程标准实验教科书的单元大都采用这种编排方式。

三是专题型。在欧美，专题型被称为"专题或设计学习""多元文化联系""跨学科学习"；在日本，专题型被称为"综合性学习"。本文称其为"专题"，相当于单元，但又有特殊性。英国牛津大学出版社 1991 年出版的《牛津英语教程》，在三册书中设立 20 个专题，其中，最典型的是生存演习《在岛上》；德国 2000 年出版的高中教材《德语·思索》中也有专题，如"举行专题晚会"。我国所有的义务教育课程标准实验教科书《语文》，无不设计有专题，如苏教版就有"狼""荷""长城"等十个专题。这种专题基本上分为四类：一是研究性学习。模仿和遵循科学研究的一般过程，选择和确定课题，通过课题研究、考察测量、查阅文献等途径，收集大量资料，运用科学研究方法，提出研究方案，并撰写研究报告，展示研究成果。二是设计性学习。设计性学习是一种实际应用的学习，侧重实际运用和设计。三是体验性学习。体验性学习是一种学习活动，提倡学生接触社会、深入社会，增加对社会的了解、对社会生活经验的积累以及对社会物质文化、精神文化和制度文化的理解、感悟和体验。四是实践性学习。这种专题型单元的特点是：第一，综合性。体现为语文知识的综合运用、听、说、读、写能力的整体发展、语文课程与其他课程的沟通、书本知识与生活实践的紧密结合。第二，实践性。联系生活中的实际问题开展学习活动，在实现语文学习目标的同时，增强与自然、社会和他人互动的应对能力。第三，自主性。重视学生主动积极的参与精神，主要由学生自行设计和组织活动，注重学生在教师指导下的自主学习。第四，探究性。从培养创新能力着眼，专题设计力求开放、多元、跨领域、跨学科，富于学习和创造的广阔空间，有利于学生建构探究的学习方式。由于专题具有传统教材所没有的优越性，因此，设置专题已成为国内外母语教材编制的共同发展趋势。

多元组合型是教材单元的传统编排类型，在20世纪90年代盛极一时，到21世纪为主题—情境型取而代之。然而，主题—情境型并非一路高歌，没有多久便招来不少批评，在批评声中又夹杂着对多元组合型的肯定声，多元组合型似有东山再起、卷土重来之势。平心而论，多元组合型不应完全被打倒，它的长处可以传承下来；主题—情境型不必孤芳自赏、唯我独尊，完全可以大量渗透多元组合型的因素。主题—情境型的长处是促使工具性与人文性完成统一，达到"三维"目标，学生语文素养的整体提高，但实际上，学生语文运用能力的培养是它的短板，从而影响它总目标的实现。而语文技能训练正是多元组合型的强项，何不把它融入主题—情境型？当然，不能照搬，需要改造，就是把技能训练与情感、态度和价值观的培养联系起来。有学者指出："教育乃是建构个体主观精神的过程……精神的运动在更新和扩展中把教育过程所包含的东西都给内化了，把所有的意义都保存了，如知识和技能，都寓于精神之中，对它们的获得和应用都是在精神的作用下实现的。"[1]这样，技能训练就能摘掉过去在多元组合型中的单纯技能训练的帽子，升格为科学训练，与学生整个素养的提高融为一炉了。

专题型教材有旺盛的生命力，前景远大，但在试用过程中也发现一些问题。第一，过于强调跨学科，反而在与其他学科的融合中，语文学科退避三舍，淹没在其他学科中。目前教材中的一些综合性学习重点转到了音乐、美术、生物、体育，这是亟须改进的。需找到语文学科与其他学科的结合点，并始终坚持"以我为主"。第二，过于强调探究性，把大学生甚至研究生的研究题目放在综合性学习中让中学生探究。或者由老师、家长越俎代庖，或者流于形式主义，由学生走过场草草了之。第三，过于突出少数尖子学生的作用，由他们主导、策划、组织、活动，多数学生参与少，后进学生当陪衬。这也是专题活动中需要克服的不正常现象。对专题型的改革不可掉以轻心，应该对症下药，让专题型教材更加健康

[1] 金生鈜. 理解与教育：走向哲学解释学的教育哲学导论［M］. 北京：教育科学出版社，1997：116.

地发展。

理想的单元编排类型至少应具备三个条件：设计语言运用实践活动的情境，制订语言运用实践活动的步骤、程序，扩大语言运用实践活动的空间。

第一，设计情境。

语文课程的一大特点是实践性，学生的语文能力是在语言运用实践活动中养成的，而语言运用实践活动都是在一定的情境中进行的，这种情境最好是生活中真实的情境。但是生活情境不可复制，不能搬进教室，因此教科书只能虚拟生活情境。虚拟的情境要具有真实性，尽可能与真正的生活情境相一致，可以利用录音、录像、电脑、电视、手机和网络，把语言实践活动的情境电子化，用电子模拟出逼真的语言实践活动的情境。目前的主题—情境型已经设计了情境，但尚需完善。

第二，制订程序。

语文课程标准跟过去语文教学大纲的一大区别在于课程目标中增加了"一维"：过程和方法。关注学生的学习过程，引导学生发挥主动性，在学习过程中不仅掌握知识，还了解知识如何生成，收获"金子"和"点金"的指头。单元编排中注重制订语言运用实践活动的程序，就是注重学习过程，引导学生有计划、有步骤地开展语言运用实践活动，最后达到提高语言运用能力的目的。我国教材的各种单元编排类型缺少这种内容，理想的单元编排类型要弥补这个缺陷。

第三，扩大空间。

以语言运用实践活动为主体，单元编排立体、多元，为学生提供更大的活动空间，创造自由探索和实践的条件。学生可读、可写、可口语交际，可调查、可考察、可访问，可课内、可校内、可走向社会，可跨学科、可用书本、可自学讨论，等等。引导学生在生活的广阔天地里随时随地学语文、用语文，成为一个语文人。

八、理想的语文教材编制设想

理想的中学语文教材应由两部分组成：语言运用与经典阅读。可以分编合册，成一本书；可以分编成两本书；也可以把文言文独立出来，编成三本书。

（一）语言运用教材

语言运用教材主要培养学生正确理解与运用祖国语言文字的能力，即阅读能力、写作能力和口语交际能力。它以语言运用实践为主体，以课文为凭借，以语感培养、言语技能训练为主线，以语用知识为辅助，以语用素养的全面提高为依归。

1. 以语言运用实践为主体

语言运用实践包括识字、写字、阅读、写作、口语交际和综合性学习。语言运用能力是在语言运用实践中培养的，就是在阅读中学习阅读、写作中学习写作、口语交际中学习口语交际。吕叔湘认为："使用语文是一种技能，跟游泳、打乒乓球等技能没有什么不同的性质，不过语文活动的生理机制比游泳、打乒乓球等活动更加复杂罢了。任何技能都必须具备两个特点，一是正确，二是熟练。不正确就不能获得所要求的效果，不成其为技能。不熟练，也就是说，有时候正确，有时候不正确，或者虽然正确，可是反应太慢，落后于时机，那也不成其为技能。从某种意义上说，语言以及一切技能都是一种习惯。凡是习惯都是通过多次反复的实践养成的。"[1]张志公也说："语言是个工具。掌握工具要靠练。练才能熟。熟能生巧。"[2]

听、说、读、写活动首先受生理机制的制约。听需要灵敏的耳朵，说需要伶俐的嘴巴，读需要雪亮的眼睛，写需要灵活的手指，听、说、读、写都需要聪明智慧的大脑。而耳、口、眼、手、脑的生理机制，无一不需要训练。张志公就明确指出，学生要练耳、练口、练眼、练手、练脑。听、说、读、写活动还受心理机制的制约。行为主义心理学认为，学习就是不断地刺激—反应，形成一种动型，这就是一种习惯。反复练习听、说、读、写，就会养成听、说、读、写的技能和习惯。认知主义心理学认为，人类先天具有语言的习得机制，加上后天的学习语言规则，以使习得机制不断完善，从而形成能力。不过，学习语言规则、完善习得机制也需

---

[1] 王晨. 重读吕叔湘·走进新课标：什么是语文［M］. 武汉：湖北教育出版社，2004：62.

[2] 张志公. 张志公语文教育论集［M］. 北京：人民教育出版社，1994：578.

要在语用实践中进行。

重要的是，语言运用教材要为语用实践活动设置系统的情境，以充分体现语用的交际功能。语言运用总是在一定情境中进行的，一个语用情境就是一次语用活动，一次语用活动再现一次语用功能。语用教材必须引导学生在语用情境中开展语用活动，从而体验语用的多种功能，提高语用水平。设置情境，还可以增强语文与生活的联系，把课堂上的听、说、读、写与生活中的听、说、读、写融为一体，使学生感到语言运用有用、有趣，焕发出学习听、说、读、写的主动性、积极性和创造性；还便于开发更多学习资源，使语用实践活动丰富多彩。语用实践情境最好是真实的生活情境，如果虚拟生活情境，不妨借助录音、录像、电视、电脑、手机和网络，力求语用实践活动的真实性。

以语言运用实践为主体，是相对于知识学习来说的，按照认知主义心理学的主张，知识学习是主体，但这不适用于语文课程。1956 年版汉语知识教材之所以夭折，一大原因就出于此。

2. 以课文为凭借

过去一直说课文是教科书的主体，这不能说没有道理。然而，课文是为适应语用实践活动的需要、为培养语文能力而选编的，它属于语用实践活动。说它是语用实践活动的凭借可能更为恰当。

叶圣陶认为，课文是例子，是凭借。他说："我也曾经朦胧地想过，知识是教不尽的，工具拿在手里，必须不断地用心地使用才能练成熟练技能的，语文教材无非是例子，凭这个例子要使学生能够举一反三，练成阅读和作文的熟练技能。"[1]又说："阅读书籍的习惯不能凭空养成，欣赏文学的能力不能凭空培植，写作文章的技能不能凭空训练。国文教学所以要用课本或选文，就在将课本或选文作为凭借，然后种种工作得以着手。"[2]

教科书中的课文大致可分为两类：实用性文章和文学作品。实用性文章又可以分三种：一是主要供阅读用的实用性文章，具有代表性和示范性，如说明性文章、议论文、非连续性文本、新闻报道、科技文、传

---

[1] 叶圣陶.叶圣陶语文教育论集：上册［M］.北京：教育科学出版社，1980：152．
［2］同［1］65.

记、回忆录、日记、书信、序跋等，通过阅读这些文章，主要培养学生汲取整合信息、解释推断信息、对信息作出评价的能力；二是写作例文，具有可模仿性，如记叙文、简单说明文、简单议论文、非连续性文本和常用应用文，通过模仿和借鉴这些文章的写法，以提高学生的写作能力；三是口语交际的例文，具有可模仿性，如发言稿、演讲稿、辩论稿、讨论稿、解说词等，通过对这些例文的模仿和借鉴，以提高学生的口语交际能力。

三种实用性文章教学目标不尽相同，教学重点也不尽一致。有的为培养学生汲取整合信息的能力，就着眼于文本的内容，注重对种种信息的筛选和整合；有的为提高学生的写作能力，就着眼于文本的表现形式，从写作角度对文体的立意、结构和语言进行揣摩；有的为提高学生的口语交际能力，就从口语交际的角度学习文本。总之，三种文本要做三种不同的处理。至于写作和口语交际的例文中的病文，可当作反面教材，为的是避免重蹈覆辙。当然，三种文本也不是完全各不相干，用于培养筛选信息能力的文本也许可以对培养写作能力或口语交际能力助一臂之力，反之亦然。它们应该尽可能相辅相成，协力提高听、说、读、写能力。

叶圣陶不主张写作和口语交际另外单独编写教材，有阅读教材足以致用。读好就能写好，读好就能听好、说好，因此，写作、口语交际教材尽可以附在阅读教材上面。换言之，阅读教材具有培养听、说、读、写能力的功能。不过，这样一来，阅读教材未免负担太重，而且易导致教学目标难定，随意性过大。有鉴于此，上文提出实用性文章分成三种，各司其职。三种文章的训练内容，除各有侧重外，其共同之处不应忽视。比如，积累一定量的字和词，包括它们的读音、含义、字形、结构和用法。在此基础上，积累一定量由字和词构成的语言运用范例，把握这些范例中所体现的文章构成方式、语言运用规律和言语表达技巧。最好兼顾有所侧重的训练与共同的基本训练，在基本训练的基础上进行有所侧重的训练。

需要说明的是，以课文为凭借，既指教科书的课文，也指课外教材的课文。叶圣陶说："课外书也该认作一项教材。"[1]"要养成一种习惯，

[1]叶至善，叶至美，叶至诚.叶圣陶集：第十六卷[M].南京：江苏教育出版社，1993：115.

必须经过反复的历练。单凭一部国文教本，是够不上说反复的历练的。所以必须在国文教本以外再看其他的书，越多越好。"[1]

3. 以语感培养和言语技能训练为主线

语感培养和言语技能训练是贯穿语用实践系统的主线。《义务教育语文课程标准（2011年版）》规定："语文教学要注重语言的积累、感悟和运用，注重基本技能训练，让学生打好扎实的语文基础。"积累语言是获得语感的前提，感悟是对语言的揣摩和玩味，运用是通过由感悟形成的语感进行语用实践。基本的言语技能训练近几年来在不再把训练作为核心概念的大背景下有所放松，其实科学的言语技能训练，不仅不应该忽视，而且应该加强。当务之急是既反对过去"题海战术"式的纯工具训练，也反对玄虚的难以捉摸的所谓感悟，应把语感培养与言语技能训练结合起来，使之成为语用实践系统的主线。吕叔湘认为，培养语感的关键在"练"。品酒师的酒感、品茶师的茶感都是练出来的，学生的语感也不例外。语感培养与言语技能训练仅在练这一点上就可以结合起来。

要完成语感培养和言语技能训练的结合，具体说来，要解决三个方面问题。

第一，设计语感培养和言语技能训练的项目和步骤。叶圣陶多次强调，特别需要调查和研究的是语文训练的项目和步骤。为了培养学生具备应有的听、说、读、写能力，究竟应该训练哪些项目，这些项目的先后次序该怎么样，反复和交叉又该怎么样，对这些问题，咱们至今还是心里没有数[2]。还说，切实研究，得到训练学生读作能力的纲目与次第，据以编写教材，此恐是切要之事[3]。20世纪30年代，叶圣陶和夏丏尊合编《国文百八课》，按照文章学系统的108个训练项目编写。20世纪80年代，陆继椿的初中《分类集中分阶段进行语言训练实验课本》，是按140个项目编写的，主张"一课一得，得得相连"。20世纪90年代，《九年义务教育全日制初级中学语文教学大纲（试用）》提出读写听说能力训练48条，当时的近10套初中语文教科书基本上都按照这48条设计语文训练

[1]叶圣陶.叶圣陶语文教育论集：上册［M］.北京：教育科学出版社，1980：4.

[2]叶圣陶.叶圣陶教育文集：第三卷［M］.北京：人民教育出版社，1994：214.

[3]叶圣陶.叶圣陶语文教育论集：下册［M］.北京：教育科学出版社，1980：434.

的项目和步骤。

第二，制作语感培养和言语技能训练的规格、标准和要求。张志公认为，凡属技能训练，都要有一定的规格、明确的标准和要求。小学至高中不同的阶段、每学期、每学年，都要有明确的要求。字、词、句、篇、语、修、逻、文、识字写字、阅读、写作、口语交际，都要有明确的规定。文字、词汇和阅读量这三项要有数量的规定。阅读、写作，要从程度和速度方面做出规定[1]。20世纪八九十年代，布鲁姆的目标分类法风行全国，于是一些中学语文教科书给言语能力训练制订了比较具体的规格和要求，但有的走上了极端，效果适得其反。新课改以来，淡化训练，"皮之不存，毛将焉附？"对训练的规格和要求，自然讳莫如深。实际上，语文课程标准对识字量、阅读量、阅读速度、写作量、写作速度等，还是有所规定的。不过需要进一步具体化和量化，以便于编写教材。当然，要彻底解决这个问题，还需要经过大规模的实验和深入的调查研究。

第三，构建言语技能训练和语感训练的模式。首先是构建言语技能训练的模式。参照心理学专家冯忠良的设计，言语技能训练大致上分为三个阶段：（1）原型（心智活动的原样）定向。引导学生了解某项心智活动的目标、动作要素、动作顺序、动作执行要求，也就是说，了解完成某项心智活动的程序性知识和策略性知识。（2）原型操作。引导学生针对目标一一做出动作，不遗漏，不跳跃。完成每一动作后，检查是否达到预定的目标，随时做出调整。多次正确而顺利地完成某一动作，就取得了一定的经验，形成活动表象，转向内化阶段。（3）原型内化。引导学生对心智活动的形式，适当进行简缩，省略与合并某些动作；完成动作所遵循的出声的外部语言转到不出声的外部语言，再转到内部语言；变换动作对象，使心智活动形式可以使用于同类对象。技能上升到观念水平。一般来说，一项心智技能的形成，基本上都必须经过上述三个阶段。可以以这三阶段设计为参照，构建言语技能训练的多种模式[2]。其次是构建语感训练的模式。韩雪屏在语感的知识化和语感的技能化指导思想

［1］张志公.张志公语文教育论集［M］.北京：人民教育出版社，1994：30-32.

［2］冯忠良.结构-定向教学的理论与实践：改革教学体制的探索（上）［M］.北京：北京师范大学出版社，1992.

下，提出了以读为主的八步骤训练模式：初读（①捕捉初感，②画出感点）→品读（③增删移换，④品味悟理）→美读（⑤标示符号，⑥诵读传送）→写读（⑦叙写札记，⑧默写仿写）[1]。此外还有洪镇涛、张大文等特级教师提出的语感训练模式。当然，上述种种模式，都需要在实践中进一步检验。

关于语感培养和言语技能训练的三个方面的问题，都是属于课程、教学层面的问题。只有这些问题解决了，才能据以编写教材。

4. 以语用知识为辅助

早在 20 世纪二三十年代，不少语文学家就主张在语文教材中引进读法、缀法（作文法）、话法（说话法）、书法。叶圣陶说："唯有特别注重方法，才会收到事半功倍的效果。多读多作固属重要，但是尤其重要的是怎样读、怎样写。""怎样阅读才可以明白通晓，摄其精英，怎样写作才可以清楚畅达，表其情意，都得让学生们心知其故。""必须使这种方法成为学生终身以之的习惯。"[2]旧式教育的弊病就是不讲究方法，一味让学生死记硬背，在暗胡同中摸索，鲁迅对此曾有过尖锐批评[3]。

对于语文知识的作用，夏丏尊曾打过一个比方："渔父的儿子虽然善于游泳，但比之于有正当知识，再经过练习的专门家，究竟相差很远。而跟着渔父的儿子去学游泳，比之于跟着专门家去练习也不同，后者总比前者来得正确快速。法则对于技术是必要而不充足的条件，真正凭着练习成功的，必是暗合于法则而不自知的。法则没用而有用，就在这一点。"[4]可见，言语技能训练需要相关知识的指引与支撑，否则，言语实践活动难免低效，甚至成为无意义的试误。

语文课程标准强调培养语感，这无疑是正确的。学生在听、说、读、写实践中直接获得语感的同时，不自觉地习得潜意识语言知识。实用性语言知识的作用，在于使这潜意识语言知识转化为可以言说的语言知识，

［1］韩雪屏.语文教育的心理学原理［M］.上海：上海教育出版社，2001：311.

［2］叶至善，叶至美，叶至诚.叶圣陶集：第十三卷［M］.南京：江苏教育出版社，2004：44.

［3］鲁迅.二心集·做古人和做好人的秘诀［M］//鲁迅.鲁迅全集：第四卷.北京：人民文学出版社，1981：270.

［4］夏丏尊，刘薰宇.文章作法［M］.郑州：文心出版社，2017：3.

使学生运用语言不仅知其然,而且知其所以然,从"暗中摸索"上升为"明里探讨"。只凭语感运用语言难免粗疏,有可以言说的语言知识指导就可趋于细致、周密,从而使学生的语言运用能力得到有效提升。

那么,教材需要编排哪些语用知识呢?按照认知心理学,知识可分为三类:陈述性知识、程序性知识和策略性知识。韩雪屏教授认为,语文教科书中应引进的陈述性知识有:语境的知识、语言成分的知识、选词炼句的知识、语段和语篇的知识、语体的知识,等等。程序性知识有:如何品评和选用词语,怎样辨识和选择句式,如何概括段意,怎样读解和组织段落,如何形成良好的语感,怎样才能整体把握文章的意义,如何搜集和处理信息,如何使用修改文章的符号,等等。策略性知识有:识字策略、写作中生成语境的策略、假想读者的策略、选择语料的策略、言意转换的策略、组成语篇的策略、言语创新的策略等,阅读中感知语言的策略、还原语境的策略、联想意义的策略、全程阅读的策略等,以及语文注意策略、语文记忆策略、语文问题解决的策略等[1]。程序性知识主要反映活动的具体过程和操作步骤,也称操作性知识,它直接指导言语技能的练习和形成,是教材语用知识的重要部分。策略性知识是指在学习情境中,对学习任务的认识、对学习方法的调用和对学习过程的调控的知识。它能指导对语用实践活动进行自我调节和控制。策略性知识也很重要。陈述性知识主要反映事物的状态、内容及事物变化发展的原因,说明事物"是什么""为什么""怎么样"。过去教材中主要是这类知识。然而,教材的教学目标不只是让学生掌握静态的语言知识,还需使学生具备运用语言的能力,因此,陈述性知识在教材中的地位势必有所降低,应使它转化为程序性知识。

语用知识在教材中怎样呈现呢?过去教材主要是两种方式,一是编成知识短文,叫"集中串连";二是一点一滴地穿插安排在课文的注释、练习和提示中及作文训练和口语交际训练的提示中,叫"散点分布"。新世纪语文课程标准淡化知识,教材大都采用第二种方式,用课标的说法是"随文讲"。

---

[1]韩雪屏.语文课程与教学研究文集[M].呼和浩特:内蒙古教育出版社,2008:66-68.

张志公有一句名言，"以知识为先导"。在他主编的北京大学出版社出版的初中语文教材中，每个单元前都有一篇知识短文，介绍阅读方法，以指导阅读训练。而新世纪语文课程标准反对以知识为先导，主张重视学生的阅读实践，让学生在实践中自己悟出阅读方法。这两方各有各的道理。知识能不能作为先导？关键是看什么知识，看怎样作先导，不分青红皂白，一律肯定或否定，都是不合适的。

国外母语教材语用知识的呈现方式多种多样，不拘一格。"散点分布"有，"集中串连"也有；"以知识为先导"很平常，"自悟知识"也不少见。我国语文教材能不能来个百花齐放？

5. 以语用素养的全面提高为依归

语用素养的全面提高，指语用知识和能力、过程和方法、情感态度和价值观三个方面相互渗透，融为一体，和谐发展。

首先，知识、技能、能力是一体的。心理学家皮连生教授把知识与技能联系起来进行研究，指出智力技能实质上是个人习得的一套程序性知识并按这个程序办事，这有助于我们了解知识与智力技能的关系以及知识向技能的转化。程序性知识是操作性知识，说明"怎样做"，这就包含技能的性质。积累多种技能了，就可以灵活变换、迁移，直接促使能力的养成。能力又是技能掌握的前提，它制约着技能掌握的快慢、深浅、难易、灵活性和巩固程度。"总之，知识、技能与能力之间是相互转化、相互促进、有机结合在一起的。所以，有效的教育内容，必须也必然是具有关联性的特定知识、技能和能力的统一体。忽视或者削弱知识、技能和能力三者中的任何一种或两种，都是有害的。"[1]

其次，知识、技能、能力与情感、态度、价值观也是一体的。情感、态度和价值观的提升不是外加的，而是在汲取知识、训练技能、养成能力的过程中进行的。知识、技能、能力的获得，不是单兵独进、孤立进行的，必有情感、态度、价值观的伴随和参与。情感、态度和价值观是能力养成的必要要素。有学者指出："教育乃是建构个体主观精神的过程……精神的运动在更新和扩展中把教育过程所包含的东西都给内化了，

---

[1] 黄甫全. 现代课程与教学论学程：上［M］. 北京：人民教育出版社，2006：172.

把所有的意义都保存了，如知识和技能，都寓于精神之中，对它们的获得和应用都是在精神的作用下实现的。"[1]语文教材的工具性和人文性是分不开的，知识、技能、能力与情感、态度、价值观是融为一体的。

全面提高语用素养，是编制语言运用教材的出发点和归宿。

（二）经典阅读教材

经典阅读教材的功能，一是为培养语用能力奠定基础。语用能力的养成，不仅仅依靠程序性知识的获得、言语技能的训练，还依靠人生的历练、文学文化知识的丰富。后者是养成语用能力的基础，对于中学生来说，这基础除来自"行万里路"外，大半仰仗"破万卷书"，即对经典作品的阅读。二是为学生打下精神和语言的底子。在经典阅读中，学生与大师对话，占领精神的制高点，受到典范语言的熏陶，对精神成长和语言发展的影响极其深远。三是利于学生养成阅读的习惯。学生在经典阅读中，容易激发阅读的兴趣，把阅读作为生活的一部分，作为自己的生命活动、生存方式，像每天吃饭、喝水一样不可或缺。

所谓经典，它凝聚着民族和人类的文明成果的精华，是世代人民的精神食粮；它永不过时，具有永久的思想和艺术的魅力；它拥有最广大的读者，令人百读不厌、常读常新。它包括优秀传统文化经典、革命文化经典和社会主义先进文化经典。选编经典，要注意下列问题。

第一，以民族文化经典为主，兼顾多元文化。

当今世界，随着国际互联网和信息技术的迅速发展，不仅经济全球化，文化也在向全球化发展。保持和发展我国民族文化的主体性，维护多元文化的存在，这是摆在我们面前的重大课题。一百多年来的经验和教训证明，只有具有优秀的中华文化传统的现代化中国，才能使中华民族在世界民族之林中，从站起来到富起来，从富起来到强起来。

主要选用本国、本民族的文化文学经典，是各国母语教材的通例。英国主要选以莎士比亚作品为代表的英国经典，俄罗斯主要选以普希金、托尔斯泰作品为代表的俄罗斯经典，德国主要选以歌德作品为代表的德国经典，无一例外。我国是有着几千年悠久历史的文明古国，优秀传统

---

[1]金生鈜. 理解与教育：走向哲学解释学的教育哲学导论［M］. 北京：教育科学出版社，1997：116.

文化源远流长，不朽的经典作品不胜枚举。创造性地继承发展优秀传统文化是经典阅读教材不可推卸的责任和义务。

当然，对于外国的文化，不应一味排斥，而应汲取其先进的部分，使之融入我国民族文化，为我所用。因此，教材中还要选入一定数量的外国经典作品。要指出的是，外国母语教材的选文固然以本国经典为主，但也兼顾别国经典。英国固然把英国文学放在第一位，也选了美国等其他国家的经典作品，包括翻译作品，因为丰富的文化差异是文学研究的重要价值之一。美国是移民国家，格外重视选用其他国家如英国、西班牙、意大利等国的经典作品，对国内各民族经典，也尽量兼顾，选用了黑人文学经典和印第安人文学经典。我国秉持改革开放政策，教材中应注重选用多国家、多民族、多地区的经典作品。除欧美国家文化经典外，非洲文化经典、东方国家文化经典、拉美文化经典也应占一席之地。

第二，以文学经典为主，兼顾历史、哲学、科学、宗教、艺术等经典。

我国古代教材文史哲不分，到 20 世纪初语文才独立设科。第二次世界大战以后，学科越分越细，综合性、边缘性学科异军突起，并富于生命力。与此相适应，学校增设了综合性课程，如综合文科、综合理科；在语文学科中，增添了综合性学习的内容。总之，经典阅读教材在主要选用文学经典的前提下，选用其他学科的经典是大势所趋。

国外的母语教材早就按文理兼容的方式选编。日本母语教材中有一篇《灰姑娘的时钟》，由童话灰姑娘故事中说到的时钟，引出关于机械时钟发展历史的物理学知识，进而说明从不定时法则向定时法则转化所造成的雇佣劳动制的出现，以及随着工商业的进一步发展，形成"时间等于金钱"的经济伦理观念等近代社会发展的历史轨迹[1]。这样的课文在日本母语教材中屡见不鲜，美国母语教材则有过之而无不及。以同心出版社 2004 年版的《美国语文》为例，这套教材以美国历史为线索，将美国两百多年的历史分成六个不同的主题时代，而相对应的课文则取材于同时代的具有广泛社会影响以及文学代表意义的文章。这些文章除文学、语言外，还有历史、哲学、政治等，比如，《弗吉尼亚通史》（节选）、《独

---

［1］柳士镇，洪宗礼. 中外母语教材比较研究论集［M］. 南京：江苏教育出版社，2001：198.

立宣言》（节选）、《论公民的不服从》（节选）。学习这样的教材，学生在领略文学美感的同时，了解历史文明的演进，获取思想的力量和智者的智慧，人文基本素质得到全面提高。

应该承认，我国过去的语文教材很少涉及哲学、历史学，尤其是宗教学方面的经典。一怕深，很难读懂；二怕抽象，没兴趣读；三怕越界，侵入其他学科。实际上，读较深文章的能力也该培养，不能动辄就知难而退；抽象文章能锻炼抽象思维能力，不能绕过不读；语文课文的内容本来就涉及百科，无所谓越界不越界。经典阅读教材扩大选材面，增加文化含量，注重文理交融，势在必行。

第三，选文应体裁多样、样式丰富。

国外文学教材选文的体裁和样式越分越细，越分越多。英国《牛津英语教程》中，仅戏剧就分为学校剧、家庭剧、儿童剧、广播剧、肥皂剧、滑稽剧等。俄罗斯的文学教材中，仅诗歌就分为抒情诗、叙事诗、故事诗、童话诗、寓言诗、散文诗、科学诗等。美国的文学教材中，仅小说就分为微型小说、短篇小说、中长篇小说节选、纪实小说、科幻小说、探险小说、推理小说等。选文的体裁和样式的多样化，显示了时代发展过程中文科与理科的交融，文学体裁的互通，以及语言的多元化发展态势，有利于学生扩大视野，增长见识，丰富文学文化素养。

我国的经典阅读教材选文的体裁和样式不多，经典阅读教材应该突破过去教材选文的框框，尽量选用多种体裁、多种流派、多种风格的经典作品，使学生从多方面丰富文学文化素养，接受语文熏陶，提升精神境界。

第四，选文的编排要符合学生的心理特征和接受能力。

教材选文的编排必须符合学生的心理特征和学习规律，同时兼顾经典阅读本身的逻辑系统。朱自清说："据我所知，不外三种：从内容分，从体式分，从时代分。我以为初中选文，宜以内容为经，体式为纬；高中则宜以时代为经，内容为纬。以内容为经者，使学生的注意不至太散漫，且与读书的实际亦较相合；因同类文字的集合，大致可抵得一本小书。但以一类文字为一单元，纵不过繁，却也须防学生感着单调；故又以体式为纬，使常有变化。至于以时代为经，则因高中须加重世界文学思潮与本国古代学术思想两方面，依时代逆溯而上，较易显明迁流之迹；关于本国古代学术思想文学，用各时代的代表作；关于别国文学思潮，则用代表作的译本——短篇选全篇，长篇节选。以内容为纬，用意同初中以内容为经；不言体式者，初中三年，体式大致略备，总之，不外抒情、叙事、说理三端；到高中时，可令学生自己留心，不必再由教师谆谆告语了。"[1]初中、高中采用不同的组织方式，都是以一种方式为主而兼顾其他。这个编排思路值得参考。

总的原则是，按照学生心理发展阶段的特征，兼顾经典阅读的逻辑系统来编排，由浅入深，循序渐进，螺旋式上升，使学生可以接受、乐于接受。

此外，经典阅读教材的选文必须有一定的数量。20世纪50年代，苏联四年制小学语文教科书有80多万字，而我国六年制小学语文教科书才20多万字。这种差距，至今没有完全改变。诚然，对于这种差距，可以用国情不同来解释。我国的中小学语文教科书，所选课文一般供精读，需要细琢细磨，因此，篇数不能多，篇幅不能长。然而，只有精读课文是不够的，还需要大量的略读、参读文章来配合。所谓"得法于课内，得益于课外"。吕叔湘说："要大量阅读，有精读，有略读（二者的界限也不必划得太清），一学期读它80万到100万字不为多（这里边当然包括语文课本）。"[2]他还说："同志们可以回忆自己的学习过程，得之于老师课堂上讲的占多少，得之于自己课外阅读的占多少。我回想自己大概是三七开吧，也就是说，百分之七十得之于课外阅读。"[3]他还说，现在语文水平高的学生，要问他怎么学的，多半回答主要不是从课堂学来的，而是靠课外阅读[4]。

叶圣陶说，课外读物也是教材。要养成良好的语文能力，必须由课外读物作为辅助。但我国对课外读物重视不够，到2000年版的语文教学大纲（试用修订版）才有所改观，到21世纪初的语文课程标准才附上"优

［1］朱自清.朱自清语文教学经验［M］.北京：教育科学出版社，2007：12-13.
［2］李行建，陈大庆，吕桂申.吕叔湘论语文教育［M］.郑州：河南教育出版社，1995：79.
［3］同［2］53.
［4］同［2］46.

秀诗文背诵推荐篇目"和"关于课外读物的建议",规定义务教育阶段课外阅读总量不少于400万字和近10部名著,高中阶段课外阅读总量不少于150万字和近5部名著。这个规定比过去有长足的进步,但与国外相比,还有不小的差距。

世界上不少国家都制定了中小学生必读书目,比如,德国巴符州规定[1]:五、六年级,应阅读歌德等16位作家的诗歌,比克塞尔等8位作家的小说,马克·吐温等作家的青年读物,格林童话和世界童话;七、八年级,应阅读海涅等20位诗人的诗歌,茨威格等11位作家的小说,狄更斯等作家的青年读物,席勒等14位作家的戏剧;九、十年级,应阅读布莱希特等26位作家的诗歌,雷马克等38位德国作家、巴尔扎克等12位外国作家的小说,莱辛等21位作家的戏剧。又如法国规定[2],高中二年级应阅读:16、17世纪作家蒙田和帕斯卡尔的作品节选,高乃依、莫里哀和拉辛各两部作品;19世纪巴尔扎克等12位作家的17部作品;20世纪罗曼·罗兰等22位作家的28部作品。高中三年级应阅读:16、17世纪作家的作品;18、19世纪雨果等19位作家的30部作品;20世纪普鲁斯特等13位作家的21部作品。美国非常注重语言实际运用,但也于1984年向全国400多位教授、作家等文化界领军人物做了一项调查,在这基础上列出了美国中学生必读书30部。美国从小学一年级到高中毕业,每个年级都有阅读书目,而且有阅读考查标准。德、法、美等国或者将部分必读书目的主要章节编进教科书,或者不编进教科书,但一律纳入考试范围。

不难看出,我国课标建议的阅读量跟国外相比,有一定差距。当务之急,教材应按年级列出必读书目,有计划有步骤地增加学生的阅读量。

怎样阅读经典作品?教材要对学生进行正确的引导。一般来说,要引导学生遵循以下三条原则。

第一,整体—局部—整体原则。任何经典作品都是一个整体,作品

[1] 中外母语教材比较研究课题组. 中外母语课程标准译编 [M]. 南京:江苏教育出版社,2000:451-452.
[2] 同 [1] 491-492.

整体的意义，不等于各个词、句、段的意义的总和。阅读经典作品，在把握整体之后再逐字逐句读，才能了解作品的内涵和意义。因此，张志公说："看　篇文章，先读一遍，得其大要，再读，才知道文字结构层次的安排，又读，才能体会哪些词、句子用得准确、生动，从而对全文的理解也就又加深了一步。也就是说，理解的全过程是从大到小，从整体到局部，又从小到大，从局部到整体，走这么一个来回。"[1]片面突出工具性，离开文章整体的思想内容，孤立地、繁琐地、机械地大搞局部的字词句训练，结果学生不仅不能把握全篇思想内容，语言运用能力也不能过关。在强调人文性的口号下，有些地方又走到了另一极端：置作品中的字、词、句于不顾，空讲人文内容。其结果是，学生不仅学不到语言，而且也学不到字词句中所蕴含的内容。正确的做法是，在作品整体的语境中，领悟局部的字、词、句；把握好局部的字、词、句，以进一步深化对文章的整体理解。就在这循环往复、不断深化的过程中，学生在工具性和人文性两个方面才有收益，从而提高文章理解和文学欣赏能力。

第二，语言—思想—语言原则。应引导学生首先把作品中的语言文字弄清楚，从而探究作品的思想内容，再从思想内容走出来，进一步理解语言文字是怎样表达作者的思想感情的。这就是1992年颁布的《九年义务教育全日制初级中学语文教学大纲（试用）》指出的，因文悟道，因道悟文，循环往复，螺旋上升。这似乎早已成为共识，但一直没有得到真正落实。对离开语言文字分析思想内容的倾向，朱自清在20世纪30年代就提出批评："读的方面，往往只注重思想的获得而忽略语汇的扩展，字句的修饰，篇章的组织，声调的变化等。""只注重思想而忽略训练，所获得的思想必是浮光掠影。因为思想也就存在于语汇、字句、篇章、声调里；中学生读书而只取其思想，那便是将书里的话用他们自己原有的语汇等重记下来，一定是相去很远的变形。这种变形必失去原来思想的精彩而只存其轮廓，没有什么用处。"[2]这类现象在当下还大量存在。

实用性文本的语言词汇的对应物是概念，而文学作品的语言词汇的

---

［1］张志公.张志公语文教育论集［M］.北京：人民教育出版社，1994：344.
［2］夏丏尊，叶圣陶.文心［M］.北京：中国青年出版社，1983：序4—5.

对应物不只是概念，并且重点往往不在概念，而在意象和意味。学习实用性文本的语言，一般弄懂概念的内涵即可；学习文学作品的语言则不能就此止步，意象是浸润着作家审美情感的形象，意味是意象背后作家的人生体验，意象和意味往往说不尽道不明，作品只是提供一个方向让读者去自由想象。由此看来，与实用性文本相比，文学作品更要下功夫通过语言把握内容，更要坚持语言—思想—语言的原则。

第三，语文—生活—语文原则。这里说的生活是广义的，包括人与社会、人与自然、人与自身诸多方面。语文来源于生活又服务于生活，语文学习的外延与生活的外延相等。学生学习经典作品，从根本上说，是由于生活的需要。在学习中，要凭借自己的生活经验和知识跟作者对话，构建知识体系，提高运用语言的能力。

语言学家认为，学龄前儿童学会了母语的口语，就掌握了母语的基本词汇和基本语法。儿童上学后学会了 2500 字至 3500 字，就能阅读，阅读水平高低的关键则取决于生活经验的多少和知识面的宽阔程度。比如，鉴赏文学作品，就要了解作品语言的意义和内涵，单靠翻查字典词典是不能达到这个目的的。必须在生活中随时留意，得到生活的经验，对于作品语言才会有正确丰富的理解力和敏锐的感觉，也就是语感。夏丏尊说："在语感敏锐的人的心里，'赤'不但解作红色，'夜'不但解作昼的反对吧。'田园'不但解作种菜的地方，'春雨'不但解作春天的雨吧。见了'新绿'二字，就会感到希望、自然的化工、少年的气概等说不尽的旨趣，见了'落叶'二字，就会感到无常、寂寥等等说不尽的意味吧。真的生活在此，真的文学也在此。"[1]的确如此。学生只有不断积累生活经验，对文学作品语言的领悟才能越来越深切。如果自己的语感赶上了作家，那么鉴赏作品就能接近作家的旨趣了。当然，"我们欣赏一个作品，并不一定要求我们具有作者同样的生活经验。但生活经历丰富的人，无论如何对于作品的理解会更正确，更深刻，这仍然是没有疑问的"[2]。遵循上述三条原则，有助于学生养成文学欣赏能力和经典文章

［1］赵志伟.旧文重读：大家谈语文教育［M］.上海：华东师范大学出版社，2007：123-124.

［2］何其芳.诗歌欣赏［M］.北京：人民文学出版社，1978：113.

阅读能力。

　　至于文言经典的阅读，与白话文经典的阅读有所不同。它首先要过语言关，能读懂。长期以来，有两派意见。一派主张先按古代汉语读，注重字、词、句，然后按经典作品读；另一派反对上述主张，要求按文学作品读，字、词、句在文中的意思弄懂即可，系统的古代汉语的学习应在高中另开选修课。本文建议取两派的折中意见，大致上按文学文化经典阅读，但要弄懂字、词、句在文内的意思，以便积累古代语言，丰富文言修养。就是说，对于文言经典，教材应引导学生，既要像一般经典一样阅读，又要同时提升阅读文言文的水准。

（三）理想的语文教材

　　经典阅读教材与语言运用教材各成系统，相对独立，各自发挥它们自身的优势。一个着力于语言的储存、学养的积累和精神的升华，一个着力于读、写、听、说等语用能力的发展。它们又相互联系，不可割裂，前者是后者的基础，没有保质保量的经典阅读，语用能力如沙上建塔，难以形成；后者促进前者，没有一定的语用能力，经典阅读如老虎吃天，难以下口。经典阅读能结合写作、口语交际的地方，不妨多多结合；语言运用把经典作品作为例子和凭借，也尽可能钻研经典作品本身。

　　中学语文教材经过百年来的改革不断进步，但效果始终难以尽如人愿。一大原因就是有些教材丢掉了我国古代语文教材重视经典阅读的传统，使语用能力的培养丧失了基础。实际上，大家早已发出疑问：教材局限于有限的若干篇实用性文章，在"螺蛳壳里做道场"，怎么成得了气候？另一原因是某些实用文章教材缺乏科学性，或过于追求学科知识的系统性，课文沦为知识的例证；或热衷于盲目的机械训练，徒然增加学生负担；或用人文性淹没语文性，用玄虚的感悟替代扎实的训练，致使教材用着费劲而收效甚少。因此，打造理想的语文教材，一是让经典阅读占据教材的适当篇幅，二是编制真止的科学的语言运用教材。

　　理想的语文教材必须富于弹性。有课内教材，即教科书；有课外教材，即课外读物，网络时代还应包括网络教材。网络教材具有信息海量化、即时交互性、综合系统化、全面开放性的特点，旨在培养网络时代公民所需要的网络阅读、网络写作和网络交流的能力。编制网络教材有两种途径：一是将纸质教材传上网，然后上传大量资源，如关于作家作品的资料、文本的相关解读，有关课文的音频、视频等；二是开发全新的网络超文本教材，它的主要功能是超文本的即时连接，如关于课文字词的解释、关于课文段落的阅读策略提示、关于课文内容音频视频等的链接。上述两种教材都构建一个即时交流的平台，供教师、学生、家长、专家留言、评论、答疑。也都具备后台的分析统计功能，尤其是练习题的评价、批改、统计功能，让教师在学生做练习的过程中，及时指导[1]。成熟的网络语文教材尚在开发中。

[1]倪文锦.文化强国与语文教材改革［M］.北京：语文出版社，2015：398-399.

主要参考文献

［1］叶至善，叶至美，叶至诚．叶圣陶集：第十六卷［M］．南京：江苏教育出版社，1993.

［2］叶圣陶．叶圣陶教育文集：第三卷［M］．北京：人民教育出版社，1994.

［3］叶圣陶．叶圣陶语文教育论集：上、下册［M］．北京：教育科学出版社，1980.

［4］商金林．叶圣陶年谱长编：第二卷［M］．北京：人民教育出版社，2004.

［5］商金林．叶圣陶传论［M］．合肥：安徽教育出版社，1995.

［6］刘国正，毕养赛．叶圣陶语文教育思想研究［M］．南京：江苏教育出版社，1990.

［7］叶圣陶研究会．叶圣陶研究论文集［M］．北京：开明出版社，1991.

［8］董菊初．叶圣陶语文教育思想概论［M］．北京：开明出版社，1998.

［9］吕叔湘．吕叔湘语文论集［M］．北京：商务印书馆，1983.

［10］李行健，陈大庆，吕桂申．吕叔湘论语文教育［M］．郑州：河南教育出版社，1995.

［11］吕叔湘．吕叔湘论语文教学［M］．济南：山东教育出版社，1987.

［12］王晨．重读吕叔湘·走进新课标：什么是语文［M］．武汉：湖北教育出版社，2004.

［13］吕叔湘．吕叔湘自选集［M］．上海：上海教育出版社，1989.

［14］张志公．张志公文集1：汉语语法［M］．广州：广东教育出版社，1991.

［15］张志公．张志公语文教育论集［M］．北京：人民教育出版社，1994.

［16］张志公．漫谈语文教学［M］．福州：福建人民教育出版社，1963.

［17］张志公．语文教学论集［M］．福州：福建教育出版社，1981.

［18］张志公．张志公论语文教学改革［M］．南京：江苏教育出版社，

1987.

［19］张志公.张志公自选集［M］.北京：北京大学出版社，1998.

［20］张志公，王本华.张志公论语文·集外集［M］.北京：语文出版社，
1998.

［21］张志公.传统语文教育初探［M］.上海：上海教育出版社，1962.

［22］张志公.传统语文教育教材论：暨蒙学书目和书影［M］.上海：上海
教育出版社，1992.

［23］张志公.汉语辞章学论集［M］.北京：人民教育出版社，1996.

［24］张志公.修辞概要（读写一助）［M］.上海：上海教育出版社，1982.

［25］语文出版社.张志公语言和语文教育思想研讨会论文选集［C］.北京：
语文出版社，1993.

［26］王本华.纪念张志公学术文集［M］.北京：人民教育出版社，2001.

［27］董菊初.张志公语文教育思想概说［M］.北京：人民教育出版社，
2001.

［28］刘征.刘征文集：第一卷　语文教育论著［M］.北京：人民教育出版社，
2000.

［29］刘国正.语文教学谈［M］.合肥：安徽教育出版社，1983.

［30］刘征.刘征十年集：卷四　剪侧文谈［M］.郑州：文心出版社，
1986.

［31］刘国正.实和活：刘国正语文教育论集［M］.北京：人民教育出版社，
1995.

［32］李阿龄.论刘征［M］.北京：人民教育出版社，2004.

［33］夏丏尊，叶圣陶.文心［M］.北京：中国青年出版社，1983.

［34］夏丏尊，叶圣陶.文章讲话［M］.北京：中华书局，2007.

［35］夏丏尊，刘薰宇.文章作法［M］.北京：中华书局，2007.

［36］夏丏尊.夏丏尊教育名篇［M］.北京：教育科学出版社，2007.

［37］朱自清.朱自清语文教学经验［M］.北京：教育科学出版社，2007.

［38］延敬理，徐行.朱自清散文（中）［M］.北京：中国广播电视出版社，
1994.

［39］中央教育科学研究所.朱自清论语文教育［M］.郑州：河南教育出版

社，1985.

［40］唐作藩，李行健，吕桂申．王力论语文教育［M］．开封：河南教育出版社，1996.

［41］胡适．胡适教育论著选［M］．北京：人民教育出版社，1994.

［42］萧伟光．为人与为学　胡适言论集［M］．萧伟光，评注．北京：中国纺织出版社，2015.

［43］唐德刚．胡适口述自传［M］．合肥：安徽教育出版社，2005.

［44］黎泽渝，马啸风，李乐毅．黎锦熙语文教育论著选［M］．北京：人民教育出版社，1996.

［45］张中行．张中行作品集　第一卷：文言和白话，文言津逮［M］．北京：中国社会科学出版社，1995.

［46］顾黄初．顾黄初语文教育文集［M］．北京：人民教育出版社，2002.

［47］顾黄初．顾黄初语文教育文集外集：上、下册［M］．南京：江苏教育出版社，2013.

［48］朱绍禹．朱绍禹文存［M］．长春：吉林人民出版社，2002.

［49］朱绍禹．中学语文教材概观［M］．北京：人民教育出版社，1997.

［50］朱绍禹，张文颖．初中语文教科书指要［M］．北京：高等教育出版社，1997.

［51］顾黄初，顾振彪．语文教材的编制与使用［M］．南京：江苏教育出版社，1996.

［52］顾黄初，顾振彪．语文课程与语文教材［M］．北京：社会科学文献出版社，2001.

［53］倪文锦．文化强国与语文教材改革［M］．北京：语文出版社，2015.

［54］倪文锦，欧阳汝颖．语文教育展望［M］．上海：华东师范大学出版社，2002.

［55］于漪．于漪文集　第一卷：教育教学论［M］．济南：山东教育出版社，2001.

［56］于漪．于漪新世纪教育论丛：反思［M］．南宁：广西教育出版社，2008.

［57］于漪．教育魅力：青年教师成长钥匙［M］．上海：华东师范大学出版社，

2013.

［58］王荣生．语文科课程论基础［M］．上海：上海教育出版社，2003.

［59］钱理群．语文教育门外谈［M］．桂林：广西师范大学出版社，2003.

［60］钱理群．《新语文读本》：一段历史，一个故事［M］．南宁：广西教育出版社，2007.

［61］王荣生．求索与创生：语文教育理论实践的汇流［M］．济南：山东教育出版社，2013.

［62］潘新和．语文：表现与存在［M］．福州：福建人民出版社，2005.

［63］潘新和．存在与变革：穿越时空的语文学［M］．济南：山东教育出版社，2012.

［64］潘新和．中国写作教育思想论纲［M］．北京：人民教育出版社，1998.

［65］潘新和．语文：回望与沉思——走近大师［M］．福州：福建人民出版社，2012.

［66］潘新和．语文：审视与前瞻——走近名家［M］．福州：福建人民出版社，2009.

［67］张彬福．思索·探索：章熊语文教育论集［M］．北京：人民教育出版社，2002.

［68］章熊，等．汉语表达［M］．南京：江苏教育出版社，1994.

［69］韩雪屏．语文课程知识初论［M］．南京：江苏教育出版社，2011.

［70］韩雪屏．语文教育的心理学原理［M］．上海：上海教育出版社，2001.

［71］韩雪屏．语文课程与教学研究文集［M］．呼和浩特：内蒙古教育出版社，2008.

［72］蒋仲仁．思维·语言·语文教学［M］．北京：人民教育出版社，1988.

［73］钱梦龙．导读的艺术［M］．北京：人民教育出版社，1995.

［74］张必隐．阅读心理学［M］．修订版．北京：北京师范大学出版社，2002.

［75］刘淼．作文心理学［M］．北京：高等教育出版社，2001.

［76］钱谷融，鲁枢元．文学心理学［M］．上海：华东师范大学出版社，2003.

［77］王先霈，王耀辉．文学欣赏导引［M］．第二版．北京：高等教育出版社，2014.

［78］金振邦．文章解读的理论与方法［M］．长春：东北师范大学出版社，2001.

［79］许定国．文学鉴赏概论［M］．长沙：湖南师范大学出版社，1999.

［80］龙协涛．文学阅读学［M］．北京：北京大学出版社，2004.

［81］朱光潜．朱光潜美学文集：第二卷［M］．上海：上海文艺出版社，1982.

［82］朱光潜．艺文杂谈［M］．合肥：安徽人民出版社，1981.

［83］金开诚．艺文丛谈［M］．北京：北京出版社，1985.

［84］童庆炳．文学理论新编［M］．北京：北京师范大学出版社，2010.

［85］曾祥芹．阅读学新论［M］．北京：语文出版社，1999.

［86］顾晓鸣．阅读的战略［M］．上海：上海人民出版社，1986.

［87］张定远．阅读教学论集［M］．天津：新蕾出版社，1983.

［88］张定远．文言文教学论集［M］．天津：新蕾出版社，1986.

［89］刘国正，陶伯英．中国近现代名家作文论［M］．郑州：文心出版社，1992.

［90］《语文学习》编辑部．写作指引［M］．上海：上海教育出版社，2000.

［91］张定远．作文教学论集［M］．天津：新蕾出版社，1982.

［92］刘锡庆．中国写作理论辑评·古代部分［M］．呼和浩特：内蒙古教育出版社，1992.

［93］刘锡庆．基础写作学［M］．北京：中央广播电视大学出版社，1985.

［94］马正平．中学写作教学新思维［M］．北京：中国人民大学出版社，2003.

［95］王土荣．学生写作学［M］．北京：语文出版社，2013.

［96］王光祖，杨荫浒．写作［M］．上海：华东师范大学出版社，1989.

［97］倪宝元．语言学与语文教育［M］．上海：上海教育出版社，1995

［98］曾祥芹．文章学与语文教育［M］．上海：上海教育出版社，1995.

［99］王纪人.文艺学与语文教育［M］.上海：上海教育出版社，1995.

［100］钱理群，等.名家六十讲：语文课上的文学［M］.北京：语文出版社，2013.

［101］孙绍振.审美阅读十五讲［M］.北京：北京大学出版社，2013.

［102］孙绍振.名作细读：微观分析个案研究［M］.修订本.上海：上海教育出版社，2009.

［103］孙绍振.文学性讲演录［M］.桂林：广西师范大学出版社，2006.

［104］王先霈.文学文本细读讲演录.［M］.桂林：广西师范大学出版社，2006.

［105］张隆华，曾仲珊.中国古代语文教育史［M］.第2版.成都：四川教育出版社，2000.

［106］李杏保，顾黄初.中国现代语文教育史［M］.成都：四川教育出版社，1997.

［107］石鸥，吴小鸥.中国近现代教科书史：上册［M］.长沙：湖南教育出版社，2012.

［108］靳健，李金云.中学语文教科书设计与使用［M］.北京：高等教育出版社，2015.

［109］徐名滴.普通教育课程教材发展研究［M］.广州：广东教育出版社，1989.

［110］人民教育出版社中学语文编辑室.中学语文教材和教学［M］.北京：人民教育出版社，1981.

［111］李斌.民国时期中学国文教科书研究［M］.北京：北京大学出版社，2016.

［112］王相文，韩雪屏，佟士凡.中学语文教材研究导论［M］.长春：东北师范大学出版社，1997.

［113］熊承涤.中国古代学校教材研究［M］.北京：人民教育出版社，1996.

［114］课程教材研究所.新中国中小学教材建设史（1949—2000）研究丛书：中学语文卷［M］.北京：人民教育出版社，2010.

［115］张鸿苓，陈金明，张定远，等.新中国中学语文教育大典［M］.北京：

语文出版社，2001.

［116］顾黄初.中国现代语文教育百年事典［M］.上海：上海教育出版社，2001.

［117］洪宗礼，柳士镇，倪文锦.母语教材研究（8）［M］.南京：江苏教育出版社，2007.

［118］柳士镇，洪宗礼.中外母语教材比较研究丛书：中外母语教材选粹［M］.南京：江苏教育出版社，2000.

［119］江苏中外母语教材研究所.当代外国语文课程教材评介［M］.南京：江苏教育出版社，2004.

［120］朱绍禹，庄文中.国际中小学课程教材比较研究丛书：本国语文卷［M］.北京：人民教育出版社，2001.

［121］朱绍禹.美日苏语文教学［M］.长春：吉林文史出版社，1991.

［122］王爱娣.美国语文教育［M］.桂林：广西师范大学出版社，2007.

［123］鲁宝元.国外作文教学［M］.郑州：文心出版社，1986.

［124］刘锡庆.外国写作教学理论辑评［M］.呼和浩特：内蒙古教育出版社，1992.

［125］祁寿华.西方写作理论、教学与实践［M］.上海：上海外语教育出版社，2000.

［126］麦奎德，阿特温.写作中的思维训练［M］.吴其馥，等译.北京：中国广播电视出版社，1991.

［127］拉德任斯卡雅.苏联的作文教学［M］.吴立岗，编译.北京：教育科学出版社，1982.

［128］艾德勒，范多伦.如何阅读一本书［M］.郝明义，朱衣，译.北京：商务印书馆，2004.

［129］赵志伟.旧文重读：大家谈语文教育［M］.上海：华东师范大学出版社，2007.

［130］李节.小大由之：语文教学访谈录［M］.上海：华东师范大学出版社，2014.

［131］中华函授学校.语文学习讲座丛书（七）：诗词选讲［M］.北京：商务印书馆，1981.

［132］《胡乔木传》编写组．胡乔木谈语言文字［M］．修订本．北京：人民出版社，2015.

［133］吕叔湘．语文漫谈：吕叔湘讲解字词句［M］．沈阳：辽宁教育出版社，2005.

［134］周有光．中国语文纵横谈［M］．北京：人民教育出版社，1992.

［135］顾黄初，李杏保．二十世纪后期中国语文教育论集［M］．成都：四川教育出版社，2000.

［136］张隆华．中国语文教育史纲［M］．长沙：湖南师范大学出版社，1991.

［137］李杏保，方有林，徐林祥．国文国语教育论典［M］．北京：语文出版社，2014.

［138］阿普尔，史密斯．教科书政治学［M］．侯定凯，译．上海：华东师范大学出版社，2005.